工程建设理论与实践丛书

CHENGSHI GUIDAO JIAOTONG
JIDIAN XITONG SHEJI YU SHIGONG

城市轨道交通
机电系统设计与施工

张楚潘　刘宁　李游　主编

华中科技大学出版社
http://press.hust.edu.cn
中国·武汉

图书在版编目(CIP)数据

城市轨道交通机电系统设计与施工/张楚潘,刘宁,李游主编. —武汉:华中科技大学出版社,2022.12
ISBN 978-7-5680-9058-2

Ⅰ.①城… Ⅱ.①张… ②刘… ③李… Ⅲ.①城市铁路-轨道交通-机电系统-系统设计 ②城市铁路-轨道交通-机电系统-工程施工 Ⅳ.①U239.5

中国国家版本馆 CIP 数据核字(2023)第 000589 号

城市轨道交通机电系统设计与施工　　　　　张楚潘　刘　宁　李　游　主编
Chengshi Guidao Jiaotong Jidian Xitong Sheji yu Shigong

策划编辑:周永华	
责任编辑:周江吟	
封面设计:王　娜	
责任监印:朱　玢	
出版发行:华中科技大学出版社(中国·武汉)	电话:(027)81321913
武汉市东湖新技术开发区华工科技园	邮编:430223
录　　排:华中科技大学惠友文印中心	
印　　刷:武汉科源印刷设计有限公司	
开　　本:710mm×1000mm　1/16	
印　　张:25	
字　　数:449 千字	
版　　次:2022 年 12 月第 1 版第 1 次印刷	
定　　价:98.00 元	

本书若有印装质量问题,请向出版社营销中心调换
全国免费服务热线:400-6679-118　竭诚为您服务
版权所有　侵权必究

编 委 会

主　编　张楚潘（广州地铁集团有限公司）
　　　　　刘　宁（北京市市政工程设计研究总院有限公司）
　　　　　李　游（南昌轨道交通设计研究院有限公司）

副主编　姚　辉（广州地铁设计研究院股份有限公司深圳分院）
　　　　　王　凯（成都地铁运营有限公司）
　　　　　米继光（青岛地铁运营有限公司）
　　　　　白雄雄（中国铁建电气化局集团北方工程有限公司）

编　委　胡正阳（中铁上海设计院集团有限公司）
　　　　　庄凯成（中铁通信信号勘测设计院有限公司）
　　　　　张　伟（福州地铁集团有限公司）
　　　　　谢天汉（中铁城市发展投资集团有限公司）
　　　　　黄　委（金华市金义东轨道交通有限公司）
　　　　　常新亮（成都轨道建设管理有限公司）
　　　　　姚恒增（中铁电气化局集团第一工程有限公司）
　　　　　谢来宝（中国葛洲坝集团第一工程有限公司）
　　　　　贺歌今（重庆轨道十八号线建设运营有限公司）

前　言

我国城市的交通拥挤状况日趋严重,地面交通已难以适应现有经济活动和人民生产生活日益增长的运量需求。近年来,我国城市化进程不断加快,优先发展以城市轨道交通为代表的绿色、环保、节能、高效、快捷的公共交通成为必然选择。

《城市轨道交通技术发展纲要建议(2010—2015)》提出,建立"资源节约型、安全便捷型、环境友好型、技术创新型"的新型城市轨道交通技术体系。技术发展的总体目标是整体提高城市轨道交通技术创新能力,形成核心技术的自主知识产权,加强节能、环保、安全的节约资源领域的新技术应用研究,在行业统一协调下,各技术领域均衡发展,总体提高,重点突破,使我国城市轨道交通技术整体水平达到国际先进水平,重点核心技术达到国际领先水平,大幅提升城市轨道交通技术的国际综合竞争力。

多年来,中国的城市轨道交通技术发展迅速,线路从一城一线规划,到多城多线网络化规划;涉及城市多,建设速度快,建设规模大;部分城市已开展第三轮、四轮建设规划;建设规划理念由量向质转变,融入新一轮国土空间规划。系统制式也已经由单一的地铁单制式发展到多层的轻轨、有轨电车、磁浮、单轨、市域快轨多制式。

经过多年探索与努力,我国研发团队突破核心技术封锁,于2008年研发制造了中国第一台具有自主知识产权的复合式土压平衡盾构机——中国中铁1号,实现了从0到1的跨越。2009年,中铁工程装备集团有限公司(简称中铁装备)成立,在郑州建立了国内最大的盾构研发制造基地,拉开了中国盾构产业化的序幕。

目前,中国已是世界上隧道及地下工程规模最大、数量最多、地质条件和结构形式最复杂、修建技术发展速度最快的国家之一,以中铁装备为代表的中国隧道掘进机企业不断涌现,诞生了中国最大直径泥水平衡盾构机、世界首台马蹄形盾构、世界最大直径硬岩掘进机等一系列标志性的创新性产品,并不断在世界隧道掘进机领域刷新中国高度。

2012年,中铁装备第一台盾构机走出国门,成功在马来西亚应用。目前,中

国盾构机已先后应用于新加坡、意大利、波兰、澳大利亚、法国等地,中铁装备已于 2017 年、2018 年、2019 年,连续三年产销量世界第一。

轨道交通机电设备包括供电、综合监控、通信信号、车站系统、通风与空调、给排水及消防、动力照明、智能化中心等。轨道交通机电设备智能化、集成化发展迅速,各个领域结合互联网人工智能、云存储空间、BIM 技术,不断实现技术创新与应用。

在国家大力发展城市轨道交通的大背景下,如何保证机电系统的质量以及设备的稳定性,是每一个建设以及运营管理者面临的关键问题。机电系统是整个城市轨道交通系统的重要组成部分,是关系到城市轨道交通工程能否顺利开通运营的第一步,决定了人们能否享受到安全的轨道交通服务,在城市轨道交通运营环节中占据着极其重要的地位。

本书共 6 章,分别从城市轨道交通机电系统、城市轨道交通供电与弱电系统设计、城市轨道交通供电与弱电系统施工、城市轨道交通风水电与电梯系统设计、城市轨道交通风水电与电梯系统施工、城市轨道交通机电系统节能管理等方面入手,介绍了城市轨道交通机电系统设计与施工的内容。

本书适用于城市轨道交通系统工程的机电工程从业人员使用。本书涵盖内容较多,编写难度较大,编者水平和能力有限,书中难免存在不妥之处,恳请广大读者批评指正。

目 录

第1章 城市轨道交通机电系统 (1)
- 1.1 城市轨道交通的概念和特点 (1)
- 1.2 城市轨道交通的分类和系统制式 (4)
- 1.3 城市轨道交通机电系统的组成 (11)
- 1.4 城市轨道交通机电系统的发展 (13)

第2章 城市轨道交通供电与弱电系统设计 (21)
- 2.1 供电系统设计 (21)
- 2.2 通信系统设计 (34)
- 2.3 信号系统设计 (46)
- 2.4 火灾自动报警及气体灭火系统设计 (56)
- 2.5 环境与设备监控系统设计 (79)
- 2.6 自动售检票系统设计 (84)
- 2.7 屏蔽门系统设计 (104)

第3章 城市轨道交通供电与弱电系统施工 (118)
- 3.1 供电系统施工技术 (118)
- 3.2 通信系统施工技术 (174)
- 3.3 信号系统施工技术 (183)
- 3.4 火灾自动报警及气体灭火系统施工技术 (192)
- 3.5 环境与设备监控系统施工技术 (204)
- 3.6 自动售检票系统施工技术 (212)
- 3.7 屏蔽门系统施工技术 (215)

第4章 城市轨道交通风水电与电梯系统设计 (223)
- 4.1 通风与空调系统设计 (223)
- 4.2 给排水与消防系统设计 (254)
- 4.3 动力照明系统设计 (262)
- 4.4 电梯系统设计 (281)

第5章 城市轨道交通风水电与电梯系统施工 …………（304）
5.1 通风与空调系统施工技术 ……………………………（304）
5.2 给排水与消防系统施工技术 …………………………（311）
5.3 动力照明系统施工技术 ………………………………（343）
5.4 电梯系统施工技术 ……………………………………（349）

第6章 城市轨道交通机电系统节能管理 ………………（358）
6.1 机电节能管理系统 ……………………………………（358）
6.2 机电系统建设中的节能措施与细节优化 ……………（374）
6.3 节能低碳运行发展展望 ………………………………（380）

参考文献 ……………………………………………………（386）
后记 …………………………………………………………（392）

第1章　城市轨道交通机电系统

1.1　城市轨道交通的概念和特点

1.1.1　城市轨道交通的概念

1. 轨道交通的概念

轨道交通是一种独立的有轨交通系统，它可提供环境舒适、节能减排、安全快捷的大容量运输服务，能够按照设计能力正常运行，与其他交通工具互不干扰，具有强大的运输能力、较高的服务水平和显著的资源环境效益。

运载人和物的车辆在特定的轨道上运行，轨道起了支承和导向作用的交通手段称为轨道交通。城市中，使用车辆在固定导轨上运行并主要用于城市客运的交通系统称为城市轨道交通。而人们常把承担长、大运输的铁路称为大铁路（或称干线铁路）。在我国，随着区域经济和城市群的发展，又把连接城市间的快速轨道交通或铁路客运专线称为城际高铁，如京沪高铁、沪宁高铁、京津高铁、武广高铁等。

2. 城市轨道交通的概念

城市轨道交通是以轨道为导向、采用独立的运输系统、与传统的地面交通相分离的一种现代化城市公共交通运输方式。这里的轨道已不再是传统意义上的钢轨，而是广义上的轨道，如磁悬浮、线性电机机车使用的轨道等。

而根据中华人民共和国原建设部于2007年发布的《城市公共交通分类标准》（CJJ/T 114—2007）中的定义，城市轨道交通为采用轨道结构进行承重和导向的车辆运输系统，依据城市交通总体规划的要求，设置全封闭或部分封闭的专用轨道线路，以列车或单车形式，运送相当规模客流量的公共交通方式。

1.1.2　城市轨道交通的特点

1. 城市轨道交通的优势

(1) 运能大。

在现代化的轨道交通中,先进科学技术的作用使得列车行车密度和单列载客能力得到了大幅度的提高,从而大大地提高了城市轨道交通的运输能力,能够充分满足现代化城市大客流的需要。目前,大型地下铁道系统的高峰小时单向运能可达 6 万～7 万人次。

(2) 速度快。

列车采用先进的电动车组动力牵引方式,又有良好的线路条件和列车运行自动控制系统体系,列车的快速运行安全有了保障,因此,现代城市轨道交通系统的列车运行速度比过去有了明显的提高。目前,地下铁道列车的最高运行速度能达到 100 km/h,旅行速度基本可达到 35～45 km/h,这在各种城市交通方式中是相当快的。

(3) 能耗低。

城市轨道交通为大运量集团化客运系统,且采用了多项高新技术,在客流得到保证的情况下,使得每位乘客的能源平均消耗低于其他城市交通方式。

(4) 污染少。

城市轨道交通一般均采用电力牵引动力方式,列车在运行过程中以电为能源产生动力,与以燃油为动力的交通工具相比,没有废弃污染;而采用以内燃机为动力的内燃动力组列车,也因大运量集团化运输方式使每位乘客均摊的污染微乎其微。因而城市轨道交通有"绿色交通"之称,这正是现代都市可持续发展最为关注的问题——环境保护问题。

(5) 安全可靠。

城市轨道交通线路一般都采用立交方式,与地面其他交通方式完全隔离,不受地面交通干扰;现代化轨道交通一般都采用先进的信号安全系统来确保列车运行安全,因而受气候条件影响很小;轨道运输的准点性也是其他交通形式不可比拟的。因此,城市轨道交通是城市客运交通方式中可靠性相当强的一种。尤其是在上下班高峰时段、气候条件恶劣之时,对于时间观念极强的现代城市交通行为者而言,这个优势是至关重要的。

(6) 舒适性佳。

城市公共客运交通方式的舒适性主要表现在环境质量与拥挤度两个方面。对城市轨道交通系统而言,无论是车站的环境还是车厢内的乘车环境,均因有现代化的环控设施保障而质量较佳;拥挤度则因轨道交通的快速性、准时性和列车间隔时间的可操作性而得到较好的调整。

(7) 占地面积少。

城市轨道交通一方面因大量采用立交形式甚至采用地下轨道交通线路而大大减少了城市土地的占用,另一方面又因大运量集团化运输方式致使乘客的交通行为所占的人均道路面积进一步减少。

城市轨道交通另外还使得沿线土地得到有效利用和开发,使得城市的布局更加合理,方便市民的出行,同时也增添了现代都市景观。因此,近年来城市轨道交通的发展在世界各地呈现出蓬勃向上之势,无论是在发达国家还是在发展中国家和地区,城市轨道交通均成为发展城市交通的重要手段。

2. 城市轨道交通的局限性

(1) 建设投入大。

为了使城市轨道交通的优势得到充分体现,城市轨道交通路线的修建往往需要立交并且形成网络。而城市轨道系统建设要求高,施工难度大,设备技术标准高,每千米线路的修建需要上亿元的投入,尤其是地下铁道每千米造价超过3亿元。因此,城市轨道交通路线建设一次性的工程投资巨大,一个国家或地区的城市没有相当强的整体经济实力则无法承担如此巨大的投资负担。

(2) 线路建成后不易调整。

城市轨道交通线路一般均是永久性结构(如隧道、高架桥结构等),建成后几乎无调整的可能性。因此,城市轨道交通路线的选线及路网规划应严格按照城市发展规划认真制定,否则会造成极大的工程投资浪费。

(3) 运营成本高。

城市轨道交通的运营成本主要包括设备投资成本、运营管理成本、设备维护和保养成本、能源消耗成本及员工工资成本等。

城市轨道交通系统使用了科技含量较高的设备与设施,为了使这些设备设施处于良好工作状态,则需要加强日常维修和保养,费用较高;城市轨道交通系统对人员素质要求较高,必须对员工进行定期的技术及安全培训,其培训教育经费也较高;此外,由于城市轨道交通运营系统的特殊性,如站间距小,车站服务项目多等,需要员工人数也较多。这些都是城市轨道交通系统运营成本居高不下的原因。

城市轨道交通系统带有较强的公益性,较多地关注间接的社会整体效益,无法按运输成本核收票价,极易导致运营亏损。虽然已有少数城市轨道交通系统因乘客量巨大、产业开发经营较佳而略有盈余,但多数城市轨道交通系统处于"亏本经营"状态,需要依赖国家与地方政府、社会机构补贴。

1.2　城市轨道交通的分类和系统制式

1.2.1　城市轨道交通的分类

通常可以根据以下不同的标准对城市轨道交通进行分类。

1. 按交通运能分类

交通运能即交通容量,也就是线路输送客流的最大能力,指单向每小时的断面最大乘客通过量。按照不同的交通运能,轨道交通可以分为高运量、中运量和低运量三个系统。

高运量轨道交通系统的高峰小时单向运输能力超过 3 万人次,属于该种类型的交通系统主要有市郊铁路、重型地铁和轻型地铁等;中运量轨道交通系统的高峰小时单向运输能力为 1.5 万～3 万人次,属于该种类型的交通系统主要有微型地铁、高技术标准的轻轨和独轨;低运量轨道交通系统的高峰小时单向运输能力为 5000～1.5 万人次,属于该种类型的交通系统主要有低技术标准的轻轨、自动导向交通系统和有轨电车。

2. 按敷设方式分类

根据不同的敷设方式,轨道交通系统可分为地下(隧道)、高架和地面三种形式。大运量轨道交通在交通较为繁忙的地区多采用地下(隧道)和高架形式,在市郊可采用全封闭的地面形式;中运量轨道交通可兼有三种敷设形式,且通常不与机动车混行;低运量轨道交通系统一般采用地面形式,可与机动车混行,运行效率较低。

3. 按路权分类

路权是指轨道交通系统运行线路与其他交通的兼容程度。轨道交通系统可分为独立路权、半独立路权和共有路权三种基本类型,与按线路隔离程度分类的全隔离(全封闭)、半隔离(半封闭)和不隔离(不封闭)三种系统相对应。

独立路权的轨道交通系统属于全封闭系统,与其他交通完全隔离,不受平交道路与人车的干扰,一般用于高运量及每小时1.6万人次以上的中运量轨道交通系统,如图1.1所示。

图1.1 独立路权的轨道交通系统

半独立路权的轨道交通系统属于半封闭系统,沿行车路线采用缘石、隔离栅、高差等措施与其他交通实体隔离,但在交叉路口仍与横向的人车平交混行,受信号系统控制,一般用于每小时1.6万人次以下的中运量轨道交通系统,如图1.2所示。

图1.2 半独立路权的轨道交通系统

共有路权的轨道交通系统属于开放式系统,代表地面混合交通,不具有实体分割,轨道交通与其他交通混合出行,在路口按照规定驾停,也可享有一定的优先权,诸如用道路标线或特殊信号等保留车道,有轨电车通常采用这种形式。

4. 按导向方式分类

根据不同的导向方式,轨道交通系统可分为轮轨导向及导向轮导向。钢轮钢轨系统(地铁、轻轨、有轨电车)属轮轨导向类型,由钢轮轮缘和钢轨之间的作用力来提供导向力,启动较快;独轨(单轨)及新交通系统等胶轮车辆属导向轮导向类型。

5. 按轮轨支承形式分类

轮轨支承形式,即车辆与转移车道表面之间的垂直接触方式与运行方式。从这一标准出发,轨道交通系统可分为钢轮钢轨系统、胶轮混凝土轨系统以及特殊系统。钢轮钢轨系统包括市郊铁路、地铁、轻轨、有轨电车;胶轮混凝土轨系统主要是指独轨及自动导向系统;而特殊系统则包括支承面置于车辆之上的悬挂式单轨系统、磁悬浮式轨道交通系统等。按轮轨数又可分为双轨系统和单轨系统。

1.2.2　城市轨道交通的系统制式

《城市公共交通分类标准》(CJJ/T 114—2007)中明确了城市轨道交通包括地铁系统、轻轨系统、单轨系统、有轨电车、磁浮系统、自动导向轨道系统、市域快速轨道系统。

1. 地铁系统

地铁泛指高峰小时单向运输能力在 3 万～7 万人次的大容量、以地下运行为主的城市轨道交通系统,亦称为地下铁路或地下铁道。狭义上,地铁系统指在地下运行为主的城市铁路系统或捷运系统;但广义上,此类系统为了配合修筑的环境,可能也会有地面化的路段存在,因此通常涵盖了各种地下与地上的高密度交通运输系统,有地下、地面和高架三种形式。

地铁的建设需要大量用户来证明隧道开挖的可行性。因此,50 万人口以下的城市很少能建地铁。世界上首条地下铁路系统是在 1863 年开通的伦敦大都会铁路,该铁路是为了解决当时伦敦的交通堵塞问题而建的。当时电力尚未普及,所以即使是地铁也只能用蒸汽机车。由于机车释放出的废气对人体有害,当时的隧道每隔一段距离便要有和地面打通的通风槽。到了1870年,伦敦开办了第一条客运的钻挖式地铁,在伦敦塔附近越过泰晤士河,但这条铁路并不算成功,数月后便关闭。现存最早的钻挖式地铁则在1890年开通,亦位于伦敦,连接市中心与南部地区。最初铁路的建造者计划使用类似缆车的推动方法,但最后用了电力机车,使其成为第一条电动地铁。早期在伦敦市内开通的地铁亦于1906年全面实现电气化。

中国第一条地铁线路始建于1965年7月1日,1969年10月1日建成通车,使北京成为中国第一个拥有地铁的城市。

2. 轻轨系统

轻轨泛指高峰小时单向运输能力在1万~3万人次的中等客运量轨道交通系统,因其车辆轴重和对轨道施加的荷载较轻而得名。它是一种介于有轨电车和地铁之间的中运量的轨道交通工具。

轻轨可分为两类:一类为车型和轨道结构类似地铁,运量较地铁略小的轻轨交通,也称为准地铁;另一类为运量比公共汽车略大,在地面行驶,路权可以共用的新型有轨电车。轻轨系统的雏形是城市有轨电车,后者由于与道路交通间的冲突而被改造为与道路交通具有一定程度隔离的轻轨系统。一般而言,轻轨要求有至少40%的股道与道路完全隔离,以避免拥挤,这也是它区别于有轨电车之处。轻轨运输系统可以在地面、地下或高架建设,其最大运送能力根据列车编组确定,当列车采用2节编组时,每小时单向能力可达13500人。

区别轻轨与地铁的依据是所选用列车的规格。按照国际标准,城市轨道交通列车可分为A、B、C三种型号,分别对应3m、2.8m、2.6m的列车宽度。凡是选用A型或B型列车的轨道交通线路称为地铁,采用5~8节编组列车;选用C型列车的轨道交通线路称为轻轨(上海地铁8号线除外),采用2~4节编组列车,列车的车型和编组决定了车轴重量和站台长度。在我国的有关规范中,轴重相对较轻,每小时单向输送能力在1万~3万人次的轨道交通系统,称为轻轨;每小时客运量3万~8万人次的轨道交通系统,称为地铁。以长春为例:长春轻轨和长春地铁都是长春轨道交通的重要组成部分,在长春目前运营的轨道交通线路中,3号线、4号线和8号线是轻轨,1号线和2号线是地铁。

3. 单轨系统

单轨铁道是指车辆在一根轨道上运行的一种城市轨道交通系统。单轨系统又称独轨系统,是一种全线高架的轨道交通系统,其基础结构是架空的T形或I形轨导梁,同时起承载、导向和稳定作用,占用空间小,可以适应急弯及大坡度,其投资小于地铁系统。单轨系统可分为跨座式和悬挂式两种:车辆由若干节车厢组成,在轨道梁上部行驶的称为跨座式单轨交通,在轨道梁下部行驶的称为悬挂式单轨交通。单轨交通的高峰小时单向运输能力在5000~2万人次,运送速度在30~40 km/h。

1820年,英国在伦敦北部建成世界上最早的一条用于货物运输的单轨铁路。1901年,法国伍珀塔尔市在巴门和埃尔伯费尔德间,建造了用于客运的单轨铁路。

1964年,日本在东京建成了长13 km的跨座式单轨交通,即东京的滨松町—羽田机场间的系统;1970年又开通了大船—湘南江之岛间的悬挂式单轨交通。

目前,我国内地有单轨的城市是重庆,重庆一共有两条单轨线路,里程共98.45 km。重庆轨道交通2号线是中国第一条跨座式单轨线路;截至2017年12月,重庆轨道交通3号线是全球运输效率最高、单线运营里程最长、地形条件最复杂的跨座式单轨线路。

4. 有轨电车

有轨电车是一个由电力牵引、轮轨导向、单车或多车铰接运行在城市路面线路上的低运量城市轨道交通系统。

有轨电车亦称路面电车或简称电车,属于轻铁的一种(以电力推动的列车,亦称为电车)。但通常全在街道上运行,列车只有单节,最多亦不过三节。另外,某些在市区的轨道上运行的缆车亦可算作路面电车的一种。电车以电力推动,车辆不会排放废气,因而是一种无污染的环保交通工具。

路面电车在20世纪初的欧洲、美洲、大洋洲和亚洲的一些城市风靡一时。随着私家汽车、公共汽车及其他路面交通在20世纪50年代的普及,不少路面电车系统陆续拆卸。路面电车网络在北美、法国、英国、西班牙等地几乎完全消失。但在瑞士、德国、波兰、奥地利、意大利、比利时、荷兰、日本等地,路面电车网络仍然保养良好,或者被继续现代化。

中国大陆最早的有轨电车 1899 年出现在北京,由德国西门子公司修建,连接郊区的马家堡火车站与永定门。1904 年,香港开通有轨电车,此后各个城市相继开通有轨电车,天津、上海先后于 1906 年、1908 年开通。北京的市内有轨电车在 1924 年开通。20 世纪 20 年代,南京曾修建市内窄轨火车线路。

5. 磁浮系统

磁浮系统也叫磁悬浮系统,是指一种非黏着、用直线电机驱动列车运行的新型轨道交通系统。磁悬浮列车是一种采用无接触的电磁悬浮、导向和驱动系统的磁悬浮高速列车系统。磁悬浮列的时速可达到 500 km,是当今世界最快的地面客运交通工具,有速度快、爬坡能力强、能耗低、运行时噪声小、安全舒适、不燃油、污染少等优点。并且它采用高架方式,占用的耕地少。磁悬浮列车意味着这些火车利用磁的基本原理悬浮在导轨上以代替旧的钢轮和轨道列车。磁悬浮技术利用电磁力将整个列车车厢托起,摆脱了摩擦,实现与地面无接触、无燃料的快速"飞行"。

根据吸引力和排斥力的基本原理,国际上磁悬浮列车有两个发展方向:一个是以德国为代表的常规磁铁吸引式悬浮系统 EMS 系统,利用常规的电磁铁与一般铁性物质相吸引的基本原理,把列车吸引上来,悬空运行,悬浮的气隙较小,一般为 10 mm 左右,常导型高速磁悬浮列车的速度每小时可达 400 km,适合城市间的长距离快速运输;另一个是以日本为代表的排斥式悬浮系统 EDS 系统,它使用超导的磁悬浮原理,使车轮和钢轨之间产生排斥力,使列车悬空运行,这种磁悬浮列车的悬浮气隙较大,一般为 100 mm 左右,速度每小时可达 500 km。

2001 年 8 月,中国第一辆国产磁悬浮客车在长春客车厂(现中车长春轨道客车股份有限公司)竣工下线,这标志着我国继德国和日本之后,成为第三个掌握磁悬浮客车技术的国家。上海磁悬浮列车设计速度为 430 km/h,实际速度约 380 km/h,转弯处半径达 8000 m,肉眼观察几乎是一条直线,最小的半径也达 1300 m,乘客不会有不适感。轨道全线两边 50 m 范围内装有目前国际上最先进的隔离装置。磁悬浮列车的车窗是减速玻璃,乘客可以更好地观赏窗外的风景。

磁悬浮列车分为高速和中低速两种类型。一般认为,高速磁悬浮适合远距离交通,而中低速磁悬浮适合近距离交通,特别是城市轨道交通。中低速磁悬具有环保、噪声小、无辐射、安全性高、转弯半径小、建设成本低等优点，其爬坡能力尤其突出，而且对地面震动影响较轻，更加适合在城市复杂线路运行，并可大幅降低线路建设拆迁成本。2014年8月，中国中低速磁悬浮列车技术在常州实现突破：西南交通大学牵引动力国家重点实验室与常州轨道交通研究院联手，自主研制出时速可达140 km的磁悬浮列车车架。2016年5月6日，中国首条拥有完全自主知识产权的中低速磁浮铁路在长沙开通运营，该线全长18.55 km，连接高铁长沙南站和黄花机场，设计时速为100 km。

6. 自动导向轨道系统

自动导向系统是一种通过专用轨道引导列车运行的新型无人驾驶轨道交通系统。自动导向系统轨道采用混凝土道床、车辆采用橡胶轮胎，有一组导向轮引导车辆运行，列车运行自动控制，可实现无人驾驶，自动化程度较高，适用于城市机场专用线或城市中客流相对集中的点对点运送乘客，必要时，中间可设少量停车站。如广州地铁 APM 线（Zhujiang New Town Automated People Mover System），全称广州市珠江新城核心区市政交通项目旅客自动输送系统，就是广州地铁首条建成运营的自动导向轨道系统线路。

7. 市域快速轨道系统

市域快速轨道系统也称市郊铁路系统，是指把城市市区与郊区，尤其是远郊区联系起来的城市轨道交通系统。它们极大地扩展了城市的空间，降低了城市中心区的人口密度，减缓了地铁拥挤的程度，提高了都市的生活质量。这些城市的地铁长度往往不是很长，但是却拥有着几千千米的市郊铁路。

铁路参与城市交通建设在我国有着优良传统。我国市郊铁路的建设起步较早，北京、天津、上海、南京、武汉、郑州、重庆、沈阳、哈尔滨等城市都有市郊铁路列车，而且在20世纪80年代之前就已经承担了一定的客运量，为城市和郊区居民的通勤提供了便利。随着我国城市经济迅速发展，特别是公路交通的快速发展，市郊铁路的优势越来越弱，站点与城市交通衔接不紧密，加之车次少、间隔大，车况较差，使人们感到了乘坐的不便。目前，多数市郊铁路列车主要为通勤的铁路职工及其家属服务，已失去了应有的客运市场。

而如今，随着城市规模的扩大，城市中心环境容量饱和，致使人口不断向郊区的乡镇扩散。那些相对独立的卫星城镇与中心城市间存在着巨大的潜在客运市场，这为市郊铁路重新发展客运业务提供了契机。由于郊区客流量小，不宜采用地铁、轻轨等轨道交通所采用的高密度运作经营模式,而应运行小密度的市郊列车,这也是铁路参与城市轨道交通建设和运营的机遇。市郊铁路联系着大城市外围的卫星城镇,反过来又影响着卫星城镇的布局。与此同时,铁路运输能力大,旅行速度快,而且投资省、见效快,工程费只相当于高架线的1/2、地铁的1/5,能耗又较低,相当符合城市可持续发展的目标。

2008年奥运会前夕,北京开通了从北京北站到西北新城延庆站的S2线市郊铁路。该铁路既方便了市民出行,又使得国内外游客能快捷地前往八达岭长城等景区游览,还能带动首都西北部地区的社会经济发展。据悉,除S2线外,北京还建设了通往门头沟、密云、大兴、房山等地的5条市郊铁路,形成市郊铁路网。

城市群的城际列车也可算作市郊铁路的一种。在我国京津冀、长三角、珠三角等城市分布密集区域,城市之间的联系紧密,来往频繁。城市的市郊铁路已经相互交融连接,形成了城际轨道交通系统,甚至修建专用的城际高速列车线路。运营管理公交化,极大地方便了城市之间的交流交往。城市之间的分界已经变得愈加模糊,从而形成共依存的城市群。

2016年6月,苏昆沪市域快线(S1线)初步规划出炉,S1线全长约71.3 km,可与上海轨交11号线花桥站对接换乘。而东莞地铁规划中4号线增加4号线支线,衔接深圳城市轨道4号线。

国际上,日本东京的地铁总长约为301 km,但是其JR等市郊铁路,在东京通勤区内总长约2300 km,出东京的5个方向,都修了4线电气化铁路;法国巴黎地铁长度214 km,而市郊铁路RER(Réseau Express Régional)长度587 km,设站246座,日客运量逾214万人次;法兰西岛区域铁路1280 km,设站385座,日客流168万人次;德国柏林S-Bahn市郊铁路长331 km,设站166座,日客流超过106万人次;在美国纽约,每天乘坐市郊铁路——大都会北方铁路和长岛铁路来上班的人超过500万。

1.3 城市轨道交通机电系统的组成

机电系统作为城市轨道交通工程的一个子系统,其造价占整个工程投资的20%~30%(受地下/地面、外部电源及线路控制中心等因素的影响,其所占投资比例差别较大)。整个机电系统按专业可划分为多个专业子系统,如供电系统、通信系统、信号系统、火灾自动报警系统、自动售检票系统等。整个机电系统的工程造价占了总成本的1/5以上。其主要构成有以下几个部分。

1. 供电系统

供电系统由多个子系统组成，包括环网电缆工程、牵引降压混合变电所、降压变电所、牵引网、供电车间、变电所混合自动化、杂散电流防护等；所用设备也分为很多种类，包括高低压开关柜、整流变压器、整流器、配电变压器、杂散电流防护设备；涉及的线缆有多种类型，包括环网电缆、光缆、控制电缆、牵引导线等。该系统的功能在于与外部电源相连通，并引入工程设定降压变电所进行交换，再为电动车组运营提供动力电源，同时为低压负荷（车站内）提供配电电源，保证城市轨道交通运营动力。

2. 通信系统

通信系统主要由终端设备和线路组成。采用的主要终端设备包括发射机、收信机、主机和服务器；采用的主要材料包括各类导线、电缆和光缆等。通信系统的主要功能是传送线路控制中心至各车站的各类信息，保证列车的正常运行，并在紧急情况下为防灾救援和事故处理提供信息传输通道。

3. 信号系统

信号系统主要由终端设备、车站控制台、电源屏、道岔转辙机、车载设备和线路组成。采用的主要设备包括主机和服务器、控制台、电源屏、道岔转辙机、车载设备、信号灯等；采用的主要材料包括各类导线、电缆或光缆、配线管等。信号系统的主要功能是传送调度命令，控制列车的正常运行，保证列车的运行安全。

4. 监控与报警系统

监控与报警系统的组成与售检票及门禁系统相近，涉及的设备主要包括子系统服务器、主机、紧急启动盘、控制模块箱等；涉及的材料包括通信线、控制线、配线管、火灾探头、手动报警按钮、安装附件等。该系统的功能主要在于集中监控机电设备，并协调联动各子系统。

5. 自动售检票及安防门禁系统

自动售检票及安防门禁系统主要由车站级、车辆段、综合基地及全线各子系统组成。该系统采用的主要设备包括控制服务器及主机、售票机、检票闸机、票卡、安检机、防爆瓶、液体探测器、门控器等;采用的主要材料包括各类控制线缆、配线管、门控器等。自动售检票系统可以实现售票、检票、计费、收费、统计、清分、管理等全过程的自动处理,安防门禁系统可以保证乘车安全及所用设备不损坏。

6. 车站梯门系统

车站梯门系统的组成主要包括两个方面:电扶梯和站台门。涉及的设备主要包括扶梯、垂直电梯、站台门体、门体配套电源、控制柜等。该系统的功能主要是方便乘客进出车站以及上下厅台。其中站台门的功能主要是在等待乘车期间保证乘客人身安全,并与通风系统相互配合,使乘车环境得到改善。

7. 风水电系统

风水电系统的组成主要包含三个方面:通风与空调、给排水与消防以及动力照明。这三个子系统涉及的设备包括控调风阀与风机、水泵启灭设备、配电箱柜等;涉及的材料主要包括风管与水管、电缆、配电管、照明灯具、安装支架等。其中,通风与空调系统的功能主要是为车站提供良好运营环境,为乘车区间提供良好乘车环境,同时在出现火灾等安全事故时起到排烟作用;给排水与消防系统的功能主要是确保线路运行期间用水正常,并在出现火灾等安全事故时提供灭火措施;动力照明系统的功能主要是为低压用电设备提供动力电源,同时保证照明环境,另外在出现火灾等安全事故时提供应急照明与电源。

1.4 城市轨道交通机电系统的发展

1. 中国城市轨道交通机电系统发展历程

中国城市轨道交通机电系统发展大致经历了三个阶段,具体见表1.1。

表 1.1 中国城市轨道交通机电系统发展阶段

发展阶段	年代	城市	系统构成	技术水准	制造厂商	运营管理
第一阶段	1965—1984 年	北京	独立分散	传统工艺	国内生产	手工操作为主

续表

发展阶段	年代	城市	系统构成	技术水准	制造厂商	运营管理
第二阶段	1985—1999年	上海广州	部分集成	核心设备采用最新技术	关键设备国外为主	自动化程度低
第三阶段	2000年以后	各大城市	多数集成	广泛采用最新技术	国内为主	自动化程度高

2. 中国城市轨道交通机电系统技术状况

(1)车辆(racing sport,RS)。

中国城市轨道交通大部分采用轮轨式车辆,主要技术如下。

列车编组:4节、6节、8节。

车型:根据载客量大小分为A型、B型、C型三种类型。

车体材料:采用铝合金挤压型材焊接结构或不锈钢车体材料。

运行速度:最高可达100 km/h。

列车制动:电气制动、空气制动和停放制动。

转向架:钢板压型焊接结构、无摇枕转向架。

牵引控制:采用VVVF主逆变器技术。

列车自动监测及故障诊断:设置微机控制列车自动监测及故障诊断装置。

其他类型:上海——高速磁浮列车系统,北京和广州——直线电机列车系统,重庆——跨座式单轨列车系统。

(2)信号(signal,SIG)。

信号系统核心是列车自动控制系统(automatic train control system,ATC),其包括三个子系统:列车自动监控子系统(automatic train supervision subsystem,ATS);列车自动防护子系统(automatic train protection subsystem,ATP);列车自动运行子系统(automatic train operation subsystem,ATO)。

国内城市轨道交通信号系统制式,早期为固定闭塞信号系统,后来发展为准移动闭塞信号系统,近些年新建项目大多为移动闭塞信号系统。CBTC系统(communication based train control system)已成为大多数城市轨道交通信号系统发展趋势,如图1.3所示为典型CBTC信号系统结构框架。

今后,信号系统将逐步走向综合监控列发展方向,纳入综合监控系统,实现

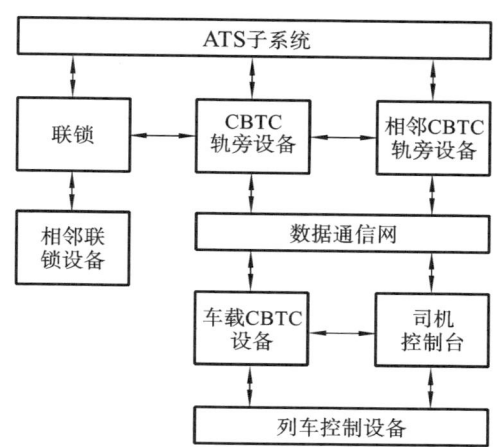

图 1.3 典型 CBTC 信号系统结构框架

城市轨道交通机电系统资源共享。

早期信号系统设备完全由国外厂商提供,目前部分产品可由国内厂商提供。

(3)供电(power supply,PS)。

供电系统组成:外部电源、主变电所及中压环网、牵引供电系统(牵引变电所及牵引网)、低压配电及照明供电系统(降压变电所及动力照明配电系统)、电力监控系统(supervisory control and data acquisition,SCADA)、杂散电流防护及接地系统。

外部供电电压等级:500 kV、220 kV、110 kV、35 kV。

内部供电电压等级:35 kV、0.4 kV。

110 kV 和 35 kV 断路器采用 GIS(gas insulated switchgear)设备。

牵引供电电压等级:直流 750 V、1500 V。

车辆供电方式:接触网或接触轨。

接触轨主体材质:主要有低碳钢和钢铝复合两种。

供电系统绝大部分设备都由国内生产厂商供货。

(4)通信(communication,COM)。

通信系统一般设置为专用通信、公安通信、公共通信三大通信系统。

专用通信系统由传输系统、专用电话系统、无线通信系统、公务通信系统、时钟系统、信息网络系统、通信电源系统、集中网络管理等子系统和通信线路共同组成。

传输系统普遍采用光缆组成环网,采用国际上最新传输技术。

公共通信系统为移动通信，设置有技术升级换代条件。

早期通信设备大部分由国外厂商提供，目前，除了无线子系统部分设备由国外厂商提供，绝大部分设备都由国内厂商产品。

(5) 售检票(auto fare collection, AFC)。

自动售检票系统由清分中心 CCHS(central clearing house system)、线路中央计算机系统 LCC(line central computer)、车站计算机系统 SC(station computer)、车站售检票设备 SLE(station level equipment)以及车票等组成。整个系统经由通信传输网和网络设备连接构成。

中国城市轨道交通自动售检票系统，从最早磁卡式发展到现在普遍采用非接触式 IC 卡制式，并与城市其他交通系统通用。

系统设备大部分可以由国内承包商提供。

(6) 屏蔽门(platform screen doors, PSD)。

早期建设城市轨道交通项目未设置屏蔽门和安全门系统，根据中国国情，近期建设项目一般都设置了屏蔽门和安全门系统，对节能和提高运营管理安全性起到了较好作用。

系统设备绝大部分可由国内生产厂商提供。

(7) 综合监控(integrated supervision control system, ISCS)。

早期城市轨道交通内，各种设备监控系统采用独立设置方式，系统之间一般很少或不进行互联。20 世纪 90 年代出现了对少数系统进行集成的主控系统。

2000 年后建设的城市轨道交通项目，一般都采用集成度较高综合监控系统。通过单一软硬件平台，实现多个分立系统原有管理监控功能。采用中央控制室和车站两级管理三级监控体系，实施集中监视分散控制。

ISCS 集成子系统包括电力监控系统、火灾自动报警系统(fire alarm system, FAS)、环境与设备监控系统(building automation system, BAS)、广播系统(public address system, PA)、闭路电视监视系统(closed circuit television, CCTV)、乘客信息系统(passenger information system, PIS)、屏蔽门监控系统、防淹门系统(flood gate, FG)。ISCS 还可与自动售检票系统、信号系统、无线传输系统(request to send, RTS)、时钟系统(clock, CLK)等进行互联实现部分管理信息交换。

(8) 环境控制及隧道通风。

地下车站环境控制系统由车站公共区空调通风与排烟系统、车站车轨区域排热系统、区间隧道活塞通风、机械通风(兼火灾防排烟)、车站设备及管理用房空调通风排烟系统、制冷空调循环水系统组成。新建设地铁大都采用设置屏蔽门闭式通风系统。

环控系统控制由就地控制、车站控制室、中央控制室三级控制组成。

设备完全由国内厂商生产。

(9)给排水及消防。

给排水及消防主要包括给水系统、排水系统及消防设施。车站、区间及车辆段给水水源采用城市自来水。

给排水及消防设备完全由国内厂商提供。

(10)电梯、自动扶梯。

设备完全由国内厂商提供。

(11)轨道。

在必要区段采用降低噪声技术和装置。

设备完全由国内厂商提供。

(12)安防设施。

国内所有城市轨道交通都设置了安防设施,包括监视设备、安检设备、防暴设备等。

设备完全由国内厂商提供。

(13)机电设备技术。

机电设备技术更新对城市轨道交通节能、减排、低碳、环保方略实施起到了积极推进作用。

3. 城市轨道交通系统安全沿革

我国高度重视轨道交通建设和运营安全问题(包括应对各种突发事件),于2005年颁发了《城市轨道交通运营管理办法》等一系列法规,加强了轨道交通安全管理工作,建立了城市轨道交通安全评价制度,督促落实了安全责任机制。早期城市轨道交通沿用中国铁路建设运营安全管理模式。

RAMS(reliability、availability、maintainability、safety,可靠性、可用性、可维护性、安全性)管理在世界各国铁路行业应用广泛。

自2000年后,国内部分城市轨道交通项目(上海地铁10号线、北京地铁4号线、深圳地铁3号线、成都地铁1号线等)开展了RAMS工作。目前,国家正在制定和完善城市轨道交通RAMS相关法规,今后RAMS工作将成为所有城市建设轨道交通必须遵循强制性法规。国家对城市轨道交通机电设备安全认证体制也在不断完善。

4. 前沿技术与最新研究进展

目前研究重点具体如下。

(1)技术制式整合,标准化、模块化系统及标准体系研究。

(2)车辆:低地板技术,转向架技术。

(3)信号:CBTC 技术、无人驾驶技术。

(4)直线电机成套技术。

(5)导向式轨道交通技术。

(6)综合自动化控制系统:ISCS 技术。

(7)大城市轨道交通网络化运营资源共享。

(8)运营及乘客信息管理技术。

(9)系统安全可靠性技术。

(10)城市轨道交通安全防范体系研究:综合研究具有高度智能化、集成化快速反应事故防范预警系统和安全疏散、救援系统,保证轨道交通乘客安全,并能对突发事故提供紧急疏散预案。

(11)环境控制研究:主要包括地下车站与周围环境协调、高架及地面线景观、环境影响及控制对策等。

(12)中低速磁悬浮技术。

(13)真空管道运输系统。

5. 轨道交通机电系统国产化动向

机电设备费用数量巨大,约占项目投资 35%～40%。

20 世纪 90 年代,国内生产厂商当时不能提供技术水平较高系统设备,较早进行城市轨道交通建设上海和广州,曾大量采用进口设备,导致项目建设费用过高。

1999 年,国家发布《关于城市轨道交通设备国产化实施意见》,提出城市轨道交通全部车辆和机电设备平均国产化率要确保不低于 70%。在国产化政策扶持下,在中国国内逐步形成轨道交通工业生产体系。一批国外企业已在国内合资设厂,设备采购价格比全进口产品大幅下降。根据对广州地铁 2 号线的后评价情况,与广州地铁 1 号线相比,机电设备费用从 2.550 亿元/km 下降到 1.307 亿元/km。

2000年后,大批国内生产厂商通过研发、更新、引进技术或合资,使得中国国内轨道交通工业生产体系快速发展。城市轨道交通全部车辆和机电设备平均国产化率已超过70%,并且还在不断提高。

中国城市轨道交通制造业已经形成了一定水平的产业。近年来,通过引进技术和消化吸收以及再创新,我国企业掌握了城市轨道交通设计、制造、工艺等关键技术,基本能够满足我国客户和市场需求,产品可靠性、安全性已经在一定程度上得到国内用户认可,并走向国际市场。

6. 城市轨道交通机电系统市场空间及前景

中国城市轨道交通经过多年发展,在城市经济发展中地位已日益重要。多个城市正在大规模地进行城市轨道交通网络规划和建设,已有十几个城市开始进入运营阶段,形成了空前规模城市轨道交通机电系统市场。未来20年内,中国城市轨道交通机电设备总投资将达数千亿元人民币,带来巨大市场机遇。

(1)生产制造。

目前,中国已具备很强的车辆生产制造能力,可提供各种类型轨道交通车辆。中国中车股份有限公司所属车辆主要生产厂商包括中车长春轨道客车股份有限公司、中车青岛四方机车车辆股份有限公司、中车株洲电力机车有限公司、中车南京浦镇车辆有限公司、中车唐山机车车辆有限公司等。

其他分布在上海、北京、广东、江苏及其他各城市机电设备生产制造厂家,已能为中国各城市轨道交通项目提供绝大部分机电设备。

例如,江苏常州地区已形成较大规模轨道交通各类设备生产和研究产业链,每年轨道交通机电设备生产销售额已达到数百亿人民币。

但在车辆牵引制动、控制、信号、计算机、通信无线、售检票等领域,还需要国外厂商提供部分技术和产品。

(2)技术研究和开发。

中国铁道科学研究院集团有限公司等科研院所和许多大学以及生产厂家,成立了许多专门从事轨道交通技术研究机构,已培育了大批高级技术开发人员,成为促进城市轨道交通机电系统技术进步人力资源。国家每年提供大量资金以便这些机构进行轨道交通新型技术和工艺研究和开发。

(3)系统集成和工程承包。

早期中国城市轨道交通机电系统集成和工程承包大多由国外知名公司承担,目前,几乎所有机电系统都可由国内承包商单独承包,少量进行合作承包。

(4)咨询顾问和技术服务。

早期中国城市轨道交通咨询顾问和技术服务几乎全部由国外咨询机构承担,目前也有许多国内机构开始从事该领域服务,有较多国内机构与国外机构合作成功案例。

(5)关键设备质量认证。

国家有关部门正在着手制定城市轨道交通关键设备产品质量认证标准和实施方案,建立适合中国国情城市轨道交通产品质量认证体系。市场上将形成一批独立第三方认证评估机构,培训一批合格认证审核人员。与城市轨道交通产品相关的认证、测试、培训等技术服务将逐步展开。

第 2 章　城市轨道交通供电与弱电系统设计

2.1　供电系统设计

2.1.1　供电系统的组成

作为城市轨道交通关键的组成部分,其供电系统主要由城市电网担任的外部电源、改变电压等级的主变电所、传输电能的中压环网、牵引负载供电系统和动力照明供电系统组成,它为整个城市轨道交通的顺利运行提供了基本保障。一般情况下,外部电源通常为所在地的城市电网。

如图 2.1 所示是城市轨道交通供电系统的结构示意,位于供电系统进线处的 PCC 是公共连接点,此处的功率因数就是供电部门收费罚款的参考指标。系统的电能从城市电网中直接引入 110 kV 电能,经主变电所降为中压网络所承载的 35 kV 电能后,被运输给全线的牵引变电所和降压变电所。降压变电所将 35 kV 电压转换为电梯、风机等动力照明负荷应用的 0.4 kV 电压。而牵引变电所将降压并进行交直流转换得到最后输出列车运行所需的直流电源。各部分分工明确,共同保障了城市轨道交通的安全运行。

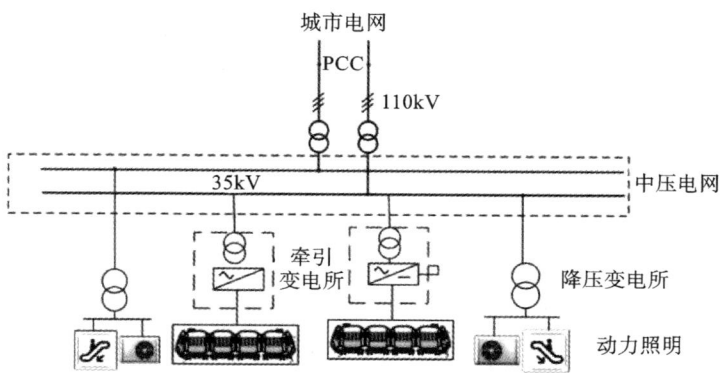

图 2.1　城市轨道交通供电系统的结构示意

1. 外部电源

外部电源一般来说指城市电网,即城市轨道交通电能的外部来源。城市轨道交通供电往往直接从城市电网接入,结合中远期城市轨道交通客运量的规划以及当地城市电网电压等级、电源容量等确立其供电方式,主要有集中式供电、分散式供电以及混合式供电三种形式。不同的供电模式,外部电源的电压等级也各不相同。110 kV、63 kV、35 kV 和 10 kV 等多个不同城市电压等级均可以在城市轨道交通供电中使用,具体用什么电压等级应依据该城市已有的城市电网条件进行选择。

集中式供电是我国常见的供电方式,其主要是从城市电网引入 110 kV 高压进行供电,所以必须建立主变电所。主变电所的建设需要充分考虑线路的具体规划和负荷差异,安装在线路沿线尽可能靠近负载的地方。它的功能主要是将城市电网高压转换为 35 kV 电压等级后输出到中压网络,为牵引供电和动力照明供电提供电能。由于独立给城市轨道交通供电,不易受其他普通用户用电的影响,集中式供电受外界影响小,载荷比较稳定,维修方便,有利于城市电力系统的调度管理和城市轨道交通供电系统的运营和维护,中压环网给变电所供电的方式提高了供电可靠性,减少停电次数。国内城市轨道交通如上海、广州地铁等均采用集中式供电方式,但这种方式需要依据供电区间和负载系统设计情况安装主变电所,需要的整体投资成本很大。

分散式供电是城市轨道交通直接向线路沿线的城市配电网中输入 10 kV 的电压,较集中式供电的电压等级降低,省去了引入电能再降压的过程,因此不需要建主变电所。为了保障供电的可靠性以及避免因停电造成的损失,牵引变电所、降压变电所以及牵混所的输入侧需要两回独立的电源,互为备用,在一路电源发生故障时依旧保证牵引供电系统和降压变电所的供电。这种方式不需要建立主变电所,因此较集中式供电减少了设备的投资和供电成本,但它对沿线的城市配电网有苛刻的要求,需要充足的容量和符合要求电能质量要求的电源;如果在不符合要求的区域使用分散式供电,需要对城市电网配电网进行扩容扩建,且工程复杂。在列车运行时也会产生谐波污染城市电网,产生一定影响。同时容易受其他电力用户使用的影响,供电可靠性不如集中式供电强。这些都是分散供电需要考虑的问题。

混合式供电是同时采用集中式供电和分散式供电,兼顾了供电可靠性和实际成本预算的方式。根据线路布局和城市电网规划,以集中式供电为主,在城市配电网充足的部分线路中可采用分散式供电，而两者结合，可优势互补。这种方式充分考虑了当地的实际情况，降低了建设成本，但是会不利于供电系统的管理和调度，甚至影响电能质量，不过这种方法在城市轨道交通线路较长或者远郊等情况下会有明显的优势。

供电方式的选择需要结合当地实际允许情况，如容量和电网电压等级等多种因素综合决定。在城市配电网容量不足时采用集中式供电，保证供电可靠性，降低运维成本。若预算经济有限，可以采用分散式供电或混合式供电，满足供电需求，优化成本。

2. 主变电所

在集中供电方式下，主变电所是必不可少的组成部分之一。它将外部电网引入的电源经过降压后流入中压系统，从而为各个变电所供电。主变电所的主要设备是变压器，它将 110 kV 电压等级转换为 35 kV，在空载或轻载运行时其功率因数很低，可能导致 PCC 端不符合国家允许指标。

根据城市轨道交通线路分布情况，主变电所应设立在线路沿线且靠近负荷中心的位置，尽可能缩短中压网络电缆传输的距离，保证中压网络末端的压损在允许范围内。

在主变电所的建设过程中，变压器容量的选择非常重要。城市轨道交通主变电所的总容量应能支持"$N-1$ 准则"。"$N-1$ 准则"是指在供电系统中某一设备发生故障后，列车的运行不受任何影响。例如两台变压器同时给列车供电，当一台变压器退出运行时，另一个变压器可以承担所有的一级、二级负荷，保证列车的正常运行。综合考虑供电分区调度后保证正常运行的电能需求和运营成本最优化来确定变压器的容量和数量。

主变电所高压侧通常采用内桥接线形式，正常运行时，两台变压器并联运行，各自承担 50% 的负荷。当其中一台变压器发生故障或要进行检修时，另一台变压器应能承担所有的负荷。内桥接线的特点是两进线之间具有断路器，两线间断路器正常运行情况下处于断开状态，当主回路进行检修时，断路器合上，使得另一条进线对负荷供电，保证了供电的可靠性。

若主变电所采用单母分段的接线方式，需要引入两个独立的 110 kV 的高压电源，并分别接入主变电所的两个变压器中。这两台主变压器独立运行，互不干扰，使城市轨道交通的运行不受影响。如图 2.2 所示为牵引供电系统示意。

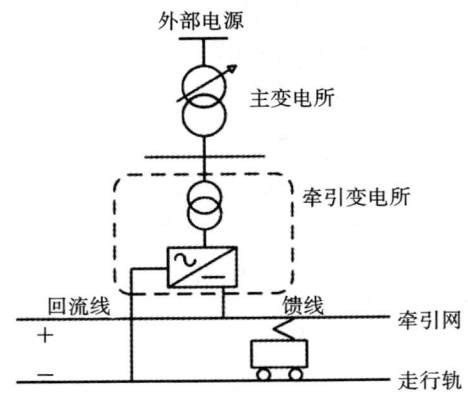

图 2.2　牵引供电系统示意

3. 中压环网

城市轨道中压电网由两条以上线路沿线电缆构成,是主变电所将 110 kV 高压降压为 35 kV 中压给牵引变电所和降压变电所、混合变电所供电的中间连接网络,也称中压环网。中压供电网络具有两方面作用,即纵向连接主变电所和各牵引变电所、降压变电所和牵混变电所,横向将整个线路所有的牵引变电所和降压变电所连接并供给电能。中压网络根据客户的不同,分为动力照明网络和牵引网络。前者为降压变电所供电,后者网络则为牵引变电所供电。中压环网主要考虑的衡量因素是网络承载的电压等级和组成形式。

中压网络电压等级的确定需要结合当地外部电源情况、所建线路长度以及客流量等多种因素决定。目前我国现行中压配电电压等级和国内既有线路主要采用 35 kV、20 kV 和 10 kV 等。近年来随着大家的探讨研究,公认 20 kV 最具发展前景。20 kV 等级配电设备和变电设备目前已经完全具备国内自主生产条件,为以后的推广使用奠定了坚实的工业基础。为了系统全面地了解各电压等级下的区别,如表 2.1 所示为不同电压等级的中压供电网络主要技术指标和综合指标。

表 2.1　不同电压等级的中压供电网络主要技术指标和综合指标

指标比较	35 kV 电压等级	20 kV 电压等级	10 kV 电压等级
供电线路长度之比	12.5	4	1
电缆压损之比	1	4	12.5

续表

指标比较	35 kV 电压等级	20 kV 电压等级	10 kV 电压等级
输送能力之比	3.5	2	1
线路功率损失	小	中	大
配电设备尺寸和变电所面积	较小	适中	小

在表 2.1 中,供电线路长度之比是在相同的压损、负荷和导线截面积下得出的;电缆压损之比是在相同的输送功率和导线截面积下得到的;输送能力则是在保证线路计算电流相同时比较的。中压网络电压等级越高,输送距离也越长,输送能力也越强,造成的压损越少,但相应的设备占地面积也越大,需要增加成本。

在不同供电方式下,中压网络的构成也有所不同。在集中式供电下,可以使用牵引和动力照明相互独立的形式,即牵引动力照明独立网络;同时也可以使牵引和动力照明共同使用同一中压网络,即牵引动力照明混合网络。而分散式供电只可以使用牵引动力照明混合网络的形式。目前这两种组成形式在我国不同的城市轨道交通中均有应用。牵引动力照明独立网络将 35 kV 电压等级网络给重负载牵引供电,10 kV 电压等级给动力照明负荷供电,两者相互独立、可靠性强。牵引动力混合网络整体性好,可充分考虑设备布置的相关问题。

4. 牵引供电系统

城市轨道交通类牵引供电系统包括牵引网和牵引变电所两部分。牵引供电系统将中压网络输送的 35 kV 电压等级的电源经牵引变电所降为 1500 V/750 V 的直流电源。1500 V 主要用于接触网,允许电压在 1~1.8 kV。750 V 主要用于接触轨,允许电压为 500~900 V。馈线将直流电源送至牵引网,列车运行时,通过受电弓从牵引网中获取电能,最后经走行轨回流至牵引变电所。牵引变电所与中压网络的接线方式有桥式接线和双 T 接线。目前普遍使用的是双 T 接线,两路回路同时使用,一主一备,形式简单,可靠性强。

将中压 35 kV 转换到接触网等级下的 1500 V/750 V 过程中,牵引整流机组发挥着极大的作用,它完成了交、直流和电压等级的转换,提供优质的直流电源。在整流过程中,谐波污染是不可避免的问题。目前,为了减少谐波含量,牵引供电系统往往选择加装电力电子器件组合而成的大功率 PWM 整流机组,通常使用 12 脉波或 24 脉波整流技术,输出谐波分量少以及电压波形好的直流电源。由于直流电压可调,四象限运行使系统能量可以双向流动,可改变功率因数等优点,将整流组应用到牵引供电系统中,还可实现牵引供电和制动能量的回馈利用。如图 2.3 所示,当列车正常运行时,PWM 整流机组与二极管整流机组处于并联运行整流工况,共同给接触网供电。当列车处于制动工况时,二极管组反向截止,PWM 整流机组处于逆变工况,将列车的制动能量输送至中压环网循环利用,实现了能量反馈,降低了整体的能量损耗。

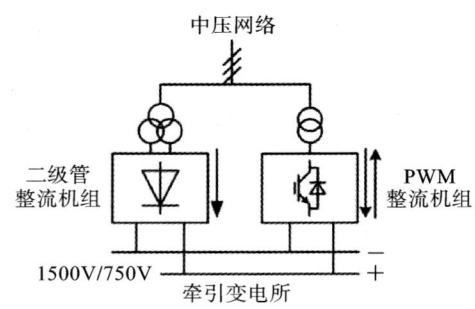

图 2.3 牵引变电所结构示意

PWM 整流机组由整流变压器和三相电压型 PWM 整流器组成,PWM 整流器是一种交、直流侧可控的可四象限运行的交流装置。要实现 PWM 整流器的四象限运行,可以通过控制 PWM 整流器交流侧电压的幅值和相位,进而控制网侧电流,通过网侧电流和电网电动势相位的不同实现相应的工况,在未来的工程应用将得到更多推广。

5. 动力照明系统

动力照明系统是供电系统给照明和动力设备所供电的网络的统称,主要有降压变电所、配电所和配电线路。降压变电所通过将中压网络供应的 35 kV 电压等级降压为 0.4 kV 交流电源,分配给内部的动力照明设备使用。

传统的动力照明设备中的动力设备主要有照明、自动扶梯、水泵、风机、空调暖通、自动售票系统、通信以及消防设备。依据《地铁设计规范》(GB 50157—2013)和负荷的重要程度,将负荷划分为三个等级。一级负荷应包括车站应急照明、通信系统、信号系统、火灾报警系统、变电所电源设施、站台区照明、防排烟风机、监控系统、用作应急疏散的防护门、扶梯、防淹门、排水水泵等设施,一级负荷通常使用双回路供电,互相独立。二级负荷包括非事故风机、污水泵、维修电源、办公照明和公共区域常规照明。三级负荷包括冷却设备机组、广告牌照明、用于清洁的机械设备。在上述所有设备中,一级负荷最为重要,当供电系统发生故障时,应优先为一级负荷供电,保证一级负荷的正常运行。

降压变压器接线方式通常为单母线分段的形式,降压所的两段母线由断路器断开,两个母线的电源相互独立,每个降压所均设置两台变压器,正常运行时分列运行,各自分担供电范围的负载;当其中一台故障或者检修时,自动切除三级负荷,另一台变压器承担全部一级、二级负荷。

动力照明中包括的许多电机、电源和变频装置使得在运行中产生了大量的无功损耗,使运行的功率因数降低,为了满足国家对用户功率因数的要求,需要进行无功补偿。

2.1.2 供电系统的设计原则

城市轨道交通供电系统的设计不但要保证电力用户(城市轨道交通车辆和动力照明负荷)用电的需要,提供安全、可靠、经济的电能,而且要保证城市轨道交通系统安全运营,防止各类走电失火事故及次生灾害发生。因此供电系统必须遵循一定的设计原则。

(1)城市轨道交通的电力用户应由牵引、降压或牵引降压混合变电所供电。对于地面或高架线路上的动力照明负荷,在条件允许时也可以由 380 V/220 V 市电供电或作为备用电源供电。

(2)城市轨道交通的供电系统应由可靠的、不间断的电源供电。作为国家电力系统一级负荷,其高压电源系统必须由两路及两路以上相互独立的电源供电,其中一路必须是专用路。动力照明系统中的一类负荷及通信、信号、自动化设备电源应有两路及两路以上供电。

(3)供电系统的设计应确定正常运行方式和非正常(事故)运行方式。牵引供电系统的正常运行方式是两路电源同时供电,接触网采用双边馈电或开式馈电;动力照明一类负荷的正常运行方式是两路电源同时供给负荷用电;正常运行方式下应保证各项技术经济指标满足国家标准或专业标准,非正常运行方式应保证城市轨道交通正常运营。

(4)供电系统的供电能力应保证城市轨道交通近远期发展要求。牵引供电系统应满足城市轨道交通高峰客流 2 h 且接触网一侧单边馈电或越区供电时的牵引用电需求。动力照明系统的供电能力,在采用两台变压器时其总容量应满足向同时工作的全部负荷供电,单台变压器容量(在另一台发生故障时)应保证向扶梯、排水装置、变电所自用电及全部照明负荷供电。采用单台变压器时其容量应保证最大运行负荷需求,备用电源应保证全部照明负荷。

(5)供电系统的设计应采取多种措施保证安全可靠地供电及安全运营。在变电所所址选择、设备选择、设备布置,建筑等方面要符合防灾和安全供电要求。电气设备的绝缘耐压水平、热稳定、动稳定、带电操作的机械寿命、分断短路电流及负荷电流的能力等方面均应留有余度。

(6)供电系统的设计应进行多方案的综合技术比较和经济技术分析,力争安全、可靠、经济。

(7)供电系统的设计应努力实现标准化、通用化,一条运营线路应力争选用一致的定型设备,做到一、二次结线简单一致,设备布置清晰,操作与检修安全方便,选用节能的定型设备。

(8)城市轨道交通供电系统从方案论证、可行性研究、初步设计到施工设计的各个阶段,最好选择同一个设计单位,尤其是同一条运营线路的供电系统的施工设计不可由多家设计单位分站、分区段进行。另外在供电系统的研究和设计施工中需要其他专业配合完成的事项必须及时与相关专业人员协商,达成一致意见,并监督相关专业人员按要求实施。

2.1.3 供电系统的用电负荷估算

轨道交通用电负荷由列车牵引负荷、系统负荷和车站、车辆基地及控制中心等辅助设施动力照明负荷组成。列车牵引负荷与车辆选型和系统设计运输能力相关,可以由式(2.1)估算。系统负荷主要包括通信、商业通信、信号、所用电、屏蔽门、综合监控、BAS、FAS、AFC、ACS等负荷。根据以往轨道交通的设计经验,此类负荷的用电需求相对比较稳定,每个车站平均为280~320 kW。车站等附属设施的动力照明负荷主要包括通风与空调负荷、扶梯/电梯负荷、给排水和公共区/设备区照明负荷等。此类负荷与车站的类型和规模密切相关,一般地下车站的通风与空调类负荷占车站负荷的40%~45%。

根据车站建设规模和功能需求,确定降压变电所的设置位置、数量和变压器的安装容量。在前期研究阶段,一般根据以往类似工程的设计和运营经验进行估算。例如,对于6辆编组的典型地下车站,一般在车站两端设置降压变电所(2×1250 kV)和跟随式降压变电所(2×800 kV·A);对于4辆编组的典型地下车站,一般在车站重负荷端设置降压变电所(2×1250 kV·A 或者 2×1600 kV·A);对于高架车站,一般设置一座降压变电所(2×630 kV·A 或者 2×800 kV·A)。

(1) 正线牵引负荷最大平均需用功率 P_{tm}。

$$\begin{cases} P_{tm} = nI_{av}U \\ n = \left(\dfrac{2L}{V} + t_u\right)H \\ I_{av} = aGN\dfrac{V}{U} \cdot \dfrac{1}{K_v} \times 10^3 \end{cases} \quad (2.1)$$

式中：P_{tm}——正线牵引负荷最大平均需用功率，kW；

n——全线运用列车数，列，一般由行车专业提供，也可以进行估算；

I_{av}——列车平均电流，A；

U——直流牵引网电压，V；

L——供电距离、两座牵引变电所间距或者线路长度，km；

V——列车旅行速度，km/h；

t_u——线路折返时间，估计为 0.1 h；

H——高峰小时列车开行对数，d/h；

a——车辆吨公里用电量，kW·h/(t·km)，与车辆本身的用电特性、线路坡度、曲线半径、附加阻力和平均站间距等因数相关，一般在 0.065~0.12 kW·h/(t·km)；

G——车辆质量，包括自重和乘客质量，t；

N——列车编组数；

K_v——电流转换系数，与列车带电运行时的电流波形有效系数有关，一般取值 1.15~1.25。

(2) 牵引负荷年需用用电量 W_T。

$$W_T = aGP_vY_h \quad (2.2)$$

式中：W_T——牵引负荷年需用用电量，kW·h；

P_v——列车的日运行里程，车公里；

Y_h 即一年的时间，天，按照 365 天计；

其他变量含义同式(2.1)。

(3) 全线动力照明负荷最大平均需用功率 P_{sm}。

$$P_{sm} = \sum_i P_{avm} \quad (2.3)$$

式中：P_{sm}——全线动力照明负荷最大平均需用功率，kW；

P_{avm}——车站动力照明负荷的平均最大功率，kW，地下车站、地面车站和高架车站的动力照明负荷有所不同，应该分类叠加。

此类负荷与当地的气候条件密切相关,特别是空调的设置要求,例如,根据南方地区的运营经验,典型地下车站(6 辆编组)的平均功率为 900～1200 kW。

(4)全线动力照明负荷的年需用用电量 W_s。

$$W_s = P_{sm}(t_d + 0.1t_n)Y_h \tag{2.4}$$

式中:W_s——全线动力照明负荷的年需用用电量,kW·h;

t_d——轨道交通日运行时间,h,国内一般为 18.5 h;

t_n——轨道交通夜间停运时间,h,一般为 5.5 h;

其他变量含义同式(2.2)和式(2.3)。

夜间负荷主要是应急照明负荷和一般维修类负荷,一般为白天运营负荷的 5%～10%。

2.1.4 供电系统设计方案

1. 外部电源及主变电站设置方案

轨道交通的用电负荷基本为一级负荷,而且用电量需求相对较大,如一条中大运量轨道交通的高峰小时需用功率一般为 6×10^4～10×10^4 kW。对于一般城市而言,轨道交通的用电负荷需求,均未列入既有城市电网的用电规划;而且根据《地铁设计规范》(GB 50157—2013)14.1.11～14.1.12 条款的要求,轨道交通的电源应为高可靠性电源。因此,在项目的前期研究阶段,应通过技术经济比较,确定工程的电源方案是集中供电方式还是分散供电方式,或者两者的结合。

若采用分散供电方式,必将挤占其他用户的电力资源。对于供电部门而言,一般要求轨道交通用电的电源直接接入城市电网的 110 kV 高压配电网络,因此轨道交通供电系统一般需要设置 110 kV 主变电站。但是,随着城市轨道交通线网规划的逐渐成熟,轨道交通的用电需求将会列入城市电网的规划中,分散供电或者合建 110 kV 主变电站,对于节约城市土地资源和电力资源是有益的。

在前期研究阶段,规划主变电站的容量、110 kV 电缆接入路径和 220 kV 变电站 110 kV 的出线间隔应获得城市供电部门的初步确认,主变电站的站址和 110 kV 电缆、中压电缆的出线廊道方案应获得规划部门的初步确认。

(1)主变电站规划设置的基本原则。

①主变电站的设置方案应从整个城市轨道交通线网的角度入手,实现轨道交通线网电源资源的共享。主变电站宜尽量设置在线路交会车站,具备向多条线路供电的条件。

②一座主变电站的供电半径,大运量线路一般不超过 15 km,中运量线路不超过 20 km,小运量线路不超过 25 km。

③主变电站的 110 kV 进线电源一般应为两路专线电源,在困难情况下为一路专线和一路 T 接。

④在任何运行状态(正常运行模式和故障运行模式)下,中压网络的电压损失不应大于额定电压的 5%。

⑤主变电站设置数量和容量应满足线网可靠性的要求:当一座主变电站解列退出运行时,其余主变电站的供电能力应能够满足该线路远期一级、二级用电负荷的用电需求。

⑥在规划阶段,主变电站的用地一般控制在 3000~3500 m^2,同时考虑电缆廊道和设备运输通道。

(2)主变电站规划的技术路线。

外部电源及主变电站设置规划是前期阶段供电系统设计工作的重点和难点,也是开展后期设计工作的基础。此阶段的工作需要与市规划部门和市供电局充分协调和沟通,成果报告需要市规划部门和供电局的确认。

2. 直流牵引供电系统方案

在前期研究阶段,牵引供电系统方案需要明确牵引供电制式、牵引网形式、牵引变电所设置方案。

根据国家标准,直流牵引供电制式主要有 750 V 和 1500 V 两种。随着直流牵引变电设备生产、制造技术的成熟,选择 1500 V 供电制式具有技术和经济优势。因此,对于新建的中运量、大运量轨道交通系统,一般选择 1500 V 供电制式。在我国,直流牵引供电系统一般采用牵引网供电、走行轨(钢轨)回流方式。牵引网的形式主要由架空接触网和接触轨两种基本类型:对于地下线路,一般选择刚性架空接触网;对于地面及高架线路,一般选择柔性架空接触网或者接触轨。

根据行车专业提供的系统最大设计运输能力,估算牵引变电所的设置方案和整流机组的容量。例如,大运量(6 辆编组)线路牵引变电所的容量一般为 2×3300~2×4400 kW,中运量(4 辆编组)线路牵引变电所的容量一般为 2×1800~2×2800 kW。

(1)牵引变电所设置的基本原则。

①在正常和故障(其中任何一个牵引变电所解列退出运行)运营模式下,牵引网的电压波动范围为 1000~1800 V,车辆供电电压水平大于 1000 V。初步设

计阶段牵引网的运行电压应控制在大于 1200 V。

②钢轨电位在正常和故障运营模式下,电压水平应满足《地铁设计规范》(GB 50157—2013)和《城市轨道交通直流牵引供电系统》(GB/T 10411—2005)的要求(小于 90 V 或者 120 V)。

③牵引变电所整流机组的容量应尽量沿线均匀配置。

④牵引变电所的设置和供电分区的划分应与线路配线相结合,满足行车各种正常和故障运营组织的需要。

⑤牵引变电所的设置应与车站的设置相结合,尽量设置在车站或者靠近车站,便于运营维护和管理。

⑥一般对于 6 辆编组列车运行的线路,两个牵引变电所间(牵引变电所设置在车站)的车站数量不应超过 2 座;对于 4 辆编组列车运行的线路,两个牵引变电所间(牵引变电所设置在车站)的车站数量不应超过 3 座。

⑦在正常运行时,对于 1500 V 供电电压,当 6 辆编组时(30 对/h),牵引变电所间的供电距离不宜超过 2.5 km;当 4 辆编组时(30 对/h),牵引变电所间的供电距离不宜超过 4 km。

(2)电压水平的计算。

直流牵引供电系统电压水平的详细计算,需要结合列车运行图,建立等效的时变等效电路模型,通过软件进行仿真计算。在前期研究阶段,可以通过简单实用的经验公式[参考《城市轻轨交通工程设计指南》《电气化铁道接触网》,见式(2.5)~式(2.7)],粗略计算牵引网的电压水平和钢轨电位,初步判断牵引变电所设置方案的可行性。

①单边馈电时最大瞬时电压损失 $\Delta U_{\max,1}$。

$$\Delta U_{\max,1} = I_{\max} Lr + (m-1)\frac{I_{av} Lr}{2} \quad (2.5)$$

式中:$\Delta U_{\max,1}$——单边供电时牵引网最大瞬时电压损失,V;

$I_{\max}$——列车运行最大电流,A;

L——供电距离、两座牵引变电所间距或者线路长度,km;

r——牵引网阻抗,包括牵引网和回流钢轨,Ω/km,一般刚性架空接触网的综合阻抗为 0.0278 Ω/km,柔性架空接触网的综合阻抗为 0.0331 Ω/km,1500 V 直流钢铝复合轨的综合阻抗为 0.014 Ω/km;

m——馈电区间内的列车数,$m=LH/V$,H 为高峰小时列车开行对数(d/h),V 为列车旅行速度(km/h);

I_{av}——列车平均电流,A。

②双边馈电时最大瞬时电压损失 $\Delta U_{max,2}$。

$$\Delta U_{max,2} = \frac{1}{4} I_{max} Lr + (m-1) \frac{I_{av} Lr}{8} \tag{2.6}$$

式中:$\Delta U_{max,2}$——双边供电时牵引网最大瞬时电压损失,V;

其他变量含义同式(2.5)。

③钢轨电位 U_{TE}。

$$U_{TE} = Z_0 I_{max} e^{-aL/2} \sin H[\alpha(L/2)] \tag{2.7}$$

式中:U_{TE}——钢轨电位,V;

Z_0——钢轨特征阻抗,$Z_0 = \sqrt{R_T/Y_{TE}}$,R_T 为钢轨单位长度纵向电阻(Ω/km),Y_{TE} 为钢轨单位长度泄露电导(Ω/km);

α——钢轨传播常数,$\alpha = \sqrt{R_T/Y_{TE}}$;

其他变量含义同式(2.1)和式(2.5)。

3. 中压网络方案

在前期研究阶段,供电系统设计需要确定中压网络的电压等级和基本主接线方案。在我国的城市中压配电网中,中压电压等级一般为 10 kV、20 kV 和 35(33)kV 等 3 种电压等级。10 kV 电源分布比较广泛,主要针对一般城市用电,难以满足轨道交通长距离、大容量的用电负荷需求。10 kV 配电网络一般与分散供电方式相适应。对于中运量、大运量的轨道交通工程,中压网络的电压等级一般选择 35(33)kV 供电制式。

轨道交通用电负荷随着线路延伸呈线性分布,牵引变电所和降压变电所一般设置在车站和车辆段。根据《地铁设计规范》(GB 50157—2013)14.1.11 款,供电系统中的各种变电所均应有两个电源,这两个电源可以来自不同变电所,可以来自同一变电所的不同母线,因此中压网络的主接线方案一般为双环网方案。双环网方案的实现方式,目前国内外差异比较大。国内一般采用断路器方案,变电所内单母线分段;国外采用负荷开关的比较多,接线比较简单。供电分区的划分主要分为大分区方案和小分区方案两类。在大分区方案中的一个分区中,串接车站变电所的数量比较多,一般 6~8 个车站。例如,设有两座主变电所的线路一般分为 4 个供电分区(如广州地铁 1 号线)。在小分区方案中的一个供电分区中,串接 3~4 个车站变电所。两种分区方案各有优劣。根据既有线路的运营经验,建议逐步采用大分区的中压网络接线方案。

2.2 通信系统设计

2.2.1 通信系统总体设计

城市轨道交通的通信系统，承载着运营管理中的语音、数据、图像和文字等各种信息，为确保行车安全、提高运输效率和现代化管理水平、提升旅客舒适度以及突发情况下提供应急处理手段等方面，提供重要的通信保障。城市轨道交通的通信系统应该建设成为一个安全可靠、功能合理、技术先进、经济实用并易于扩展的通信网络。因此，对于整个通信系统的方案设计，严格遵循以下原则：安全性、可靠性高；易维护，系统组成模块化；易扩展和升级；技术先进，符合国家标准、国际标准和技术要求。

城市轨道交通通信系统全部设计工作分为方案设计、初步设计（含概算编制及初步设计概算修改）、通信系统设备采购配合及设计联络、施工图设计（含BIM设计）、施工招标清单及施工图预算（含工程量清单）编制、施工及验收配合（含竣工图、缺陷责任期）；编制与现场相符的图纸，并对所涉及的设计变更进行归集整理，配合方案及设计变更，开展与相关接口专业设计的协调配合，提供技术支持，并服从设计总包总体管理。全线通信系统设计工作包括但不限于以下内容。

（1）专用通信系统设计。

①传输子系统。

②公务电话子系统。

③专用电话子系统。

④无线通信子系统。

⑤视频监视子系统。

⑥广播子系统。

⑦时钟子系统。

⑧通信电源及接地系统。

⑨智能监测系统。

⑩生产无线网。

⑪配合智慧轨道交通综合指挥管理系统接口方案。

(2)公安通信系统设计。

①公安计算机网络系统。

②公安无线通信系统。

③公安视频监控系统。

④公安通信电源及接地系统。

⑤一键应急响应系统。

⑥公安传输网络系统。

⑦公安有线电话系统。

(3)乘客信息显示系统(PIDS)设计。

乘客信息显示系统从结构上可分为以下子系统:分线中心子系统、车站子系统(含电子导引子系统)、车辆段子系统、车载子系统和无线网络子系统。其中车载子系统包括车载 PIDS 和车载 CCTV。设计内容包括但不限于下列内容。

①确定系统构成、系统及设备功能,进行技术比选,确定合理制式,并对主要设备选型、与相关专业系统的接口设计。

②蓝牙定位设计。

③分线中心、车站设计:设备配置、室内设备布置。

④编制招标用户需求书,提供招投标、合同谈判、设计联络服务。

⑤施工、安装、调试及验收等各阶段的全过程服务等。

⑥土建结构内预留预埋设计及施工配合。

⑦配合智慧轨道交通综合指挥管理系统接口方案。

⑧电子导引系统设计。

因公安通信系统具有保密性和安全性,下面结合粤港澳大湾区某轨道交通,仅对专用通信系统设计准则与思路展开详细探讨。

2.2.2　传输子系统

1. 设计准则

传输子系统用于控制中心与车站/车辆段、车站与车站/车辆段、控制中心与其他线路控制中心、公安指挥中心之间各种信息的传递(包括数字视频、音频信息、低速数据信息及高速数据信息等各种信息传输),是城市轨道交通专用通信网的基础。传输子系统的设计关键是高性能、无阻塞和高可靠性。

传输子系统是整个轨道交通通信系统的核心,它的方案设计有以下几个方面的关键要素。对于传输子系统的设计,必须严格遵循这些原则。

(1)可靠性。

建立一个地铁通信网,首要的应该是可靠性。作为通信网络的骨干,传输子系统应首先保证为其他子系统以及需要传输系统承载信息的其他系统可靠稳定地传输各类信息。在系统设计时,必须采用网络保护、设备保护、冗余配置等多种手段保证系统的可靠性。

(2)先进性。

传输网络系统应该是一个先进的开放型网络,支持各种协议的互联。选用国际先进的技术标准,保证系统具有较长的生命力和较强的扩展能力,满足将来系统升级和扩容的要求。

(3)实用性。

网络系统选用的硬件设备和软件系统应当具有良好的性价比,网络系统的日常管理和维护简单方便,经济实用,网络拓扑结构和技术符合实际应用的要求。

2. 设计思路

(1)对组网原则的考虑:传输系统采用光纤数字环路网络结构,任意一个节点失效不影响其他节点之间的业务通道通信,不能影响其他系统的业务切换时间要求(50 ms)。

(2)对传输制式的考虑:国内近年来开通的轨道交通线路采用的传输系统制式主要有增强型 MSTP、SPN、分组增强型 OTN 等。

(3)对组网结构的思考:本工程考虑采用 200 G 分组增强型 OTN 设备组网。本工程包含 1 座控制中心、1 座车辆段(内设备用控制中心)、2 座停车场和 31 个车站,共 35 节点。因此考虑组建以控制中心、车辆段(内设备用控制中心)、停车场、车站为环网的 4 个二纤双向自愈保护环,支持复用段共享保护环、SNCP、ODUk SNCP、MRPS 自愈保护方式。

(4)对承载业务特性的考虑:传输子系统承载业务的 IP 化已经是当今传输系统发展的一个趋势,业务均按照以太网(ethernet,ETH)通道考虑。

(5)对系统配置的考虑:全线部署分组增强型 OTN 设备,在控制中心设网管系统,对全线传输设备进行维护管理。不同方向的群路口应分别配置在不同板卡上。停车场、车站设备应至少预留 2 个业务板空余槽位,控制中心、备用控制中心(车辆段)设备应至少预留 4 个业务板空余槽位,并同时考虑业务板卡的通用性。

(6)对同步方式的考虑:本线在控制中心新设 BITS 设备,接引同步信号,预留其他线路接入能力。

(7)对光缆线路的考虑:双路由方案,形成环网结构。

2.2.3 公务电话子系统

1. 设计准则

公务电话子系统主要用于在建线路一期工程内部各部门间的电话联系,服务范围包括控制中心、车站、车辆段、公安派出所及沿线区间风井。公务电话子系统采用数字程控交换机组网,与城市市公用电话网连接,向地铁用户提供内部交互及国内、国际长途和传真、数据等多种电信业务。公务电话是城市轨道交通中应用最广泛的业务之一,整个系统设计关键是高可用性。

2. 设计思路

(1)对建设方式的考虑:本线接入扩容线网公务电话子系统软交换核心设备,从资源共享角度考虑,采用公务电话与专用电话合设的方案,技术上采用软交换设备组网。

近期容量依据机构设置、新增定员、有关的基础数据及经济技术等因素确定,远期容量考虑发展需要适当预留。

(2)对中继方式的考虑:各车站、车辆段与控制中心之间采用 IP 中继方式。

(3)对与公网联网的考虑:接入线网软交换中心并统一出局。

2.2.4 专用电话子系统

1. 设计准则

专用电话子系统是控制中心调度员和车站/车辆段值班员指挥列车运行和指导设备操作的重要通信工具,主要包含调度电话、局部电话、区间电话、站间行车电话和车站紧急电话五种应用。调度电话是用于控制中心调度长、列车调度员、环控(防灾)调度员、电力调度员和车站(车辆段)值班员、供电值班员、环控(防灾)值班员等与相关人员之间的专用电话通信。根据调度业务不同,调度电话可分成三种：列调-列车调度电话、电调-电力调度电话、环调-环控（防灾）调度电话。整个系统设计关键是高可靠性。

2. 设计思路

根据公务电话子系统的方案，本工程专用电话子系统采用与公务电话子系统合设的方案，但应优先保证专用电话子系统调度功能，软交换平台中的调度电话独立构成 IP 数字调度电话系统，而各站、车辆段/停车场内直通电话、站间行车电话纳入公务电话系统统一组网。

接入线网软交换平台，增设交换机、调度台及 IP 调度分机等，各车站、车辆段、停车场设置接入交换机和 IP 调度分机。

集中录音设备：在控制中心、车站、车辆段/停车场分别设置本地录音设备并接入线网既有集中录音系统，对专用电话调度语音、广播语音及重要的公务电话语音等语音信息进行录音。

2.2.5　无线通信子系统

(1) 对频率规划的考虑：与工程所在地无线电管理委员会（以下简称无委会）充分沟通，遵循当地无委会频率规划方案，并协助业主完成工程无线通信子系统频率规划方案及频率申请。

(2) 对系统制式的考虑：对 GSM-R、Tetra、LTE-M 三种技术方案进行比选。根据设计运行速度、运营模式、无线宽带速率及技术发展，推荐采用 LTE-M 技术搭建承载数字集群、CBTC、车辆状态信息的冗余的综合承载网。

(3) 对系统制式的考虑：国内近年来开通的轨道交通线路采用的无线通信子系统制式主要有 GSM-R、TETRA、LTE。中国城市轨道交通协会从 2015 年 3 月开始在城市轨道交通信号、通信领域推进 TD-LTE 技术的应用，由其组织编写的城市轨道交通车地通信系统（LTE-M）相关规范已正式发布。LTE-M 是针对轨道交通安全运营综合业务需求定制的专用通信系统，可通过综合承载技术整合 CBTC、CCTV、PIDS 和语音集群调度几大业务的传输，为车地无线传输系统的简化提供了便利。因此本线无线通信制式推荐采用 LTE-M 综合承载方案，通过传输系统提供的以太网通道在 LTE 核心网设备和基站之间传输基站基带信号。

(4) 对 LTE 建设的相关要求：LTE 传输网按照双网建设，通信专业承建 A 网（承载综合业务），信号专业承建 B 网（仅承载 CBTC 业务），区间各自敷设 1

根漏缆。

本工程无线通信子系统参照此原则进行设计。

同时,考虑到车载摄像机全高清全上传的大带宽需求,且车载 CCTV、PIDS 与 CBTC、语音集群调度业务重要性等级不同,本工程推荐 LTE-M 承载 CBTC、语音集群调度和列车运行状态信息重要性业务。车载 PIDS、CCTV 业务通过 PIDS 系统车地无线传输。

(5)对工程建设方式的考虑:LTE-M 系统主要包括核心网设备、BBU/RRU 等设备和轨行区(含区间、出入段/场线)天馈系统,并预留后期线路接入能力。

二次开发系统包括调度服务器、调度台、车载台、固定台、手持台、二次开发网管等设备及车站、区间风井、主变电站、车辆段、停车场天馈系统由通信专业负责建设,信号系统提供信号源。

(6)对组网方案的思考:目前各地新建及在建轨道交通无线通信子系统基本上都采用多基站小区制组网方案,本工程同样推荐该组网方案。

(7)针对全自动运行的考虑:根据全自动运行的功能要求,增加乘客服务调度,负责中心与在线运行列车上的乘客沟通,引导乘客疏散或解决现场问题;增加车辆监控调度,处理车辆检修相关事宜。在全自动运行模式下,每节车厢在车门处新增车载应急电话(车辆专业提供),经无线通信子系统实现乘客与控制中心的双向通信。无线通信子系统增加与列车控制与管理系统(train control and management system,TCMS)的接口,将车载无线设备状态信息送至车辆 TCMS,由 TCMS 将设备状态信息通过车地无线通道上传中心。

(8)手持台广播功能:无线通信子系统与广播子系统互联,实现无线手持台广播功能。

2.2.6 视频监控子系统

1. 设计准则

视频监控子系统包括运营视频监控系统和公安视频监控系统两个独立的系统,是调度员和车站值班员监视列车运行、掌握客流大小和流向、提高行车指挥透明度的辅助通信工具,也是列车司机在车站停车后监视旅客上下车、掌握开关车门时间的重要手段。当车站发生灾情时,电视监视系统可作为防灾调度员指挥抢险的指挥工具。本系统的设计关键是控制中心与公安指挥中心的双中心控制实现。

2. 设计思路

(1)对建设模式的考虑：由运营视频系统在车站统一设置摄像机和后台控制设备，运营视频监视系统仅在控制中心或重点站通过专业安防隔离设备与公安视频监视系统互联，保证了公安系统的安全要求。运营视频系统由运营公司统一进行管理维护。该建设方式可有效地解决公安系统的安全性问题、重复建设浪费投资问题和公安部门维护人员不足的问题。

(2)对建设方案的考虑：本工程采用全数字高清视频方案。

(3)对组网方式的考虑：考虑到视频监视系统需要为车站提供实时监视画面，为中心提供高质量数字视频画面，车站采用基于IP的数字传送方式，停车场、车辆段视频监视系统由安防专业实施。

(4)对存储方式的考虑：采用集中式云存储技术，存储于线网云平台资源池。视频存储(包括车载录像)应满足90天的存储要求。

(5)对上传编码格式的考虑：根据视频监视领域编码格式及相应产品的技术发展和成熟程度，经过对 H.264、H.265、M-JPEG、MPEG-2、MPEG-4 等编码格式比选，本线拟选用 H.265 编码格式。

(6)针对全自动运行的考虑：为满足全自动运行的技术要求，增加列车头尾的视频监视功能；增强车载视频监视联动功能(由 PIDS 系统实施)、行车沿线的视频监视联动功能。增加乘客服务调度，乘客服务调度员能够查看全线各车的车厢内图像、全线车站任意图像、线路沿线的视频监视和全线车辆前方、后方视频；增加车辆监控调度，车辆监控调度员能够查看全线各车站图像、线路沿线的视频监视和全线车辆前方、后方、内部的视频监视。

(7)对系统联动的考虑：根据需要，系统可与 FAS、ISCS、紧急电话、车门紧急解锁装置、乘客紧急报警装置等系统实现接口联动。

2.2.7　广播子系统

1. 设计准则

广播子系统在控制中心通过信号系统信息触发，向车站广播子系统传输相关信息。在列车运行正常情况下，车站广播子系统自动广播预定内容及有关信息。当列车运行不正常或特殊情况时，各车站值班员可自行启动广播子系统进行人工广播，待正常后，系统恢复正常的自动广播作业，广播子系统包括中心广播系统及车站广播系统。系统设计关键是与其他子系统的互联互通以及高可靠性。

2. 设计思路

（1）对建设方案的考虑：本工程采用数模结合的方案。数模结合广播子系统的控制设备处理都是数字信号，数字信号经数字功放放大后通过广播电缆传输至各扬声器。控制中心至各车站的语音及控制信号通过压缩编码变成 IP 信号通过以太网通道传输。

（2）对组网方式的考虑：广播子系统采用控制中心与车站/车辆段/停车场两级组网方式。

（3）系统定位：公共广播与防灾广播资源共享，平时用作公共广播，为轨道交通运营提供方便灵活的广播服务，紧急情况下用作防灾广播。

（4）对扬声器网覆盖范围的考虑：本系统扬声器网覆盖车站公共区域、员工区域、设备机房等防灾广播要求的覆盖范围。

（5）对与相关系统联动、联网功能的考虑：本系统可与 FAS、智慧轨道交通综合指挥管理系统、ATS、专用电话联动联网。

本系统具备无线广播功能，允许通过经过授权的无线手持台进行广播。

为了满足全自动运行模式下区间疏散的需要，本工程设置区间广播设备。区间广播设备由扬声器网组成纳入正线广播，并划分单独的广播分区。

2.2.8 时钟子系统

1. 设计准则

时钟子系统提供本线统一的时间信息，时钟子系统在控制中心向广播系统、电视监视系统、信号系统、AFC、SCADA、火灾自动报警、BAS 等系统及通信各子系统网管终端提供统一的标准时间信息，同时向乘客提供统一的时钟显示。因此时钟系统设计的关键是多系统的互通。

2. 设计思路

（1）对本线组网方式的考虑：时钟子系统为全线提供高可靠的时钟源，控制中心设一级母钟，车站及车辆段/停车场设二级母钟，中心一级母钟至车站/车辆段/停车场二级母钟的传输通道是由传输系统提供的传输通道。

(2)对同步校时信号的考虑:本工程采用主从同步。

(3)对系统方案的考虑:本工程在控制中心设置一级母钟,接收 GPS/BD 同步信号,用于提供同步时间信号,在车站、车辆段/停车场设置二级母钟。由于站台设置的乘客信息系统显示屏已具备子钟功能,故本线站台上不独立设置为乘客显示时间信息的子钟。

2.2.9　通信电源及接地系统

通信电源系统是通信其他系统的基础,对安全运营至关重要。本线推荐采用低压配电专业提供的 UPS 集中供电方案。

电源系统、接地要求必须安全可靠。

电源系统、接地设备必须技术成熟先进。

2.2.10　智能监测系统

智能监测系统对通信各子系统的网管告警信息统一管理,能提高运营维护效率。

智能监测系统独立于其他通信子系统,不会对其他系统造成潜在危险。

智能监测系统预留升级至全功能综合网管的能力。

本工程通信智能监测系统可在控制中心视需要扩容接入线网智能监测平台,本工程智能监测系统负责采集本线通信各子系统网管信息,设置网管终端、声光告警器等设备,对故障信息可以进行声音、光电显示告警,并可以根据故障等级显示不同的声、光信号。

2.2.11　生产无线网

Wi-Fi 6 的产品目前已经成熟商用,可以向下兼容 802.11 ac/n/g 等,同时还可以支持多种物联网拓展业务接入。结合当地轨道交通的现状,本工程推荐采用 Wi-Fi 6 技术组建生产无线网,跟进 Wi-Fi 7 及 5G 技术发展情况。

2.2.12　配合智慧轨道交通综合指挥管理系统接口方案

(1)接口总体原则。

①接入层面。

按物联标准进行设备接入或按系统方式接入。

②平台层面。

综合业务云平台应根据通信专业实际需求,为通信专业提供计算、存储、网络、安全等云资源。

轨道交通操作系统应为通信专业提供组件化开发工具和组件部署的中台环境。

通信专业应按照轨道交通操作系统规则并利用开发工具进行组件化开发,同时将组件部署在中台环境上。

③应用层面。

轨道交通操作系统应为通信专业提供应用软件开发工具,并提供应用软件的部署环境。

通信专业应按照轨道交通操作系统规则并利用中台上的组件进行软件的开发,同时开发的应用软件应部署在规定的环境上。

(2)视频监视系统(CCTV)与智慧轨道交通综合指挥管理系统接口。

①接入层面。

a. 接口内容:CCTV 专业应将 CCTV 设备状态信息、视频报警信息(含车站、段场和车载)、视频图像信息等传输给轨道交通综合指挥管理系统;CCTV 设备应接受轨道交通综合指挥管理系统的控制。轨道交通综合指挥管理系统实现对 CCTV 设备运行状态监视、CCTV 设备故障报警,可进行 CCTV 调用和切换控制、画面组合控制、CCTV 画面显示,并可根据运营场景,实现在日常、客控、阻塞、火灾等场景下对 CCTV 画面进行切换的联动控制。

b. 接口位置:车站/段场自动化设备室、控制中心综合业务生产云平台的数据机房配线架外侧和大屏幕设备间的大屏幕控制器视频接口处。

c. 接口类型:以太网接口和视频接口(大屏幕)。

d. 接口协议:双方协商后的通用、开放的接口协议。

②平台层面。

综合业务云平台应根据 CCTV 实际需求,为 CCTV 提供计算、存储、网络、安全等云资源。

轨道交通操作系统应为 CCTV 提供组件化开发工具和组件部署的中台环境。

CCTV 应按照轨道交通操作系统规则并利用开发工具进行组件化开发,同时将组件部署在中台环境上。

③应用层面。

轨道交通操作系统应为 CCTV 提供应用软件开发工具,并提供应用软件的部署环境。

CCTV应按照轨道交通操作系统规则并利用中台上的组件进行软件的开发,同时开发的应用软件应部署在规定的环境上。

(3)乘客信息显示系统(PIDS)与智慧轨道交通综合指挥管理系统接口。

①接入层面。

a.接口内容:PIDS专业应将PIDS设备状态信息等传输给轨道交通综合指挥管理系统;轨道交通综合指挥管理系统实现对PIDS设备状态监视。PIDS设备应接受轨道交通综合指挥管理系统的控制,轨道交通综合指挥管理系统可根据运营场景,实现在日常、客控、阻塞、火灾等场景下对PIDS显示画面的联动控制和设备开关控制。轨道交通综合指挥管理系统支持将ATS信息发送给PIDS系统进行显示,并能够实现编辑文本并发给PIDS系统进行播放。

b.接口位置:车站/段场自动化设备室、控制中心综合业务生产云平台数据机房配线架外侧。

c.接口类型:以太网接口。

d.接口协议:双方协商后的通用、开放的接口协议。

②平台层面。

综合业务云平台应根据PIDS实际需求,为PIDS提供计算、存储、网络、安全等云资源。

轨道交通操作系统应为PIDS提供组件化开发工具和组件部署的中台环境。

PIDS应按照轨道交通操作系统规则并利用开发工具进行组件化开发,同时将组件部署在中台环境上。

③应用层面。

轨道交通操作系统应为PIDS提供应用软件开发工具,并提供应用软件的部署环境。

PIDS应按照轨道交通操作系统规则并利用中台上的组件进行软件的开发,同时开发的应用软件应部署在规定的环境上。

(4)广播(PA)与智慧轨道交通综合指挥管理系统接口。

①接入层面。

a.接口内容:广播设备应接受轨道交通综合指挥管理系统的控制。轨道交通综合指挥管理系统实现对广播设备运行状态、广播区的占用状态监视,广播设备故障报警,可以选择广播区域进行广播控制。并可根据运营场景,利用相关信息(如行车、客流数据等)进行自动广播播放,实现日常、客控、阻塞、火灾等各种工况下广播的联动控制。

b.接口位置:车站自动化设备室、控制中心综合业务生产云平台数据机房配线架外侧。

c. 接口类型:以太网接口。

d. 接口协议:双方协商后的通用、开放的接口协议。

② 平台层面。

综合业务云平台应根据 PA 实际需求,为 PA 提供计算、存储、网络、安全等云资源。

轨道交通操作系统应为 PA 提供组件化开发工具和组件部署的中台环境。

PA 应按照轨道交通操作系统规则并利用开发工具进行组件化开发,同时将组件部署在中台环境上。

③ 应用层面。

轨道交通操作系统应为 PA 提供应用软件开发工具,并提供应用软件的部署环境。

PA 应按照轨道交通操作系统规则并利用中台上的组件进行软件的开发,同时开发的应用软件应部署在规定的环境上。

(5)通信传输系统(transmission system,TS)与智慧轨道交通综合指挥管理系统接口。

接口内容:通信系统为轨道交通综合指挥管理系统提供轨道交通综合指挥管理系统骨干网络所需的网络传输通道。

接口位置:在各车站、车辆段、停车场、控制中心通信设备房的 ODF 光缆配线架外侧。

(6)时钟系统(CLK)与智慧轨道交通综合指挥管理系统接口。

接口内容:时钟系统为轨道交通综合指挥管理系统提供标准时间对时信号。

接口位置:在控制中心通信设备房配线架外侧。

接口协议:双方协商后的通用、开放的接口协议。

(7)通信智能监测系统与智慧轨道交通综合指挥管理系统接口。

① 接入层面。

a. 接口内容:通信智能监测系统应将影响行车安全的关键设备告警信息传输给轨道交通综合指挥管理系统。

b. 接口位置:控制中心综合业务生产云平台数据机房配线架外侧。

c. 接口类型:以太网接口。

d. 接口协议:双方协商后的通用、开放的接口协议。

② 平台层面。

综合业务云平台应根据通信智能监测系统实际需求,为通信智能监测系统提供计算、存储、网络、安全等云资源。

轨道交通操作系统应为通信智能监测系统提供组件化开发工具和组件部署的中台环境。

通信智能监测系统应按照轨道交通操作系统规则并利用开发工具进行组件化开发,同时将组件部署在中台环境上。

③应用层面。

轨道交通操作系统应为通信智能监测系统提供应用软件开发工具,并提供应用软件的部署环境。

通信智能监测系统应按照轨道交通操作系统规则并利用中台上的组件进行软件开发,同时开发的应用软件应部署在规定的环境上。

(8)一键报警系统(YJBJ)与智慧轨道交通综合指挥管理系统接口。

接口内容:轨道交通综合指挥管理系统实现车站一键报警功能。

接口位置:车站自动化设备室配线架外侧。

接口协议:双方协商后的通用、开放的接口协议。

2.3 信号系统设计

2.3.1 信号系统简介

在城市轨道交通信号系统发展的一百多年历史中,共经历了两个发展阶段。在20世纪60年代以前,城市轨道交通信号系统基本上沿袭了大铁路的信号系统,由信号机、联锁设备、轨道电路、闭塞设备、机车信号、自动停车以及调度集中等传统的信号设备组成。这是城市轨道交通信号系统的第一阶段——传统信号系统阶段。

随着世界城市人口急剧膨胀,以及工业化程度的不断提高,人们对城市轨道交通的载客能力提出了越来越高的要求。缩短行车间隔是提高载客能力最有效的方法之一。自20世纪70年代起,世界上一些著名的信号厂商,如德国的SIEMENS、日本的HITACHI、法国的ALSTOM、美国的USSI和庞巴迪等相继推出列车自动控制系统(ATC)。城市轨道交通信号系统的发展处于第二阶段——现代信号系统阶段,这一时期的信号系统以轨道电路为信息传输的载体,传输信号控制信息基本实现了远程的调度集中控制。

最早的ATC系统采用固定闭塞制式,利用音频轨道电路来实现列车定位、速度码的传输,速度曲线为阶梯式。采用这种方式控制列车,其控制精度不高,舒适度较差。此外,由于闭塞分区长度按照最长列车、满载、最高允许速度、最不利制动率及最小列车运行间隔时间等条件严格设计,影响了行车效率。到了 21 世纪初,ATC 系统已经从基于轨道电路的固定闭塞系统发展到了采用先进的 CBTC 技术的移动闭塞系统。目前,基于移动闭塞系统经过多年的发展,在技术上已经趋于成熟,基于无线通信技术的移动闭塞系统在国内已较成熟。

在现代城市轨道交通中,随着行车密度的不断提高,运行间隔的缩短。轨道交通自动控制系统(以下简称信号系统)的地位越来越重要,它是地铁车辆安全、高效运行的重要保证。通常,信号系统的列车自动控制系统(ATC)由列车自动防护系统(ATP)、列车自动运行系统(ATO)和列车自动监控系统(ATS)3 个部分组成。

从结构上看,列车自动监控系统(ATS)运行于系统的最上层,是整个地铁运营的指挥中枢,用于监督和控制列车的运行状态,以满足列车高速、高密度运行的需要,实现列车运行自动化管理。ATS 和轨旁设备通信可以通过有线通信进行安全可靠连接,对运行列车的通信需要通过无线网络(distributed control system,DCS)进行数据的实时交换,在保证安全的前提下,实现 ATO 控制,尽可能缩短运行间隔,提供运行效率。

如图 2.4 所示为城市轨道交通信号系统。

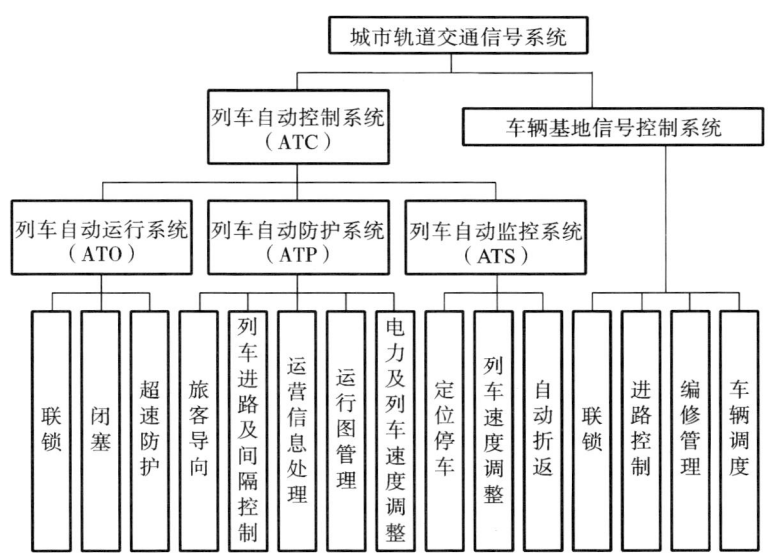

图 2.4 城市轨道交通信号系统

下面结合粤港澳大湾区某轨道交通,对信号系统设计进行研究。

2.3.2 信号系统设计内容与总体构成

1. 信号系统设计内容

一般来说,全线信号系统的设计工作主要包括以下内容。
(1)信号系统总体方案设计、初步设计。
(2)系统配置设计。
(3)系统功能设计。
(4)系统接口设计。
(5)系统应用需求设计。
(6)仿真培训系统设计。
(7)设备管理系统设计。
(8)网管系统设计。
(9)系统性能设计。
(10)系统安全设计。
(11)系统可靠性设计。

2. 信号系统总体构成

信号系统应采用完整的列车自动控制系统(ATC),该系统主要包括四个子系统:列车自动监控子系统、列车自动防护子系统、联锁子系统、列车自动运行子系统。四个子系统基于先进的通信信息交换网络构成闭环系统,可以充分发挥信号系统保证行车安全、提高运行效率、缩短行车间隔、提高运输能力和服务质量的作用,实现迅速、及时、准确的行车调度指挥和运输管理现代化,增强地铁运营系统对客流冲击的承受能力,并为旅客提供舒适、快捷、现代化服务。同时信号系统还包括维修管理子系统和培训子系统。

信号系统按地域可划分为五部分:控制中心/备用控制中心设备、正线车站及轨旁设备、车辆段(含试车线)/停车场设备、车载信号设备、综合维修/培训中心设备。设计应根据地域分布及各自功能要求合理配备信号设备。

本工程信号系统须兼容 CTCS-2+ATO 系统,考虑在与城际的接轨站设置 CTCS-2+ATO 系统与 CBTC 系统的控制模式切换,实现互联互通网络化运营需求。

2.3.3 信号系统降级模式与信号系统运用

1. 信号系统降级模式

信号系统应具有较高的安全性和可靠性，凡涉及行车安全的设备必须满足故障-安全的原则，主要行车设备的计算机系统应采用多重冗余技术。当主设备故障时，能够自动切换至次级设备，并给出相应的报警信息，主、次设备之间的转换应确保系统的连续性（包括控制与显示）。但在特殊情况下，系统可降级运营，直至设备故障排除。

降级运营分不同的控制等级，主要包括点式 ATP/ATO 控制方式和基于联锁降级控制方式。

点式 ATP/ATO 控制模式：当轨旁 ATP/ATO 设备故障或车载 CBTC 通信系统故障，导致系统失去车地间双向通信、故障区域内的列车不能按移动闭塞方式运行而启用降级系统时，车载设备完好，为保证行车安全并充分发挥车载 ATP/ATO 设备功能，降低此种情况降级模式下调度人员的劳动强度、提高降级运营设备的自动化程度及安全性，通过在线路上特定地点设置点式 ATP/ATO 设备，向车载 ATP/ATO 设备发送基于地面信号显示的运行权限信息，实现此种情况下的 ATO 或 ATP 模式驾驶。

基于联锁降级控制模式：基于联锁级的控制等级既适用地面设备故障情况，又能适用 CBTC 车载设备故障或未装备 ATP 的列车情况下的行车控制。在没有安装车载设备或车载设备故障的情况下，司机采用人工驾驶方式按照轨旁信号机的显示和线路限速信息行车。在信号联锁系统发生故障的情况下，降级模式可转化为电话闭塞法组织行车，完全由人工保证行车安全。

2. 信号系统运用

信号系统平常工作在 CBTC 控制状态，系统具有降级控制模式，必要时可以组织降级模式行车。信号系统平时采用控制中心自动控制，必要时中心调度员可实现人工控制，中心设备故障或通道故障以及运行需要时可转为车站自动控制或车站人工控制。

系统设计遵循左侧行车制的原则，正线、折返线、渡线、停车线、出入场线、场内、试车线及与其他线路的联络线均按双方向运行设计；正线正常运营方向具备 ATP、ATO 功能，正线反方向行车应至少具备 CBTC 级的 ATP 防护功能；其他正、反向作业均具备 ATP、ATO 功能。

系统具备车站定点停车功能并可与站台门接口,停车误差控制在 ±0.5 m,并确保正确侧车门的开启,当列车门或站台门没有关闭时,列车不能发车(站台门故障隔离时除外)。在自动驾驶和人工驾驶模式下,列车在站停车如超出了停车精度,则车门和站台门不能打开,列车必须以低于 5 km/h(暂定)的速度在人工驾驶模式下后退,而且最大后退距离不超过规定数值,若停到位,开启车门和站台门。在全自动驾驶和蠕动驾驶模式下,列车自动运行到车站停稳后,系统自动打开车门及站台门。列车进站停车时如超出了停车精度范围,则车门和站台门不能打开。若列车进站停车过标或欠标不大于 5 m(可设定),系统可自动控制列车进行对位调整 N 次(可设定):若调整到位,则开启车门和站台门;若列车经过 N 次调整后仍不能停车到位,应向中心进行报警,由人工远程介入进行控制或直接运行至下一站。若列车进站停车过标超过 5 m(可设定),则应向中心进行报警,由人工介入进行控制或直接运行至下一站。若列车进站停车欠标超过 5 m(可设定)系统控制列车继续运行对位停车。

正线除道岔区段、车站正方向发车位置、尽头线终点、降级模式下为满足必要的追踪间隔设置的区间通过信号机、折返进路终端、进入正线及联络线的入口处以及特殊运营组织需求设置的信号机等外,均不设地面信号机。一般 CBTC 模式下信号机显示为灭灯,列车运行以车载信号为主体信号,转为降级运营模式时亮灯。正线除尽头信号机、联络线分界信号机、出入段/场信号机常态亮灯外,其他信号机常态灭灯;车辆段/停车场信号机常态亮灯。

车辆驾驶模式设计包括全自动驾驶模式、蠕动驾驶模式、全自动远程限制驾驶模式、ATO 自动驾驶模式、ATP 监督下人工驾驶模式、限制人工驾驶模式、非限制人工驾驶模式。列车折返模式包括全自动驾驶折返模式、ATO 无人自动折返模式、ATO 驾驶折返模式、ATP 监督下的折返模式、限制人工折返模式、非限制人工折返模式。

正线、车辆段/停车场运行一般采用全自动驾驶模式,折返站及尽头线采用全自动驾驶折返模式。列车在停车场列检库完成唤醒动作后,驾驶模式可升级全自动驾驶模式。特殊情况下也可在正线与车辆段/停车场接口处设置的正线与车辆段/停车场转换轨处,完成驾驶模式升级。在车辆段/停车场牵出线处设置自动化区/非自动化区转换轨,进行驾驶模式转换。

各站正线正向发车口设倒计时发车计时器,指示司机列车到站停车时分。为节省投资,考虑到反方向运行是在特定条件情况下的特殊行车方式,站台反向发车位置不设反向出站信号机及发车计时器,仅设反向运营停车标,反向运营时司机凭车载信号显示及地面站台工作人员手信号指示行车。

各站站台及设备控制室均设紧急关闭按钮,遇紧急情况便于车站值班员或站台乘客按压,禁止车辆进入站台或车站接近区段,确保旅客生命财产安全。

正线车站 IBP 盘设扣车按钮,扣车功能不仅可以由车站值班员通过按压车站 IBP 盘扣车按钮实现,也可通过 ATS 终端实现该功能。

车控室 IBP 盘设置 SPKS(每个区间进入点设置 1 个)及相应表示灯;车辆段/停车场在 DCC 控制盘设置 SPKS 及相应表示灯,SPKS 设置须与车辆段/停车场围蔽方案匹配,共同确定 SPKS 设置位置及数量;工作站具有 SPKS 相应表示。运营及维保人员进入区间时需转动 SPKS,建立相应封锁区域,封锁区域外的列车不进入该区间,封锁区域内的列车制动停车或保持停止状态不发生移动。

原则上在车站每侧站台两端端部(公共区)各设置 1 个站台再关门按钮;站台值班员人工进行清客确认后或需要关闭车门时,按压站台关门按钮,关闭车门和站台门。

SPKS、站台再关门按钮的具体设置位置、数量可根据运营需求进行调整。

控制中心与车站或轨旁设备间通信通道采用光纤骨干网络,信号轨旁通信骨干网络采用环网或其他方式的冗余设计。车—地间信号系统传输通道可采用无线、波导管、漏缆或电缆交叉环线等方式实现,本工程建议采用漏缆作为车—地间信号系统传输介质。

2.3.4　系统安全性与可靠性

1. 系统安全性

轨道交通的主要服务对象是乘客,一旦发生行车事故,将造成交通严重堵塞,甚至威胁旅客的生命安全,社会影响极大,后果严重。因此无论采用何种制式的信号设备,在信号系统的设计中必须首先考虑系统的安全性和可靠性,以确保列车的安全运行和乘客的人身安全,保证轨道交通畅通无阻。

凡涉及行车安全的设备必须符合故障—安全原则,安全完整性水平应达到 SIL4 级。主要行车指挥设备的计算机系统及网络系统应采用冗余设计,联锁、ATP 等安全设备的计算机系统应采用"三取二"或"二乘二取二"的安全冗余结构。ATS 设备、ATO 设备安全完整性水平应达到 SIL2 级,车载 ATO 设备、车载定位设备应满足冗余配置要求。

数据传输设备对于列车控制系统非常重要,它必须覆盖整条线路且和所有列车通信。因此采用冗余的无线网络覆盖整条线路,这样的无线系统可以保证在线路上任何位置单个网络故障情况下保持列车与轨旁设备的不间断通信。

按照欧洲信号系统设计标准,平均无故障时间(mean time between failure,MTBF)应达到 10^5 h。整个信号系统安全设备导向危险侧的概率指标$\leqslant 10^{-9}/$h(h 为行车小时)。但是造成系统功能失效的故障一旦发生,则对运营的影响是巨大的。所以,应当在应用各种手段努力提高系统可靠性的基础上,考虑系统故障发生后,如何在最不利情况下使系统仍能保证列车安全运行,在系统结构设计中,应充分考虑系统故障出现后,系统的降级使用。

在车载系统的设计中采用目标距离控车原则,保证列车安全运营。

2. 系统可靠性

可靠性是指系统或产品在规定的时间、规定的条件下完成规定功能的能力。系统的可靠性由两个指标来衡量,平均无故障时间(MTBF)及平均修复时间(mean time to repair,MTTR),系统的可靠性是系统可以长期不间断运行的前提条件。

信号系统是地铁各业务系统中安全水平等级最高、运用要求最重要的系统。信号系统可靠性的研究对象包括系统、子系统、设备、装置、组合件、元器件等,系统可靠性受到子系统、装置、元器件的影响。

信号系统应确保高可靠性,保证连续不间断工作,各系统设备平均无故障时间(MTBF)值通常要求如下:ATS 设备$\geqslant 3.5 \times 10^3$ h;计算机外围设备$\geqslant 5 \times 10^4$ h;电源设备$\geqslant 10^5$ h;ATP/ATO 地面设备$\geqslant 10^5$ h;联锁设备$\geqslant 10^5$ h;地面有线网络设备$\geqslant 10^5$ h;车地无线通信设备$\geqslant 2 \times 10^4$ h;计轴设备的可靠性要求正确的平均计轴数$\geqslant 1 \times 10^9$ 轴,无故障工作时间$\geqslant 1.75 \times 10^5$ h;ATP/ATO 车载设备$\geqslant 1.5 \times 10^5$ h。

为了提高信号系统的可靠性,可以在系统的设计、设备的选用、设备冗余模式及操作、维修方法等多个方面进行改进。在系统设计阶段,一方面在保证系统功能和质量的前提下控制设备数量,另一方面在工程预算允许的情况下采用可靠性较高的设备冗余模式;在设备的选取阶段,选用可靠性高、质量信誉好的产品;在后期操作阶段,规范、严格操作程序,提供良好的工作和存储环境,减少其他外界因素造成的影响。

2.3.5 系统可维护性、设备标准化及系统可扩充性

1. 系统可维护性

信号系统设备及其主要元件应注重合理设计,以降低系统调整和维修次数。设备厂商应提供特有的测试工具、维护材料和维修维护方法,并采取故障隔离和诊断措施来减少设备恢复时间;应采用合理的维修/置换策略以及对在线维修措施和维修支持设备的优化使用,来降低故障时间;应为运营维护人员提供一定的培训,执行维护任务时只选用通过培训且具备所需技能的维护人员,以保证系统高度的可维护性。

系统应能监视所有子系统设备状态和运行状况,并对设备运用情况、故障报警信息进行存储、分类、查询、回放和打印。数据存储结构设计在充分考虑其合理、规范的基础上,应具有可维护性,对数据库表的修改维护可以在很短的时间内完成。

信号系统设备应具备故障告警功能,满足远程诊断及告警到板级的要求,配备完善的维护管理设备,满足系统维护人员及时发现故障、远程诊断故障和及时组织人员维修的要求。

信号系统维护采用的维修管理模式,预防维修为主,故障维修为辅,通过信号系统自动诊断设备,实现计划修、状态修和预防修,减少故障修,减少维修人员配置,降低维修成本。

为减少信号系统维护量,设备厂商应制定合理的维护、更换策略并配置在线维护支持设备,减少设备故障停机时间,最大化系统平均无故障时间。

2. 设备标准化及系统可扩充性

信号系统内相同功能的元件在电气上和机械上都应具有充分的可互换性,而无须修整或调整。

信号系统使用的所有材料、零部件和元器件都应该标准化。所有批量生产的设备、零部件和元器件均应是标准产品。

系统设备的可互换性和标准化,方便于信号系统的维护。

工程的信号系统设计的系统应采用计算机技术、网络技术、数据传输技术,设备标准化,硬件结构模块化,便于系统功能的扩展,充分保证能够将今后增加的新设备和新功能简单方便地与原有系统相结合。

安装在车上、沿线轨旁、车站和控制中心的设备,在设计时应留有扩展能力,以适应远期扩展。设备厂商应在系统设计中进行相应考虑,在满足本工程要求的运行能力要求的基础上,系统的容量应配置一定的余量,以便充分满足长期运行需求。

系统各硬件模块间没有复杂的总线控制逻辑,彼此间通过高速串行总线进行信息交换,车站各计算机和控制系统也都留有充足的标准化插槽,方便增加标准硬件设备,以满足今后的扩容要求。

系统软件应采用国际主流的操作系统、网络管理系统、数据库管理系统和开发工具,可跟随国际计算机及网络技术的发展及运输的实际需要对系统进行升级。应用软件采用的结构和程序模块化构造,应充分考虑根据需要修改模块、增加新的功能以及重组系统结构,以达到程序可重用的目的。

在满足实用性原则的基础上,结合实际情况,选用先进的设备,力争将系统的技术水平定位在一个高层次上,以适应现代轨道交通发展的需要。

系统建设为适应行业发展,在整体设计、设备配置、通信方式、管理方式、维护方式等方面具有一定的先进性,采用国际标准的同时又是成熟的技术。

信号系统软件、硬件的标准模块化设计,有利于今后信号系统功能和范围的扩展。信号系统设计应考虑预留远期工程接口条件,且满足与衔接线路及规划线路信号系统接口要求。

2.3.6 电磁兼容

电磁兼容(electro magnetic compatibility,EMC)是指系统或设备在所处的电磁环境中能正常工作,同时不对其他系统和设备造成干扰。

随着轨道交通自动化程度不断提高,电子设备高度密集,为了保证轨道交通的安全高效运行,对各电子系统电磁兼容性要求越来越高。轨道交通电磁兼容显得尤为重要。

(1)电磁兼容设计的思路。

①电磁兼容设计应首先保证施工、运营维护人员以及乘客的安全。

②电磁兼容设计应着重保护行车安全直接相关系统不受其他系统电磁干扰。非安全系统应绝对服从安全系统的电磁兼容要求。

③电磁兼容设计应与工程设计同步进行。由于电磁兼容涵盖工程的不同专业、不同领域,各系统工程设计应同时进行电磁兼容性设计。

④电磁兼容的设计要有针对性,城市轨道交通地下空间狭小,各类设备安装

紧凑,产生电磁兼容问题的概率大于正常的地面安装,应根据其特点进行设计。

(2)电磁兼容设计目标与解决途径。

①设计目标。

电磁兼容的设计目标是在区域内各系统、设备能正常工作,不对其他系统、设备、人员或其他生物造成不良影响。

鉴于各系统在设计时已经考虑各系统的电磁兼容问题,本部分电磁兼容设计主要负责与信号相关的电磁兼容问题。

②电磁兼容工程解决方法。

信号的电磁干扰源主要包含外部干扰源和内部干扰源。

a. 外部干扰源的处理。

外部干扰源主要有牵引供电强电设备、变配电低压设备以及 FAS、BAS、AFC 等弱电设备。各干扰源系统需要根据通信信号系统特点进行电磁兼容工程处理。

b. 内部干扰源的处理。

信号系统内部干扰源是相互的,信号子系统内的电磁骚扰有可能构成内部电磁干扰。内部干扰源具有相互干扰的特点。根据内部各子系统的互干扰特性,需要采用关键问题法进行分析解决。采取相互协调的解决方法,主要是要先保障与运营安全直接相关的系统,如信号系统的绝对安全。

③信号系统电磁兼容工程解决方法。

a. 信号系统抗干扰的处理。

信号系统从设备选型到工程设计,应尽量采用隔离、屏蔽、去耦合、接地等手段提高系统的抗电磁干扰的能力,并且保证抗电磁干扰能力是可以测量和认证的。

b. 其他系统对信号系统电磁抗干扰的处理。

轨道交通内将有很多其他系统对信号系统存在电磁干扰威胁,为解决有关信号系统电磁兼容问题,需要对相关系统进行电磁兼容分析和限制。

首先,应该对各电磁潜在干扰源进行电磁兼容认证和分析,采取必要的防护和限制措施。其次,需要重点考察可能对信号系统构成干扰的系统。在工程设计、设备采购、工程实施等各个环节需要严格考虑信号系统的安全,保证绝对不能干扰信号系统。

电磁兼容解决方法,将根据各系统具体方案及设备选型在下一阶段进行细化。

2.4　火灾自动报警及气体灭火系统设计

2.4.1　火灾自动报警系统设计

1. 火灾自动报警系统基本组成

火灾自动报警系统(FAS)由火灾监测和联动控制两部分组成,也叫火灾自动报警监测系统。火灾探测与报警系统基本设计如图2.5所示。

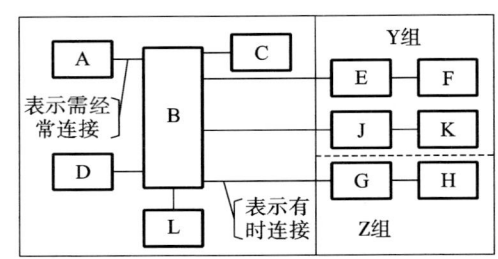

图 2.5　火灾探测与报警系统基本设计

A—火灾探测器;B—控制和指示设备;C—报警装置;D—手动报警点;
E—火警发布装置;F—火警接收装置;G—自动消防设备控制装置;H—自动消防设备;
J—故障报警装置;K—故障报警接收站;L—电源;X组—近处报警要求设备;
Y组—外援用附加设备;Z组—近处自动消防设备要求的附加设备

《火灾自动报警系统设计规范》(GB 50116—2013)规定,火灾自动报警系统的基本组成是触发器、报警装置、警报装置及电源。

(1)触发器。

火灾自动报警系统中产生报警信号的器件称为触发器,主要包括火灾探测器和手动火灾报警按钮。火灾探测器是火灾自动报警系统中应用量最大、应用面最广的基本触发器件,不同类型适用不同火灾及不同场所,实际应用中按有关标准合理选择。手动火灾报警按钮是手动方式产生报警信号、启动自动报警系统的器件,也是火灾自动报警系统中不可缺少的组成部分。

(2)报警装置。

报警装置是火灾自动报警系统核心部分,主要接收、显示、传递火灾报警信号,发出各种指令,实现消防自动控制及其他辅助功能,使用较广泛的是火灾报警控制器。

（3）警报装置及电源。

火灾自动报警系统中，发出区别于环境声、光的火灾警报信号装置称为火灾警报装置。火灾警报器是基本的火灾警报装置，它以声、光及音响等方式向报警区域发出火灾警报信号，警示人们采取安全疏散、灭火救灾措施。

火灾自动报警系统属于消防用电设备，其主电源应当采用消防电源，备用电源采用蓄电池。系统电源除为火灾报警控制器供电外，还为与系统相关的消防控制设备等供电。

对火灾自动报警系统而言，其主要研究方向就集中于火灾探测器、火灾报警装置和火灾报警系统结构设计形式等方面。

2. 火灾探测器

（1）火灾探测器基本特征。

①火灾探测器基本功能。

火灾探测器指用来响应其附近区域由火灾产生的物理或化学现象的探测器件，结构形式有两种：点型火灾探测器主要响应传感器附近火灾产生的物理或化学现象，而线型火灾探测器响应某一连续线路附近火灾产生的物理或化学现象。

火灾探测器在火灾发生时接收的火灾信息，与火灾参数、火灾发展过程、测量点位置以及周围环境有关。火灾信号测量就是探测器内部敏感元件与燃烧产生的火灾参数相互作用，并在探测器内部发生能量转换，经电子或机械方式处理，最后将处理结果直接或判断后传输给报警控制器的过程。

火灾探测器工作原理如图2.6所示。火灾信号 F 借助传感器或测量元件转换成测量值 M，经过测量信号处理电路生成用于火灾判断的数据处理结果量 Y，最后由判断电路产生开关报警信号 S。对于某些直接产生模拟信号的火灾探测器，产生的模拟量信号 Y 直接传输火灾报警控制器，由火灾报警控制器实现判

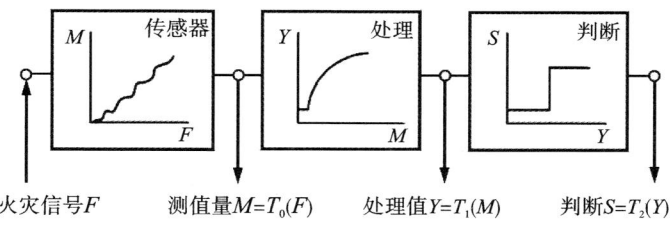

图 2.6　火灾探测器工作原理

断功能。但是某些无火灾环境下,环境噪声可能影响火灾传感器或测量元件输出信号,产生较大环境噪声测量值 M,引起误报警,因此火灾探测器要有一定自适应能力。

②火灾探测器种类。

火灾探测器种类取决于火灾探测方法,而火灾探测方法又以燃烧时各种火灾现象为依据。普通燃烧首先产生燃烧气体,并引燃产生烟雾,再逐步达到完全燃烧,产生火焰、光,释放大量的热,可燃物典型起火过程如图 2.7 所示。

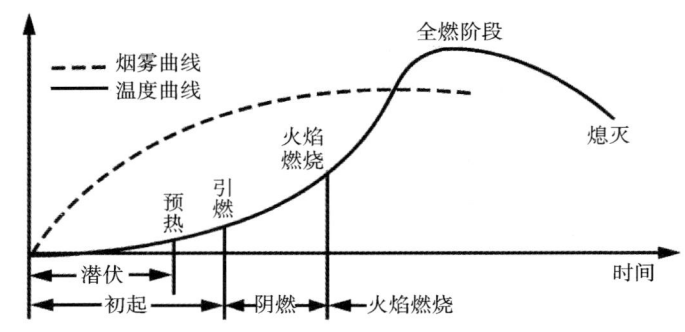

图 2.7 可燃物典型起火过程

火灾初起和阴燃阶段时间较长,产生大量烟雾,但环境温度不高。火焰燃烧阶段火势迅速蔓延,形成火灾,烟雾量相对减少并趋于饱和,燃烧热量使周围环境温度产生较大变化。全燃阶段产生强烈火焰辐射,含有大量红外线和紫外线。

另外某些环境下,油品、液化烃等非普通可燃物起火迅速,瞬间达到全燃阶段,很少有烟雾遮蔽。而可燃气体或易燃液体蒸汽在一定浓度范围内,由点火源作用会轰燃或爆炸。

分析火灾特点,以燃烧中能量转换和物质转换为基础,并考虑其他因素,就有烟雾探测、温度探测、可燃气体探测和火焰光探测等不同探测方法,还有根据烟雾、火焰形状或燃烧声音探测火灾的图像、声音探测法。具体火灾探测器种类如图 2.8 所示。

(2)火灾探测器结构原理。

①感烟火灾探测器。

a. 粒子感烟火灾探测器。

粒子感烟探测器利用放射性同位素 α 释放射线,将空气电离产生正、负离子,使电离室内空气具有一定导电性,在电场作用下形成离子电流。当烟雾进入电离室,表面积较大烟雾粒子吸附带电离子,产生离子电流变化,这种离子电流

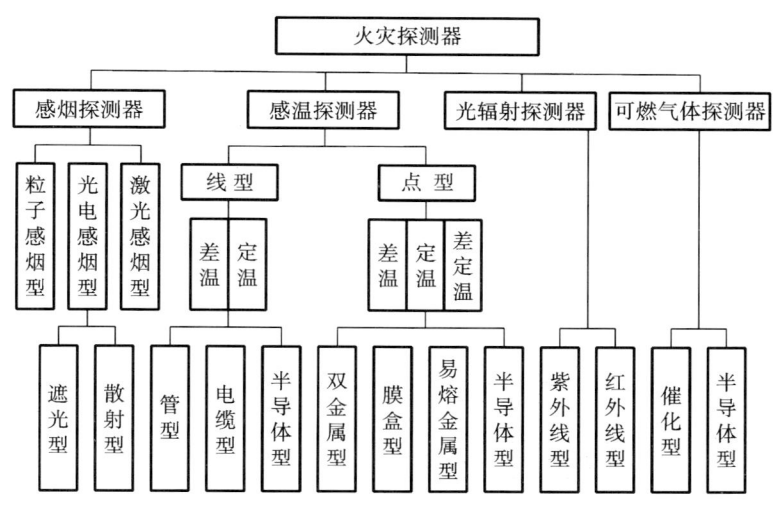

图 2.8　火灾探测器种类

变化与烟浓度有直接线性关系,并用电子线路加以检测,从而获得与烟浓度有直接关系电信号,用于火灾确认和报警。其核心传感器件——感烟电离室,其结构及电流特性如图 2.9 所示。其典型结构有双源式和单源式两种。

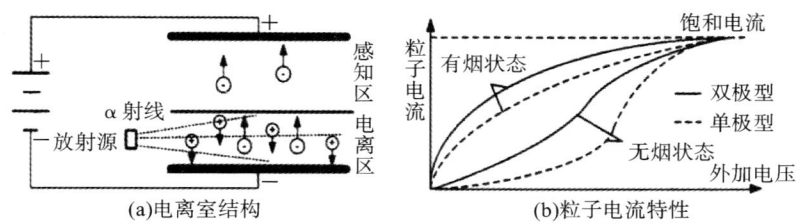

图 2.9　感烟电离室结构及粒子电流特性

双源式粒子感烟式探测器电路原理及工作特性如图 2.10 所示,开、闭室结构反向串联,检测电离室工作在特性灵敏区,补偿电离室工作在其特性饱和区。火灾探测器无烟时工作点为 A,烟雾进入时,火灾探测器工作点为 B,形成电压差 ΔV,其大小反映烟雾粒子浓度大小,进而确认火灾发生和报警。此结构可以减少环境温度、湿度、气压等变化对离子电流的影响,提高火灾探测器环境适应能力和工作稳定性。

单源式粒子感烟式探测器电路原理如图 2.11 所示,检测电离室和补偿电离室由电极板 P_1、P_2 和 P_m 构成,共用放射源。火灾探测时,探测器检测电离室和补偿电离室都工作在特性曲线灵敏区,利用 P_m 极电位变化量大小变化反映进入烟

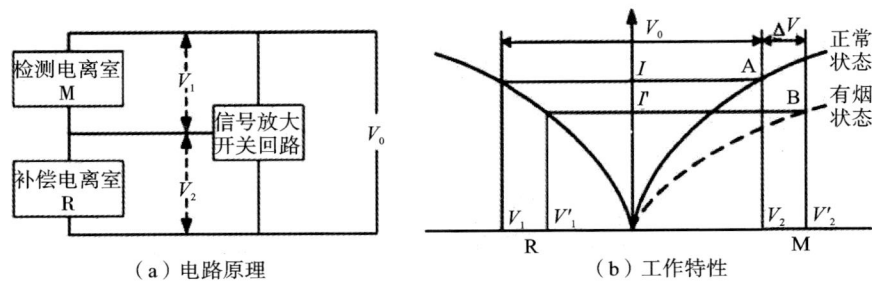

图 2.10 双源式粒子感烟式探测器电路原理及工作特性

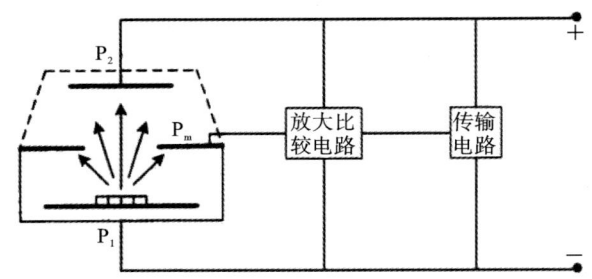

图 2.11 单源式粒子感烟式探测器原理

雾浓度大小变化,实现火灾探测和报警。

单源式离子感烟探测器的两个电离室结构基本敞开,受环境条件缓慢变化影响相同,提高了对环境中微小颗粒缓慢变化的适应能力,特别是抗潮能力。

b. 光电感烟火灾探测器。

光电感烟火灾探测器根据火灾产生的烟雾颗粒对光线的阻挡或散射作用,使光敏元件发生特性变化,进而产生电流变化来实现火灾探测,有减光式和散射光式两种(图 2.12)。

减光式原理如图 2.12(a)所示,进入检测暗室的烟雾粒子吸收和散射光源发出的光,减少光通量,降低受光元件上产生的光电流。光电流相对于初始标定值的变化量大小,反映了烟雾的浓度大小,因此可实现火灾探测和报警。

散射光式原理如图 2.12(b)所示,进入暗室的烟雾粒子使发光元件发出的光产生散射,处于一定夹角位置的受光元件(光敏元件)阻抗发生变化,从而产生光电流。此光电流的大小与散射光强弱、烟粒子的浓度、粒径大小及着色与否有关。当烟浓度达到一定值时,散射光的能量就足以产生激励电流,从而对处理电

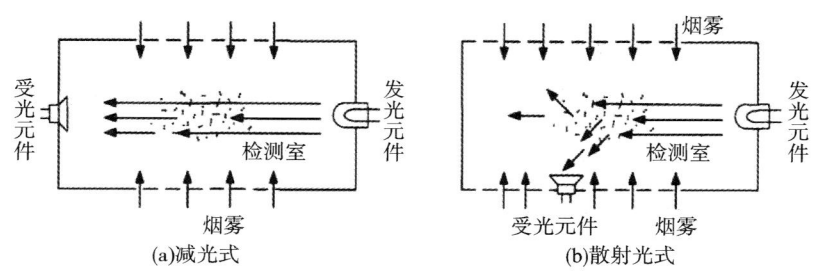

图 2.12 光电感烟火灾探测器原理

路发出火灾信号。

② 感温火灾探测器。

感温火灾探测器通过热敏元件与电子线路感应燃烧释放热量引起环境温度升高或其变化率大小探测火灾。热敏元件有电子测温元件（热敏电阻）、双金属片、感温膜盒、热电偶等。探测器主要有定温和差温两种。

a. 定温式火灾探测器。

当火灾引起温度上升超过某个定值时，定温式火灾探测器启动报警。例如不同物质材料热膨胀系数不同，当温度上升后，热传感元件产生变形，膨胀系数越大的材料产生变形越大，从而使正常情况下分离的两个触点靠近，到达一定程度就会接触，进而启动报警装置。这种探测器设有调整装置，以满足一定范围内的调整，在环境温度恢复正常后，金属片可复原，探测器可重复使用。此外，还有利用低熔点（易熔）金属火灾时温度升高达到熔点被熔化脱落的特性，使机械结构部件动作（如弹簧弹出、顶杆顶起等），造成电触点接通或断开，以及电子式定温探测器利用热敏电阻受温度作用自身特性变化来改变电路中信号特征，以实现报警功能。

b. 差温式火灾探测器。

差温式火灾探测器是在规定时间内，火灾引起的温度上升速率超过规定值时启动报警，主要感温元件有空气膜盒、热敏半导体电阻元件等。

感温式火灾探测器按监测区域分为点型和线型，按工作原理分为机械式和电子式等。其中电子式探测器探测部分为半导体电子电路，其反应灵敏、报警准确。

另外，将定温和差温两种作用原理结合的差定温式火灾探测器，兼有两者功能。若某一功能失效，则另一功能仍起作用，提高了火灾监测的可靠性。

③其他火灾探测器。

a. 感光式火灾探测器。

感光式火灾探测器是用光敏元件与电子线路感应火焰光的辐射(红外线和紫外线)来探测火灾现象。这类探测方法用于火灾发展过程中的火焰发展和燃烧阶段。

紫外感光探测器的敏感元件是紫外光敏管,就是在玻璃壳内装两根高纯度钨丝或银丝制成的电极,并充定量氢气和氮气。当电极接收到紫外辐射时,就会发射出电子,并在两极间电场作用下加速运行,碰撞气体分子使其电离,电离后的正、负粒子又被加速,使更多气体分子电离,从而在极短时间内造成"血崩"式放电过程,使紫外光敏管由截止状态变成导通状态,驱动电路启动报警装置。紫外光敏管输出功率大、耐高温、寿命长、反应快速、可在交直流电压下工作等特点。

红外感光探测器利用红外光敏元件的光电导或光伏效应来探测低温产生的红外辐射,再转换成电信号,通过多级放大电路后,形成启动报警器的电流或电压。自然界中物体高于绝对零度都会产生红外辐射,所以用红外辐射探测火灾时,应该考虑物质燃烧时火焰间歇性闪烁现象,以区别背景红外辐射。

b. 可燃气体火灾探测器。

可燃气体火灾探测器按传感器不同分为热催化型、热导型、气敏型和三端电化学型。

热催化型利用可燃气体在有足够氧气和高温的条件下,在铂丝催化元件表面无焰燃烧引起铂丝元件电阻变化而达到探测可燃气体浓度。

热导型利用被测气体与纯净空气导热性差异以及在金属氧化物表面燃烧特性,将被测气体浓度转换成热丝温度或电阻变化来测定气体浓度。

气敏型利用灵敏度较高的气敏半导体元件吸附可燃气体后电阻变化特性来测量和探测可燃气体。

三端电化学型利用恒电位电解法,在电解池安置三个电极并施加极化电压,以透气薄膜将电解池同外部隔开,被测气体透过此薄膜达到工作电极,发生氧化还原反应,使传感器产生与气体浓度成正比的输出电流,达到探测目的。

3. 火灾报警控制器

火灾自动报警系统中,火灾探测器是系统"感觉器官",监视周围火灾情况,火灾报警控制器则是系统的"躯体"和"大脑",是系统的核心。火灾报警控制器监测探测器故障状态,保证探测器长期、稳定、有效工作。发生火情后,接受探测器报警信号,迅速、正确进行数据处理,指示报警部位及时间,执行相应辅助控制等。

火灾报警控制器除具有控制、记忆、识别和报警功能外,还有自动检测、联动控制、打印输出、图形显示、通信广播等功能。其功能大小是评价火灾自动报警系统技术构成、可靠性、稳定性、性价比及整个系统先进性的重要指标。

(1)火灾报警控制器分类。

①按用途分类。

a.区域火灾报警控制器。区域火灾报警控制器用于火灾探测器监测、巡检、供电,接收监测区火灾探测器报警和故障信号,并转换为声、光报警输出,同时显示火灾或故障位置等。主要功能有火灾信息采集与信号处理,火灾模式识别与判断,声、光报警,故障监测与报警,火灾探测器模拟检查,火灾报警计时,备电切换和联动控制等。

b.集中火灾报警控制器。集中火灾报警控制器用于接收区域火灾报警控制器报警信号或设备故障信号,显示火灾或故障部位,记录火灾信息和故障信息,协调消防设备联动控制及构成终端显示等。主要功能包括火灾报警显示、故障显示、联动控制显示、火灾报警计时、联动控制实现、信息处理与传输等。

c.通用火灾报警控制器。通用火灾报警控制器兼有区域和集中火灾报警控制器功能,小容量可作为区域火灾报警控制器使用,大容量可独立构成中心处理系统。形式多样,功能完备,按特点可用作各种类型火灾自动报警系统中心控制器,完成火灾探测、故障判断、火灾报警、设备联动、灭火控制及信息通信传输等功能。

近年,火灾探测报警技术飞速发展,多层总线制数字网络功能的智能化火灾探测报警监测系统逐渐应用,许多情况火灾报警控制器不再分为区域、集中和通用三种,而统称为火灾报警控制器。

②其他分类形式。

除按用途分类外,还有按容量分类的单路、多路火灾报警控制器,按使用环境分类的陆用、船用火灾报警控制器,按结构分类的台式、柜式、壁挂式火灾报警控制器,按防爆性能分类的防爆、非防爆型火灾报警控制器等。

(2)火灾报警控制器工作原理。

火灾报警控制器基本原理见图2.13。对输入单元而言,集中报警控制器与区域报警控制器有所不同。区域报警控制器处理的探测信是各种火灾探测器、

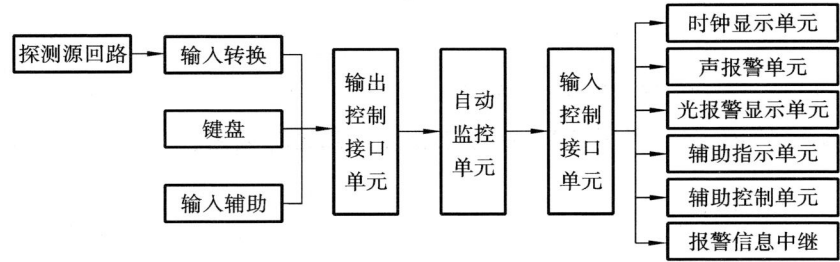

图 2.13　火灾报警控制器基本原理

手动报警按钮或其他探测单元输出信号,而集中报警控制器处理区域报警控制器输出信号。

区域火灾报警控制器是按一定时间周期顺序对每个火灾探测器进行检测的,检测内容包括火灾探测器工作情况是否正常、火灾探测器监测区域内是否存在火警情况等。火灾探测器将监测到的烟、温度、火焰光等火灾信号转变成电流信号输出给区域火灾报警控制器,经过报警控制器分析、判断处理后,确认火警或故障信号,并将信息传送到集中火灾控制器,同时启动声光警报装置等。对某些带有联动控制功能的区域火灾报警控制器,在确认发现火情、发出火灾报警信号后,可启动联动系统。

集中火灾报警控制器是按一定时间周期对系统中每一台区域火灾报警控制器进行检测的,可查询区域火灾报警控制器自身状态信息和存储的报警信息等。一旦发现问题或接收到报警信息并确认后,即发出相应的联动控制指令,启动消防联动控制设备进行火灾扑救工作等。

(3)火灾报警控制器功能要求。

火灾报警控制器对火灾探测器输出信号采集、处理、火警判断及报警,其常态是监测火灾探测器回路变化,遇到火灾报警信号时执行相应操作。主要功能如下。

①故障声光报警。当火灾探测器回路断路、短路、火灾探测器自身故障、系统自身故障时,火灾报警控制器均应进行声光报警,指示具体故障部位。

②火灾声光报警。当火灾探测器、手动报警按钮或其他火灾报警信号单元发出火灾报警信号时,火灾报警控制器应能够迅速、准确地接收、处理火灾报警信号,进行火灾声光报警,指示具体火灾报警部位和时间。

③火灾报警优先。火灾报警控制器在报警故障时,如果出现火灾报警信号,应能够自动切换到火灾声光报警状态;若故障信号依然存在,只有在火情被排

除、人工进行火灾信号复位后,火灾报警控制器才能够转换到故障报警状态。

④火灾报警记忆。当火灾报警控制器接收到火灾探测器的火灾报警信号时,应能够保持并记忆,不可随火灾报警信号源的消失而消失,同时应还能够接收、处理其他火灾报警信号。

⑤声报警消声及再声响。火灾报警控制器发出声光报警信号后,可通过火灾报警控制器上的消声按钮人为消声。停止声响报警时又出现其他报警信号,火灾报警控制器应能够继续进行声光报警。

⑥时钟及时间记录。火灾报警控制器本身应提供一个工作时钟,用于对工作状态提供监测参考。当发生火灾报警时,时钟应能指示并记录准确的报警时间。

⑦输出控制。火灾报警控制器应具有一对以上的输出控制接点,用于火灾报警时的直接联动控制,如控制警铃、启动自动灭火系统等。

4. 火灾自动报警系统结构形式与设计形式

(1)结构形式。

根据图 2.1 和有关技术标准要求,火灾自动报警系统通常由火灾探测器、区域火灾报警控制器、集中火灾报警控制器或通用火灾报警控制器,以及联动控制模块、消防联动控制设备等组成。探测器是对火灾有效探测的基础,探测器选用及与报警控制器有机配合是火灾自动报警系统设计关键。报警控制器是火灾信息处理、火灾识别、报警判断和设备控制核心,最终通过消防联动控制设备实施灭火操作。根据报警控制器功能与结构及系统设计构思不同,火灾自动报警系统呈现不同形式,一般具有图 2.14 的基本结构。

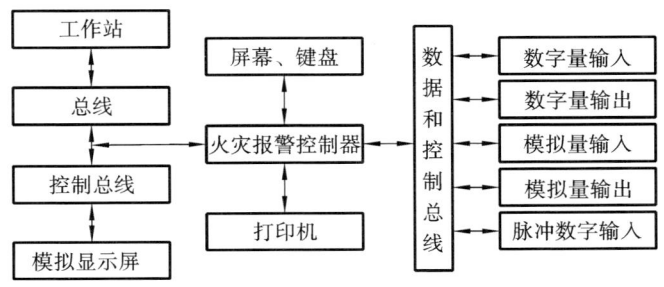

图 2.14 火灾自动报警系统基本结构

基本结构虽然相似,但火灾自动报警系统形式多样,按探测器与报警控制器连接方式分多线制和总线制结构,按报警控制器实现火灾信息处理及智能判断方式分集中智能和分布智能结构,按系统对内、外数据通信方式分网络通信和非网络通信结构。

①多线制系统结构。

多线制系统结构要求每个火灾探测器采用两条或更多条导线与火灾报警控制器相连,以确保可靠监测到每个探测点发出的火灾报警信号,见图 2.15(a)。

火灾自动报警系统采用简单模拟或数字电路构成探测器,通过电平输出火警信号,报警控制器依靠直流信号巡检和向火灾探测器供电,火灾探测器与火灾报警控制器采用硬线一一对应连接关系,有一个火灾探测点便需要一组硬线与之对应,其接线方式即线制可表示为 $an+b$,n 是火灾探测器的个数,a、b 是系数,如 $2n+1$、$n+1$ 等形式。此系统功能一般以报警为主,辅以部分联动功能。

②总线制系统结构。

总线制系统结构是在多线制基础上发展起来的,见图 2.15(b)。随着微电子、数字脉冲电路及计算机技术的应用,改变了以往多线制结构系统直流巡检和硬线对应连接方式,代以数字脉冲信号巡检和信息压缩传输,采用大量编码、译码电路和微处理机实现探测器与报警控制器的协议通信和系统监测控制,大大减少了系统线制,有支状和环状两种工程布线方式。

总线制系统结构应用广泛,多采用二总线、三总线、四总线制,可模块联动消防设备,也可硬线联动消防设备,系统抗干扰能力强,误报率低,系统总功耗较低。

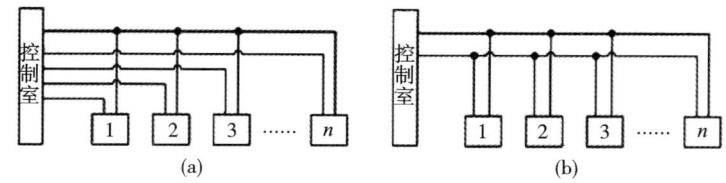

图 2.15　火灾自动报警系统结构原理

③集中智能系统结构。

集中智能型系统一般采用如图 2.15(b)所示的二总线制结构,并选用通用火灾报警控制器。探测器实际是传感器,仅完成火灾参数采集、变换和传输,报警控制器采用微型机技术实现信息集中处理、数据储存、系统巡检等,并由内置软件完成火灾信号特征模型和报警灵敏度调整、火灾判别、网络通信、图形显示和消防设备监控等功能。

这种结构形式,报警控制器要时刻处理每个火灾探测器传来的数据,并具备系统巡检、监控、判优、网络通信等功能。如果探测器及消防设备数目众多,会出现火灾报警主机应用软件复杂庞大、火灾探测器巡检周期过长、火灾自动报警系统可靠性降低及使用维护不便等缺点。

④分布智能型系统结构。

分布智能型系统是用火灾探测器实现集中智能型系统中的火灾信息基本处理、环境补偿、探头报脏及故障判断等功能,免去报警控制器大量信号处理负担,实现系统巡检、消防设备监控、联网通信等上级管理功能,提高了系统巡检速度、稳定性和可靠性。分布智能方式对火灾探测器的火灾探测及时性和报警可靠性提出了更高要求,也是火灾自动报警系统的发展方向。

⑤网络通信型系统结构。

网络通信型系统可在集中智能型或分布智能型基础上形成,主要将计算机网络通信技术应用于火灾报警控制器,使火灾报警控制器之间能通过一些网络结构及通信协议及专用通信干线交换数据和信息,实现火灾自动报警系统的层次功能设定、数据调用管理和网络服务等功能。

通信环网组网形式有以下两种。

a. 独立组网。

独立组网网络采用具有多重优先令牌传递访问方式。火灾自动报警系统的管理工作站、维修检测终端和各车站火灾报警控制盘(fire alarm control panel, FACP)分别是网络上的一个节点,为同层网络,通过网卡接入全线光纤环网。车站火灾自动报警系统设 FACP 盘、主控机(图形监视计算机)及现场设备。

控制中心(operation control center,OCC)设系统管理工作站,使火灾自动报警系统具有火灾报警、设备故障及维修管理、控制盘编程修改、报表打印等功能。

b. 不单独组网。

不单独组网的主控系统(main control system,MCS)中,火灾自动报警系统是其子系统,采用以太网 TCP/IP 方式。全线网络采用 MCS 系统的骨干传输网络,并对关键设备进行冗余设计,如网络交换机、前端处理器(front end processor,FEP)、服务器等。火灾自动报警系统的 FACP 通过工控机连接到 MCS 系统的 FEP 上,FEP 再连接到交换机和路由器上。

火灾自动报警系统提供 2 个独立的以太网接口,MCS 系统给火灾自动报警系统提供逻辑上独立的传输通道,MCS 系统在车站和 OCC 工作站实现火灾自动报警系统的各种功能。

(2)设计形式。

①区域报警系统。

区域报警系统由火灾探测器、手动报警器、区域报警控制器或通用报警控制器、火灾警报装置等构成。一般只完成火灾探测和报警,适用于小型防火对象。

区域报警系统比较简单,但应用面很广,既可单独应用于某些对象,也可作为集中报警系统和控制中心系统的组成设备。

②集中报警系统。

集中报警系统由火灾探测器、区域火灾报警控制器或用作区域报警的通用火灾报警控制器和集中火灾报警控制器等组成。

传统型集中报警控制系统是由集中报警控制器、区域报警控制器和火灾探测器等组成。报警系统应有一台集中报警控制器和两台以上区域报警控制器。

火灾报警是采用总线制编码传输技术,使集中报警系统与传统型集中报警系统完全不同的新型系统。这种新型系统由火灾报警控制器、区域显示器、声光警报装置及火灾探测器(带地址模块)、控制模块等组成。

报警环路包含各种智能型感应火灾探测器、手动报警按钮、声光报警器,控制环路包含隔离模块、控制模块、信号模块,对送风阀、排烟阀、防火阀、水流指示器、空调机、电梯及防火装置和灭火装置实现控制,而联动控制台主要控制消防泵、喷淋泵等,区域显示环路连接若干区域报警显示器,来完成按火灾报警分区实现监测和故障显示,各环路采用环状网络布线或支状布线来提高系统工作可靠性。

车站控制室和各消防控制室分别设置 FACP,按其保护范围进行配置,具有先进的微处理器、显示器和紧急供电装置。微处理器要有强大事件存储功能以便于分析事件发生原因,显示器为全中文显示,且能够最大限度地向消防值班员提供信息,紧急供电装置为火灾报警控制器的专用蓄电池,其电量可以维持系统 24 h 正常运作。此外,还应有易于理解的灯显示和开关按钮组合,以帮助消防值班员在紧急情况下执行系统命令和救灾命令。

车站应设带地址码的感烟火灾探测器,包括车站各设备、管理用房、站厅、站台等区域;盥洗室、洗手间一般不设置火灾探测器或感温探测器;重要设备用房如通信、信号设备室等,应增设气体火灾探测器。

站厅层、站台层和设备区等区域设置带地址码的手动火灾报警按钮,每个防火分区至少设 1 个,且从防火分区内任何位置到最近手动火灾报警按钮的步行距离不应大于 30 m。另外,若设置有消火栓箱,手动火灾报警按钮应安装在消防栓箱附近较显眼且便于操作的地方。

车辆段的运用库和检修库以感烟火灾探测器为主,根据实际情况配合其他形式火灾探测器一起使用。

③控制中心报警系统。

控制中心报警系统由设置在消防控制中心(消防控制室)的消防联动控制设备、集中火灾报警控制器、区域火灾报警控制器和各种火灾探测器等组成,或由消防联动控制设备、环状布置的多台通用火灾报警控制器和各种火灾探测器及功能模块等组成,其典型系统结构有传统型和综合型两种。

传统型控制中心报警系统和传统型集中报警控制系统基本一样,只是进一步加强了对消防设备的监测和控制。

综合型控制中心报警系统是随着技术发展,由消防控制室消防控制设备、通用火灾报警控制器、区域显示器和火灾探测器等组成的更加复杂的火灾报警系统。它吸收了传统系统形式的优点,不仅加强消防中心控制室监测控制,其他功能也可与总线制编码传输型集中报警控制系统媲美。

控制中心集中监控管理各车站级设备,显示其运行状态,接收车站级设备传送的火灾报警信号,显示报警部位,进行故障报警和火灾报警。

控制中心的主监控设备必须有备用机,且均应采用高质量、高性能计算机,并具有打印、备份等功能。同时用户界面要操作灵活简便,可用图形或文本方式处理事件,并能对事件进行合理的分类、过滤、筛选和分析,以便了解事件发生时间和原因等。

(3)推荐方案。

城市轨道交通系统的火灾报警系统有两个范围,即全线和车站。全线包括所有车站、冷站、变电站、车辆段、停车场和控制中心,其火灾自动报警系统主要由控制中心,各车站、车辆段、变电所等的车站级火灾自动报警系统以及通信环网构成。车站包括站厅、站台、通道及管理、服务用房,其火灾自动报警系统主要由车站级控制中心及下属设备、管理用房的火灾探测器、手动报警装置及联接线网构成。

①全线。

城市轨道交通全线火灾自动报警系统单独组网推荐方案见图2.16,这种组网方式的AS系统网络能远程登录,安全可靠,不受其他系统和网络的影响,适用于专用的消防报警网络,但与其他系统不兼容,网络传输速度低。不单独组网推荐方案见图2.17,此组网方式具有一定的开放性,信息共享,网络传输速率高。

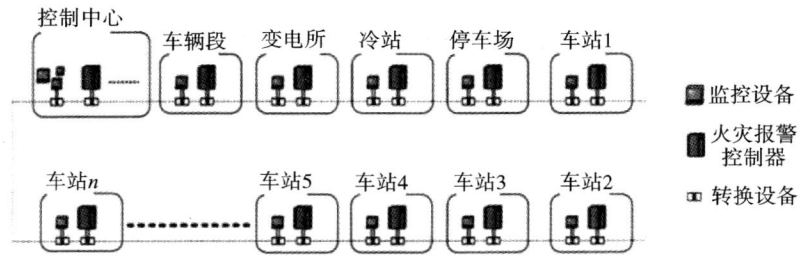

图 2.16　城市轨道交通全线火灾自动报警系统单独组网推荐方案

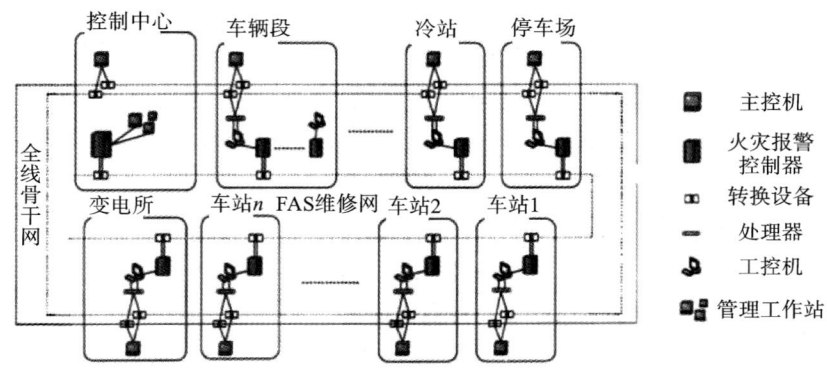

图 2.17　城市轨道交通全线火灾自动报警系统不单独组网推荐方案

值得注意的是:图 2.16 和图 2.17 只是给出了城市轨道交通系统一般通用模式。由于车站有大有小,部分车站、车辆段及其他场所可能会有多台火灾报警控制器,另外对于只有一台火灾控制器的场所,一般监视设备直接与火灾控制器连接,变电站火灾报警控制器有时可以直接连接到就近车站的处理器中,不必严格遵守推荐方案,应根据实际情况合理调节。

②车站。

城市轨道交通车站火灾自动报警系统推荐方案见图 2.18,这种车站方案代表了车站级火灾自动报警系统的设计理念,如车辆段、停车场及变电站等,只是系统包含的子项目会不同。当然由于车站及车辆段等大小不一,对于小站就只需设置一级火灾报警控制器。

5. 火灾自动报警系统中数据处理方法

当构建了一个较完善的城市轨道交通火灾自动报警系统蓝图后,硬件水平并不能完全保证系统可靠完成既定目标,软件配套要相辅相成。即使知道了火

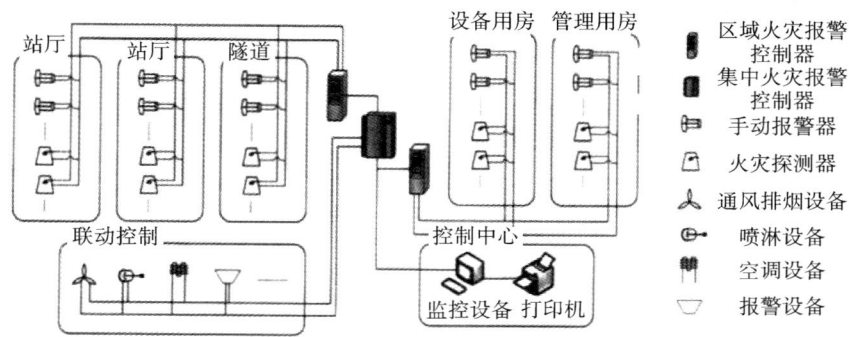

图 2.18　城市轨道交通车站火灾自动报警系统推荐方案

灾探测器的探测原理,明确了火灾可能够得到的信息种类及强度,但是面对复杂的环境条件及各种环境的影响,如何判断火灾的发生,也仍是一个棘手的问题。虽然目前的火灾探测器具有一定的火灾信息基本处理、环境补偿、探头报脏及故障判断等功能,但对于城市轨道交通系统而言,必须建立高强度的火灾模型库,实现区域及集中火灾报警控制器的智能化。因此,城市轨道交通火灾自动监测报警系统中的火灾信息处理方法就显得尤为重要。

在各种火灾探测法中,阈值法应用最早,计算简便且反应及时,但火灾探测报警易受环境背景信号影响,误报率较高,只能判定火灾与非火灾。类比法广泛使用计算机软件技术,能进行更复杂的分析计算和比较判断,提高火灾探测报警可靠性和稳定性,降低误报率,是较理想的火灾算法。火灾统计法、模糊逻辑法及神经网络法使系统具有故障自诊断排除能力且利用存储信息、时间曲线和火灾特征进行智能判断,使火灾探测误报率几乎降为零,在火灾探测方面显示出巨大优越性。虽然计算相对复杂,需大量原始参数及大容量监控主机与应用软件,价格较高,但目前科技、经济迅猛发展,集成电路设计不断小型化,建设资金逐步加大,考虑城市轨道交通系统对安全的极高要求,火灾信息监测处理应以分布职能法为主,其他算法为辅。

(1)模糊逻辑算法。

①基本原理。

基于模糊理论的模糊技术用计算机和控制器将人们的模糊经验加以总结,进而变成了控制规则,模拟人脑进行模糊识别、判断和控制的技术。模糊逻辑法较好解决了精确计算难以解决的复杂问题,更好地处理了火灾参数和报警间的关系。

模糊化是将探测到的火灾参数变成模糊变量,作为模糊推理的输入,为模糊判断做准备。

模糊推理是将前提模糊变量通过模糊逻辑关系进行推理,判断前提模糊变量能否构成结论模糊变量,即探测器传来的火灾参数模糊化后是否满足火灾报警这一模糊集合的要求。

去模糊是将模糊推理得到的结论模糊变量变成确定量输出,即将结论模糊变量变成真实火警这一确定量输出。

②输入输出量的规范化及模糊化。

规范化就是将输入或输出限制在规定的范围内。如确定输入量信号的上限及下限,作为误差论域,其次给出模糊化的等级,等级划分越多描述越准确,可能得到的效果就越好,但模糊运算和推理也越复杂。火灾信号不会为负,因此将温度、烟雾和气体信号分为 4 档:PB、PM、PS 和 ZO 分别代表火灾可能性大、中、小和无可能。它们论域上都是模糊集,需要确定隶属函数。根据资料显示,模糊控制过程对于语言变量的隶属函数形状并不敏感,而对隶属函数的范围有一定敏感度,因此一般选用矩形函数。

③模拟仿真。

打开 MATLAB 主界面,在 Launch Pad 窗口中双击 Fuzzy Logic 目录下的 FEV 项或直接在 Command Window 中直接输入 fuzzy 命令,就进入 FIS 编辑器主界面,利用 Edit 下的 Add Variable 创建各变量,T01、S02 和 G03 分别代表温度、烟雾和气体信号,FIRE 代表火灾概率,三角为模糊规则。

直接双击需要编辑的项目,就会出现变量参数界面和模糊规则界面。在变量参数界面中合理设置变量参数,包括变量个数、隶属函数形状、范围及论域等,在模糊规则界面中设置各种模糊控制规则。由 Mamdani 模糊控制规则得到温度、烟雾、气体与火灾发生概率的模糊控制规则。

当所有工作完成之后,在 FIS 编辑器主界面中使用 View 查看仿真结果,如温度、烟雾信号和火灾概率图,以及规则阅览图。

(2)神经网络算法。

此处设计的火灾探测神经网络有 3 个输入神经元、15 个隐藏神经元和 1 个输出神经元,输入层 3 项代表烟雾、温度和气体信号,数值归一到[0,1]区间,输出层代表火情概率,输出范围[0,1]。训练选择 Levenberg-Marquardt(TRAINLM),学习函数选择有动量梯度下降权值学习函数,传递函数选择对数 S 型传输函数(LOGSIG),训练精度要求 1×10^{-6}。样本数据、最终神经网络仿真输出及模糊控制输出见表2.2。

表 2.2 样本数据及输出

温度	烟雾	气体	期望值	神经网络输出	模糊控制输出
0.4	0.34	0.4	0.8	0.79982	0.641
0.1	0.95	0.99	0.9	0.8998	0.844
0.99	0.53	0.01	0.85	0.84874	0.841
0.8	0.99	0.8	0.7	0.69919	0.836
0.5	0.24	0.1	0.75	0.74852	0.534
0.8	0.37	0.22	0.8	0.79908	0.836
0.2	0.16	0.36	0.65	0.64823	0.418
0.3	0.2	0.8	0.7	0.69968	0.515
0.8	0.01	0.4	0.9	0.89957	0.703
0.6	0.5	0.99	0.7	0.69977	0.836
0.4	0.5	0.48	0.6	0.59972	0.643
0.6	0.65	0.68	0.9	0.89976	0.85
0.2	0.42	0.74	0.25	0.24968	0.686
0.1	0.53	0.8	0.25	0.24986	0.733
0.1	0.66	0.72	0.25	0.24973	0.838
0.2	0.79	0.8	0.2	0.19947	0.834
0.1	0.63	0.72	0.25	0.2495	0.841
0.1	0.79	0.8	0.1	0.099685	0.834
0.01	0.52	0.14	0.05	0.05009	0.518
0.1	0.42	0.2	0.05	0.050093	0.5

由表2.2可见，期望概率值和神经网络仿真输出概率值误差很小，而单一模糊控制输出概率就与期望值相差较大，因此在城市轨道交通火灾自动报警系统中，采取将模糊控制和神经网络结合起来的措施，传感器的输入经过模糊预处理后，其结果输入神经网络，经过神经网络计算后，定义相应的模糊规则进行模糊处理，最终输出火灾发生概率，这样就可以大大提高火灾探测的准确性，从而保障运营的正常进行，保障人们生命的安全。

2.4.2 气体灭火系统设计

城市轨道交通工程大多处于地下,不仅包括地下站厅、站台、区间隧道,还包括车站控制室、通信及信号机房、车站变电所、环控电控室等电气设备用房。对于这些电气设备用房,传统的水灭火系统不适用,目前多用气体灭火系统来保护。

1301固定灭火系统是目前国际上使用效果最好的气体自动灭火系统,上海地铁1号线就是采用1301卤代烷。但因1301对臭氧层的破坏,国际"蒙特利尔公约"已明确对其禁止使用。对于1301的气体永久替代物,目前尚未确认,一般认为有FM-200、惰性气体IG541及传统的CO_2等。目前我国城市轨道交通工程气体消防普遍采用IG541混合气体和七氟丙烷两种气体灭火介质,但随着不同设计阶段的层层论证,由于七氟丙烷灭火剂全球增温潜能值(global warming potential,GWP)与耗减臭氧潜能值(ozone depletion potential,ODP)均很高,随着低碳环保、保护臭氧层、倡导洁净气体应用等理念的深化,以及国内对环境保护力度的加大,逐步淘汰HFC产品的呼声越来越高,同时由于七氟丙烷的输送距离受限制,对于距离远、比较分散的防护区需增设灭火系统,IG541混合气体灭火系统逐渐成为主流。IG541混合气体灭火系统规范完备,技术成熟,在城市轨道交通工程中广泛应用。

1. IG541混合气体灭火系统介绍

惰性气体IG541是52% N_2、40% Ar和8% CO_2三种惰性气体的混合物,来自大气,灭火前后不会对人体造成伤害,不产生任何化学分解物,对精密设备及数据无腐蚀作用,对环境无任何影响。

2. 主要设计原则和设计参数

(1)主要设计原则。

①对所选的气体灭火剂,除应满足电气设备灭火的技术要求外,尚应考虑灭火剂对人、对精密设备的危害,并且满足环保方面的要求。

②采用全淹没组合分配气体灭火系统。

③保护区以固定的封闭空间划分,也允许相近的若干个封闭空间合并成一个保护区。

④各气体灭火系统(含保护区)自成独立系统,车控室可以对任何一个系统

进行各种常规状态的监视。

⑤保护区内的固定设备体积以及非永久固定但又超过保护区总体积的25％时,应考虑扣除。

⑥输送气体管道的选用应满足压力要求,内外镀锌外部刷防锈漆。

(2)主要设计参数。

①气体最小设计灭火浓度为37.5％(16 ℃时),最大设计灭火浓度为42.8％(32 ℃时)。

②系统设计计算的环境温度为21 ℃。

③钢瓶贮存压力为15.0 MPa。

④喷射时间小于60 s。

⑤浸渍时间小于10 min。

3. 系统设计

(1)环境条件。

①假定所有保护区域内的可能出现的最低温度约为16 ℃,极端最高温度约为32 ℃,而在通常情况下的正常温度约为21 ℃。

②灭火时间限于1 min 内,各保护区的灭火浓度为37.5％～43.0％。

(2)系统组成。

IG541混合气体灭火系统由气体灭火部分和报警控制部分组成。其中,气体灭火部分主要由钢瓶及其瓶头阀、电磁释放阀及其组件、手动装置、逆止阀(截止阀或单向阀)、选择阀及其组件、节流孔板减压装置、压力开关、管道及喷头组成。报警和控制部分主要包括控制盘、烟感探测器、温感探测器、紧急启动开关、紧急停止开关、警铃、蜂鸣器及闪灯(声光报警器)和手动/自动转换开关等组成。

(3)系统原理。

IG541混合气体灭火系统采用组合分配式气体灭火系统,实行全淹没灭火方式。当保护区发生火灾时,通过自动或手动启动相应释放阀及选择阀,引导灭火剂输送到指定的保护区。灭火药剂最大输送距离(钢瓶间至保护区的管道距离)可达到150 m。IG541混合气体灭火原理见图2.19。

(4)设置场所。

在地下车站的车站控制室、通信及信号机房、传输机房、公网机房、地下变电所及环控电控室等重要电器设备用房内应设置气体自动灭火装置。

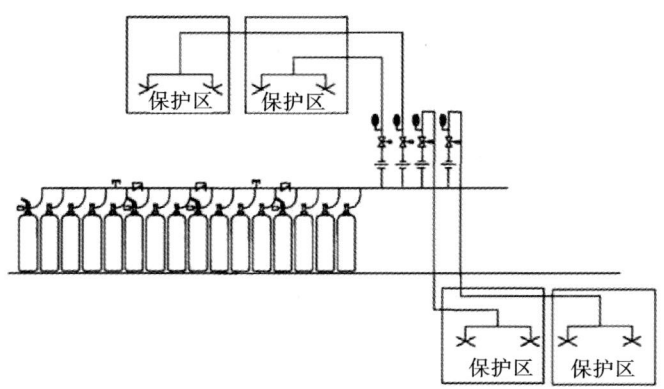

图 2.19　IG541 混合气体灭火原理

(5)主要设备的技术性能。

①钢瓶及其瓶头阀:满足充装灭火气体的压力要求,并不允许有气体泄漏。钢瓶材质具有较高的抗震动冲击、升温过压的强度,并有一定的抗腐蚀性,附有压力检测表的瓶头阀具有优良的密封性。

②钢瓶释放组件:电磁释放阀平时应能封存气体,火灾时迅速打开。钢瓶释放组件应包括自动电磁释放阀及手动启动装置,以实施自动或手动启动的应急操作功能。

③逆止阀(截止阀或单向阀):能控制集流管上灭火剂的启动流向,实施经济灵活的组合分配。

④选择阀:在组合分配系统中能可靠地选择(控制)灭火剂的流向,送到指定的保护区。

⑤节流孔板减压装置:将集流管口的压力减压至可满足喷头流量及喷放时间的工作压力。

⑥压力开关:气体喷放时,向火灾自动报警系统发送一个气体已释放的信号。

⑦管道及喷头:控制灭火气体的流向及喷射时间。

⑧控制盘:控制盘放置在每个保护区的门外,对每一个保护区应能进行独立控制,控制盘应监视各个保护区内烟感、温感探头的工作状态,火灾时及时送出信号给相应保护区的警铃、声光报警器等报警设施,关闭保护区的防火阀,启动钢瓶启动电磁阀及相应保护区的选择阀,同时输出火灾信号给火灾自动报警系

统,完成火灾判断、灭火及信号输出的功能。故障时控制盘应输出机械故障信号给火灾自动报警系统以满足车控室对其的监视功能状态下的监视。

4. 系统控制

IG541混合气体灭火系统要求同时具有自动控制、手动控制和应急操作三种控制方式。三种控制方式的动作程序如下。

(1)自动控制。

自动控制是指控制系统处于自动工作状态,系统自动完成火灾探测、报警、联动控制及灭火整个过程。

联动步骤如下。

①防护区内的一组探测回路探测到火灾信号后,控制盘启动防护区内的警铃,同时向火灾自动报警系统提供火灾预报警信号。

②同一防护区内的另一组探测回路探测到火灾信号后,控制盘启动防护区外的蜂鸣器及闪灯和防护区内的疏散指示灯(闪灯),同时向火灾自动报警系统提供火灾确认信号并进入延时状态(延时时间为30 s)。在延时过程中,控制盘输出有源信号关闭防火阀,打开管道的选择阀。

③延时结束时,控制盘输出有源信号启动电磁阀,气体通过管道进入防护区。压力开关将信号传至火灾自动报警系统和控制盘,由控制盘启动防护区外的释放指示灯。

(2)手动控制。

手动控制是指控制盘处在手动工作模式下,在接到紧急释放按钮指令后,控制盘自动实施联动控制并释放灭火剂。

(3)应急操作。

应急操作是指自动控制和手动控制均失灵或有必要时采用的一种应急操作。该功能的实现通过在瓶头阀上加装一个机械启动器,用人为的拉力开启瓶头阀释放灭火气体。

5. 与其他系统接口

(1)与低配电系统的接口。

低压配电系统应提供AC 220 V/50 Hz(一级负荷)的消防专用电源,接口位置设在各保护区气体控制盘进线开关上桩头,辅助联动电源由本系统自行从气体控制盘引出。设备金属外壳和金属支架等应作接地保护,接地方式应使用消防报警系统专用接地。

(2)与火灾自动报警系统的接口。

每个防护区向火灾自动报警系统发送火灾预报警信号、火灾确认信号、系统故障信号、气体释放信号、自动/手动状态信号及防火阀反馈信号,接口位置在气体控制盘内。气体灭火控制盘与火灾自动报警系统的接口为硬接点接口。

(3)与通风和空调系统的接口。

当火灾被一路探测回路确认后,控制盘向防护区内的防火阀输出 DC 24 V 有源接点信号,将防护区内的防火阀关闭。

(4)与土建的接口。

防护区应该是一个封闭性良好的防火空间,门应朝外开启并能自行关闭;防护区隔墙耐火极限不小于 3 h,楼板不小于 2 h,构件(门窗)不小于 0.5 h,吊顶不小于 0.25 h;防护区围护结构承受内压的允许压强不低于 1.2 kPa。

钢瓶间承重不小于 1341 kg/m^2,钢瓶组的房间(钢瓶室)应该是一个独立的房间,设置在各保护区以外,并且有直接通向疏散走道的出口,出口设有可关闭的门和应急照明灯。钢瓶间隔墙的耐火极限不小于 3 h,楼板不小于 2 h;隔墙上的门采用甲级防火门,门向外开启,耐火极限为 1.2 h。

6. 设备国产化

IG541 混合气体灭火系统是美国安素公司已在全球许多国家审报专利的新一代气体灭火药剂,其产品名为烟烙尽。气体灭火及控制部分产品均需由国外进口,其配套的中低压管道系统可以采用国内产品。

7. 钢瓶间配置

各车站及沿线配套设施需要气体保护的房间附近均要设置气瓶间,由于 IG541 系统管道在工作时为高压管道,尽可能不穿越公共区,建筑设计尽可能将气瓶间布置靠近保护区。每个气瓶间控制不多于 8 个保护区,如保护区数量过多,则需考虑增设一个气瓶间。

8. 供电及接地

应提供 24 h 的 AC 电源;220 VAC,50 Hz,0.6 A。

接地方式:采用消防专用接地。

2.5 环境与设备监控系统设计

2.5.1 环境与设备监控系统的设计原则与监控对象

1. 环境与设备监控系统的设计原则

如今,城市轨道交通环境与设备监控系统(BAS)作为子系统已完全融入综合监控系统,综合监控系统实现其中央级、车站级设备及功能。BAS 现场级主要通过过程控制技术,对城市轨道交通通风与空调等机电设施按设置功能、系统运行工况和城市轨道交通环境标准等要求进行监测、控制和科学管理,并能配合综合监控系统下的火灾报警子系统、电力监控子系统等,为城市轨道交通线路创造"安全第一、节能环保"的目标提供了有力依据。城市轨道交通 BAS 应根据使车站成为具有最佳工作与换乘环境、设备高效安全运行、整体节能效果明显等思想进行系统设计。因此,它的整体功能设计应满足以下四个方面的基本原则。

(1)以设备实现最优控制为中心的过程控制自动化。

(2)以运行状态监视和数据采集、归档管理为中心的设备管理自动化。

(3)以安全状态监视和灾害控制为中心的防灾自动化。

(4)以节能为中心的能量管理自动化。

具体要求应满足以下八个方面。

(1)城市轨道交通 BAS 设控制中心、车站两级管理(中心为主控级,车站为分控级),实现中心、车站、就地三级控制,负责全线所有车站设备的日常管理,在满足环境调控的同时还要达到节约能源的目的。

(2)区间隧道通风设备直接由中央级综合监控系统监控管理,必要时可以授权相应车站监管。

(3)城市轨道交通 BAS 应本着应用先进技术,网络配置优化,系统扩展便捷,运行安全可靠,节能环保的原则进行设计,同时还应考虑足够的容量,以满足城市轨道交通工程所有车站和区间隧道通风设备的监控要求以及今后功能的扩展和线路延伸的需要,监控点规划按预留 10%~15% 的余量考虑。

(4)城市轨道交通 BAS 底层控制网络规划应符合以下原则:

①满足集中管理、分布式监控要求;

②与系统规模相适应；

③尽量减小故障波及面，实现"危险分散"；

④节约投资；

⑤系统更改、扩展、升级易于实现；

⑥系统配置简单，接口开放性好。

(5)地下车站通风与空调系统的风机、风阀等设备兼防排烟功能，设计中将此类设备纳入 BAS 监控管理，火灾时由火灾自动报警系统或综合监控系统下达预定的救灾运行模式指令，BAS 接受并优先执行。

(6)全线 BAS 采用分级、分布式系统结构，即现场分散控制、中心集中管理。系统的组成及运行管理流程：中央监控管理级—车站监控管理级—现场控制级（监控模块）—受控设备。

(7)系统设计和设备配备应根据工程环境，考虑抗电磁干扰、防尘、防潮、防霉、防震等因素，确保系统可靠运行。整个系统设计和配置，必须具有安全性、可靠性、开放性和可扩展性。

(8)城市轨道交通 BAS 设备应该达到工业级控制产品的标准，硬件、软件的设计应充分考虑系统的先进性、可靠性、可维护性、可扩展性、开放性、标准化、通用性、兼容性并具备故障诊断、在线修改的功能、具有良好的人机界面。

2. 环境与设备监控系统的监控对象

环境与设备监控系统通过智能配电系统(motor control center，MCC)或其直接监控的对象主要包括隧道通风系统、车站冷冻水系统、车站通风与空调系统、自动扶梯、给排水系统、照明系统、电梯、人防门/防淹门等机电系统设备。

2.5.2　环境与设备监控系统构成设计

BAS 作为综合监控系统(ISCS)的子系统，车站控制室监控设备（车站级）、控制中心设备（中央级）配置及主要功能的实现均集成于综合监控系统，车站级与中央级之间的通信网络也由综合监控系统搭建。BAS 现场设备主要由 PLC 控制器、远程 I/O(RI/O)模块、通信接口模块、各类传感器等设备以及现场级网络构成。根据 BAS 的性能要求和设计原则对 BAS 的车站级设计如下。

1. 地下车站 BAS 设计

BAS 在车站控制室 IBP 盘（综合监控系统提供）上设置 1 套非冗余 PLC，用于实现 IBP 上的各种模式控制命令、点控命令的下发,机电设备运行状态的显示等功能。BAS 在车站两端的环控电控室分别设置 BAS 控制柜,柜内配置冗余 PLC、I/O 组件、通信接口组件等设备,分别对车站两端的机电设备进行监控。其中靠近车站控制室的一端(A 端)的冗余 PLC 为主控制器,另一端(B 端)的冗余 PLC 为从控制器。

B 端冗余 PLC 与 A 端冗余 PLC 之间通过高速冗余现场总线进行通信,IBP 盘 PLC 与主、从冗余 PLC 之间也通过高速冗余现场总线通信,此网络独立于综合监控系统的车站级网络。主控制器(A 端冗余 PLC)通过与车站级综合监控系统(station intergrated supervision and control system,SISCS)、火灾报警系统(FAS)等设备接口,实现综合监控系统对车站机电设备的监控,火灾联动措施的执行等功能。在 A 端的 BAS 控制柜设置 1 套维护工作站,实现对 BAS 设备的维护管理功能。

在设备房、公共区、风管等位置设置不同的湿度、温度、二氧化碳浓度等传感器,在空调水系统设置二通调节阀等设备采集环境等参数以及控制阀门开度等。在车站及车站所辖区间的环控机房、照明配电室、各类水泵附近、电扶梯附近等位置设置远程 I/O 模块箱,实现对空调水系统阀门、水泵、动力照明配电回路、各类传感器等设备的监控。

主从控制器通过冗余现场总线连接远程 I/O 模块箱。区间的远程 I/O 通过光纤介质与车站 PLC 通信。主、从控制器通过冗余现场总线与智能低压系统、排热风机变频器、冷水机房冷水机组群控系统、EPS 等连接,实现对相关设备的监控。

2. 高架车站 BAS 设计

高架车站综合监控设备室内设置 BAS 控制柜,内设 1 套冗余 PLC、I/O 组件、通信接口组件等设备实现对车站机电设备的监控。在车站的空调机房、照明配电室、各类水泵附近等位置设置远程 I/O 模块箱,实现对水泵、动力照明配电回路、各类传感器等设备的监控。冗余 PLC 通过冗余现场总线连接远程 I/O 模块箱。在 BAS 控制柜设置 1 套维护工作站,实现对 BAS 设备的维护管理功能。冗余 PLC 通过与车站级综合监控系统、FAS 等设备接口,实现综合监控系统对车站机电设备的监控,火灾联动措施的执行等功能。

3. 车辆段 BAS 设计

在车辆段通风与空调机房设置 1 套 BAS 控制柜，内设 1 套非冗余 PLC，对车辆段主要建筑内的动力照明、空调、给排水设备进行监控，PLC 与远方 I/O 之间采用冗余总线通信，车辆段主要模块采用与车站 PLC 相同的型号。在 BAS 控制柜设置 1 套维护工作站，实现对 BAS 设备的维护管理功能。PLC 通过与车辆段综合监控系统、FAS 等设备接口，实现综合监控系统对车辆段机电设备的监控、火灾联动措施的执行等功能。

4. BAS 电源与接地的配置

地下车站内 A 端 BAS 设备的不间断供应电源（UPS 电源）由通信综合 UPS 电源提供，经过综合监控系统配电柜分配后，为环境与设备监控系统提供 1 路馈出回路，回路容量为 9 kVA，UPS 电源后备时间为满足最大负荷情况下不少于 1 h，BAS 控制柜设置配电回路对电源进行分配，提供给车站的 BAS 设备，车站内 B 端 BAS 设备的 UPS 电源由 BAS 自行设置 UPS 提供。每个模块箱内部系统设备工作电源和联动控制电源需分开设置。

2.5.3　环境与设备监控系统硬件设计

以福州地铁 1 号线为例，BAS 对通风与空调系统、智能低压系统、人防门系统、给排水系统、智能照明系统、电扶梯系统等系统的机电设备进行有效的监控，执行相应的模式，保障地铁安全、高效运营，给人们提供好的出行环境，并能在火灾等灾害事故发生时，与火灾报警系统密切配合，接受火灾报警系统 FAS 发来的火灾模式指令，控制相关的设备迅速动作并达到应对灾害相应的状态，包括排烟风机迅速开启、紧急疏散指示开启、电扶梯在相应的状态等，使人员能够快速疏散，远离灾害现场，保障人身财产安全，提高地铁的安全性和自动化水平。

环境与设备监控系统设计包括硬件设计与软件设计，因篇幅有限，下面仅介绍其硬件设计方面的内容。

福州地铁 1 号线的车站 BAS 控制器 PLC 与智能低压 MCC 控制器、通信网关、RI/O 模块通过冗余 ControlNet 现场总线连接起来。

车站级 BAS 主要由 ControlLogix PLC、RI/O 适配器、RI/O、控制箱柜、通信及控制线缆等设备组成。

冗余控制器、RI/O 之间通过冗余的 ControlNet 现场总线进行连接,RI/O 与其他系统连接的接口网关通过现场总线与各自端的冗余 PLC 控制器连接。控制器通过 RI/O 对现场设备进行监控。

(1) PLC 控制器。

本项目采用的 ControlLogix PLC 为带独立 CPU 的控制器,模块化设计。PLC 系统均采用模块化结构,包括 CPU 模块、电源模块、通信模块、I/O 模块和底板等部件。所有硬件均为同一品牌 Rockwell 的同一系列 ControlLogix 系列的标准产品。

(2) 远程 I/O 适配器。

远程 IO 适配器型号为 1794-ACNR15,每个 1794-ACNR15 适配器配置两个 1786-TPS 电缆连接器,RI/O 与 PLC 采用 1794-ACNR15 网络模块以冗余 ControlNet 双总线通信方式进行连接,可通过软件配置地址、刷新时间等技术参数。

(3) 远程 I/O。

远程 I/O 采用 Flex Logix 系列,分为数字量输入模块 1794-IB16、数字量输出模块 1794-OB16 P、模拟量输入模块 1794-IE8、模拟量输出模块 1794-OE4,每个远程 IO 模块配置一个模块底座 1794-TB3。BAS 控制器通过 DI 模块获得设备和相关子系统的开关量状态信号,通过 DO 模块下发开关量控制命令到机电设备,通过 AI 模块获得环境参数等数据并下发开度控制命令到机电设备。

(4) 同轴电缆。

BAS 控制网传输介质为同轴电缆,型号为 1786-RG6,每个车站至少 1200 m,具体长度以实际施工为准。

(5) 控制柜。

控制柜为防破坏、防尘、防水、防潮、阻燃设计,能承受列车引起的震动,对于电磁干扰、静电干扰,具有良好的屏蔽的功能。机柜的生产工艺、外观及内部设计具有国际领先水平,考虑到整体效果,机柜应统一材质、外观、尺寸及颜色。

(6) 控制箱。

控制箱为防破坏、防尘、防水、防潮、阻燃设计,具有良好的屏蔽功能以及通风散热能力。控制箱为墙挂式或支架安装的方式,尺寸全线统一考虑。采用标准化布置,并根据提供 I/O 点数的要求提供控制箱内布线及设备的布置图。

2.6 自动售检票系统设计

2.6.1 自动售票系统设计

1. 系统总体组成

自动售票机作为车站自动售票系统的核心运营设备,其设计不但直接关系到其功能的实现和性能指标,同时也影响着整个自动售票系统日常运营的稳定性和安全性。当前主流型号的自动售票机的外形尺寸为 900 mm×800 mm×1800 mm($L \times W \times H$)。

根据一般的功能需求和性能要求,自动售票机内部由多个模块构成。

各模块主要功能如下。

(1)主控单元。

主机单元是自动售票机核心部件,负责数据处理和传输,并控制其他模块完成相关操作。它也可以完成与车站计算机的通信,传输交易数据和参数、状态数据,同时接收车站计算机下达的指令。当前一般采用工控机作为自动售票机的主控单元,工控机具有较多的外部接口,如显示接口、USB 接口、串口、键盘接口等,同时还具有低功耗、散热效果好、安全可靠、性能稳定等优点。

(2)乘客显示器。

乘客显示器主要用于自动售票机与乘客的信息交换,便于乘客完成购票等操作。一般的乘客显示器可视角度应该保证在垂直范围超过 45°,水平范围超过 65°。该设备应具有触摸功能保证乘客向自动售票机输入信息。

(3)硬币处理模块。

硬币处理模块主要由机芯、换向器、硬币识别器、出币器、硬币暂存器和硬币钱箱等组成,该模块的主要功能包括接收、识别硬币和硬币找零。乘客将硬币投入硬币投币口,经过硬币识别器对其真伪进行鉴别,真币将被送入硬币暂存器,假币吐出。交易结束之后,硬币暂存器中的硬币将被送入硬币钱箱。如果交易失败,则硬币暂存器中的硬币被退还给购票人。

(4)纸币接收模块。

纸币接收模块由纸币识别器、纸币暂存器、纸币钱箱等组成,该模块的主要功能包括:接收、识别纸币。在使用纸币购票时,将纸币投入纸币投币口,经过纸币识别器对其真伪进行鉴别,真币被收入纸币暂存器,假币吐出。交易结束之后,纸币暂存器中的纸币将被送入纸币钱箱。如果交易失败则纸币暂存器中的纸币退还给购票人。

(5)票卡读卡器。

票卡读卡器可以根据系统指令对票卡进行读写操作,当乘客付费完成后票卡读卡器根据主控单元的指令在空白车票内写入数据,并将信息反馈主控单元。

(6)票卡发售模块。

票卡发售模块主要用于发售单程票的票卡,当票箱内票卡数量不足时应补充票卡。

(7)LED 显示器。

LED 显示器设置在自动售票机前面板顶部,它可以显示自动售票机当前的运行状态,一般要求具有较高的亮度,使远处的乘客能够看清提示信息。

(8)不间断电源。

不间断电源是连接外部电源与自动售票机供电系统的中间设备,可以将自动售票机的供电系统与外界隔离,在断电的情况下提供一定时间的稳定电源,保证自动售票机在短时间内能够正常工作,用于保存交易数据并正确进入暂停使用或关机状态。

2. 系统硬件实现及部分部件选型

(1)主控单元。

主控单元是自动售票机的核心部件,它的性能优劣直接决定了自动售票机的性能和稳定性。要根据总体设计要求和对主控单元需求的分析,通过对多家同类型产品进行比对,结合现实条件选择最佳的主控单元。比如 IPC-S2210 工控机,该机采用小尺寸、低能耗设计,具备充足的存储和扩展能力,适合作为嵌入式计算机使用,同时该机还具有高散热全铝合金外壳,保证了其良好的散热和抗干扰能力。该机采用无风扇设计,能够保证 7×24 h 不间断安全可靠运行,并提供高性能服务。

(2)纸币接收模块。

纸币接收模块主要负责纸币的接收与识别,要根据总体设计要求和对纸币接收模块需求的分析,通过对多家同类型产品进行比对,选择合适的纸币接收模块。比如 ICT L77 纸币识别器及其附属配件,该型号的纸币识别器采用了新型的纸币感应技术及轻巧的外观结构,拥有良好的反应速度,具有自动感应调整系统及维护容易等优点,在提高了纸币接收效率同时降低了卡钞率。该机可识别1元、5元、10元、20元、50元和100元等面值的人民币,并能存储最多500张纸钞,具有纸钞宽度选择多元化、可接收多种币别、防盗设计优异、自动校正功能强大、整体结构轻巧耐用、纸钞传送速度快和保养容易简单上手等特点,同时价格相对低廉。

(3)硬币处理模块。

该模块可以实现硬币的接收、识别和找零等功能。要根据总体设计要求和对硬币处理模块需求的分析,通过对多家同类型产品进行比对,选用最适合的硬币处理模块。比如 MH125HA 型硬币找零器及其附属配件,该设备可储存最多500 枚 1 元人民币,使用者可更换不同的出币盘及调整节点以调整出币类型。该设备具有操作简易、可靠性高、维护简易、安装简单、外观轻巧、币仓容量大和低币量侦测等特点。

3. 自动售票系统的软件设计

自动售票系统除作为硬件条件的自动售票机外还应有与之对应的软件进行搭配使用。自动售票系统软件作为终端设备的一部分,负责直接为用户服务。除售票功能外,该软件还可与车站计算机进行关于车票处理交易、审计及设备状态等数据通信。

(1)自动售票系统的模块分析。

自动售票机配套软件从使用者的角度可以分为运营业务模块、工作人员维护模块和底层驱动模块。下面主要讨论其中主要的运营业务模块。从业务角度上看,完整的售票过程应包括乘客的指令输入、现金支付、车票信息处理、出票、找零以及后续数据处理等工作。通过分析,自动售票软件业务可分为与售票流程相对应的监控模块、支付模块、出票模块、找零模块以及数据处理模块5个功能子模块。

①监控模块:监控模块可以根据当前自动售票机内部各部件状态或系统情况来控制工作模式的转换。

②支付模块:支付模块可以提供硬币支付、纸币支付和混合支付模式供乘客选择。

③出票模块:在票款支付成功后,出票模块完成向乘客交付单程票的功能。

④找零模块:当支付票款大于所需金额时,由找零模块通过硬币找零的方式

给乘客找零,找出的硬币将与单程票一起通过出票口反馈乘客。

⑤数据处理模块:将交易数据保存在数据库中,并可以与车站计算机进行数据上传和下载。

运营业务模块下所有的子模块都是为了出售单程票服务的,完成一次完整的单程票售票流程需要各子模块的协同工作。业务逻辑功能组件如表 2.3 所示。

表 2.3 业务逻辑功能组件

功能名称	具体描述
接收付款	接收并处理乘客支付的硬币或纸币
退还付款	当乘客取消购票时将票款退回
发售单程票	根据所选数量发送车票到读卡器
单程票读写	将相关信息写入车票
票箱管理	读取、更新、存储票箱相关数据
钱箱管理	读取、更新、存储钱箱相关数据
数据管理	读取、更新、存储各类数据
日志管理	记录各种事务、维护日志等
维护管理	日常维护功能
定时服务	为各个组件提供定时

(2)运营业务模块的实现。

①监控模块。

监控模块可以根据当前自动售票机内部各部件状态或系统情况来控制工作模式的转换。主要工作模式包括正常服务模式、暂停服务模式、紧急情况模式、只接收硬币模式、只接收纸币模式、无找零模式、结束运营模式等。

当自动售票机在某种模式下运行的时候,状态显示屏和乘客显示器上会有明确的信息提示。在正常运营模式下,自动售票机具有接收硬币和纸币、发售单程票和硬币找零等几种基本功能。如果系统检测到设备的某一个模块发生错误,则会停用该模块并进入相应的首先模式,在故障解除后可以返回正常服务模式。无论进入何种模式,自动售票机都能显示出当前的设备状态。

②支付模块。

支付模块可以提供硬币支付、纸币支付和混合支付模式供乘客选择。在乘客选定目的地之前,投币设备是不开放的,此时将无法投入纸币。如果投入硬币则会自动从出票口吐出。乘客可以选择购票张数,默认选择为一张,相应的收费金额将会显示在乘客显示器上。

乘客通过触摸屏选择需要到达的车站和购买票数后,可以直接进入货币进行交易。当用户支付总金额大于或等于票价,系统进入出票流程,同时乘客所支付的票款进入相对应的钱箱。

硬币支付模式是指自动售票机仅接收硬币的支付模式,纸币支付模式是指自动售票机仅接收纸币的支付模式,混合支付模式是指硬币、纸币均可接收的支付模式,本次设计的自动售票机在正常模式下采用混合支付模式。乘客投入的货币将会经过自动鉴别确定真伪,如果货币为真币,则在交易完成后进入相应的钱箱。当支付的纸币已满足购票金额时,已投入的硬币将会以找零的形式从出票口返还乘客。

在乘客选择站点和所需票数后,现金支付模块将开始服务,硬币和纸币支付口打开等待接收货币。硬币模块和纸币模块将会对投入的货币进行鉴别,如果鉴别结果为假币或不可接受的面额,则会退回给乘客。

支付模块能够实时计算投入金额总数,当确定累计金额不低于票价金额时,则关闭投币口,拒绝继续接收货币。如果总金额不足,且乘客没有取消本次购票,则允许继续投币。当乘客购票中断或超过规定时间时,自动售票机将自动取消交易并退回已投入的货币。

最后判断乘客支付的金额是否刚好等于应支付的票款。如果不相等,则进入找零模块;如果刚好相等,则收取的货币将从暂存钱箱进入钱箱。

③ 出票模块。

乘客支付票款成功后,将进入出票流程。单程票将被送入读卡器并在此区域进行写卡操作,之后通过票卡传送器将指定数量的单程票送至出票口。从票箱取票至读卡器顺利将写好的票送至出票口需经过以下步骤。

a. 获取当前票箱中的票数,确定所剩票数是否满足本次购票的需求。如果票箱中没有足够的票数,则出票失败,退回票款并向车站计算机发出余票不足的信号。

b. 如果检测票箱中拥有足够的票数,则票箱中选取一张单程票读卡器区,由读卡器负责检测该张单程票的有效性,检查范围包括有效利用日期是否到期、是否损坏、是否达到使用次数上限等。如果测试不合格,该张车票将被投入废票箱;如果连续出现三次废票,则报警并进入暂停服务状态。

c. 获得乘客所选择车票的具体信息,如时间、金额和车站等并由读卡器写入车票中。如果写卡失败,可能是该张票卡损坏或读卡器损坏,此张车票将送至废票箱并重新选择一张票卡进行写入。此时对写入失败的票卡进行计数,如果连续出现三次废票,则报警并进入暂停服务状态。

d. 写卡成功后,将会对票卡信息进行验证。再次读取此张单程票的信息并与写入信息进行比对。如果比对结果不一致,则将此车票送入废票箱;如果连续出现三次废票,则报警并进入暂停服务状态。

e. 写入成功并通过检验的票卡将被送至出票口并进行计数。如果实际出票数与乘客所需票数相符,则出票流程结束;如果小于实际购票数,则返回第一步继续出票,直至出票数与所需票数相符。

预出票策略:为改善出票流程效率,一般采用预出票策略,即在乘客选定车站尚未付款时,将一张票卡发送至读卡器区进行检测,待乘客付款后可以立刻进行写入。这种策略充分利用了乘客付款的时间,相对提高了单张票的出票速度,达到提高效率的目的。

异常处理:在出票的过程中可能会出现卡票故障的状况,一般来说读卡器区到出票口的通道是较常见的卡票位置。票卡传送机构自带自检功能,可以用来解除一般性质的卡票,并将废票投入废票箱。如果自检功能未能解除卡票故障,则自动售票机会进入暂停服务状态并报警。另一个常见的卡票故障是连续从票箱内无法取出票,一般可能是票箱无票或票箱卡死造成的,需要整个购票模块进行自检,如未能解除故障,则自动售票机会进入暂停服务状态并报警。

出票模块由票卡传输机构和读卡器构成,根据系统设置,当票箱中所剩票卡数小于或等于留底数以及废票箱中票卡数超过上限时,出票模块将不可用。读卡器完成对票卡的读写操作,为了减少废票率,如果首次读写卡失败,一般不会立即进行废票处理,出票模块会重置读写卡进程;如果再次读写卡失败,则将此张票卡移入废票箱;如果读写成功,则作为正常票卡交付乘客。

一般来说,读卡器异常包括与工控机的通信故障和读写故障。通信故障一般是线路故障造成的,如无硬件设备故障,一般可自行恢复。读写故障只有在对票卡进行读写操作时才能检测到异常,一旦发现读写故障,读卡器将尝试自行处理,如果无法解决此故障,则自动售票机会进入暂停服务状态并报警。

④找零模块。

当乘客的支付金额大于应付金额且找零箱有足够的找零条件时,自动售票机将会进入找零流程。常见的找零方式有全硬币找零和混合找零等,结合总体设计方案,可将找零模块设计为采用硬币找零的方式。硬币处理单元根据主控单元的命令,发送指定数量的硬币,硬币会和车票一起通过出票口反馈乘客。

可将硬币模块设计为采用单箱找零的方式,乘客投入硬币时将会进行简单判断是否为一元人民币硬币。如果为一元硬币,则会落入到硬币箱中,可用于找零;如果是其他面值硬币,则会通过出票口直接吐出。维护人员可以在每次自动售票机正常服务前确认硬币数量,如数量不足,则应人工添加硬币。当找零箱内的硬币数量不满足找零条件时,则会进入暂停服务状态并报警。

硬币找零是硬币处理模块功能之一,由于硬件本身的限制因素,一次找零的数量不能太多,过长时间的运转将会导致硬币处理模块电动机烧毁。因此,系统将限制单次最大找零数量,同时为了确保设备不发生逻辑错误和硬件故障,也将设置一个最低硬币保留数量。

具体的找零算法如下。

a. 计算乘客已支付的总金额和票价金额之差得出需要找零的金额。如果找零金额为零,则结束找零程序。

b. 检查硬币箱是否处于正常工作状态。如果工作状态不正常,则自动售票机会进入暂停服务状态并报警;如果工作状态正常,则计算硬币箱中的硬币数是否大于系统设置的保留硬币数。如果大于保留硬币数,则可继续工作;如果小于或等于保留硬币数,则本次找零失败,系统暂停服务并报警。

c. 硬币箱内剩余的硬币的数量减去保留硬币数量为可用硬币数量。当找零所需的硬币数量小于可用硬币数量时,则继续进行找零操作;如果不满足找零条件,则暂停服务系统并自动报警。

d. 比较系统设置的最大找零数量和本次的找零数量。如果最大找零数量大于本次所需的找零数量则继续进行找零,否则系统暂停服务并报警。在本次设计中最大可接受纸币为50元,理论上所需找零数量最多为48枚硬币,约耗时12 s,小于硬币处理模块电机最大持续工作时间。

e. 检测实际找出的硬币数量是否与应找出的硬币数量相符,如果相符,则找零成功,结束本次找零服务,否则系统进入暂停服务模式并报警。

⑤ 数据处理模块。

当成功完成一次交易时,首先应检查数据的正确性,同时,对一些比较重要的数据,自动售票机都会将其记录在数据库中。除一般数据外,一些错误也会以日志的方式存储在数据库中。自动售票机的一些配置参数也存于数据库中,如设备运行参数、运行时间表、系统运行模式参数、车票属性参数和其他系统参数等。

在自动售票机与车站计算机通信中断的条件下,自动售票机可以在独立模式下运行。根据数据的重要性不同,可以在存储数据达到上限时选择暂停服务或删除旧数据。

因为自动售票机的连续工作会产生大量交易数据和日志文件,这些数据需要合理保存。设计中选用功能强大且占用资源较少的 Microsoft SQL Server 作为数据库软件。

Microsoft SQL Server 是一个比较全面的数据库平台,使用集成的商业智能工具提供了企业级的数据管理。Microsoft SQL Server 数据库引擎为关系型数据和结构化数据提供了更安全可靠的存储功能,使用户可以构建和管理用于业务的高可用性和高性能的数据应用程序。

在使用 Microsoft SQL Server 时,文本类型值为文本字符串,使用数据库编码存储(TUTF-8,UTF-16 BE,UTF-I6-LE)。操作系统支持的字符串编码方式是 UNICODE 编码,对于文本类型的数据,在存储和读取数据库之前必须先进行数据编码的转换。

数据库一般主要用于存放各类参数数据,主要包括工作时间参数表(work time)、票价信息表(ticket price)、车票属性参数表(card info list)、站点信息表(station)、交易表(trade)、线路信息表(line)、日志表(log)等。

工作时间参数表可以保存运行时间参数,可以用来设定设备操作的正常运营时间和无操作时间等。票价信息表保存各区间内车票的价格信息。车票属性参数表保存票卡类型、票卡使用次数上限等信息。站点信息表可以保存车站代码、车站名称、车站类型、车站坐标和其他信息。交易表保存乘客刷卡乘车的交易数据。线路信息表保存线路编号、线路名称和其他线路信息。日志表保存日志时间、日志级别、用户信息、日志内容等信息。

数据处理模块封装了数据库操作的方法,向外提供从数据库对应表中获取各类参数、记录交易、记录日志等的接口。其他各模块的日常操作都将会用到数据处理模块所提供的接口。系统初始化的时候会从数据库中读出各类参数文件,配置各模块并开始记录日志。在出票模块中写单程票成功后,将会按照规定的交易格式,将该次交易写入交易表中。在各模块操作的过程中,重要的操作以及出错信息将会记录到日志表中。

2.6.2 自动检票系统设计

1. 系统总体组成

根据进出站方向可以将自动检票机划分为通用检票机、进站检票机和出站检票机等;根据阻挡方式的不同可将自动检票机分为三杆式检票机、扇门式检票机和拍打门式检票机等;根据通道宽度的不同可将自动检票机分为窄通道检票机和宽通道检票机等。

当前主流型号为具有通用性、易用性、结构简单、维护方便和成本较低等优点的双向过闸扇门式宽通道检票机,其外形尺寸为 1800 mm×280 mm×1050 mm($L \times W \times H$)。

自动检票机硬件部分主要由机壳、控制模块、乘客显示器、方向指示器、通行指示器、回收机构、门机构、读卡器、传感器、蜂鸣器和不间断电源等部件组成。

方向指示器用于表示当前闸机允许通过的方向:显示为绿色箭头符号时,表示该方向允许通行;显示为红色禁行符号时,表示该方向禁止通行。在自动检票机的出口、入口方向右手侧均设有方向指示器。

通行指示器安装在自动检票机的上方,当乘客在进站或出站刷卡后,通行指示器会显示绿色箭头符号为乘客指示通行方向,当出现无效票或非法操作时,通行指示器显示红色错误符号,表示本次处理失败,禁止通行,同时蜂鸣器报警。

读卡器安装在自动检票机的两侧,在乘客入站时负责读取票卡,并与主控单元进行信息交互,视票卡种类不同向其中写入不同信息。在出站时读卡器负责对单程票以外的票卡进行检验,并接收主控单元的信息,向票卡中写入数据。

乘客显示器是位于自动检票机上方的小型液晶屏,乘客在刷卡后该显示器可以显示出票卡的种类和信息,并提示前行方向,在无人刷卡通行时处于待机状态并显示"请刷卡"。

回收机构位于自动检票机出口方向的内部,并在自动检票机上方留有接口,主要用来回收乘客出站时投入的单程票。乘客投入的单程票需要经过校验。如果满足出站条件,则扇门打开,回收机构吞入票卡;如果不满足出站条件,则将票卡吐出,蜂鸣器报警。蜂鸣器可以发出报警信号。当出现非法操作时,蜂鸣器接收主控单元发出的信号并报警。

在自动检票机每个通道的两侧设置了一定数量的红外传感器,这些红外传感器组成了一个传感器矩阵,可以用来探测乘客在通道中的位置,同时也是识别系统的一部分。当乘客通过自动检票机时，系统可以通过被遮挡的红外传感器得出当前通道中的人数和所在位置，通过和其他部件的配合使用，可以保证每次刷卡只允许通过一名乘客。

自动检票机的每个通道都是由两台子机组成的，同时每一台子机也可以作为其他通道的一部分，如需组成一套四通道自动检票系统则至少需要五台子机。根据子机的内部结构和功能的不同，可将其分为主子机和从子机。从子机只具有门机构和红外传感器，主子机除了门机构和红外传感器还具有其他部件，如控制模块、通行指示器、方向指示器、乘客显示器和读卡器等。

控制模块安装在主子机中，它的主要功能是控制和协调各个部件的工作，并通过网络与车站计算机进行通信，发送和接收数据。

2. 系统硬件实现及部分部件选型

（1）控制模块。

一般选择 NC92-330-LF 型控制器作为控制模块。NC92-330-LF 是一款采用 Intel ATOM N330 双核四线程 1.6 GHz CPU 的全功能、高性能、低功耗型控制器。该设备集成了 ATOM N330 处理器，带有 1 个 DDRF2 内存接口，支持 VGA 输出模式，拥有 1 个 RJ45 网络接口，1 个标准音频接口，1 个标准 IDE 接口，1 个 SATA 接口，4 个 COM 口，1 个并口，4 个 USB2.0 高速接口等。

该机具有低能耗、高性能和扩展接口多等特点，可广泛应用于仪器仪表、家电产品、多媒体服务和智能产品等嵌入式领域，并且价格低廉，使用方便，符合本次设计对自动检票机控制模块的要求。NC92-330-LF 型控制器主要技术参数如表 2.4 所示。

表 2.4　NC92-330-LF 型控制器主要技术参数

序号	名称	具体参数
1	CPU	ATOM N3301.6 GHz CPU
2	内存	2 GB
3	硬盘	32 GB
4	网络接口	1 个 100 Mbps 接口
5	外部接口	4 个 COM 口，1 个并口，4 个 USB 2.0 高速接口

（2）执行机构。

电机是执行机构的核心组成部件之一，电机的选型好坏很大程度上决定了闸机的性能,由于步进电机在运行过程中具有没有误差积累、不需要闭环控制即可长时间运行、结构简单、价格低廉且动态响应性能好等特点,步进电机多作为执行机构的电机。

典型的步进电机控制系统如图 2.20 所示。

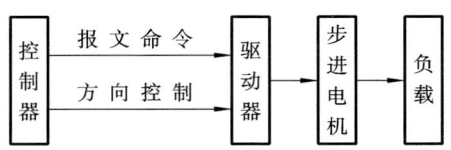

图 2.20 步进电机控制系统

在选择电机系统时,应当充分考虑步进电动机及驱动器的性能,电机系统的总体性能不但取决于步进电动机自身的性能,也取决于步进电机驱动器的性能。在扇门式自动检票方案中,步进电机的主要作用是负责驱动扇门连杆做往复运动。

扇门装置结构如图 2.21 所示。

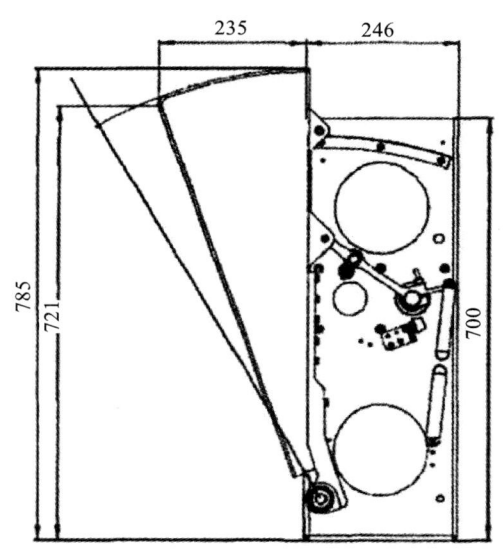

图 2.21 扇门装置结构(单位:mm)

通常设计要求通过时间不超过 1 s,假定开门时间为 0.7 s 以内,经过分析比对,宜选用 86BYG250CN 型混合式步进电机。该步进电机步距角为 0.9/1.8,保持转矩为 7.5 N·m,步距角为 1.8°,能够将开门时间控制在 0.7 s 以内。

3. 自动检票系统的软件设计

自动检票机是自动售检票系统的系统终端设备层的重要设备,与之搭配的自动检票软件既可以作用于自动检票机用于对乘客进行检票服务,还可与车站计算机进行关于车票处理交易、审计及设备状态等数据通信。

(1)自动检票系统的模块分析。

通过分析自动检票机及其配套软件的基本功能,可将自动检票软件划分为四个模块,分别是运营模块、维护模块、监控模块和通信模块,各个模块之间的关系如图 2.22 所示。

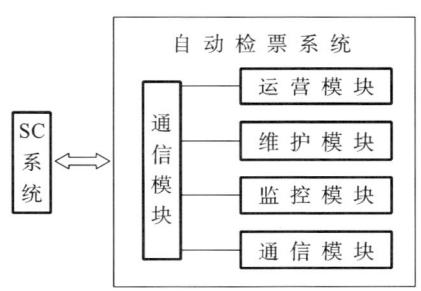

图 2.22　自动检票系统的模块关系

运营模块是基于系统的运营模式,对进站和出站的票卡进行检查,根据检查结果,对票卡进行读取和写入等操作,并将交易信息发送给通信模块,由通信模块负责向上层 SC 系统进行交互。

监控模块负责监控系统中的各个部件,该模块可以通过通信模块完成与车站计算机进行时间校准和设备状态实时上报等任务,当出现设备故障时,立即向车站计算机系统报告设备异常状态。

维护模块是提供给运营维护人员,进行设备的维修和维护工作的模块。它的主要工作内容包括设备状态查询、票箱更换、设备检验和操作参数设置等。

通信模块通过网络与车站计算机进行数据交换,主要工作任务包括交易数据和实时状态数据的上传、运行参数和控制命令的下载、时钟同步等。此外,通信模块还负责对本地存储数据进行管理。

在这四个模块中,运营模块尤为重要,下面主要针对运营模块进行详细的分析设计。

根据运营处理流程,运营模块应具有车票处理、乘客通行处理、判定处理和交易处理等功能。

①车票处理。

读取车票流程如下：

a. 寻卡并对票卡进行认证；

b. 根据 AFC 对票卡的定义，获取需要的票卡信息；

c. 整理票卡信息数据，并上传票卡数据；

d. 如果操作成功，则返回成功状态，否则返回错误信息，并提供错误代码。

写入车票流程如下：

a. 寻卡并对票卡进行认证；

b. 通过控制模块获取票卡修改信息；

c. 将票卡修改信息写入票卡中；

d. 如果操作成功，则返回成功状态，否则返回错误信息，并提供错误代码。

②乘客通行处理。

乘客通行处理流程如下：

a. 票卡处理结果为有效卡，允许通行；

b. 票卡处理结果为无效卡，禁止通行；

c. 当设备状态异常时，禁止通行；

d. 降级模式下，按照运营要求决定是否允许通行；

e. 紧急模式下，按照运营要求决定是否允许通行；

f. 无票卡乘客，禁止通行。

对于连续通行的处理如下：

a. 允许连续受理有效乘客同向通行；

b. 根据指定的运营要求处理同票卡连续通行。

除以上一般通行条件外，当以下情况发生时，禁止通行：

a. 禁止乘客无票通行；

b. 禁止紧随乘客通行；

c. 禁止乘客逆行；

d. 禁止持余额不足的票卡通行；

e. 禁止过期票卡通行；

f. 禁止持黑名单票卡通行。

当自动检票机判定本次操作无效时，扇门立即关闭，乘客显示器显示错误信息，通行指示器显示禁止通行符号，蜂鸣器报警。当无效操作的乘客从通道退出时，自动检票机恢复正常工作状态。

③ 判定处理。

a. 票卡安全性判定：在乘客刷卡时对票卡进行安全性判定，只有经过安全性检验的票卡才能进行其他判定。

b. 有效性判定：如果监测到票卡已经超过了可用期限，则将此张票卡判定为无效票。

c. 超时判定：出站时读取票卡上的进站时间并与当前时间进行比对，如果乘客在付费区停留时间超过了允许停留的最长时间，则视为无效票，否则继续其他判定。

d. 余额判定：在乘客进站时判定票卡余额是否大于运营所需的最低费用，如果小于该费用则判定该票卡为无效票。出站时读取进站信息，根据运营要求判定票卡余额是否足够支付本次业务费用，如不足则票卡无效。

e. 进出站标志判定：进站时对票卡当前的进站状态做出判定，如结果为已进站则票卡无效，如结果为未进站则允许进站并写入进站标识；出站时判定票卡的出站标识，如结果为已出站则票卡无效，如结果为未出站则写入已出站信息，并根据运营要求处理票卡。

f. 黑名单判定：当乘客刷卡时判定本张票卡是否在黑名单中，如在黑名单中，将在票卡中写入锁定标识，此卡在后续操作中将被判定为无效卡。

④ 交易处理。

交易处理流程如下：

a. 获取本次票卡信息和费用信息等；

b. 处理进出站业务，并生成相应的交易记录；

c. 存储交易记录；

d. 生成需修改的票卡信息，并将该信息写入票卡。

（2）运营模块的实现。

在运营过程中，进出站时自动检票机对储值卡和单程票的处理流程有一定的区别，本节按照进出站方向和票卡种类的不同，分别对每种情况的运营条件做出说明。

无论使用单程票、储值卡还是工作人员卡等票卡进站，都通过刷卡方式通过闸机，因此进站流程对各类票卡是通用的。进站业务流程包括验证票卡的有效性、标记进站标识、控制闸机开门让乘客通过等，并通过监控系统监测乘客的通过行为，防止多名乘客使用单张票卡通过。

乘客通过右手持卡进入闸机通道,此时车票处理模块对票卡进行读取操作,数据单元对其进行票卡信息检查和有效性检查。票卡信息主要检查城市代码、行业代码、票卡有效期和票卡类型等。票卡有效性检查主要是检查其安全性是否可靠、是否在有效期内、是否被记入黑名单内等。如果未能通过认证,则记录失败信息并通过乘客显示器反馈乘客,同时蜂鸣器报警。如果成功通过验证,则进入写卡处理,票卡处理模块将进站信息写入票卡后,向通行模块发送开门命令并开始计时。

乘客此时可以通过闸机,当系统检测到乘客通过检票通道后,记作完成一次有效过闸。

出站过程的主要任务是验证票卡的有效性,计算所需支付费用,并将数据发送到控制中心。如果票卡有效则允许乘客通过,将交易记录写入票卡中,根据运营流程决定是否回收票卡,并通过监控系统监测乘客的通过行为,防止多名乘客使用单张票卡通过。

出站检票过程中,信息校验等环节与入站检票是相同的。其主要的不同点在于出站检票需要对票卡的余额和本次所需费用进行比对以确定该张票卡是否能够顺利出站。当确认票卡余额大于所需费用,则将票卡信息修改为已出站,并将其已完成的交易次数加1。

2.6.3 基于5G通信的自动售检票系统设计研究

1. 发展现状

(1)自动售检票系统发展现状。

传统的城市轨交自动售检票系统分为5层架构,各架构之间通过3G或者4G网络硬线连接,结构复杂,具有以下特点。

①车站客服中心、检票机、票机等底层硬件设备通过网线连接到车站通信交换机上,在站厅和车站设备区布置专用的不锈钢防水线槽和镀锌桥架进行电缆和网线的布线承载。

②车站通信交换机把底层数据上传到车站服务器,并通过专用光纤上传到线路中央服务器及线路中央系统。

③线路中央服务器通过光纤或者网线把数据传输到线路清分中心,并由线路清分中心上传到云平台,与各支付系统进行对账清算。

④线网清分中心通过专用光纤下发软件参数、设备命令等各项数据,实现底

层设备和线网中心设备的信息联通。

⑤所有车站的自动售检票硬件设备状态也通过通信骨干网进行上传下达。

⑥所有设备、线路、清分中心、云平台、运输设备、外部接入平台全部通过通信骨干网进行数据交换和传输。

⑦由于所有数据和信息都是通过通信骨干网进行传输,通信骨干网的技术性能直接决定整个自动售检票系统的运行状态,进而影响信息决策、客流组织等工作,传统自动售检票系统架构见图 2.23。

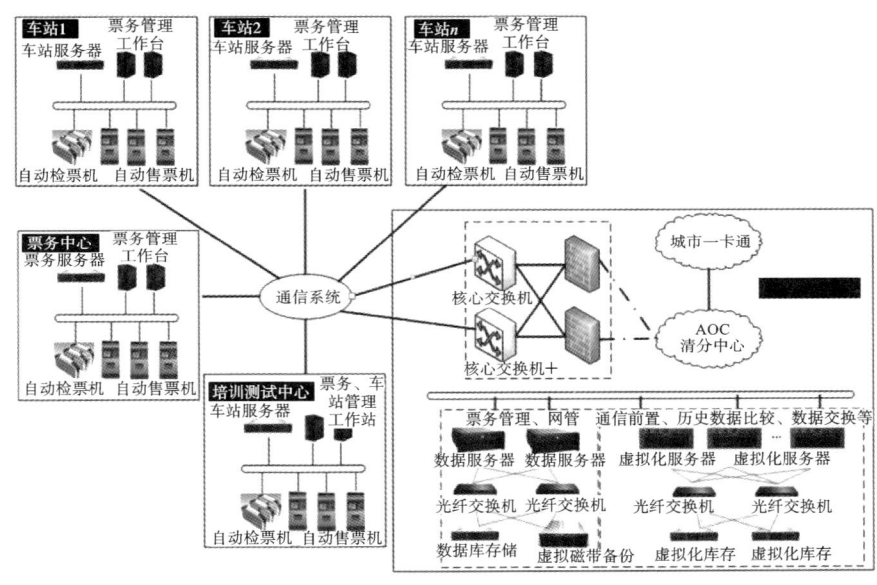

图 2.23 传统自动售检票系统架构

(2)5G 通信技术的发展现状及特点。

随着工业和信息化部向各移动通信公司颁发 5G 通信网络牌照,2019 年 5G 通信网络技术在我国正式商用。2020 年我国开始大规模建设 5G 通信网络。作为新型底层通信技术,5G 通信网络技术为所有通信设施带来革命性升级。其是第三次移动产业革命浪潮,为传统行业的转型升级提供技术支撑。5G 通信网络和人工智能、云计算、物联网将会构成新的网络基础设施,用于所有软硬件设备的海量连接和庞大数据资源的收集及处理。5G 通信相比传统 4G 和 3G 通信网络,实现通信技术革命性升级,极具潜力的应用特征有 3 个:

①增强型移动宽带(enhanced mobile broadband,eMBB);

②超可靠低延迟通信(ultra reliable low latency communication,uRLLC);

③海量机器类通信(massive machine type communication,mMTC)。

从本质上讲,eMBB 可提供更加出色的移动数据无线连接;uRLLC 实现更快速数据通信,将数据无线通信延迟控制在 100 ms 内;mMTC 实现海量数据交易。这些优势促使固定无线接入与传统固定宽带的竞争,给城市轨道交通自动售检票系统的进一步智能化发展提供技术支撑。具体优势对比见图 2.24。

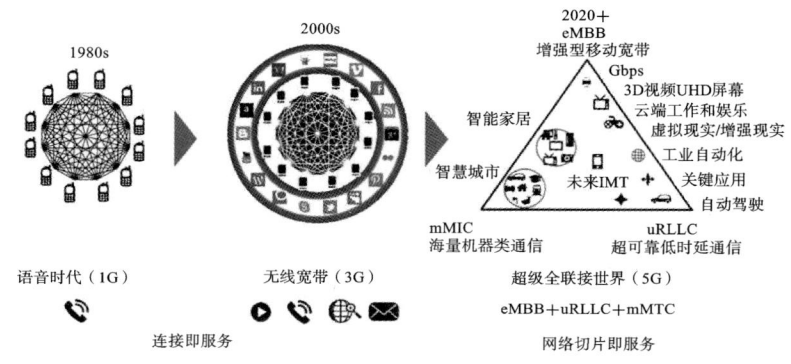

图 2.24 5G 网络与传统网络对比

2. 硬件系统设计

基于 5G 通信的城市轨道交通自动售检票系统,硬件设备之间不需要网线和光纤硬连接。各硬件设备间实现无线互联,数据实时共享,减少硬件设备采购成本,减少人工维护成本,降低系统复杂度,加速系统智能化发展。

(1)硬件架构。

城市轨交自动售检票系统引入 5G 通信网络技术后,eMBB 可实现检票机、售票机、客服中心、清分中心等硬件设备间高速网络通信,不再需要网线或者光纤进行硬连接,所有海量数据和信息实现无线交流互动;uRLLC 保证自动售检票系统的无线交易时间满足国家标准和规范,明显减少交易时间,不但提高乘客出行速度,更提高乘客出行舒适度,减少客流拥挤情况,并具有可靠性高、延迟时间短、交易时间短、检票机的通行率高等特点;mMTC 可在车站、线路中央、清分中心、云平台等软硬件设备间进行海量数据传输通信,确保数据清分的准确性、实时性,为实时客流、设备检修、客流疏导等智能运营提供决策依据。具体架构见图 2.25。

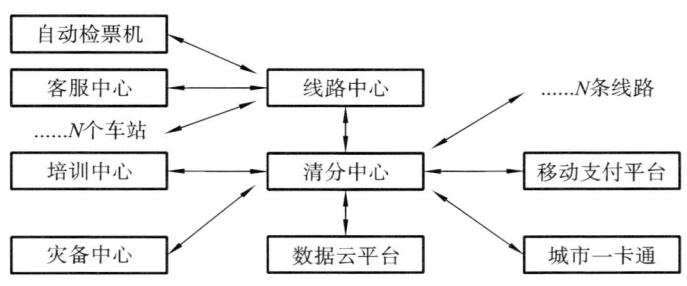

图 2.25　5G 传输的自动售检票系统架构

(2) 硬件系统的可行性。

传统城市轨交自动售检票系统具有稳定的 5 层架构,平均每个车站有 30 多台套硬件设备,底层设备刷卡时间在 400 ms 左右。由于车站票务交易数据量巨大,每个车站均设置有数量较多的车站级服务器和交换机,线路中央和清分中心也设置有数量较多的中央级服务器和交换机,所有硬件设备均通过网线或光纤相连,并铺设大量线槽和桥架承载网线和光纤,而基于 5G 通信的城市轨道交通自动售检票系统,检票机刷卡延时可实现 100 ms 以内,站厅不再需要设置大容量的线槽和桥架,更不需要网线和光纤,车站级设备和中央级设备全部通过 5G 网络无线实时数据传输,实现既有线路自动售检票系统网络改造小,新建线路网络投资少,智能化水平高,降低建设和运营的成本,5G 网络的优越性能决定了自动售检票系统软硬件实施的可行性。5G 网络性能特点见表 2.5。

表 2.5　5G 网络性能特点

用例类别	用户体验数据率	端到端延迟 /ms	连接密度 /km^{-2}	交通密度/km^{-1}
密集城区的移动宽带接入	下载:300 Mbps 上载:50 Mbps	2	200~2500	下载:750 Gbps 上载:125 Gbps
室内超高宽带接入	下载:1 Gbps 上载:500 Mbps	2	75000	下载:15 Tbps 上载:2 Tbps
50+Mbps 普遍服务	下载:50 Mbps 上载:25 Mbps	2	400 以上	下载:20 Gbps 以上 上载:10 Gbps 以上
车内的移动宽带	下载:50 Mbps 上载:25 Mbps	2	2000	下载:100 Gbps 上载:50 Gbps

续表

用例类别	用户体验数据率	端到端延迟/ms	连接密度/km^{-2}	交通密度/km^{-1}
超大规模低成本长距离低功率MIC	最低(1~100 kbps)	从几秒到几小时	>200000	不是关键的
超低时延业务	下载：50 Mbps 上载：25 Mbps	<1	不是关键的	非常高
超可靠超低时延业务	下载：50~10 Mbps 上载：0~10 Mbps	1	不是关键的	非常高
广播类业务	下载：高达200 Mbps 上载：适度	<100	不相关的	不相关的

基于5G通信网络的性能特点，对传统客服中心进行深度改进，采用开放式智能客服中心设计，为乘客提供付费区、非付费区不同的服务功能，乘客通过人机界面操作，实现票卡分析、付费区票卡更新、非付费区票卡更新、与坐席端进行通信等功能，推动自动售检票系统从以"票"转向以"人"为核心的场景升级，提升乘客便捷度和满意度，减轻站务人员服务压力，解决乘客排队及运营人员值守难题，也为无感支付模式下个人信息的自助录入提供解决方案。

3. 软件系统设计

基于5G通信的城市轨交自动售检票系统是智慧出行的重要解决方式，5G通信技术的优势既可简化该系统的传统软件架构、参数、数据库等，同时也可提高整个系统的软件运行效率。

(1) 软件架构。

基于5G通信的城市轨交自动售检票系统，所有传统软件、参数、数据库等均上云平台，实现车站级软件和数据库云服务，简化传统自动售检票系统5层架构软件系统，车站级服务器及数据库可进行精简，仅保留数据通信交换机，购票信息、刷卡信息、客流信息、设备信息等软硬件信息直接通过无线基站进行无线传输，上传到线路中央计算机系统和云平台数据中心，对所有数据立即进行清分对账，并对海量进出站数据进行大数据分析，所有数据全部存在中服务器上,实现软件简化、硬件节省、数据传输结构简化。具体网络软件数据传输结构见图2.26。

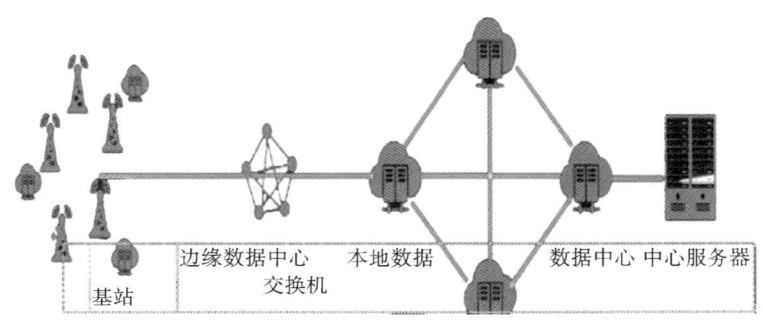

图2.26 网络软件数据传输结构

(2)软件系统的可行性。

5G通信技术具有传输速度快、传输距离远、无线交易无延时、实时传输数据量大等特点,为简化传统自动售检票系统的软件架构提供技术支撑,车站级软件直接将交易数据、交易信息等底层数据无线传输到线网中央云平台系统上,并存储在中心服务器中,线网中央系统下发执行命令、交易参数等数据直接无线下发到车站级软件,实现车站级、中央级软件实时互动,省去中间软件环节。传统自动售检票系统受限于网络结构和速度延迟,票务清分对账一般采用 $T+1$ 模式,并需要人工进行再次校核,而5G通信可以实现票务清分实时对账结算,简化软件交易流程,既提高运营收益率,又降低利息损失和人工成本。5G网络把大量的实时底层交易数据无延迟传输到线网中心云平台,实现系统软件智能化发展,为城市轨道交通运营的科学决策、实时分析、状态感知、人机互动、精准执行提供大数据决策分析(图2.27)。

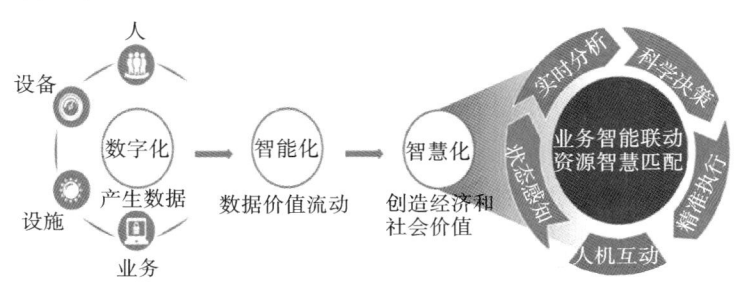

图2.27 软件数据运行智能化

2.7 屏蔽门系统设计

2.7.1 屏蔽门系统的构成及总体方案设计

1. 屏蔽门系统的构成

屏蔽门主要包含中央控制盘、站台就地控制盘、门控单元、报警控制盘、监控主机、信号系统及供电电源等部分,屏蔽门系统的结构如图 2.28 所示。

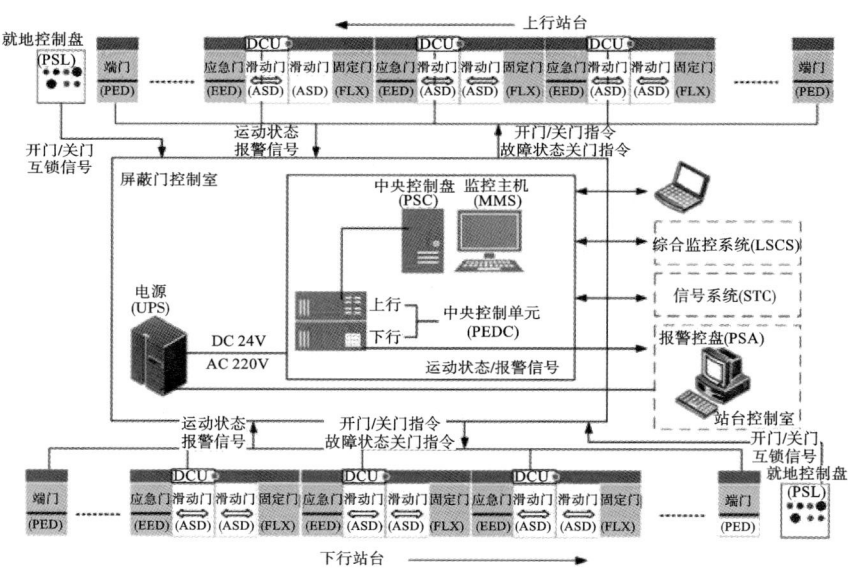

图 2.28 屏蔽门控制系统结构图

(1)中央控制盘(PSC)。

中央控制盘 PSC(PSD system controller)包含两个逻辑控制部件 MSDC、切换器、人机交互界面以及相应的外围接口设备等部分,其中 MSDC 是屏蔽门系统内外信号传递和反馈的重要模块,在现场应用中采用冗余设计的方法进行安装,可以完成对屏蔽门运行状态的监控,以及将控制命令等传输到人机交互界面中。而且 PSC 可通过 CAN-bus 总线和 RS232/RS485 串行接口进行数据通信,当单个屏蔽门出现故障时,不会使站台整侧的屏蔽门都无法使用,提高了地铁运营的效率。

(2) 站台就地控制盘(PSL)。

站台就地控制盘 PSL(PSD local control panel)是在站台屏蔽门夹人夹物时,屏蔽门无法正常关闭,列车停止发车,站台车头处的司机通过操作 PSL 进行手动操作整侧屏蔽门开关的工具,当被夹乘客离开或物体被清除并确认安全后,司机通过 PSL 中的互锁解除,可以发动列车。

(3) 门控单元(DCU)。

门控单元 DCU(door control unit)安装在每组屏蔽门的顶部,包含微处理器、数据传输接口、控制程序等部分。在正常模式下,DCU 主要将屏蔽门的运行状态信息发送到监控主机上,当出现夹人夹物时,DCU 将执行防夹程序,控制门电机的运行方向和速度,避免对乘客造成伤害。

(4) 信号系统(SIG)及供电电源。

为了能够使地铁屏蔽门系统正常工作,给其供电的电源设备和连接各单元门的电缆是不可或缺的。以控制电源盒驱动电源和不间断电源(uninterruptible power supply,UPS)为主,组成地铁屏蔽门控制系统的电源设备。系统内部采用现场总线和硬线连接两种连接方式,各功能模块和设备通过硬线进行相互连接,并采用现场总线的方式传输数据和控制信号。屏蔽门控制系统的通信网络及供电电源构成如图 2.29 所示。

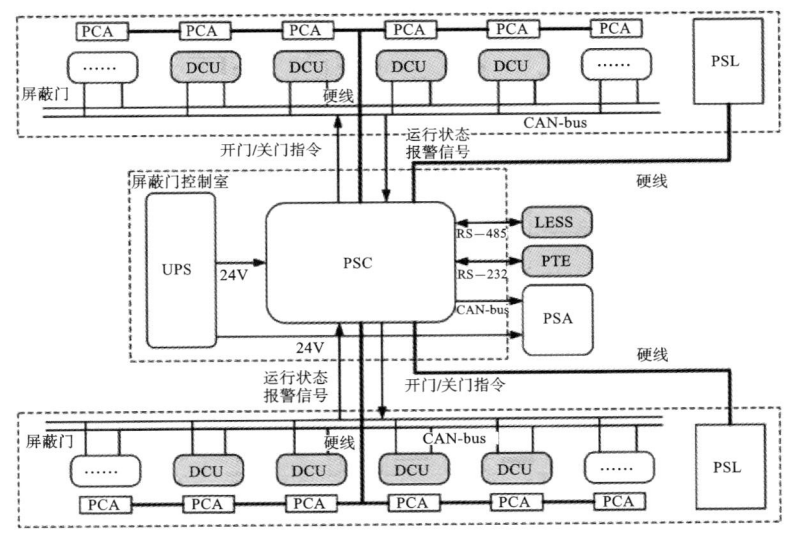

图 2.29 屏蔽门控制系统通信网络及供电电源构成

2. 屏蔽门控制系统的功能要求

地铁屏蔽门的控制系统以控制功能和监测功能两部分为主,根据其具体运行模式,可以将其划分成正常、非正常和失电三类模式,根据屏蔽门在应对不同危险情况时设定的模式等级,从低等级到高等级为信号系统控制、就地控制和手动控制。不同模式运行等级如图2.30所示。

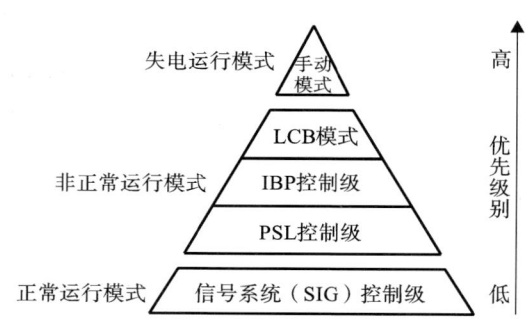

图 2.30 屏蔽门控制系统不同模式运行等级

(1)信号系统(SIG)控制是屏蔽门控制系统根据列车运行情况自动运行,主要是在列车进站后,根据接收到的PSC的控制命令进行相应的开/关门操作。当一侧单个或多个屏蔽门出现故障无法正常打开或关闭时,此时信号系统(SIG)将发送故障信息到车站控制室的监控主机上,由车站值班员操作"互锁解除"命令后,列车才可以接收到发车信号并开始动车。

(2)就地控制包含PSL控制、IBP控制和LCB控制3个部分组成。只有在出现乘客或其他物体滞留在屏蔽门和列车车门之间的间隙内时,屏蔽门不能关闭,此时列车无法发车,站台处的司机可以通过PSL控制、车控室的值班员可以通过IBP控制、站台安全员可以通过LCB控制,这三种中的任一控制方式都可以对屏蔽门进行打开/关闭操作,使乘客快速转移到安全地带并确认屏蔽门间隙内安全后,使屏蔽门恢复到正常状态,列车可以发车。

(3)手动模式是在屏蔽门出现电源故障或者机械结构故障导致滑动门无法自动打开或关闭的情况下,由站台安全员在靠近候车区一侧使用钥匙或者地铁列车上靠近轨行区一侧的乘客通过屏蔽门把手进行手动开门。此时,该门的门控单元上的"滑动门ASD/应急门EED手动操作"状态指示灯点亮。在站台安全员使用钥匙或乘客通过屏蔽门门把手手动打开滑动门后,等工作人员修复屏蔽门故障并启动,此时屏蔽门发出控制信号开始执行关门命令,到指定位置后锁定。

3. 屏蔽门控制系统的优化方法

(1)障碍物监测的优化方法。

在地铁日常的运营现场中,目前的屏蔽门防夹设备无法有效检测到如包带、安全绳、衣服等直径细小的物体,而车站控制室的值班员通过闭路视频监控系统CCTV观察到这样的危险情况并使用中央控制盘PSC处理屏蔽门夹人夹物时,PSC将发出控制信号使整侧的屏蔽门一同执行开关门操作。如果客流量比较大,可能会造成与无法正常联动的屏蔽门的左右相邻的滑动门处出现拥挤情况,增加了乘客的安全风险,也影响了地铁正常发车的时间。

针对上述的情况,可使用微处理器控制激光雷达进行障碍物探测的方案。激光雷达是根据光学三角测距原理控制激光发射器发射光束到监测区域,若存在障碍物则反射的光线被激光雷达的光敏信息探测器采集到信号后,再将采集到的信号反馈给屏蔽门控制系统的微处理器,从而触发报警电路同时发送报警信息到上位机,便于工作人员及时发现以及处理故障,所以这是一种安全的保护装置。这类保护装置主要采用非接触式的防护形式,它在机器人寻址、车辆避障、无人机测距等领域的应用非常广泛,该检测方法可应用到地铁屏蔽门障碍物探测中进行防夹功能的设计。

(2)电机驱动的优化方法。

屏蔽门在检测到障碍物信息并执行防夹程序时,电机接收到停止运转命令后,由于滑动门的惯性无法立即停下,再加上传统PID控制程序的三个系数的参数是开始时设定的,在长时间运行后,屏蔽门由于设备老化、硬件性能下降等,电机速度调节的效果开始降低,可能会对被夹乘客造成一定的伤害。

针对传统PID控制程序存在的问题,可选用模糊PID控制程序作为屏蔽门控制系统中电机驱动的程序,通过调试人员的工作经验和专家经验设置模糊PID系数选择的规则表,通过模糊规则表对三个系数进行自动调节,提高系统运行的可靠性,降低维护的周期和成本。

4. 屏蔽门控制系统的总体方案设计

地铁屏蔽门控制系统是典型的机电一体化与计算机自动控制相结合的系统。通过对屏蔽门控制系统的构成和功能分析,以之前提出的两个优化方法为主要研究重点,用低功耗、低成本的激光雷达Delta-2A作为屏蔽门障碍物检测工具,以STM32F103R8T6设计系统的微处理器来处理激光雷达反馈的信息,对信息进行处理判断后,通过微处理器产生控制信号以控制电机和声光报警装置运行,以直流无刷电机为驱动并通过机械传动机构作用于屏蔽门的滑动门体,微处理器采用检测滑动门驱动电机的转速、电流等信号的方式,完成屏蔽门在执行开关门命令时对驱动电机准确的闭环控制,同时将判断结果的信息传输到远程监控终端,可以给工作人员提供屏蔽门系统实时运行的状态信息,方便工作人员快速解救被夹的乘客或处理被夹的物品。根据上述的内容,制定地铁屏蔽门控制系统的总体设计如图 2.31 所示。

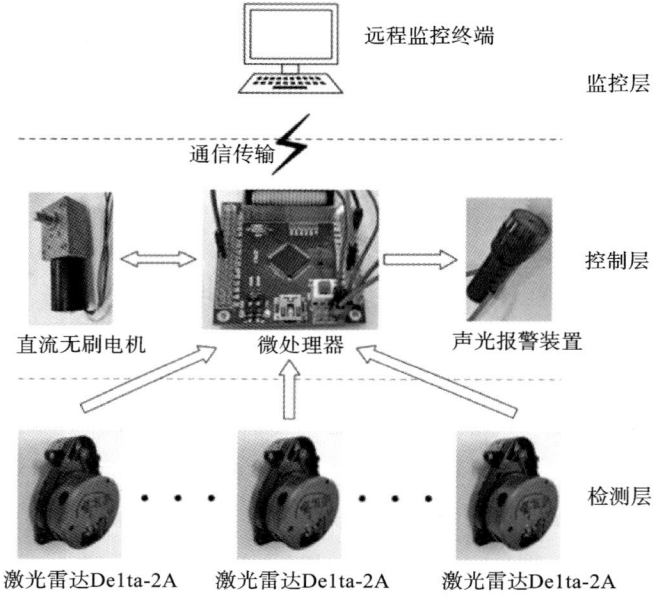

图 2.31 地铁屏蔽门控制系统的总体设计

2.7.2 系统硬件设计

屏蔽门系统设计包括硬件设计与软件设计,因篇幅有限,下面仅介绍其硬件设计方面的内容。

1. 硬件平台总体结构设计

控制系统硬件设计主要包括障碍物信息采集的激光雷达部分和门电机驱动部分。具体的电路模块有中央处理(STM32F103R8T6)模块、信号采集模块、报警模块、BLDCM 驱动模块和数据传输模块等。下面通过对控制系统的不同模块的电路设计做出具体说明。图 2.32 为地铁屏蔽门控制系统硬件结构示意。

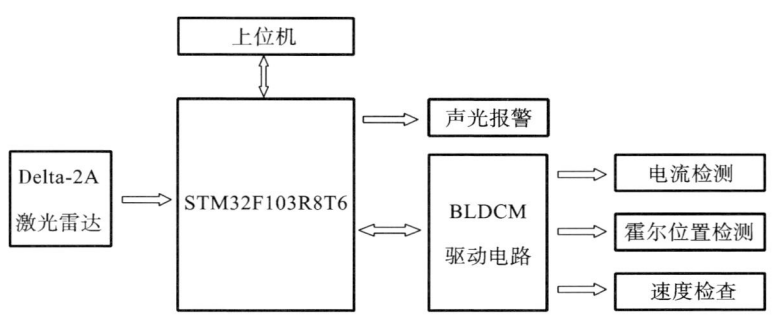

图 2.32 控制系统硬件结构示意

2. 元器件选型

(1) 激光雷达的选择。

在地铁屏蔽门控制系统中,激光雷达要安装在站台屏蔽门靠近轨行区列车一侧的顶箱上,安装侧的环境恶劣,因为地下车站的隧道内阴暗潮湿,地上车站的温差变化比较大,受自然光影响比较严重,列车频繁经过会引起震动,粉尘多导致激光雷达表面会积灰。以下是激光雷达的工作环境。

①温度:0~45 ℃。

②相对湿度:≤95%。

③含尘浓度:在夜间地铁停运时间段内检测到列车运行的隧道内每立方米中空气的含尘浓度不低于 500 μm 的尘粒数,需要在 18000 粒以下。

④环境照度:最大 20000 lx。

⑤振动:10~55 Hz 时的双振幅为 0.7 mm,在 X、Y、Z 方向各振动 20 次。

⑥运行强度:全年一直保持在运行工作状态,监测一个周期的时长为不小于 1.5 min。

Delta-2A 系列二维激光雷达是为城市轨道交通站台屏蔽门控制系统的安全保护量身打造的一套品质高、性能优、使用便捷的产品,功能强大,自检完善,安全可靠,适用于各种恶劣环境中,可提高屏蔽门的安全性和地铁列车的运营效率。与传统的解决方案相比,选择 Delta-2A 系列二维激光雷达,是因为其同时采用无线输电与通信技术,使得一般的激光雷达的使用周期得到延长,可以在不间断的情况下保持高性能、高可靠地工作,降低了维护成本。同时,Delta-2A 系列激光雷达能够完成对监测区域内的圆形平面(直径 16 m)进行全方位探测,建立所在平面的点云图信息,便于工作人员及时判断和处理报警信息。此外,Delta-2A 系列在各种室内恶劣环境和室外无日光直接照射情况下的检测性能良好,加上激光雷达内置的实时的自我速度检测模块,使得地铁站台屏蔽门控制系统的安全保护更有保障。该 Delta-2A 系列二维激光雷达的特点如下。

①采用线同步技术,整侧站台的多个屏蔽门各自单独安装,可有效避免检测范围重叠导致相互干扰,提高检测准确度和定位,方便工作人员及时快速处理故障,保证地铁运行的高效和安全可靠。

②使用新型的光学结构,受自然光和其他光源影响小,集聚漫反射光束的能力强,测量距离长。

③使用 A/D 实时数据转换功能,自动对采集的信息进行处理,在地铁隧道等干扰因素复杂的工作环境下,可以提高激光雷达实时检测障碍物信息的有效性,并将其传输到微处理器。

④激光雷达内置的驱动电机可以监测运行速度,能够防止硬件故障后引发安全事故。该激光雷达性能优良,抵抗环境干扰能力强,适合在地铁屏蔽门控制系统中使用。

(2)电机的选择。

屏蔽门系统的驱动模块主要由直流无刷电机 BLDCM、锁定电磁器、传动皮带和开关门行程到位减速传感器组成,能够降低运转时的噪声和削弱震动的影响,使屏蔽门的开关门动作更平稳。在联动模式下,屏蔽门系统接收到开关门的信号后,直流无刷电机启动后使用传动皮带拉动滑动门可实现开关门的操作,构成了屏蔽门运行的驱动系统。如图 2.33 所示是屏蔽门驱动装置。

屏蔽门驱动电机的选择需要根据屏蔽门的物理性能和地铁规定的停站时间来决定,不管电机的转速大小,都必须首先考虑乘客的安全。地铁建设的标准规定了屏蔽门中单扇滑动门的动能要低于 10 J。根据屏蔽门的具体参数可知,单扇滑动门的行程长度 L 为 1 m,开门时间在 2.5~3.5 s,关门时间在 3.0~4.0 s,电机加速持续时间 t 为 0.5 s,驱动轮的直径 D 为 0.1 m,滑动门质量 M_1 为 50 kg,传动滑轮质量 M_2 为 1 kg,滑动门导轨内的摩擦系数 η 为 0.005,减速器的减速比为 1∶15。

在开关门过程中电机速度保持恒定时,通过皮带拖动滑动门时的输出转矩见式(2.8)。

$$Z_1 = F_1 \cdot D = Mg\eta D \tag{2.8}$$

图 2.33 屏蔽门驱动装置

1—带动滑动门的传动皮带；2—在屏蔽门关门到位后进行锁闭的锁定电磁器；3—屏蔽门的控制器

式中：$M = 2M_1 + 4M_2$；

g 取 9.80 m/s^2。

计算可得 $Z_1 = 0.51 \text{ N·m}$。

当单门动能取极限值 10 J 时，根据动能定理可知 $E = \frac{1}{2} \times \left(\frac{1}{2} \times M \right) \times V^2$，可以得出屏蔽门的最大速度 $V = 0.62 \text{ m/s}$。

假设滑动门处于加速状态时的加速度 a 恒定，则电机加速时的转矩见式(2.9)。

$$Z_2 = F_2 \cdot D = M \cdot a \cdot D = M \cdot \frac{V}{t} \cdot D \tag{2.9}$$

计算可得 $Z_2 = 12.90 \text{ N·m}$。

电机的负载转矩见式(2.10)。

$$Z = Z_1 + Z_2 \tag{2.10}$$

计算可得 $Z = 13.41 \text{ N·m}$。

电机经减速箱后的转速见式(2.11)。

$$n = \frac{60 \times \omega}{2\pi} = \frac{60 \times V}{\pi \times D} \tag{2.11}$$

计算可得 $n = 118.40 \text{ r/min}$。

由式(2.10)与式(2.11)可得知电机输出功率，见式(2.12)。

$$P = F \cdot V = (Z/R) \cdot (2\pi \cdot R \cdot n/60) = Z \cdot n \cdot \pi/30 \tag{2.12}$$

计算可得 $P = 166.27 \text{ W}$。

由于屏蔽门工作环境与隧道相连，受到列车到来时的风压阻力影响较大，选择的直流无刷电机参数如表 2.6 所示。

表 2.6 直流无刷电机参数

参数名称	数据	参数名称	数据
电机型号	60BL100S15-230TF9	额定转速/(r/min)	3000
额定功率/W	150	电机绕线电阻/Ω	0.94
额定电压/V	24	转矩常数/(N·m/A)	0.11
最小电压/V	18	电机额定扭矩/(N·m)	0.27
最大电压/V	60	电机转动惯量/(N·m^2)	240
电压常数/(V/100 min)	10.2	绝缘等级	B
额定电流/A	8	外壳保护等级	IP54
启动电流/A	32	电机、减速机表面温度/℃	40

(3)微处理器的选择。

微处理器是屏蔽门控制系统的核心部件,若是选择的芯片性能不合适,会影响系统的正常运行,甚至可能因为微处理器质量问题导致控制系统失效,易形成安全隐患,并且还会导致成本增加。微处理器芯片的选择要考虑如下 3 个方面。

①技术性:根据微处理器的工作环境和所要实现的运行技术要求,确保所选的微处理器在屏蔽门控制系统中可以可靠、稳定地工作。

②实用性:考虑微处理器的制作技术是否成熟、购买途径是否可靠、实测运行数据是否满足屏蔽门控制系统的要求,确保微处理器维护便捷。

③可开发性:考虑所选的微处理器使用的编程软件和程序下载工具是否稳定、可靠。

STM32F103R8T6 这款微处理器是由 ST 公司设计生产的一种高品质、抗干扰性能强并且低功耗的微处理器型号,微处理器的指令代码和传统的 STM32F103 系列的微处理器完全兼容,可以选择 8 MHz 和 40 MHz 的 RC 振荡器或带校准功能的 32 kHz 的 RTC 振荡器。STM32F103R8T6 微处理器主要有以下的特性。

①电源管理:可以接受 2.0~3.6 V 的供电电压,对于非恒压源的外部电源有良好的兼容性。

②存储器:可以存储 64 K 的程序使用信息,同时在芯片的内部还包含有 20 bit 的 SRAM。

③调试模式:编程人员能够使用 SWD 和 JTAG 接口或 Cortex-M3 内嵌的跟踪模块(embedded trace macrocell,ETM)将编写好的程序直接下载到微处理器。

④工作温度:正常工作的温度范围为-40~85 ℃。

⑤定时器:芯片内的16位定时器包含3个,其中有一个定时器集成有电机控制功能,可以对电机输出PWM控制波形。

⑥低功耗:芯片在待机模式下的功耗是1.7~2.4 μA,在工作模式下的功耗是6~7.9 mA。

⑦AD:微处理器内含有2个12位的模数转换器,在1 μs内可以将0~3.6 V的模拟信号转换成数字信号。

⑧I/O引脚:所有的I/O口都可以映像到16个外部中断,而且还可以接收到5 V信号。

STM32F103R8T6的功能和工作性能指标完全达到地铁站台屏蔽门控制系统的障碍物检测的安全要求,此外,该微处理器价格低廉、支持多种仿真工具,因此选用STM32F103R8T6应用到系统中比较合理。

(4)串口转换芯片的选择。

地铁屏蔽门控制系统需要将门状态信息和激光雷达实时检测到的数据信息传输到控制室的上位机中,可以进行这种信号传输和数据转换的芯片目前使用性能较好的共有两种:一种使用PL2303芯片,通过串口与USB口进行连接实现传感器与上位机之间的数据实时传输,这种方式简单、便捷,在实际应用中比较广泛;另一种使用MAX232芯片,通过电平转换使上位机能够读取单片机传输的信息,虽然该芯片国外生产的性能好,但是成本高,国内生产的抗干扰性较弱,稳定性不能达到长时间在恶劣环境下工作的要求,所以选用PL2303芯片。PL2303芯片通过转换激光雷达采集到的数字信号,将其汇集成USB协议数据,使用USB通信线传送到车控室的上位机中,实现从激光雷达的数据采集,到屏蔽门的微处理器进行数据处理,再经过PL2303芯片的信号转换传输到上位机的通信过程。目前应用比较广泛的TTL电平在5 V电压左右,而一般的RS232的工作电压在-15~15 V,因此需要在屏蔽门微处理器和上位机之间进行电平转换。MAX232芯片在进行电平转换时,其转变的工作电压范围为-12~12 V,微处理器与PC通过串口线相连。

Prolific公司设计的PL2303技术成熟,工作性能可以很好地通过RS-232转USB接口实现数据的双向传输。同时在PL2303中还集成了USB功能控制器、收发器以及振荡器,也含有UART信号调制功能。此外,PL2303还使用了PCB电子集成技术,封装后功能模块比较集中,引脚连接简单,在屏蔽门控制系统的控制器中占的位置小,数据传输的速率和完整度也完全符合屏蔽门控制系统的要求,而且比MAX232芯片的维护成本更低,安装更便捷,使用的USB接口在上位机中可以直接连接,故而通过其设计的芯片进行报警信息和控制信号的传输。

具体的性能参数有以下几个方面。

①与 USB 接口的通信要求一致,而且可以和 RS232 接口连接。

②完全兼容 USB 1.1 协议,输出电压 3~5 V 可调节。

③芯片可编程的波特率范围为 75 bps~6 Mbps,并且可以当作电源为外接的设备使用。

④芯片内部包含 512 bit 的双向数据缓冲器,而且可以进行自主设置。

⑤可以在不同的计算机系统中进行驱动程序的设计和编写。

(5)电压转换芯片的选择。

Delta-2A 系列激光雷达的电机工作电压是直流 2.5~5 V,雷达的工作电压是直流 4.8~5.5 V,为了达到更好的控制效果,所以选择 MC34063 电压转换芯片将 STM32F103R8T6 微处理器的最大供电电压从 3.6 V 提升到 5 V 给激光雷达供电。这也是一种可以对直流电压进行放大或减小调节转换的集成电路。在芯片的内部包含有三极管放大器、IPK 检测、比较器和定时器,通过芯片的电流最大有 1.5 A。MC34063 芯片特点如下。

①能够在 2.5~40 V 的输入电压下工作。

②具有短路电流限制。

③输出电压可调节范围为 1.25~40 V。

④正常工作的频率范围为 100 Hz~100 kHz。

⑤低静态电流。

MC34063 内部具体的信号处理结构如图 2.34 所示。

外部电源提供的电流通过 IPK 振荡器中的 CT 引脚与外部的定时电容连接,通过定时电容控制 IPK 振荡器输出的频率和波形。在充电阶段,MC34063 中 IPK 振荡器给门的输入端提供高电平信号。当基准电压比比较器的反向输入电压高,此时比较器将高电平输入与门处。根据与门运行机制,输入端同为高电平,输出端才为高电平,此时 S 引脚接收到高电平,触发器的 R 引脚接收到来自 IPK 振荡器输出的高电平,Q 引脚则输出高电平,三极管 Q2 导通,同时 Q1 也导通,电压开始放大。当电压快要超过预设值时,通过引脚 6 外接一个电源 VCC,与比较器的反向输入端 5 引脚之间用一个阻值为 200 Ω 的电阻相连,测量流经该电阻的电流值达到 20 mA 时,引脚 6 外接的电源 VCC 输入一个高于基准电压 1.25 V 的电压,使比较器输出低电平,减少三极管导通的时间,使放大的电压维持在需要的范围内。

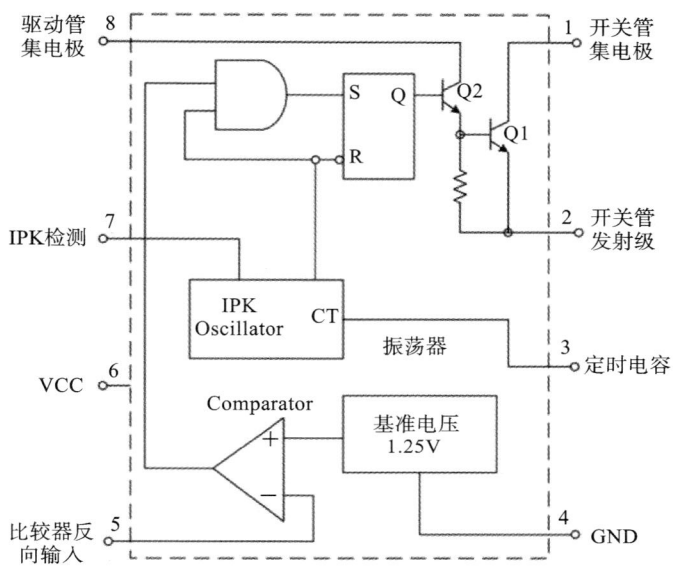

图 2.34　MC34063 内部具体的信号处理结构

3. 功能模块设计

屏蔽门控制系统所要实现的功能复杂,通过模块化的方法划分不同的硬件需要实现的功能,再将不同的硬件模块与微处理器连接,即使其中一个模块出现问题,也不会使控制系统整体失效,从而增强系统的可靠性。

(1) 微处理器最小系统。

用 STM32F103R8T6 芯片制定微处理器的最小系统使屏蔽门控制系统能够正常运行,主要是根据芯片引脚的设定,在 STM32F103R8T6 芯片上连接电源电路、时钟电路和复位电路,其最小系统框架如图 2.35 所示。

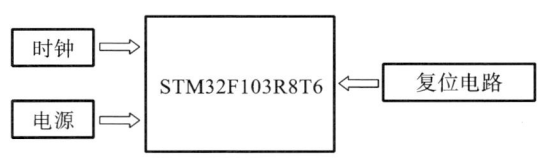

图 2.35　最小系统框架

① 电源部分。

STM32F103R8T6 芯片通过 USB 口外接电源保持运行状态,在屏蔽门控制系统中,屏蔽门微处理器由 PL2303 串口转 USB 芯片与车控室中的上位机电脑连接进行双向数据传输,同时也为微处理器提供 5 V 的工作电源。

②复位电路。

STM32F103R8T6 微处理器有两种不同的复位方法:一种是控制电路中使用电容的充放电原理设计的上电复位;另一种是外部按键复位。根据复位电路的工作原理,当接入一个外部电源 VCC 时,需要接一个电阻 R2,确保电路中流入电容 C1 的电压不会过大,防止电容元件被损坏。给电容 C1 充电后,复位电路导通,此时引脚 RESET 将输出高电平,微处理器执行复位指令。若按下复位按键 RESET,电源 VCC 经按键 RESET 接地,此时复位按键 RESET 上端靠近电源 VCC 侧的引脚 RESET 处为高电平,微处理器执行复位指令,当松开复位按键 RESET 后,复位指令已完成。

③时钟电路。

时钟电路可以调节微处理器内部不同功能模块之间的工作顺序,提高控制系统的运算效率,用 STM32F103R8T6 芯片设计的微处理器内部包含有一个反相放大器,可以在反相放大器的引脚 SOC32_1 和 SOC32_2 端之间连接 1 个 32.768 kHz 的晶振 Y1,晶振 Y1 分别通过两个 100 pF 的电容 C1 和 C2 与地相连,当反相放大器输入一个高电平信号后,通过电容 C1 和 C2 的延时放电,可以构成自激振荡电路,根据振荡电路发出的频率信号读取时钟信号。

(2)串口转换模块。

屏蔽门控制系统的微处理器由 PL2303 串口转 USB 芯片与车控室中的上位机电脑连接进行双向数据传输,同时也为微处理器提供 5 V 的工作电源。其中,引脚 J_TRST、J_TDI、J_TMS、J_TCK、J_TDO 通过串口线与 USB 接口连接,上接的 3.3 V 电源可以当作与上位机连接后通过 USB 提供的电源 VCC。

(3)MC34063 电压转换模块。

在城市轨道交通屏蔽门系统中,使用 MC34063 芯片将外部电源提供的 5 V 电压转换成激光雷达监测模块所需的 5.5 V 工作电压和滑动门驱动模块的直流无刷电机所需的 24 V 工作电压。

结合 MC34063 内部结构图,引脚 8 与 100 pF 的定时电容相连,再通过电阻 R12 与地相接,保护电路的瞬时电压不会过大,此时振荡器得到高电平信号,当反相输入 D5 输入的电压低于基准电压 1.25 V 时,MC34063 芯片内部的三极管 Q1 和 Q2 都处于导通状态,此时输出的电压可以调节到外接设备所需要的工作电压。当电压超过所需要的工作电压时,电感 L1 开始向电路中放电时,由于与外接电源反向,比较器反向输入 D5 大于基准电压,然后 MC34063 芯片内部的与门输入为低电平,此时外接电容 C12 将放电,延长三极管 Q1 和 Q2 导通的时间,使工作电压可以稳定在所需的范围内。

(4)其他模块。

USB 接口模块是屏蔽门控制系统中与串口转换模块相连接的部分,在激光雷达监测模块中,当地铁列车停站时间结束后,屏蔽门开始执行关门命令,此时激光雷达若检测到乘客或其他物品存在,代表屏蔽门和列车门之间存在障碍物,此时需要将报警信息发送到站台前端司机处和车控室的上位机中,并控制屏蔽门上的声光报警器报警,提醒工作人员快速解救被夹的乘客或物品,避免造成人员伤亡或财物损失。

在城市轨道交通屏蔽门系统中,声光报警模块是提醒站台工作人员快速发现危险情况的重要手段。当微处理器接收到激光雷达监测模块检测到的障碍物报警信息后,通过引脚 V_USB 输出高电平,使得报警模块工作。

4. 硬件可靠性设计

若想提升屏蔽门控制系统的使用周期和工作性能,在合理规划硬件电路的基础上,还要进行系统抗干扰的可靠性设计。因为屏蔽门安装在站台靠近轨行区的边缘,工作环境中的粉尘、列车经过时的风压和振动都会导致控制系统的性能下降,使屏蔽门的安全隐患增加,同时也会使后期维护的难度和成本升高,影响地铁运行的效率,所以硬件可靠性设计是屏蔽门研发工作者特别关注的重点。

(1)接地设计。

接地设计是设备安装过程中重要的一部分,受屏蔽门工作环境的影响,系统所在区域存在一定的电磁干扰,在列车进站时轨道与站台地面之间会形成电位差。而屏蔽门直接关系到乘客的安全,所以在设计系统时需将每个屏蔽门的门控单元使用电线相连,然后将电线与铁轨连通,使站台屏蔽门与列车间的电位差为零,保障乘客上下车时的安全。

(2)去耦设计。

屏蔽门控制系统中对微处理器和驱动电路使用直流电源进行供电,但在直流电源回路中,滑动门运动过程中遇到障碍物时会导致电机的负载增加,此时极易产生电源噪声,干扰控制系统的稳定性和控制效果。针对这样的情况,在供电电源的正极输出端串联接入一个去耦电容,可以抑制负载变化导致的电压波动,增加控制电路的可靠性。

第 3 章　城市轨道交通供电与弱电系统施工

3.1　供电系统施工技术

在城市轨道交通机电系统施工过程中,供电系统施工的内容主要包括变电所施工、环网电缆施工、杂散电流防护施工、电力监控系统施工、接触网施工、区间动力照明施工和供电车间设备安装施工等。

因篇幅有限,下面仅介绍变电所施工、环网电缆施工和接触网施工。

3.1.1　变电所施工

1. 牵引变电所施工总体流程

牵引变电所施工总体流程如图 3.1 所示。

2. 降压变电所施工总体流程

降压变电所施工总体流程如图 3.2 所示。

3. 牵引、降压变电所主要工序施工工艺

(1)设备基础预埋件安装。

①测量、定位。

a. 清理施工场地建筑杂物、清扫结构底板及预留孔洞。

b. 用钢卷尺测量和校核土建施工预留孔洞的位置是否符合设计图纸要求。

c. 依施工图纸用钢卷尺、墨线在地板上画出型钢安装基准线,将槽钢摆放到位,根据土建装饰层标高,用水准仪测量槽钢面是否符合标高要求。

d. 将预埋配件按图纸摆放到位,与槽钢稍微分开少许,以便焊接。按配件的固定孔,画出十字线。

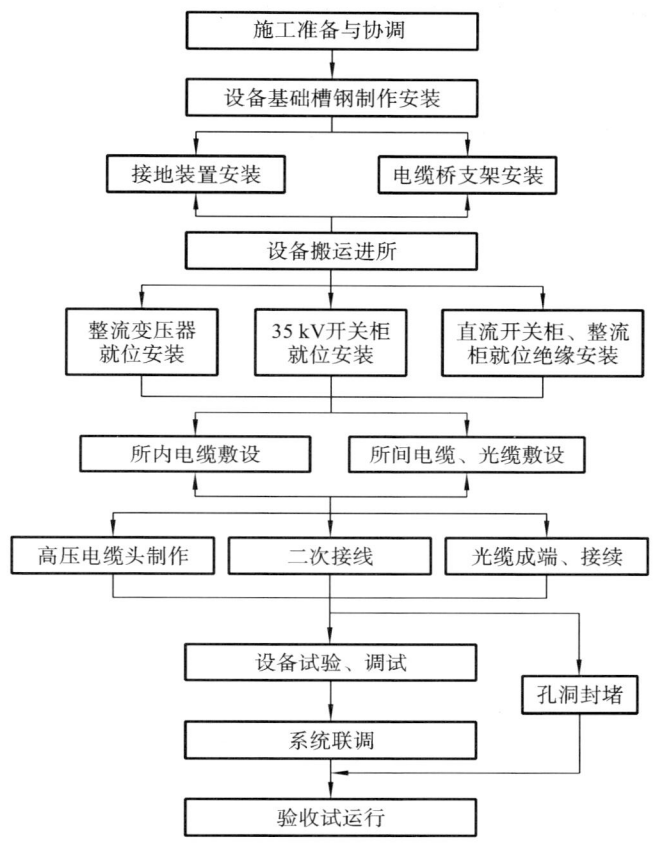

图 3.1　牵引变电所施工总体流程

②钻孔、固定配件。

a.用冲击电钻对准固定配件的十字线,垂直地板钻孔并清除孔内的粉尘。

b.将膨胀螺栓装入孔内,将焊接基础型钢的配件固定拧紧。

③基础槽钢安装、焊接。

a.依照位置基准线安放好基础槽钢,用水准仪测量基础槽钢顶面水平是否符合室内地坪标高。基础型钢水平误差小于 1 mm/m,每件全长小于 2 mm。

b.用钢卷尺测量基础型钢间的距离是否符合设计图纸要求。

c.测量槽钢顶面水平、位置、间距无误后,先用点焊的方法将型钢与预埋配件焊接。

d.将整条型钢各点点焊固定、复测无误后再将所有固定点逐点全断面焊接,不应有虚焊。

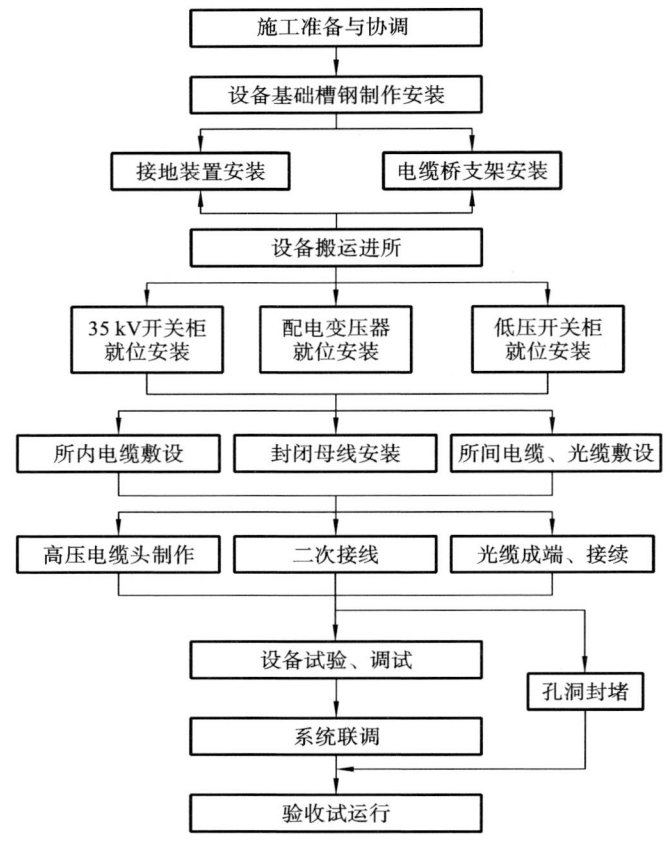

图 3.2 降压变电所施工总体流程

④接地线连接。

a.依设计图要求,基础型钢间用镀锌扁钢焊接接地线,设计未注明时一般采用 40×4 镀锌扁钢。

b.将每个设备基础型钢两端用扁钢做接地焊接。

c.将各基础型钢间用扁钢连接并按设计要求引出与主接地线连接。

d.将过门及穿墙扁钢用膨胀螺栓固定引出与主接地线连接。

⑤除锈刷漆。

基础型钢及接地扁钢全部焊接后,敲掉焊缝焊渣,刷两次防锈漆。

(2)电缆桥(支)架安装。

①测量定位。

依据施工设计图,用卷尺量出桥架外边缘距侧墙尺寸,在同一直线段分别取两点,经两点用墨斗在地面弹出一条直线,作为桥架外边缘的定位线。按照设计要求及现场实际情况,测出立柱安装位置,同侧立柱间距为 0.8~1.2 m。将地面定位线作为立柱靠桥架侧边缘,把立柱放在所测定的位置上并临时调正,借助立柱底板安装孔,画出安装眼孔。

②钻孔、安装立柱。

用冲击电钻在画出的眼孔位置上钻孔,清除孔内粉末。把膨胀螺栓敲入眼孔,并使其胀紧。先安装直线段两端的立柱,调直、调正、安装牢固后,再用尼龙绳绷紧在两立柱靠桥架侧,以此线为依据安装其他立柱,经仔细调整后,使各直线段的立柱成为直线。

③托臂安装。

先装好直线段靠两端头的第一层托臂,再用尼龙绳绷紧在两托臂上,依据尼龙线,逐一装上该段第一层托臂。按照此法,安装其他层的托臂。

④桥架安装。

先安装桥架的弯通、三通、四通等特殊部位,再安装直通桥架。每层中的最后一段,可能用标准件(每节 2 m)不太合适,需根据实际需要加工桥架或量好尺寸后,由桥架厂定制加工。桥架全部安装到位后,再用压板将其固定。

如果设计为单面立柱,可将数节直通桥架在地面上进行预装配,调直连好后,几人一起抬放到托臂上。如为双面立柱,一般情况下只能一节一节地放在托臂上,再进行整体组装。

⑤接地线安装。

电缆桥架每节间用裸铜绞线连接。主接地扁钢一般安装在桥架的第二层,并就近引至变电所接地干线上。

(3)接地装置安装。

①接地干线安装。

a.测量画线:用水准仪在每一面变电所内墙上找两个点,距地面($H+d/2$) mm(H 为扁钢距地面的设计高度,d 为扁钢宽度),地铁建设中多采用宽度为 40 mm 的扁钢,且其距地面的设计高度为 300 mm,故在墙上的点距离地面一般为 320 mm。根据两点用墨斗弹一条直线,每间隔 1 米,拐角处间隔 300 mm,做一个"+"字标记,为接地干线的打孔固定位置。90°平弯预制,用 40×5 的扁钢预加成等边的 90°平弯,边长为 290 mm。

b.打孔安装:在做有打孔标记的位置,根据嵌入式膨胀螺母型号,确定所打孔深及孔径(表 3.1)。用手锤将嵌入式膨胀螺母芯安装好,使其膨胀。用 M8×

16六角螺栓将S形卡子固定在墙上。用待安装扁钢放在卡子上,以量出拐弯处尺寸,并做好标记。先用适当的模子进行弯排,然后将扁钢钻M6孔,并用M8的麻花钻头扩孔,用M6×15沉头螺栓将扁钢固定在卡子上。扁钢与扁钢的焊接搭接长度为宽度的2倍。

表3.1 孔深及孔径

序号	型号规格	孔深/mm	孔径/mm	螺纹长度/mm
1	XHKT-M6	26	8	11
2	XHKT-M8	30	10	13
3	XHKT-M10	40	12	15
4	XHKT-M12	50	16	18
5	XHKT-M16	60	20	23

c.断接卡子制作:断接卡子是主接地干线为自然接地体和人工接地体连接用的一个扁钢接头,用4个M12螺栓固定,搭接长度符合要求,能方便地断开与主干线的连接。

d.扁钢焊接:主干线扁钢除搭接卡子外,都采用搭接焊。搭接长度为宽度的2倍,必须三个棱边满焊,焊缝饱满,无虚焊、假焊。焊接后应用角磨机打磨光滑,并涂两道防锈漆后,再刷银粉漆。接地干线全部完成后,均匀刷一道银粉漆。在明显的地方按设计要求每隔一段涂相等的黄绿色条纹。在开关柜后面的接地干线上按设计要求每间隔一段安装一个蝶形螺栓,刷白色底漆并标以黑色记号。

②桥架接地安装。

a.测量画线:在一排桥架立柱的两端立柱上分别找一个点,作为扁钢安装位置。一般定在从上至下第二至第三层桥架之间,这样既方便安装,又可避免扁钢占用人行通道,便于电缆的敷设。为将两点找水平,受环境限制不能使用水准仪,只可用充满水的透明软管作为连通器来找水平两点。

b.打孔安装:用洋冲在立柱的打孔位置冲一小坑,手电钻打孔时,应加一两滴机油,以降低钻头温度,使之润滑,使钻孔变得轻松一些。扁钢在立柱上安装,应加一个拉力安装螺栓,这样扁钢安装完成后,更笔直、美观。扁钢与扁钢之间的连接采用焊接,焊接要求与主干线相同。

c.桥架层间软铜线安装:热镀锌梯级桥架之间用不少于2个防松螺栓连接时,无须连跨接线,但各层间应用软铜线连接,全长不少于2处。软铜线截面积根据设计要求确定,在无要求时,地铁建设中一般用软铜线或铜编织带。各层之间连接后,再与桥架接地扁钢连接。

d. 与干线连接:桥架扁钢与接地干线连接,采用扁钢焊接。为保证电缆夹层的通道畅通,连接扁钢应从夹层的天花板走,然后顺墙面向下与干线扁钢连接。连接采用搭接焊。

③接地铜排安装。

a. 铜排加工:根据设计图纸选用铜材,并按设计加工好后,打磨毛边,加热铜排搪锡,搪锡应均匀,无锡斑及起壳现象。搪锡前应用砂纸将铜排表面氧化物打磨掉。

b. 铜排固定:若设计无要求,根据接地电缆在桥架上的敷设高度,来确定铜排固定高度。主要考虑电缆接到铜排后,电缆的弯曲半径、受力情况,若电缆到铜排的距离过长,应加非标支架来支撑电缆。铜排为绝缘安装。用 M10×80 膨胀螺栓,打入墙体,拧紧螺母使其胀紧。螺栓外露丝不少于 10 mm,不大于支撑绝缘子的内螺丝深度。将支撑绝缘子拧在膨胀螺丝上,固定点按铜排长度确定,一般为 2~3 个。然后用 M10×30 的螺杆将铜排固定在支撑绝缘子上。

c. 与干线连接:按《建筑电气工程施工质量验收规范》(GB 50303—2015)"母线螺栓搭接尺寸"要求,接地干线扁钢与铜排连接应用 2 个 M10 的螺栓进行固定,螺栓力矩值为 17.7~22.6 N·m,接触间隙应涂一层导电脂。

④接地电缆敷设、制作及安装。

a. 电缆敷设开始前用油漆笔标明电缆起始端。将电缆盘支撑放至放线支架上,用人工展放。电缆展放时避免与地面或其他硬物摩擦。变电所夹层电缆敷设按照交直流、高低压、控制与电力电缆的不同,依据施工设计图纸要求,分别放在不同层的托架或托臂上。为确保整理、核对电缆方便,在敷设过程中可临时用胶带纸缠绕并标明电缆编号。电缆应有一定的弛度,且在设计规定的敷设路径基础上进行 BIM 优化敷设路径,以减少电缆的敷设容错率,并减少与其他各型号电缆的交叉,电缆在支架、桥架上排列整齐。若设备间电缆较短,可先测量出所需长度,将该段电缆从电缆盘上拉出截断后,人工敷设电缆到所内指定位置。电缆敷设完成后,及时挂电缆标牌,电缆标牌清晰、准确。电缆在每个悬挂点处固定。在电缆进出设备处、进出支/桥架处、转弯处及垂直敷设时须固定牢固,其余处每隔 3 个支架用非铁磁性材料刚性电缆卡子固定,其余支架用尼龙扎带固定牢固。

b. 电缆头制作及连接:按线鼻子套管长度加 5 mm,开剥电缆,然后套上线鼻子,根据线鼻子大小,一般压接 2~3 次。缠上黑色绝缘胶带,电缆头制作完成。将电缆绑扎固定好后,涂一层导电脂,根据电缆截面选用固定螺栓,一般用 M12,力矩值为 31.4～39.2 N·m。

(4)整流变压器就位安装。

整流变压器进所多采用滚杠搬运的方法,变压器上加装了运输附件,故进所时不能一次性到位,还需要进行就位调整安装。由于变电所内场地空间的限制,就位调整要充分利用现场条件。

①设备顶升。

a.据变压器本体标明的起重点,在其下部建立支撑平台。

b.用液压千斤顶升变压器。

c.在变压器底座下用方木垫实。

②拆除运输附件。

a.拆除运输中的附件(H型钢)。

b.在变压器底座下铺设短钢管或圆钢。

③设备就位。

a.用链条葫芦牵拉变压器(或用千斤顶推)。

b.使变压器中心线与基础型中心对齐。

c.用电焊点焊或螺栓固定的方法固定变压器。

(5)动力变压器就位安装。

①定位测量、画线。

a.根据图纸要求在变压器柜底板上画出变压器就位轮廓线,并在变压器本体槽钢上做出位置参照标记。

b.在变压器四面各找一个点,并做出标记,然后根据图纸要求的固定位置,在变压器底板上做出变压器四面各点的对齐点,以便微调时目测。

c.若设计无具体要求,则按变压器的中心线与底板的中心线确定,注意要看变压器的承重槽钢是否落在变压器柜的承重部件(一般为槽钢)上,并考虑将来变压器的母排连接是否方便。

②就位及微调。

a.地铁降压站的动力变压器通常是放置在变压器柜内,而变压器底板高出地坪 100 mm 左右,因此应先用方木搭建两个平台。

b.两个平台高度与柜底棱高平齐(即高出底板 20 mm 左右),距离为变压器滚轮正好放置在两个平台中间。

c.在变压器底板上用方木劈一个斜坡,如图 3.3 所示。

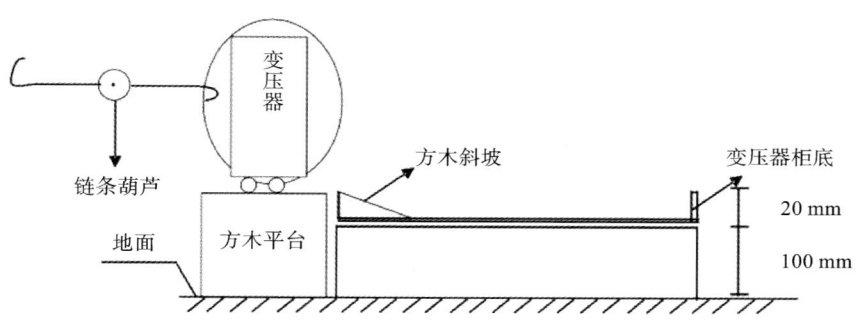

图 3.3 动力变压器就位

d. 用四台手摇起道器将变压器升起。将两台液压小车插入后运至平台附近,升起液压小车将变压器放在方木平台上。

e. 在变压器上套上尼龙吊带,吊带上挂链条葫芦,使链条葫芦拉紧,在链条葫芦缓缓松动的同时,两人把变压器向变压器柜方向推动,当变压器移动到斜坡时,缓缓拉动链条葫芦,使变压器溜放到变压器柜底板上。

f. 用手摇起道器升起变压器拆掉滚轮,并把变压器放至坦克运输车,进行前后、左右微调。当变压器达到固定位置时,再用手摇起道器升起变压器,拆出坦克运输车,使变压器落在柜底板上。

③攻丝固定。

在变压器底板上钻 M12 的孔,位置根据变压器固定卡子确定,然后用 M14 的丝锥加攻丝器攻丝。变压器卡子与变压器连接利用滚轮固定孔位。

④接地安装。

按设计要求,做好中性点接地及本体接地。

(6)35 kV 开关柜就位安装。

①开箱检查。

a. 拆除开关柜四周及顶部的包装。

b. 开关柜外观应无损伤及变形,油漆应均匀完整,柜门开闭应灵活可靠,柜内电器装置及元件应无脱落、锈蚀、损伤、裂纹等缺陷。

c. 下列器件应齐全。

(a)零配件:螺栓、密封垫、圈等。

(b)附件:气压表、气体导管、电缆支架等。

(c)钥匙:柜门钥匙、按钮钥匙、开关闭锁板钥匙、气压表调整钥匙等。

(d)操作工具:隔离开关操作杆、接地开关操作杆、电机手动储能摇柄等。

②柜体就位。

a. 将两组开关柜用龙门架平稳运搬到基础型钢上,拆除包装底座。

b. 将一组开关柜先平移到安装位置,并使柜底螺栓孔与基础型钢的螺栓孔对正。另一组暂与之保持 200 mm 以上的距离,以方便操作。

③母线室对接及充气。

a. 打开母线室对接面的临时密封件和顶部的操作手孔封盖,检查母线室内隔离开关的触头动作是否准确到位、母线固定件有无松动等,如有异常应及时处理。

b. 将母线室对接法兰面和母线室内手接触过的部位擦拭干净,密封圈涂抹凡士林后放置妥当,移动调整另一组开关柜与已就位的一组对正后,安装并拧紧对接法兰的全部螺栓。

c. 通过母线室手孔将两组母线连接成整体,清洁连接部位后装好所有打开的手孔盖板。

d. 将三个母线室分别抽真空后,充入 SF6 气体达到规定值。

④柜体连接和固定。

a. 安装并拧紧柜间连接螺栓。

b. 连通柜间接地铜母线。

c. 安装并拧紧基础螺栓。

⑤元器件和附件安装。

a. 按设计图安装元器件并进行二次配线,配线型式应与柜内原有配线一致。

b. 安装电缆固定架等其他附件。

(7)直流开关柜、整流柜就位绝缘安装。

1500 V 直流开关柜和整流器柜要求绝缘安装,采用在开关柜柜体和基础槽钢及地面间加绝缘板的方法保证柜体的对地绝缘。

根据开关柜的框架结构、设备基础槽钢的具体形式、柜体框架与槽钢的相对位置的不同,采用不同的方法固定直流开关柜和整流器柜。目前有槽钢攻丝、固定角钢焊接和安装绝缘膨胀螺栓等方法可固定开关柜。

①设备运输及进场。

直流开关柜、整流器柜和其他盘、柜同时进场。

②绝缘板安装。

绝缘板安装在基础槽钢和柜体之间,用专用擦拭纸对绝缘板和槽钢的表面进行擦拭,然后用双面胶带将绝缘板固定在基础槽钢上。

绝缘板接口处的间隙用中性绝缘胶填充,待绝缘胶凝固后用砂纸打平,然后用电吹风机驱除绝缘板下的潮气。防止设备经过长时间运行后,灰尘和其他杂质进入间隙,受潮后降低对地绝缘。

采用测量对角线长度的方法,并配合角尺保证绝缘板的正确安装位置。

③设备就位及柜间连接。

将1500 V直流开关柜和整流器柜放在绝缘板上。保证绝缘板露出设备框架内外沿各5 mm。检查设备应无明显接地点。

1500 V直流开关柜连接的关键在于直流母线的连接。在直流母线接触面上涂抹电力复合脂,将各段母线对齐,然后连接起来。

用扭矩扳手对每一个连接螺栓进行紧固,扭矩符合有关要求。

④槽钢攻丝、固定角钢焊接或安装膨胀螺栓。

a. 在1500 V直流开关柜和整流器柜框架上用自攻螺丝安装固定脚。

b. 当柜体固定脚正对着下方基础槽钢时,根据柜体固定脚上的孔的位置在下方的槽钢上钻孔攻丝。

c. 当固定脚不能正对着下方的基础槽钢时,在附近相应的基础槽钢上焊接固定角钢,角钢伸到固定脚的下方位置,然后在角钢上打孔,孔的位置与固定脚上的孔对应。

d. 当设备的四个角下方为混凝土地面,同时又计划采用膨胀螺栓固定开关柜时,操作如下。

(a)用冲击电钻通过开关柜地脚螺栓安装孔,向地坪内钻孔,孔径与深度根据膨胀螺栓规格而定,用吸尘器吸除孔中粉末。

(b)将绝缘膨胀螺栓放入孔内,并使其胀紧。

(c)将直流开关柜逐个抬起1~2 cm,并在柜子四周垫上小薄木片,用吸尘器、毛巾等清除地面、柜底下、孔四周的灰尘杂质,然后落下柜体板。

⑤固定螺栓、绝缘套连接。

a. 采用在槽钢上焊接柜体固定脚方式固定开关柜时,在固定角钢与柜体固定脚间垫上绝缘板,将连接螺栓穿上绝缘套、绝缘垫片,由上向下穿入,连接固定牢固。

b. 采用在槽钢上攻丝方式固定开关柜时,柜体固定脚下正对基础槽钢,将连接螺栓穿上绝缘套、绝缘垫片,向下旋紧即可,最后在螺栓上套上绝缘帽。

c. 用绝缘膨胀螺栓固定开关柜时,在膨胀螺栓外套上绝缘套,拧紧膨胀螺栓,然后在螺栓上套上绝缘帽。

⑥手车推入及触头调整。

断路器的灭弧罩和手车是分离的,需要自行安装。

小车推入前,将灭弧罩装在手车上。手车和柜体本身有位置闭锁关系,检查闭锁装置的灵活性并且进行适当的调整,将手车推入柜体,推入时观察动、静触头的相对位置,如有错位,调整动触头或静触头,保证动、静触头接触良好。

(8)所内电缆敷设。

①测量计算电缆长度。

由技术员到实地进行现场勘查,确定电缆敷设走向,以节约电缆为原则,采取最佳、最短路径敷设电缆。

②电缆裁剪。

根据测量计算出的电缆长度,考虑电缆的预留长度进行裁剪,并贴上标签纸(标签上注明电缆长度、电缆型号规格、电缆起讫点),将电缆两头用绝缘胶布包好。

③电缆敷设。

将裁剪好的电缆运送到变电所,人工敷设。电缆敷设时应避免与地面或其他硬物摩擦。按照电缆布置图,将交直流、高低压、控制与电力电缆等分布整齐地摆放在桥架的不同层面上。

一般原则:在牵引变电所电缆夹层电缆敷设时,电力电缆和控制电缆不应敷设在同一层桥架上;但1 kV以下的电力电缆和控制电缆可并列敷设在同一层桥架上。高低压电力电缆、强电、弱电控制电缆应按顺序由上而下敷设,控制电缆在支架上敷设不宜超过一层。

根据《铁路电力牵引供电工程施工质量验收标准》(TB 10421—2018),电缆排列具体方法:电缆桥架一般有4~5层,最上一层敷设35 kV高压电缆,中间几层敷设1500 V直流电缆,最下一层敷设控制电缆。按照电缆清单顺序敷设电缆,尽量避免电缆在桥架上相互交叉。

a.1500 V直流电缆敷设。

在地面上将裁剪的电缆理直,以防敷设后电缆扭曲不平直。

敷设时,电缆在桥架拐弯处弯曲半径应符合标准规定;每敷设几根电缆就整理固定一次,并挂上电缆标志牌;电缆之间要紧贴,要充分利用桥架有限的空间。

设备电缆入孔至桥架处,电缆弯曲尽量缓和,抵到墙柱或桥架的地方应尽量不受力,并加以护套保护电缆。在桥架至设备电缆连接处距离大的地方,要加支架横档固定电缆。

b. 控制电缆净空绑扎排列。

控制电缆由桥架最下层至设备电缆入孔距离大,而控制电缆半径较小,如果只经吊架横档固定,在中央信号屏等电缆密集处,很难达到整齐美观的效果。根据控制电缆集中、半径较小的特点,可用尼龙绑带编排控制电缆,即把所有的控制电缆绑成一排,再进设备。

(a)所有控制电缆在电缆桥架上整理固定好。

(b)在中央信号屏电缆集中处,依次按电缆在桥架上的路径排列,不要形成交叉,从桥架两个方向来的电缆,弯度对称向上再合在一起。

(c)绑扎:电缆夹层和设备层各一人,相互配合,按照电缆顺序排列,尼龙绑带绑扎先不要拉紧,应等所有电缆合在一块调整后再拉紧。

(d)电缆排列绑紧后,最后固定到吊架横档上。

c. 整流器柜、变压器电缆安装。

牵引所中,经整流变压器降压输出至镇流器柜的电缆共有12根,电缆安装都有一个较大的跨度,要保证12根电缆外观和弧度一致,必须按一定程序进行施工操作。

具体操作步骤如下。

(a)依图纸排列电缆,确保变压器和整流器柜的电缆连接正确。

(b)固定好夹层电缆桥架上的电缆。

(c)将电缆穿过电缆支架最上面的横档跨在整流器柜上面,同时把电缆固定在电缆支架横档上,并调整所有电缆的弯度一致。

(d)理顺每根电缆,比好长度并裁断多余的电缆,中央裁剪时每根电缆必须一致。

(e)最后做电缆头。

变压器的电缆安装也类似于整流器柜。由于电缆的半径较大,安装比较麻烦,该工序的关键是电缆弧度的调整。

d. 整理、绑扎、挂牌。

待电缆敷设全部完成后,进行一次统一整理,电缆之间应避免交叉,同时电缆弯曲半径应符合规定。在电缆整理完毕后,对电缆进行绑扎、挂牌。一般要求,电缆标志排挂在电缆两端易于观察处(如盘柜下部),相隔5 m左右用尼龙绑扎带交叉绑扎一次,若设计有具体要求,则按照设计要求实施。

(9)封闭母线桥安装。

①现场测量加工。

变电所开关柜就位安装完毕后,就可以让厂家前来测量。由于封闭母线槽安装精度要求高,测量必须准确,加工应精密。

②安装母线箱。

母线箱安装于开关柜的顶部,采用自攻螺钉固定。母线箱前面可以打开,方便维修。

③安装吊架。

根据封闭母线槽的走向确定吊架的安装位置。

④母线连接。

先连接与开关柜的封闭母线槽,注意接头部位要连接紧密、固定牢靠。

(10)所间控制电缆敷设。

①吊装电缆。

a. 用吊车把电缆吊到液压式放线架上;用紧线器将电缆盘固定牢靠。

b. 进入施工现场,将电缆盘拆开,清除盘上的铁器及杂物,以免敷设时伤及电缆。

c. 用千斤顶把电缆盘升到离平板 4 cm 的位置,电缆盘两边应基本水平。

d. 在支架与钢棒、钢棒与电缆盘连接处涂上黄油。

②电缆敷设。

a. 敷设电缆时由专人指挥。

b. 电缆从盘的上端引出,在电缆与平板车接触部分加转角滑轮,并将其固定。

c. 根据实际需要,将电缆以人工方式敷设至所内;如果该路径不长,则可组织人力扛着电缆走动敷设;如果路径较长,则施放时应将电缆放在滚轮上,用人力拉电缆,引导电缆向前移动。

d. 人工转动电缆盘,牵引机车带动平板向前以 5 km/h 的速度移动,车后跟人,将电缆翻上支架。

e. 按照此方法,可以满足在工期短的情况下,进行双电缆敷设。

③电缆绑扎固定。

a. 将电缆放在电缆支架上,使电缆稍呈波纹状,有利于防止热胀冷缩。

b. 根据电缆的使用技术条件及设计要求,绑扎固定。

c. 单芯电缆的固定应符合设计要求。

④挂电缆标志牌。

a. 在电缆终端头、电缆接头、拐弯处、夹层内以及人井等地方应装设电缆标志牌。

b. 标志牌上应注明线路编号。当无编号时,应写明电缆型号、规格及起讫点;并联使用的电缆应有顺序号。标志牌的字迹应清晰且不易脱落。

⑤清理场地。

施工完毕,应注意清理场地,达到人员、工具、材料的"三清",保证设备的正常运行,不影响行车安全。

(11)光缆敷设及成端、接续。

①光缆敷设。

a. 光缆单盘测试。

光缆开盘检验:光缆开盘前对照运单检查包装标识、端别、盘号、盘长,包装有无破损,缆线外观有无损坏、压扁现象,并做好详细记录。

光缆开盘后收集好出厂记录与合格证,并根据光缆出厂合格证和测试记录,审查光缆程式,光纤几何、光学、传输特性、机械物理性能等是否符合设计要求。

光缆单盘测试:主要检测光缆规格、光纤损耗是否符合订货合同要求。用光时域反射仪(optical time domain reflectometer,OTDR)测试单盘光缆光纤的衰减及长度与出厂数据比较,如出现异常,应查找原因并予以解决,如发现缺陷或断纤现象,应通知厂家处理。

做好光缆测试记录,以供配盘、敷设时参考。光缆测试完毕,应在光缆盘上标出端别及盘号。

b. 光缆运输。

使用吊车将光缆转入平板车,在光缆盘就位时应将光缆外头置于正确的方向。平板车上用紧线器将光缆盘在四个方向上固定牢固,并在光缆盘下两侧塞上木头块防止光缆盘滚动。用于光缆盘敷设的平板车应挂靠在牵引轨道车的后方,并派专人瞭望。

c. 光缆展放。

(a)光缆盘放在平板车上,敷设采用人工抬放方式,每人抬放距离不得超过15 m,抬放时,要求速度均匀,避免打"背扣"(即小圈)和"浪涌"现象,同时注意弯曲半径,拐弯处尽量使弯曲弧度大些。光缆不得在地上拖拉,确保光缆外护套完好,光缆端头用热缩帽做好密封处理。在曲线段注意放置滑轮,做好特殊部位的防护措施。

(b)既有线光缆敷设应利用夜间停运时间以轨道车牵引方式进行敷设,并提前办理好相关施工清点手续。

(c)在敷设开始时和完成后均应在光缆的两端做好编号及标识。

d. 光缆整理固定。

(a)按照顺序依次将光缆放到电缆支架上,在拐弯处用尼龙电缆扎带将光缆扎住,防止光缆受力被拉动后拐弯处光缆弧度不够。

(b)将支架上的光缆依次顺直,但不要强行将其扭动。

(c)按照设计文件在需要接头处预留光缆 10 m,并用尼龙扎带绑扎好。除引入长度外,各站还应预留 15~20 m。

(d)预留光缆在地下车站引入口处应牢固绑扎在电缆支架上,防止脱落影响行车。

(e)在光缆敷设完后就应该立即进行绑扎,使用尼龙扎带绑扎时,每个电缆支架上都应绑扎,随后剪去扎带头并带回,保证"工完场清"。

e. 光缆引入。

(a)光缆引入时应申请停电作业计划,做好接地等防护措施后方可施工。

(b)首先将原先盘好的光缆展开,然后将引入孔封堵的材料撬开,并将光缆穿入引入孔。

(c)在原电缆爬架上将光缆绑扎好。

(d)光缆在引入孔处应防护,穿完后应将引入孔的封堵恢复。

(e)光缆穿入配线架处绑扎好。

f. 光缆标识。

(a)在区间内直线段应间隔 100 m,拐弯处,引入口处,配线架内挂光缆标牌。

(b)光缆标牌应包含光缆的规格型号、长度、起始点(包括业主确定的格式)的文字信息。

② 光缆接续。

a. 光缆开剥。

(a)按照光缆接头盒要求开剥光缆长度,并按照接头盒的操作说明书做好电气连通处理,待接续完成后可连接。

(b)按照接头盒说明书上尺寸对进行光缆密封处理。

(c)使用专用光缆外护套开剥刀,对着光缆头调节好刀口深度后进行开剥,不得伤及光缆内部,开剥长度可参考接头盒说明书。

(d)剪去多余的填充束管,固定好加强芯,用专用光缆清洁纸蘸酒精对束管进行清洁。

(e)用束管环切工具剥除束管,长度考虑在盘绕一圈的长度。

(f)用脱脂棉或医用纱布蘸上专用清洁剂,清洁、擦拭光纤上的充油膏。清洁后的光纤悬空放置。

(g)光纤清洁完毕后,将束管绑扎在收容盘的引入点位置,绑扎应适当而不可太紧,避免损坏光纤,并在收容盘内绕一圈,其余光纤用作接续。

(h)穿入增强保护管。

b. 光纤熔接。

(a)光纤熔接前应将所有的光缆开剥工具收入工具箱内,摆放出接续专用工具。

(b)用涂覆层层剥除器剥出 40 mm 裸光纤,用蘸酒精纱布清洁裸光纤部位 5~10 次。

(c)将裸光纤按照切割刀上的指示刻度放入 V 形槽内,盖上光纤压板,将切割刀片沿光纤的垂直方向轻推到底,按下光纤折断柄折断光纤。然后从 V 形槽中取出光纤。此时已完成了光纤端面的制作,此时的裸光纤长度大约为 15 mm。重复上述步骤制作另一根光纤的端面。

(d)开始熔接:将制作好端面的光纤按照其上指示的刻度放入熔接机的 V 形槽中,盖上 V 形槽压板和防尘罩,按下启动按钮,开始熔接。熔接过程和损耗推定都是自动一次完成的。

(e)接续点的增强保护:打开防尘罩及 V 形槽压板,等待熔接机自动复位完毕后,取出光纤(熔接机的自动复位过程是对光纤接续点进行张力试验的过程,如果光纤未被拉断,则表明接续点的抗张力强度是合格的,否则须重新熔接)。将事先穿上的增强保护管移到裸光纤部位(接续点置于增强保护管的中间位置),打开加热器的上盖,将增强保护管放到加热器的中间,盖上上盖,按下加热启动键,开始加热(加热器对增强保护管内的热熔胶从中间部位开始向两边熔触,达到排出管内空气,使光纤与热熔胶充分密合以起到保护的作用)。

(f)光纤盘留:从加热器中取出 1 根光纤,放在一边散去热量后,即可进行收容。首先将光纤余长逐一沿收容盘的收容槽盘绕,直至盘完所有余长光纤,然后将增强保护管轻轻压入收容盘中的保护管卡槽内,将保护管固定在卡槽内。用棉签沿收容槽轻拨光纤,使光纤分布均匀,便完成了单根光纤的熔接工作。待束管光纤均接续盘留完成后,应将熔接盘的保护盖安装好,再熔接下条束管光纤。

c. 接头盒组装固定。

(a)按照接头盒操作说明书,完成接头盒内各种电气连接。

(b)因不同接头盒组装方式不同,详细情况请参见其操作说明书。

(c)接头盒组装完成后应牢固固定在电缆支架上。

③光缆成端。

a. 光缆预留。

(a)光缆在通信机房地板下可预留 10~20 m,以防止各种意外情况发生。光缆预留弯曲半径不得小于其外径的 15 倍,光缆堆叠应整齐。

(b)光缆从下部穿入到 ODF 配线架后,应牢固地绑扎在架内。绑扎应整齐美观。

b. 光缆的开剥。

(a)光缆的开剥可参见光缆接续中相关内容进行,但光缆开剥后,其铠装护套用接地线可靠连接到 ODF 配线架的接地端子上。其加强芯应牢固地固定在机架内相应位置。

(b)束管开剥:束管开剥可参见光缆接续中相关内容进行,应注意在束管开剥前穿入束管号码管,对束管进行编号。

c. 尾纤熔接。

光纤和尾纤熔接参见光缆接续中相关内容,应注意在尾纤熔接开剥前应穿入号码管,在尾纤穿入光纤配线箱并固定在熔接盘上后才可开剥、熔接。

d. 光纤、尾纤盘留。

光纤、尾纤盘留参见光缆接续中相关内容,但注意光纤、尾纤在熔接盘内盘留应为 1~1.5 m。

(12)二次接线。

①剥线。

用弯刀剥去电缆表面皮层(注意不要损伤电缆芯线),留少许钢铠及铜屏蔽层与地线连接(注意每根电缆只取一端接地),然后用绝缘胶布包好。同一柜体内的电缆最好取同一高度进行开剥,摆放整齐,以保持美观。

②校线、接线。

先理顺每根二次芯线,用校线器校好线芯号,套上标志号码管,将多余线芯和未到接线端子位置的线芯一起捆扎好,整齐放入柜体线槽内,待接的芯线按图对号接到相应端子上。

(13)孔洞封堵。

①钻孔固定。

a. 将角钢、防火隔板对齐孔洞,标出固定孔位。

b. 用冲击电钻对准固定孔位,垂直地板钻孔并清除孔内的粉尘。

c. 将膨胀螺栓装入孔内,将角钢、防火隔板固定拧紧。

② 填充有(无)机堵料。

a. 根据孔洞大小,调和无机堵料。

b. 距离电缆一定距离用无机堵料封堵孔洞。

c. 电缆四周用有机堵料封堵。

d. 有特殊要求时用防火包封堵。

③ 将角钢用黄绿线接地。

(14) 网栅安装。

① 铰链与锁孔焊接在立柱上,铰链与锁孔在立柱上的安装位置视门而定。

② 网栅便门的安装采用合页与立柱连接,合页安装应能使网栅便门旋转180°,每扇网栅便门在适当位置安装2个合页。

③ 网栅与立柱间采用铜绞线连接,靠近墙的立柱通过铜绞线与干线接地扁钢连接,网栅便门与Ⅰ型立柱的连接采用铜编织带连接,铜绞线采用12×30连接螺栓与立柱连接。

④ Ⅱ型立柱应对称。

⑤ 网栅所有的焊接要采用封闭满焊。

⑥ 网栅安装的垂直偏差不大于2 mm。

⑦ 网栅的安装可根据一次图纸确定与边墙的位置,但是具体位置要根据现场实际情况确定。

⑧ 网栅边栅安装应根据现场实际情况进行调整,网栅与墙的距离最大不能超过150 mm。

⑨ 网栅门的安装应保证进出方便。

3.1.2 环网电缆施工

1. 环网电缆施工流程

如图3.4所示为环网电缆施工流程。

2. 环网电缆主要工序施工工艺

(1) 电缆通道施工。

环网电缆在地面或隧道内均采用电缆支架明敷设(车辆段及电缆进出站处

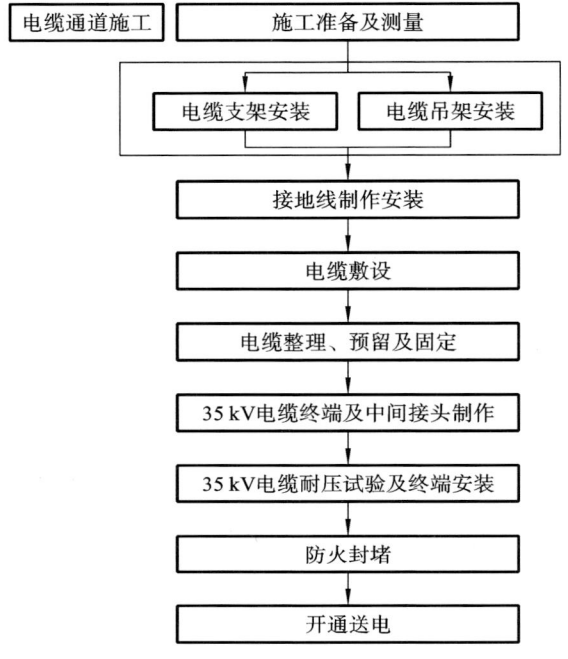

图 3.4 环网电缆施工流程

有少量电缆需穿管敷设),电缆支架采用膨胀螺栓固定在地铁线两侧或隧道两侧壁上。

①电缆支架及接地扁钢质量要求。

电缆支架防腐应满足《电控配电用电缆桥架》(JB/T 10216—2013)的要求,主要内容如下:表面防护层厚度≥65 μm;表面防护层无剥离、凸起、起皮现象;涂层不应漏出金属基体,表面均匀,无过烧、挂灰、伤痕等缺陷。

其他桥架、吊架及特殊支架为整体焊接式,制作好后进行整体热浸镀锌防腐处理,防腐效果满足《电控配电用电缆桥架》(JB/T 10216—2013)要求。

各种类型电缆支架、吊架、电缆桥架加工制作质量必须严格按照设计要求,对支架的型式、层数、尺寸进行控制。

接地扁钢采用热浸镀锌防腐,镀锌后表面光滑,锌层厚度不小于 86 μm,镀锌重量不小于 610 g/m²。

②电缆支架安装。

电缆支架在圆隧道内侧安装示意如图 3.5 所示。

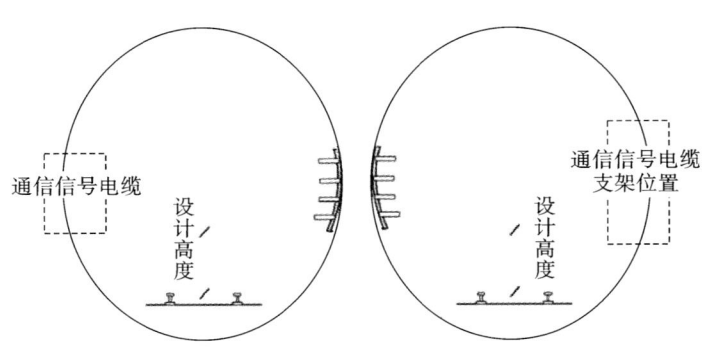

图 3.5　电缆支架在圆隧道内侧安装示意

③桥架的安装。

环网电缆安装中,以下几种情况下要使用电缆桥架:

a.电缆经电缆竖井进、出变电所,采用绝缘膨胀螺栓固定;

b.区间电缆中间头设置处,为保证电缆中间头在电缆支架上的均匀受力,应将中间头放置在电缆桥架上,安装时采用压板将电缆桥架与支架连接固定。

④电缆吊架安装。

电缆吊架一般安装在电缆需要穿越轨道的上方,安装高度及吊架本身高度应保证与接触网的安全距离,电缆在吊架上敷设时,下层敷设电力电缆,上层敷设控制保护电缆,见图 3.6。

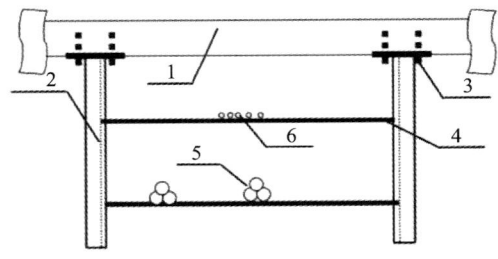

图 3.6　吊架安装示意

1—隧道顶结构;2—吊架立柱;3—膨胀螺栓;4—托臂;5—电力电缆;6—控制保护电缆

⑤接地扁钢的安装。

接地扁钢由车站变电所的接地系统引出至区间,安装在电缆支架的第二层,与支架间采用螺栓连接,作为区间及车站电缆支架的保护接地。在电缆支架的转弯处、电缆竖井的出口处等,接地扁钢采用弯排机做弧状过渡,尽可能减少扁钢交叉搭接。接地扁钢在通过隧道结构伸缩缝处,根据隧道设计的最大伸缩值留有备用长度(制作成预留弯),以防止气候温度的变化引起隧道伸缩缝变形而造成接地扁钢断裂。

⑥电缆支架安装施工方法。

a.盾构、矩形隧道内电缆支架安装。

(a)画线。

根据设计的支架安装高度,在隧道壁上画出电缆支架下端或上端位置线。为保证安装精度,可使用一种画线工具车,其标尺和水平杆上都带有水平装置,可整正和调平(图3.7)。

画线时,将该工具车卡放在钢轨上,根据设计的支架安装高度调整并固定好水平杆和支撑杆,将标尺整正固定,调整水平杆的可调小杆使画线笔与隧道壁接触,推动工具车,便可在隧道壁上画出一道支架安装的端线。

在轨道未铺通时,可根据已给出的轨面标高(或根据铺轨断面确定一轨面高度)和隧道坡度逐段画线。

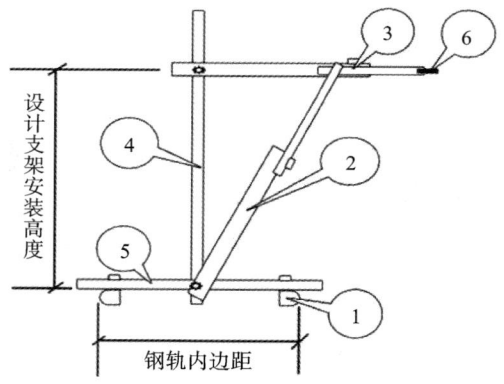

图 3.7 隧道壁定位画线工具示意

1—万向轮;2—可调支撑杆;3—可调水平杆;4—标尺;5—支撑底座;6—画线笔

(b)定位。

根据需安装的电缆支架安装面形状,制作一个与其等大的可弯曲塑料模具,模具上标出支架固定孔位置,并辅以水平装置,根据设计的安装距离,沿前面画出的支架上端或下端线画出支架的安装孔位。

(c)打孔、安装。

根据选用的膨胀螺栓,用冲击电钻在前面确定的支架固定孔位处打孔,打孔时注意孔洞的深度和孔与安装壁的垂直,并保证打孔位置精度,以便于支架整正。打孔完成后，用钢丝刷清除孔内灰土，将膨胀螺栓敲入孔内，便可进行电缆支架安装。

(d)支架整正调平。

支架安装上安装壁后，根据线路坡度情况，在坡度相同或相近的区段两端先分别整正调平两个支架，以此两个支架为准，在底层托臂上绷拉一根尼龙线，以此尼龙线为基准，对该段支架逐个整正调平。

b.电缆沟、电缆通道内电缆支架安装。

电缆沟或电缆通道内空间较小，已不能使用前述画线工具车。可根据电缆沟、通道的坡度，在相同坡度段两端各确定一个安装高度后，通过弹墨线的方式确定各段支架的安装高度。支架定位、安装及整正调平方法与隧道内电缆支架的安装相同。

c.电缆吊架安装。

电缆吊架一般安装于隧道或结构顶部，吊架安装时可采用"地面画线，激光测距仪隧道顶定点"的方法进行吊架安装位置确定，并用轨道作业车作为施工平台进行安装、整正作业。

(2)电缆敷设。

采取机械方式进行环网电缆敷设，必要的地方适用人机结合方式敷设。

①电缆配盘及包装运输。

根据运营经验，电缆中间接头处故障率较高，为了提高供电质量，降低故障率，环网电缆敷设的一大原则就是尽量减少中间接头数量。为此，在电缆敷设施工前，应对每条环网电缆长度进行实际测量，并根据线路及电缆敷设路径情况，确定中间接头设定点，根据实际测量情况和中间头设置情况，提报电缆订货计划及配盘计划，要求生产厂家严格按配盘计划进行生产、配盘，尽量减少或取消中间接头，这样采取电缆线路施工定长的方法，可在基础上保证供电质量。

电缆的生产严格响应招标文件用户需求书的相关要求，在到货运输和安装运输过程中确保电缆盘在运输车辆上的安全，防止电缆盘之间滚动撞击而损伤电缆，充分保证其电气性能。同时保证电缆盘的完好、牢固，不应有扭曲变形，确保敷设过程的顺利进行。

②电缆敷设方法。

a.人员设置。

在以轨道车辅助人工敷设电缆方式下，可按以下安排进行人员设置。

(a)轨道车司机1人、瞭望员1人：在电缆运输过程中保证安全的行车速度以及进行安全瞭望。

(b)施工指挥人员1人:在轨道平板车上指挥转动电缆盘的速度,与地面施工人员速度配合,保证电缆无张力敷设。

(c)车上作业组5人:在平板车上转动电缆盘,电缆盘转动速度与地面施工人员速度配合,保证电缆无张力敷设。

(d)地面作业组:将电缆盘上回出的电缆拖放至电缆路径侧道床上,保证电缆无划伤、绞拧、铠装折断等现象。

(e)电缆排列、绑扎组:将已放至道床上的电缆抬放到电缆支架的设计层上,以每回3根成品字形排列,并按设计要求进行逐个支架绑扎固定或刚性固定。

b.施工前交底及检查。

(a)技术交底。

施工前应组织所有参与电缆敷设的施工人员进行技术交底,技术交底的主要内容如下:施工图对电缆敷设的要求,如电缆敷设于哪层、如何排列、如何绑扎与固定;相关施工规范的要求,如《铁路电力工程施工质量验收标准》(TB 10420—2018)、《地下铁道工程施工质量验收标准》(GB/T 50299—2018)、《电气装置安装工程 电缆线路施工及验收标准》(GB 50168—2018)等,对电缆最小弯曲半径、最大牵引强度、机械敷设最大速度(15 m/min)、电缆绑扎固定等的要求。电缆盘在地面滚动时必须控制在小范围内进行,滚动的方向必须按照电缆盘侧面上所示箭头方向(顺电缆的缠紧方向),杜绝反方向滚动造成电缆退绕而松散、脱落。

(b)安全交底。

电缆敷设施工前针对该工序进行专门的安全交底,交底内容主要如下:防护衣、安全帽、防护鞋袜及其他防护用品使用;吊车重物吊装过程中的安全注意事项;汽车、轨道作业车上保证人身安全注意事项;区间防护信号和告警知识;电缆竖井等高空作业安全防护注意事项;施工中保证设备、材料安全注意事项。

(c)施工前检查。

施工前检查的主要内容如下。

电缆检查:主要检查电缆的绝缘性能(35 kV电缆线芯对地绝缘要大于400 MΩ)及电缆外观(电缆上不应有铠装压扁、电缆绞拧、护套折裂等未消除的机械损伤)。

通道检查:电缆通道畅通、无积水,支架安装齐全、牢固、防腐层完整,支架拐弯半径满足电缆弯曲半径要求,接地贯通。

c. 区间环网电缆敷设。

区间环网电缆的敷设主要采用机械敷设的方式,在电缆敷设区段轨道已通的情况下,轨道车用以将电缆盘运输到敷设地点;如果敷设区段轨道未通,可将电缆盘用汽车运至敷设区段车站地面,在车站地面使用放线架,经地铁车站出入口采用人工将电缆敷设到区间。

(a)电缆吊装及运输。

根据区间限界要求和电缆盘大小,首先固定一副电缆放线架在轨道平板车上,放线架的选用要满足电缆盘的重量要求,放线架与平板车之间采用满焊连接,设斜支撑以保证其稳固,将绝缘检测和外观检测通过的电缆用吊车吊装在轨道平板车上,并通过千斤顶等辅助工具将电缆盘按电缆敷设方向安放于放线架上。

电缆吊装点往往离敷设区间还有一段距离,因此电缆盘在轨道车上还有一段运输距离,为防止轨道车在坡道或拐弯线路上行驶时电缆盘的晃动,运输时还应用铰链或手扳葫芦对电缆盘进行拉线紧固,到达敷设地点后再将紧固物拆除进行电缆敷设,同时在防线棒上电缆盘两侧各安装一个固定卡子,防止电缆敷设时电缆盘在放线架上滑动。

同样,在采取地面配合敷设方式时,电缆盘采用汽车运输,也需要进行拉线紧固。

(b)电缆敷设。

无障碍区段电缆敷设是在电缆敷设区段轨道已通的情况下,用轨道平板车运输电缆盘。轨道平板车到达敷设区段后,停稳轨道车,拆除电缆盘上的拉线紧固装置,开始进行电缆敷设。如图 3.8 所示,在电缆出平板车处固定一个转角导向滑轮,保证电缆在出平板车处不受摩擦损伤。在平板车上人工转动电缆盘,将

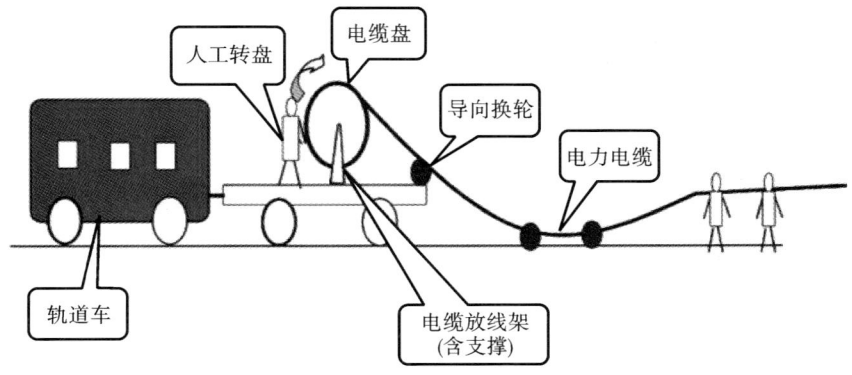

图 3.8　轨道车承载环网电缆敷设示意

电缆经导向滑轮回出,由地面作业组采用肩扛方式拖放至电缆路径侧轨道外道床上,随后由电缆排列、绑扎组将已放至道床上的电缆抬放到电缆支架的设计层上,按品字形排列并做好相色标志后,按设计要求进行逐个支架的绑扎固定或刚性固定。

在电缆敷设区段轨道未通的情况下,可将电缆盘运输到电缆敷设区段的车站入口处,经地铁出入口由人工拖放至敷设地段,如图 3.9 所示,将电缆盘支放在地铁入口处,注意电缆敷设方向与地铁入口的选取,要保证电缆从电缆盘上部拖出,在地铁入口处设一滑轮,人工转动电缆盘,将电缆回出,由人工扛抬将电缆从地面经扶梯拖放至区间。

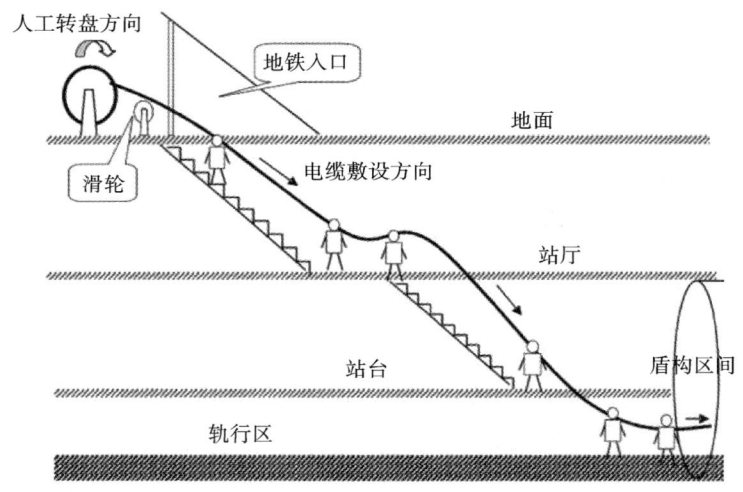

图 3.9　地面配合环网电缆敷设示意

障碍区段电缆敷设:35 kV 电力电缆由区间进入车站后,电缆路径多位于站台下夹层内,一些地方还要经过电缆竖井,这种无法使用大型工具辅助电缆敷设作业的地方称为障碍区段,障碍区段电缆敷设全部由人工完成。

首先,在车站范围内利用轨道车将电缆全部回出放在道床上,在夹层内电缆路径上每隔约 5 m 放置一组(6 只)滑轮,滑轮间距 3 m 左右,每个 5 m 间隔处设 3~4 人,整个电缆路径上滑轮及人员均匀分布,再将回出的电缆从电缆通道入口处穿进电缆夹层,由夹层内作业人员在统一指挥下拖动电缆进行电缆敷设。

如果电缆进夹层后还需要经过电缆竖井才能到达变电所,可以采用上述方法将电缆放至夹层下方并成 8 字形绕放(在场地允许的前提下),在完成竖井下部电缆拖放后,再将电缆向上穿过电缆竖井进行敷设。如果场地有限,穿竖井敷设可与站台下夹层内电缆敷设同时进行。穿竖井时可在竖井顶部固定一个滑轮,用绳子先将电缆末端拖过竖井,再采用人工拖放方式将电缆逐根敷设到位。

在电缆路径上有吊顶过轨的情况下,在采用轨道车辅助人工敷设至吊顶过轨处后,可将剩余电缆从电缆盘上回出,并成8字形绕放于轨道上,再将电缆人工穿过过轨吊架,过轨后继续采用人工拖放方式逐根敷设。为保证敷设进度,在电缆长度允许的情况下,宜在电缆过轨处附近设电缆中间头,以减少敷设工作量。

d. 电缆在管道内及电缆沟内的敷设。

在电缆路径在过轨时除采用吊顶过轨外,还可采用道床下预埋管道过轨方法,在部分地面段,电缆路径也可能是电缆沟。在车辆段地面电缆路径部分还设有电缆预埋管道和电缆沟的混合路径。

电缆在管道或电缆沟内的敷设应按以下步骤进行。

(a)检查并疏通电缆管道、电缆沟。

电缆敷设前应检查管道和电缆沟。管道内壁应光滑,无尖刺、杂物。疏通及清扫管道采用疏通器,按图3.10和图3.11所示疏通管路。电缆沟内应无积水、堆积物、坚硬异物。

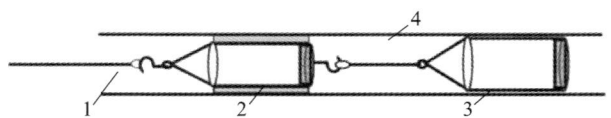

图3.10 疏通器疏通管道示意1

1—疏通杆;2—棒型钢丝刷;3—疏通器;4—预埋管道

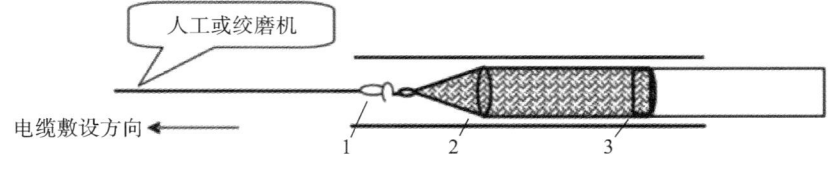

图3.11 疏通器疏通管道示意2

1—牵引钢丝绳;2—钢丝网套;3—预埋管道

(b)电缆敷设。

在电缆管道比较短的情况下(一般不大于10 m),可采用电缆网套受力、人工牵引的方式进行电缆敷设;在电缆管道较长(10 m以上),则可选用绞磨等机械进行电缆牵引。

(3)电缆固定、预留、标示及孔洞封堵。

①电缆的固定。

根据招标文件、招标图及《铁路电力工程施工质量验收标准》(TB 10420—2018)等相关要求,电缆敷设后用以下方法固定:水平敷设的电缆在首末两端、转弯、电缆接头两端处用经防腐处理的电缆卡子进行刚性固定,垂直敷设或超过45°倾斜敷设的电缆在每个支架上用经防腐处理的电缆卡子进行刚性固定,桥架上每隔 2 m 固定,水平支架上用电缆绑扎带绑扎固定,间距不大于 8 m。绑扎带建议采用绑扎线。

②电缆的预留。

a. 矩形隧道区间中间头处电缆的预留。

由于矩形隧道区间电力电缆支架与通信信号电缆支架位于同侧,考虑到 35 kV 电力电缆对信号传输的影响,矩形隧道区间中间头处的电缆不可能有集中的、大幅度的预留,为此,采取中间头两侧各 10 m 范围内电缆成大波浪形敷设,以免温度变化引起电缆收缩而对中间接头造成机械拉伤。这里需要注意的是,由于电缆支架间距较小,而 35 kV 电力电缆比较粗硬,为使电缆成波浪形,可考虑跨支架敷设。

b. 盾构隧道区间中间接头处电缆的预留。

盾构隧道区间内,电力电缆支架与通信信号电缆支架分别位于隧道的两侧壁,故电力电缆支架上、下方都有比较大的空间可作电缆预留,可采取原支架下方增装两层小支架、电缆迂回后在小支架上做中间接头的方法进行预留,预留长度在 5～10 m 为宜。

c. 电缆进开关柜处夹层内预留。

根据施工规范及设计图纸,电缆在终端头附近应作预留备用长度,预留长度不小于 5 m,可采用电缆在开关柜下支架上盘留的方式进行预留,在电缆进开关柜处附近用电缆支架安装成直径约 2 m 的支架环,接地与正常电缆路径上的支架导通,电缆敷设时经该支架环盘留 1～2 圈(6～12 m)后再穿进开关柜,达到预留的目的。

③电缆标示。

电缆在整理排列、绑扎固定时,应在电缆终端、中间接头、拐弯、电缆夹层及竖井的两端、电缆入井、电缆进柜等处悬挂标示牌。

标示牌内容应包含电缆编号、电缆规格型号、电缆起点及终点。

标示牌上内容全部采用计算机打印,电缆编号清晰明了,字迹清晰且不易脱落。

④电缆路径上的孔洞封堵。

a.电缆进出车站或变电所夹层处孔洞封堵,可先用砖在孔洞两侧砌成墙体,将电缆保护管砌入其中,再用无机堵料对剩余小孔洞进行封堵。如果要进行电缆通道预留,可在墙体砌制时将预留通道数的电缆保护管砌入墙体中并进行临时封堵,在使用时将管道打通即可。

b.电缆竖井的上下口处封堵,可在所有电缆(包括走此通道的通信信号电缆等)敷设完毕后对出入口进行无机堵料封堵。支设模板时应根据电缆占有的空间留有备用位置作为预留孔,拆模后对预留孔再进行封堵。

(4)35 kV 预制式电缆中间头制作安装。

①电缆重叠:把要连接的电缆重叠约 200 mm,在重叠部分中部标出参考线。

②电缆准备:剥除电缆外护套、内护层、铜屏蔽层和半导电层等,按照铜罩长度的一半切除电缆主绝缘,并在主绝缘边缘上做 $3~\mathrm{mm}\times45°$ 的倒角。注意使绝缘上不带任何导电物质。用铜黏带粘贴固定铜带屏蔽末端。注意在剥切过程中切勿损伤绝缘层。

a.铜带屏蔽开剥时预留从外护套口算起 180 mm。

b.在距离外护套口 90 mm 处用细铜丝绑扎屏蔽铜带,然后把屏蔽铜带反折回来,再按照 QSIII-5467AK2 和 5468AK 安装说明中所示尺寸,剥除外半导电层。

③半重叠绕包 scotch13 半导电带,从铜屏蔽带上 40 mm 开始,包至 10 mm 的外半导层上,将电缆铜屏蔽带端口包覆住并加以固定,绕包应十分平整。

④在电缆导体连接前,分别将铜网套和冷缩中间街头主体套入两端电缆上,装上接管。同时把铜罩上的裸铜线放入接管里,然后对称压接,并且锉平打光,清洁干净。

⑤校验绝缘尾端之间的尺寸,调整主绝缘使得尺寸和铜罩的长度相适合,然后把两个半铜罩扣在绝缘尾端之间。外面和主绝缘平齐。

⑥先测量绝缘尾端之间的尺寸 C,然后按尺寸 $1/2\,C$ 在铜罩上确定实际中心点 D。再在半导电层上距离铜罩中心点 D 的 28.5 mm 处用 PVC 带做个明显的标识,此处即为冷缩中间接头收缩的基准点。

⑦清洗电缆主绝缘(用专用的清洁剂)。切勿使溶剂碰到外半导电层;主绝缘表面若有残留的半导电颗粒、刀痕,只能用不导电的绝缘砂纸打磨处理;将红

色的 P55/R 绝缘混合剂涂抹在外半导电层与主绝缘交界处,把其余的均匀涂抹在主绝缘表面(注:只能用红色的 P55/R 绝缘混合剂,不能用硅胶)。

⑧安装冷缩中间头。

将冷缩接头对准 PVC 标识带的边缘,逆时针抽掉芯绳使接头收缩;从距离冷缩中间接头口 60 mm 处开始到半导电层上 60 mm 处,半重叠绕包 scotch2228 防水胶带一个来回。

⑨恢复金属屏蔽。

在收缩好的接头主体外部套上铜编织网套,从中间向两边对称展开,用 PVC 带把铜网套绑扎在接头主体上,用两只恒力弹簧将铜网套固定在电缆铜屏蔽带上,以保证铜网套与之接触良好。将铜网套的两端修齐整,在横力弹簧前保留 10 mm。用 PVC 胶带半重叠绕包将恒力弹簧和铜网套整个包覆住,但不要包到护套上。

⑩外护套的恢复。

清洁打磨电缆两端护套 60 mm 范围,然后用 scotch2228 防水胶带做接头防潮密封,从一端护套上距离为 60 mm 处开始半重叠绕包,绕至另一端护套上 60 mm 处,在整个接头外半重叠绕包一个来回。绕包时,将胶带拉伸至原来宽度的 3/4,完成后,双手用力挤压所包胶带,使其紧密贴附。半重叠绕包 Armorcast 装甲带机械保护。

(5)35 kV 预制式电缆终端头制作安装。

①按安装长度需要,剥去电缆外护套,距外护套端部 20 mm 铠装处绑扎几圈铜线并锉亮此段铠装,沿线除去其余铠装。

②根据所装终端头型号、截面,选取一定尺寸,剥去内护套,注意不要损伤铜屏蔽层,并用相色带将电缆铜屏蔽层固定好,用铜丝把接地铜编织带固定在铠装和铜屏蔽层上并焊牢。距电缆外护套端部以下约 40 mm 处,对接地编织带渗(焊)锡。

③保留铜屏蔽层端头以上 20 mm 的外半导电层,其余剥除,注意不得损伤绝缘层。如图 3.12 所示,把 B 尺寸以外的绝缘层剥去,勿损伤导体,将绝缘层端部倒角。用标尺(比例为 1∶1)校验各部分尺寸。绝缘层端部不必削成铅笔头状,只需倒角。

④先用半导电带从铜屏蔽层端头前约 2 mm 处绕一层,将铜屏蔽层与外半导电层的台阶覆盖住,再从铜屏蔽层端头开始缠绕成约宽 20 mm、外径为 D 的

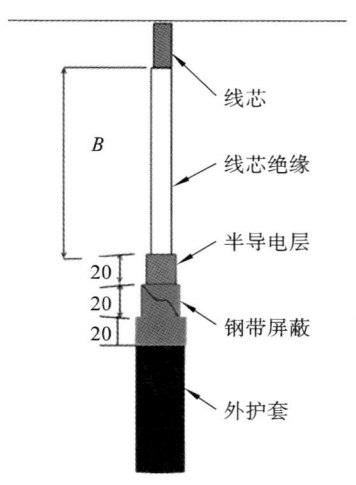

图 3.12　终端头尺寸 B

圆柱形缠绕体。

⑤用浸有清洁剂的清洁纸从绝缘层向半导电带缠绕体方向一次性清洁绝缘层及外半导电层,不得反方向,以免把半导电颗粒带到绝缘层上。检查绝缘层,如有残留半导电颗粒或较深的凹槽等,可用细砂纸打磨或用玻璃铲刮干净,再用新的清洁纸(浸清洁剂)清洁,待清洁剂挥发后,即可安装终端头。

⑥用干净的塑料棒将硅脂均匀涂在电缆的绝缘层上和终端头内,把塑料护帽套在缆芯上(防止线芯刮伤终端头)。用一只手抓住终端头中部,用另一只手堵住终端头顶部小孔,用力将终端头套在电缆上,使电缆导体从终端头顶部露出,再用力推终端头,直至终端头应力锥与电缆上的半导电带缠绕体接触为止。整个推入过程不宜过长,这样安装省力。安装后抹去挤出来的硅脂,去掉塑料护帽。把接线端子套到导体上。

⑦压接接线端子及接地端子。

3.1.3　接触网施工

1. 接触网系统施工流程

接触网系统施工流程如图 3.13 所示。

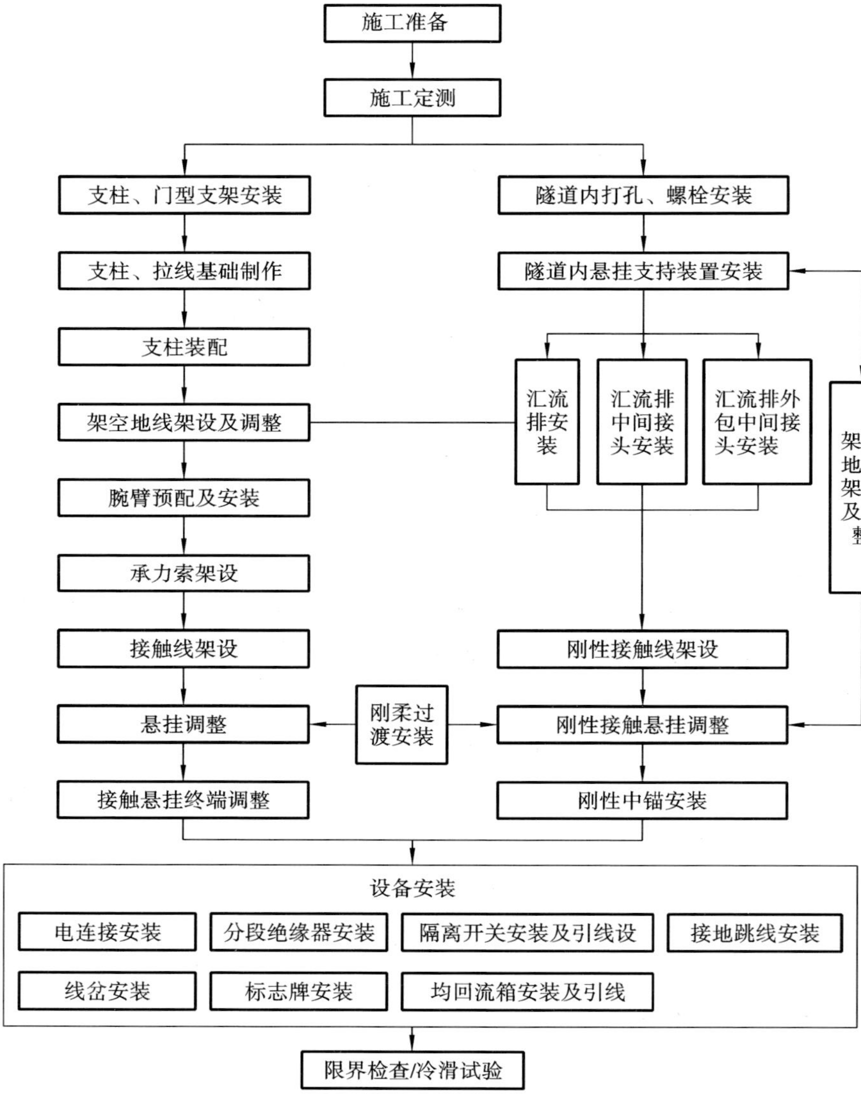

图 3.13 接触网系统施工流程

2. 柔性悬挂接触网主要工序的施工工艺

(1)支柱、拉线基础制作。

①测量。

根据设计的限界、基础型号测出基础的开挖位置,并做好标记。

②基坑开挖。

a.基坑挖深1 m左右,安装基坑防护板,以防倒塌。

b.开挖过程中,每下挖0.5 m,需对基坑的中心复核一次,以防中心偏差超标。

c.当基坑挖至2 m左右时,需采用手摇卷扬机将土吊出,不得上抛弃土,防止弃土下滑伤人。坑外人员随时清理坑口四周的弃土和石头,观察护壁情况,监护坑下施工人员的安全。

d.基坑开挖过程中碰到排水沟时应做好水沟改移工作。改移后的水沟不得改变原有水沟的流量。

③浇筑基础垫层。

先将坑内的水抽干,按设计要求浇筑基础垫层。

④浇筑下部混凝土。

a.基础浇筑前48 h报驻地监理工程师。

b.混凝土材料要严格检查把关,配合比正确。砂、石、水用量应用磅秤进行称量,用搅拌机搅拌混凝土。

c.在落差较大时,浇筑时应用混凝土滑槽,滑槽底部距坑底的距离不得大于2 m。

⑤安装地脚螺栓。

根据设计图纸,先安装地脚螺栓钢模,再安装地脚螺栓。

⑥浇筑混凝土、校正螺栓。

a.每浇筑1 m,须复核各地脚螺栓之间的尺寸和限界,防止基础变形、移位。

b.用电动震动棒进行捣固,保证混凝土密实、无气泡形成。捣固过程中震动器不得碰撞地脚螺栓。

⑦抹面。

a.基础露出地面部分应用自制木模使混凝土成型。

b.基础面露出地面的高度以设计标高为参照。

c.用专用工具将基础面抹光滑。

⑧回填。

a.基础达到一定强度时,经驻地监理工程师检查、认可、填好隐蔽工程记录,然后进行基础回填。

b.回填土一般采用原土,当原土为软土或弃渣时,应换土回填,每回填0.3 m,应四周均匀地夯实一次,回填土密度必须达到原状土的80%,基础四周回填土必须密实。

c. 当支柱边坡侧土层厚度小于规定值时,应培土或砌石加固边坡。支柱容量在 150 kN·m 以下的,厚度不应小于 0.5 m;支柱容量在 150 kN·m 及以上的,厚度不应小于 1.0 m。培土或砌石在顺线路方向支柱两侧应各加宽 1.0 m,培土应分层夯实,砌石应挤压紧密、堆砌整齐,砂浆应饱满,其坡度与路基相同。

d. 基础周边回填时,一般采用原土,如土质不好则须换土。每填土 300 mm 进行夯实一遍,以保证土壤密实,达到原土层的强度。

e. 回填土的高度以基础面高出地面 200 mm 为准。

⑨基础养生。

拆模后,基础表面覆盖草袋,设专人负责,按养生条件进行养护。

(2) 支柱及门型支架安装。

①轨道吊车吊装安装。

a. 测量。

(a) 确认基础型号和图纸是否一致。

(b) 将水准仪置于桥面中间稳固,调平后分别测出每个法兰盘顺线路和垂直线路上共四点的标高,并做好记录。

(c) 用 50 m 钢卷尺测出左右两法兰盘中心的距离,并做好记录。

(d) 测量完毕,用红油漆在基础旁标明。

(e) 计算每个法兰盘四个测量点的高差,并根据计算结果确定所需垫片的型号和数量。

b. 支柱或门型架运至安装点。

在轨道允许使用区域,使用轨道平板车运送钢支柱或门型架,并放置在合适吊装的位置,等待吊装。

c. 在运送支柱时,防止碰撞致使支柱变形。

d. 轨道平板吊车到位。

(a) 在作业地点安装防护绳及防护栏。

(b) 将轨道平板吊车行驶至指定地点,并进行轨道平板吊车固定。

e. 支柱、门型支架转运。

(a) 在轨道平板吊车作业范围内设置安全防护栏。

(b) 用两条尼龙绳套在钢柱的合适位置上,并在支柱两端各绑一条足够长的大绳。支柱离开地面后,杆下人员要拉紧大绳,以防钢柱转动。

(c) 当支柱吊运到适合起吊安装位置后,缓缓放下,使支柱落于地面所垫的方木上。然后,用尼龙吊带在支柱顶部向下 1.5 m 处套牢,在支柱底部绑一条大绳。

f. 支柱安装。

(a)根据测量的法兰盘四点的相对标高差安放适当数量垫片。

(b)吊车指挥人员指挥吊车司机吊装,用起吊钩钩住尼龙绳,然后起吊。

(c)支柱底部高于基础螺栓 200~300 mm 时,停止上升,调节起吊臂角度,使支柱底部法兰盘在基础螺栓正上方。

(d)缓缓放下支柱,使支柱置于基础法兰盘上。

(e)安装、紧固螺母(不要拧紧)。

g. 支柱整正、校核。

(a)在支柱顺线路方向上和垂直线路方向上,各置一台经纬仪并调平。

(b)测出支柱在顺线路方向上和垂直线路方向上的柱顶中心偏移值,检验是否满足标准。

(c)若不满足标准,根据测量值,调整支柱并按需要添加垫片。

(d)调整完毕,拧紧螺母,再用经纬仪测量偏移值,看是否满足标准,若不满足则须重新调整。

(e)调整完毕,用经纬仪将垂直线路方向上的柱顶中心,投影到支柱底部,并用红漆做好标记。

h. 门型支架安装。

(a)用 50 m 钢卷尺测出两柱顶标记的距离,并做好记录。

(b)测量两柱顶标记的距离,调整门型支架至规定长度,并用钢尺检测。

(c)用连接套管连接后紧固紧定螺栓,紧定螺栓的规定施加扭矩为 475~485 N·m。

(d)在梁柱接头处均匀涂一层黄油,以便安装顺利。

(e)将轨道平板吊车就位,并将吊车固定稳固,检查完毕后,准备起吊。

(f)在门型支架中部对称套上两条尼龙吊带;在尼龙吊带上各绑一小绳,在门型支架两端各绑两条大绳,将尼龙吊带和起重钩连接稳固。

(g)按命令开始起吊,当门型支架上升高于柱顶 200~300 mm 时停止上升。

(h)拉放门型支架一端的各条大绳,调整梁柱接头位置,使门型支架一端的梁柱接头落入支柱顶部内。

(i)施工人员调整门型支架另一端梁柱接头位置,使柱顶对准门型支架的梁柱接头,令操作员缓缓落下。

(j)两梁柱接头完全进入过渡套管内后,拧紧支柱的全部螺母至设计力矩值。

ⅰ.门型支架、柱顶焊接。

(a)将发电机、电焊机运输到位。

(b)将车梯立于门型支架中部下方,用$\phi4.0$铁线将车梯底部固定牢固,顶部用大绳在4个方向上做拉线式固定。

(c)用门型支架调直器对其水平度进行调整,以满足标准。

(d)接通电源,用连续焊缝焊接。

(e)焊接完毕后除去氧化层并打光,在焊接处先均匀刷一层富锌底漆,待干后再刷一层富铝面层。

(f)将车梯立于支柱旁并靠近支柱,用$\phi4.0$铁线将车梯底部固定牢固,顶部用大绳做拉线式固定后焊接柱顶,焊接完毕后除去氧化层并打光,在焊接处先均匀刷一层富锌底漆,待干后再刷一层富铝面层。

②直接采用汽车吊安装。

a.测量。

b.支柱安装。

(a)运杆车开到指定地点,用汽车吊将杆卸在地面顺放。

(b)根据测量的法兰盘四点的相对标高差安放适当数量垫片。

(c)在吊杆位置附近设置安全防护栏。

(d)用两条尼龙绳套在钢柱的合适位置上,并在钢柱两端各绑一足够长大绳。支柱离开地面后,人员防护应拉紧大绳,以防钢柱转动。

(e)用尼龙绳在钢柱顶部1.5 m处套牢然后起吊,在起吊点加装一套抱箍底座,防止起吊过程中支柱滑落。

(f)钢柱底部高于基础螺栓200~300 mm时,调节起吊臂角度,使钢柱底部法兰盘在基础螺栓正上方。

(g)缓缓放下钢柱,使钢柱置于基础法兰盘上。

(h)安装、紧固螺母(不要拧紧)。

c.支柱整正、校核参照采用轨道吊车安装硬横梁整正、校核步骤及要点。

d.横梁安装。

(a)用50 m钢卷尺测出两柱顶标记的距离,并做好记录。

(b)距测量的两柱顶标记的距离,调整横梁至规定长度,并用钢尺检测。

(c)用连接套管连接后紧固紧定螺栓,紧定螺栓的规定施加扭矩为475~

485 N·m。

(d)在梁柱接头处均匀涂一层黄油,使安装顺利。

(e)在横梁中部对称套上两条尼龙吊带;在尼龙吊带上各绑一小绳,在横梁两端各绑两条大绳,将尼龙吊带和起重钩连接稳固。

(f)按命令开始起吊,当横梁上升高于柱顶 200~300 mm 时停止上升。

(g)两支柱各上一人至柱顶,扶住梁柱接头上方,使未松螺母的支柱侧的梁柱接头落入过渡套管 50~100 mm。

(h)施工人员调整另一侧支柱斜率,使柱顶对准横梁的过渡套管,令操作员缓缓落下。

(i)两梁柱接头完全进入过渡套管内后,拧紧支柱的全部螺母至设计力矩值。

(3)连续门型支架安装。

①立柱及门型梁安装。

a.按支柱安装方法完成连接门型架支柱安装。

b.按测量所得数据首先预先组装 $L2$ 段直梁,预装时应将柱顶立柱及两侧的横梁连接套管一并组装;$L3$ 预装时与 4 号支柱柱顶立柱及横梁连接套管一并组装。

c.首先,用轨道平板吊车吊或汽车吊起吊 $L2$ 段直梁,按单跨横梁安装方法进行安装,并固定牢固。

d.最后使用安装 $L2$ 号直梁的方法进行左侧段横梁 $L1$ 及右侧段横梁 $L3$ 的安装。

②接口处焊接。

a.横梁安装完毕后,应按设计要求对立柱管口连接处进行焊接,焊接质量应符合设计对此处用焊接方式处理的技术要求。

b.焊接完成后,应按要求在焊缝处涂防腐性能较好的富锌漆。

(4)支柱装配。

①底座预配、安装。

底座预配与安装主要包括腕臂底座、地线底座、下锚底座等。

a.底座预配。

根据施工装配图,对各种底座进行预配组装。在预配过程中主要控制如下:对各种零配件进行外部尺寸检查,发现不合格的不能使用;检查零件相互之间是否配套;对组装后的成套产品进行卡片标识,注明该材料所安装的锚段号、支柱号、底座类型。

b. 底座安装。

用水准仪将轨平面放线到各定位支柱上。根据设计高度用钢卷尺在支柱上标出的轨平面线测出底座安装的高度,并做好标记。根据施工设计图纸,选用安装底座。各种连接螺栓采用扭矩扳手紧固。底座要求水平,方位正确。

② 下锚拉线安装。

a. 测量:测量前要复核下锚底座安装的高度是否与设计一致,用钢卷尺测量安装好的下锚拉线底座与锚板拉环(或预埋件)中心之间的距离。

b. 复核:根据测量距离,复核设计拉线耳环杆的长度是否满足安装要求。

c. 安装:按设计图纸进行安装,各调节螺栓的外露尺寸符合设计要求,安装后,下锚支柱应向下锚拉线方向偏斜 50～100 mm 为宜。

③ 恒张力弹簧补偿装置安装。

用作业车上起重机起吊弹簧补偿装置到下锚底座位置,安装弹簧补偿装置并插上固定销轴。

(5)吊柱及下锚支架安装。

① 预配。

a. 根据施工设计图纸和现场测量出的原始数据(梁或柱的高度)正确选用吊柱型号。

b. 用红色记号笔在吊柱上标出锚段号和定位号,便于安装时与现场一一对应。

② 安装。

a. 测量标出梁上安装位置,安装吊柱底座;若在网架上,则在网架预留孔上安装横梁,并调至水平。

b. 将吊柱安装在吊柱底座上并调至铅垂,螺栓、螺母、垫圈应完整不可缺少。

c. 用电动扭矩扳手按设计的紧固扭矩进行紧固。

③ 检查。

复核吊柱是否垂直;吊柱安装面距轨面的高度是否满足设计要求;吊柱限界是否满足设计限界,记录安装数据,作为预配依据。

(6)地线架设及调整。

车辆段、停车场及隧道段:柔性悬挂和刚性悬挂采用单 JT120 架空地线,带张力架设单根地线。

① 地线起锚。

a. 作业车组行至起锚点,使作业平台置于地线锚固底座处。

b.从线盘引出地线,在地线起锚端,按设计图纸和安装要求做好地线锚端连接。

②张力架设。

a.起锚连接完毕,放线初张力调至1.5 kN左右,车组平缓起动,拉起地线后,以5 km/h速度匀速行驶。

b.在各悬挂点挂设铝滑轮,使悬挂地线点距离悬挂安装点应保持在400 mm内。将地线放于铝滑轮上,保证绞线能顺线路无障碍自由滑动。

③临时固定。

a.架线车组行至地线落锚点前平稳停车,并通知沿线巡视人员汇报全线检查情况。

b.确认所架设的地线不受障碍物影响后开始紧线。

c.用钢线卡子、辅助线将地线临时固定。

④调整张力。

a.测出现场温度,根据施工设计图纸查出紧线张力值和设计超拉值,计算下锚张力。

b.张力调整从起锚点开始,地面段在有下锚拉线的支柱处按照设计张力紧线调整一次,隧道段每隔100 m按设计张力紧线调整一次。

⑤地线下锚。

a.张力调整完毕,将地线分别安装在线夹内。

b.按设计的要求连接好各零部件。

⑥检查。

每一区段线索架设到位固定好之后,检查所架设的线材是否有破损、扭曲、或断股,是否侵入限界影响行车,并做出相应的处理。

(7)腕臂预配、安装。

①计算。

如图3.14所示,据现场测出的限界、外轨超高等数据,结合设计图纸相关数据,计算出下列数据:套管双耳距水平腕臂末端的距离L_1、套管双耳距双线支撑线夹的距离L_2、双线支撑线夹距水平腕臂头端的距离L_3、定位环距斜腕臂末端的距离H_1、定位双环距反定位管压接端的距离H_2、定位双环距反定位管末端的距离H_3。

将上述各尺寸对应支柱号编制"腕臂预配数据表"。

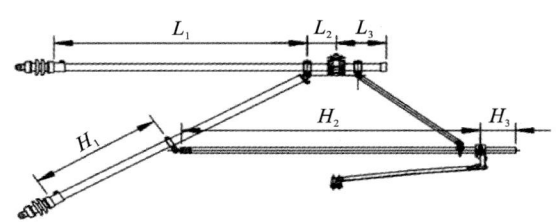

图 3.14　腕臂预配参考

②预配。

根据"腕臂预配数据表"提供的参考数据,在待切割的腕臂上做好标记。将腕臂垂直放置于切割机内进行切割。在切割面涂上防锈漆,再涂上镀锌漆。按施工设计图纸,在木质平台上进行绝缘子、定位环及管帽等装配。按设计的扭矩用扭矩扳手进行紧固。用排刷在定位环上均匀涂上润滑黄油。用红色记号笔在管壁上标注锚段号和定位号。用铁线将定位器临时绑扎在腕臂上,并利用麻袋和绝缘子将其捆好,以免在搬运、安装过程中损伤绝缘子。

③安装。

将作业平台转至腕臂支架附近,先安装斜腕臂,再安装平腕臂。

④检查。

腕臂安装完后,需对绝缘子进行外观检查、腕臂的高度及绝缘距离进行复查。

(8)承力索架设。

线条架设采用专门的架线车组进行施工,占用轨道的时间比较长,具体实施中要严格排好施工计划报业主审批。对于敞开段、高架桥区段承力索架设采用单线带张力架设施工工法。在施工中主要控制的要点包括过程中张力大小控制、各定位点处的临时悬挂、架线车组的速度、线条的起锚和下锚等。

为了确保承力索恒张力(12 kN)以及精确地调整弹簧补偿装置的补偿绳的伸缩量,施工中采用先临时下锚,间隔一段时间再正式下锚的方案。施工过程中,承力索因负载加大而不断地加大张力,须安排人员在下锚两端不断调整导线和承力索的张力,使之保持恒张力。

①承力索起锚。

a.架线车辆组行至起锚点,使作业平台置于承力索起锚处,并从线盘引出承力索铰线。

b.将临时钢绞线、平行滑轮用钢线卡子临时固定。

c.用链条葫芦将起锚端补偿装置坠砣挂起(链条葫芦刚受力即可),防止承力索带负荷后冲击力使补偿绳受损。

②带张力架线。

a.控制好放线架张力:随时调整液压压力,该压力值是一个变量,随线盘出口处直径的变化而变化,一般压力表可调到 1~1.5 kN,行车速度保持在 5 km/h。

b.架设中的承力索要放置在放线架平台的滚轮上,张力控制人员随时观察线盘及承力索的活动范围。先用做好的铁线套一端挂上开口铝滑轮,一端挂在腕臂装置的承力索支撑线夹的内侧,再将承力索放入开口滑轮槽内。

③承力索下锚。

a.架线列车组停在下锚装置附近,将平台转至补偿装置附近。

b.将楔形紧线器、手扳葫芦、临时钢绞线、平行滑轮依次连接好后开始紧线。

c.待棘轮离开卡舌后停止紧线。

d.将临时钢绞线、平行滑轮、钢线卡子依次连接。

④承力索中心锚结安装。

a.按施工设计图纸安装承力索中心锚结,据承力索中锚绳张力曲线图及现场温度情况调节中锚绳安装张力。

b.安装时注意:安装中心锚结的腕臂一定保持中心位置(垂直于线路)。

c.承力索中心锚结绳预留弧度适中,避免接触腕臂。

d.靠近腕臂中心的两承力索中心锚结线夹距腕臂中心尺寸约为 300 mm,且安装在靠线路中心的承力索上;承力索中心锚结线夹之间的距离约为 200 mm,且安装在支柱侧。

⑤张力调整、承力索安装。

a.参照施工设计图纸,据现场温度和中锚位置的距离进行计算腕臂的偏移距离。

b.调整腕臂偏移,将放置在放线滑轮内的承力索安装在承力索线夹(钩头鞍子)内。

c.按设计要求及产品使用说明书加装承力索衬垫。安装时,在双线支承线夹每处加装一套。

⑥吊弦预配、吊弦安装。

a.测量出相邻两悬挂点的跨距、定位点处承力索距轨面的高度、外轨超高等数据。

b. 按跨距、结构高度、曲线半径、外轨超高及施工设计图纸利用相关计算软件算出吊弦的长度,编制成"吊弦预配数据表",该表的吊弦长度的数据应清楚标明吊弦具体零件的起点位置。

c. 在整体吊弦平台上预配吊弦。预配误差控制在±1 mm。

d. 绑扎吊弦。

e. 将每根吊弦用阿拉伯数字标明吊弦编号,同一跨的吊弦应标明锚段号、定位号,并将预配的吊弦分锚段单独放置。

f. 根据施工设计图纸测量各吊弦的位置,用蓝色记号笔在承力索上做好标记,再进行安装。吊弦安装位置应准确,按编号进行安装。

(9)接触线架设。

在车辆段、停车场出入场线、敞开段接触线架设导线架设采用双线并列带小张力架设的施工工艺。渡线上,单导线下锚,接触线架设采用单线带小张力架设的施工工艺,单支承力索及接触线补偿下锚时,也可采用双线带小张力架设的施工工艺。为克服新架设的接触线产生延伸率,影响棘轮装置大小轮补偿绳的调节,采用临时下锚的方法,间隔一段时间再进行悬挂终端调节,直至正式下锚。

①接触线起锚。

a. 连接各部件:在绝缘子端部额外加辅助平行滑轮钢线卡子须完全拧紧,活动钢线卡子不要拧紧,戴平螺帽即可。

b. 用链条葫芦将起锚端补偿装置坠砣挂起(链条葫芦刚受力即可)。

②张力架线。

a. 控制好线盘导线张力:随时调整液压压力至1.5~2 kN。

b. 双导线在架线平台上要分别平行放在滚轮上,在定位点处先将S钩一端挂上滑轮,另一端挂在定位环上,再将导线抬入滑轮。在跨中,用临时铁线和吊弦将导线分开挂起。

③导线下锚。

a. 将架线车平台转至补偿坠砣附近。参照承力索下锚连接图连接形式连接各部件。

b. 用链条葫芦将下锚端补偿装置坠砣挂起(链条葫芦刚受力即可)。

c. 确认各部件连接牢固、无误后开始紧线,直到补偿轮渐渐抬起至离开止动轮舌时停止紧线。

d. 松开液压张力控制系统,剪断多余导线。

e. 用三个钢线卡子把导线卡紧在平衡滑轮前面的辅助钢丝绳上(注:此时双

导线并未正式做好下锚固定工作,而是临时用钢线卡子固定,但是其结构是安全可靠的,其目的是让导线在全负荷张力下经受2~3 d自然蠕变)。

f. 返回起锚点,松开临时悬挂坠砣的链条葫芦。

④中心锚结安装。

a. 接触线中心锚结线夹间距符合设计要求,双接触线中心锚结线夹螺栓应向外侧。

b. 接触线中心锚结绳回头的预留、中心锚结绳的位置、中心锚结绳的张力应符合设计要求。

⑤接触线安装。

a. 按设计要求,安装定位器。

b. 中心锚结安装完毕后,将接触线安装在定位线夹和吊弦线夹内,注意定位器的偏移与腕臂的偏移保持一致。

(10)悬挂调整。

①测量。

a. 根据设计接触线高度拉出值,对所要调整的悬挂定位点的拉出值、接触线高度进行测量,将接触线高度需要升降的数据,接触线拉出值需要拉、放的数据记录下来。

b. 测量时注意:在进行接触线高度的测量时,以接触线最低面为准;在进行双接触线拉出值测量时,以远离线路中心的接触线中心为准。

②调整。

a. 根据测量所得的数据,对拉出值和高度进行调整。

b. 链型悬挂通过升降腕臂调整接触线高度,正定位装置通过移动定位线夹调整拉出值;反定位装置通过移动定位器调整拉出值。

c. 在对高度进行调整时,先用升降器使腕臂卸载,再进行调整。

d. 调整完毕后,再进行复测,在曲线区段,重点复测跨中的拉出值有无大于设计值的现象,并做好记录。

(11)设备安装。

①分段绝缘器安装。

a. 按施工设计图纸在规定的位置进行安装。

b. 先在导线上做好分段绝缘器安装位置的标记,再将分段绝缘器对准标记,放置在导线上,分段处的拉出值应为"0",按设计扭矩紧固分段绝缘器的主线夹。

c. 反复检查主线夹的紧固是否牢固,分段绝缘器位置是否正确,确认无误后开始断线。

d. 用尼龙锤敲击分段绝缘器主线夹末端的接触导线线头使之上弯,避免出现打弓现象。

e. 调整分段绝缘器:分段处的导线高度与两端定位高度相等;保证整个分段绝缘器接触部分等高,中部不下垂,调整导流滑板与导线等高,保证受电弓在分段绝缘器处过渡平滑,不打弓;按设计要求调整灭弧棒间隙距离。

f. 承力索卡绝缘:按施工图纸的要求卡承力索绝缘(此步骤仅限于地面段)。

②隔离开关安装及引线。

a. 根据设计图纸隔离开关位置进行现场测量,检查隔离开关安装位置限界和安装空间是否符合设计要求,在无其他设备干扰和限界及空间符合的条件下,隔离开关安装位置应尽量靠近绝缘锚段关节。

b. 用墨斗弹出水平直线,定出固定底座钻孔孔位,垂直于隧道壁钻孔,安装螺栓。

c. 安装固定底座,调整底座端正,其隔离开关安装面应水平。

d. 将隔离开关安装在固定底座上,调整隔离开关及操动机构至隧道壁的距离符合设计要求,隔离开关与操动机构处于同一垂直面上。

e. 调整操动机构行程至闭合位,隔离开关刀闸处于闭合位,安装操纵杆,其安装角度符合设计要求。

f. 调试隔离开关和操动机构开合同步到位,隔离开关动触头和静触头中心线重合。

g. 安装隔离开关至接触网引线电缆,安装美观弯曲自然。实测接线端子长度,按电缆绝缘层厚度调节剥切刀深度,剥除绝缘防护层,露出裸铜线芯,根据接线端子的压接工艺制作压接接线端子。用电缆通过电连接线夹与接线端子将接触线与隔离开关相连接,所有接触面均匀涂抹导电油脂。

h. 将所有底座用接地跳线与架空地线相连接。

i. 电动隔离开关调试和配合变电所隔离开关联调。

③避雷器、地电位均衡器。

a. 按施工设计图纸安装避雷器底座。

b. 按施工设计图纸安装避雷器。

c. 安装避雷器至接触网引线电缆,应安装美观、弯曲自然。

d. 检查安装后的避雷器外观有无损伤,连线是否正确。

④接地跳线安装。

a.测量:用一电缆标上刻度,沿将要安装的接地电缆的走向,测出将要安装的电缆长度,并做好记录。

b.预配:据现场测量出的接地电缆长度在预配加工车间进行预配,并做好标记。

c.安装:将预配好的电缆通过电缆槽、PVC 管连接至各支柱。用设计要求的材料封堵 PVC 管的两端口。在各接线端子处挂一标识牌,标明该电缆的另一端连接的位置,方便检查。

d.检查:接地电缆连接好后,应对固定膨胀螺栓、电缆卡子、固定抱箍、连接线夹进行检查。

⑤线岔安装。

a.按施工设计图纸进行线岔安装。

b.安装线岔位置应考虑导线随温度的变化而产生的偏移。

c.在进行双导线线岔安装时,两线岔应平行、美观,并且两线岔线夹距交叉点的距离一致。

⑥电连接安装。

a.测量:据施工设计图纸,先对各电连接的位置进行纵向定测;用一根标上刻度的电连接线,沿电连接布置的走向,测出电连接长度,并做好记录。

b.预配:按照现场测量出的电连接长度在预配车间进行预配。

c.安装:在进行安装时,软铜线电连接不得有散股、断股现象;电连接走向美观、平滑、无死角。

d.检查:检查电连接线夹是否安装牢固、电连接线有无散股现象。

⑦标志牌安装。

a.标志牌制作。

(a)"有电危险"牌采用铝合金板、硬塑料板或选用设计要求的材料进行制作,白底黑字、黑框,闪电为红色。

(b)"接触网终点"牌采用 2 mm 厚钢板或铝合金板或选用设计要求的材料进行制作,白底黑字、黑框,背面为白色。

b.号码字模制作。

按标准字体和字号制作数字及锚段字母的字模,底板大小符合设计及规范要求。

c. 标志牌安装。

(a)"有电危险"牌设置于接触网隔离开关等电气设备处,设置高度为1.6～2 m。用支架固定在隔离开关底座下方,安装端正牢固。

(b)"接触网终点"牌设置在接触网终点悬挂定位点处,安装于接触网正上方,安装稳固端正,距接触网带电体距离大于150 mm。

(c)悬挂定位号码安装:车辆段、停车场悬挂定位点号码一般安装在支柱上,靠线路侧安装,距轨面距离一般为5.3 m。

(d)隔离开关号码印制:隔离开关编号印制在操动机构上方,先套框模刷制白色底板,第二天再在白色底板上套字模,刷制黑色隔离开关编号。

⑧接触悬挂终端调整。

a. 测量:测量出坠砣最低面距地面距离、大小轮的圈数。

b. 接触悬挂终端制作如下。

(a)据测量出坠砣最低面距地面距离、大小轮的圈数与设计值的差值并松紧葫芦。

(b)坠砣的高度达到设计要求时,停止紧线。

(c)测量出各终端零件的连接长度及弯头长度,接触线终端应注意考虑弯头处据端部的距离,双线(双承力索、双接触线)终端制作时,不装调节螺栓的应比安装调节螺栓的长。

(d)用记号笔画出断线位置,再用断线器断线,按施工设计图纸的要求进行连接。

(e)在各零部件转动的地方均匀地涂上黄油。

c. 检查:复测坠砣高度、大小轮卷数;检查坠砣在限制架的活动情况,张力平衡板的平衡情况;地面段应校核支柱是否中心直立,有无反倾的情况存在。

3. 正线接触网刚性悬挂主要工序施工工艺

(1)施工定测。

①纵向测量。

a. 从车站中心标、道岔岔心标或设计图纸标明的测量起点开始测量。

b. 根据起测点里程和施工图纸悬挂点里程,定测出第一个悬挂点的位置,用粉笔或油漆在钢轨上做好标记,并注明锚段号和悬挂定位号。

c. 按施工图纸上的跨距,沿钢轨依次测量标记各悬挂定位位置,曲线上沿曲线外侧钢轨进行测量,根据曲线半径计算跨距增长量,跨距测量长度适当增加。

d. 一个整锚段测量后,对此锚段全长进行复核,无误后继续进行测量。

e. 测量出各悬挂点位置后,用红油漆在钢轨侧面和轨枕上做出明显清晰的标记,按拉出值方向在对应隧壁上标记十字形标志,并标注定位点号、安装类型及拉出值、导高等数据,在站台等要装修的地方还应在轨腰外侧标记定位点数据。

② 横向测量。

a. 将激光测量仪道尺中心线对齐钢轨上的测量标记,道尺垂直于轨道中心线放置。

b. 将激光仪移至"0"刻度位,开启激光仪,激光束在隧道顶部定出受电弓中心位置,1人站于测量梯车上,在隧道顶壁上标记出受电弓中心点,记为"×"。

c. 根据悬挂定位、中锚底座、下锚底座等的中心线或钻孔点距受电弓中心的偏移值,将激光仪移至相应的偏移刻度,开启激光仪定位至隧道壁上,做好标记。

d. 在测量梯车上,用专用测量模板定位标记钻孔位置。

e. 读取激光仪数据,做好记录,为悬挂安装选型提供隧道类型、净空高度、曲线段的轨道超高等数据。

(2) 隧道内钻孔、螺栓安装。

施工技术方案:隧道段空间小,作业面也比较小,施工中将根据轨道占用计划合理组织人力和机械,在多专业同时占一个施工点时采用梯车作业方式;在只有接触网工程占用的施工点中采用轨道作业车进行施工。隧道段打孔、螺栓和吊柱安装项目的施工具有成熟的工艺和工法,在施工中广泛应用。

① 隧道内钻孔。

a. 技术人员根据测量数据,编制"悬挂钻孔类型表"和钻孔技术要求,向施工班组下达施工作业任务书。

b. 施工班组检查核对现场隧道壁上标明的悬挂类型数据无误后,按悬挂钻孔类型选用冲击钻头和钻孔模板,根据钻孔深度设置深度尺。

c. 按施工测量时标记在隧道顶壁的基准点(线),套用钻孔模板,画出钻孔孔位。使用钢筋探测仪探测钻孔范围内是否有钢筋,适当调整以便避开钢筋。

d. 先套模板在孔位上钻出3~5 mm的凹槽,取下模板,1人持冲击电钻开始钻孔,采用激光测量定位仪辅助,保持钻头垂直于水平面或隧道壁,1人握吹尘器将尘屑吹向无人侧。

e. 螺栓钻孔前设置好电钻上的深度尺,达到钻孔深度后无法再向内钻入,该螺栓如在圆形隧道内用作吊栓,应垂直于水平面钻孔。

f. 钻孔完成后,测量检查孔深、孔距等尺寸并做好钻孔记录。

②螺栓安装。

a. 先用清孔毛刷、清孔气囊彻底清除孔屑。

b. 化学药剂螺栓安装时,先将化学药剂管放入孔中,用冲击钻均速(钻速 750 r/min)将锚栓旋入就位。这时化学药剂破碎,树脂、固化剂和石英颗粒混合,并填充锚栓与钻孔之间的空隙。安装到位后,严禁再触动螺栓,保持稳定 5 min 后撤下电钻。隧道内化学药剂吊栓严格按"螺栓选型表"对号安装。

c. 膨胀式螺杆锚栓安装时,使用专用安装工具并按设计紧固力矩安装到位,可通过螺栓上安装标记方便地查验是否正确安装。

③螺栓拉力测试。

a. 在待测螺栓上安装好测试仪。

b. 逐渐加大拉力至规定测试值,并保持 3～5 min,其间如无异常,即通过测试,做好测试记录。

c. 如螺栓被拉出,应分析找出原因,并对同一作业批次的螺栓全部测试。

(3)悬挂支持装置安装。

①测量选型:根据测量记录的隧道类型、隧道净空高度、曲线外轨超高等数据,选择相应的悬挂类型,计算悬吊螺栓长度,编制装配表。

②结构装配:装配班按装配表、装配图和装配要求进行选型、装配。装配前,对要装配的各零部件先进行检查,有缺陷的产品不得安装到工程中。装配完成后,绝缘子用草袋包扎保护,标明安装位置,按序妥善放置。

③现场安装:安装班组将装配好的悬挂定位运至施工现场,逐点对号安装。垂直悬吊安装底座安装水平紧固,部件安装正确齐全紧固。

④高度初调:采用激光测量仪和水平尺,调整悬吊槽钢或绝缘横撑与轨面平行,高度初调至设计值,绝缘子中心均处于受电弓中心位。

(4)汇流排安装。

根据锚段长度、线路条件及悬挂点布置等参数采用计算机编程动态模拟计算绘制出汇流排组合布置图,筛选合理的配置方案。

在专用汇流排预制平台上采用切割及钻孔专用工具进行汇流排预制,以保证预制质量。汇流排对接安装均在汇流排安装作业平台上进行(安装前悬挂支持装置已全部初调到位)。利用汇流排安装调整器精调汇流排对接安装状态,保证汇流排对接安装质量并缩短汇流排安装时间。

①汇流排配置

a.锚段长度复核:一个刚性悬挂段悬挂定位装置安装完成后,即对此刚性悬挂段实际各跨距和总跨距进行测量复核(现场实测,精确至毫米)。

b.伸缩量计算:根据刚性悬挂段锚段长度和现场实际安装温度,计算汇流排终端温度伸缩量。

c.汇流排安装长度计算:根据温度变化量预留汇流排终端伸缩量,计算汇流排总长度。

d.汇流排数量计算:计算整长汇流排根数和预制汇流排长度,并且预制汇流排长度不能太短,不小于设计规定值。

e.汇流排合理布置:绘制汇流排布置图,将汇流排沿线路布置,分析比较采用合理的汇流排布置方案。预制短汇流排应靠近悬挂定位点,汇流排对接接头尽可能靠近悬挂定位点,也应避免处于悬挂定位线夹位置或温度变化可能处于定位线夹位置的情况。

f.预制汇流排:由12 m汇流排加工制作实际需要长度的汇流排。首先在汇流排专用制作平台上,使用专用切割机具,在专用加工平台上根据实际需要汇流排长度,切割汇流排。汇流排切割机垂直于汇流排长度中心线,割切后汇流排切割面与汇流排中心线成90°直角,且整个Ⅱ形截面切割平整,符合汇流排截面尺寸偏差要求。切割完成并达标后,使用专用钻孔夹具,进行钻孔。切割、钻孔后的余渣应清除干净。预制完成并达到标准后,进行试对接,对接后接缝应密贴,无错位偏斜现象。

g.汇流排编号:按汇流排布置图对配置好的汇流排按顺序依次编号。

②汇流排安装。

a.组织汇流排安装作业车组。

由牵引轨道车、作业平台、作业平台组成汇流排安装作业车组,其中作业平台由轨道平板车(13 m)根据隧道内汇流排安装特点加装作业安装架而成,平台上设置4组汇流排安装调整器。

b.汇流排搬运和检查。

工地装卸汇流排时,不得把汇流排成捆绑扎吊装,如包装符合吊装要求,可整箱吊装;单根汇流排搬运时应4人一组均力抬运,汇流排应轻拿轻放,不得扭曲碰撞。汇流排槽口有变形、损伤的不能使用;汇流排切割面有损伤或不平整有偏斜、钻孔孔位不正确的不能使用。

安装列车组中作业平台平板上均匀安放 4 个等高木垫,用于放置汇流排,汇流排平面端向下放置,开口向上,不得放反。汇流排按安装顺序编号整齐放在作业平板上。

c. 汇流排终端安装、分段绝缘器本体安装。

汇流排安装应从关节或分段绝缘器处开始安装。

(a)汇流排终端安装。

先在关节悬挂点绝缘子下方安装好汇流排定位线夹,用内六角扳手松开汇流排定位线夹,将汇流排终端卡进汇流排定位线夹内,调整汇流排终端使汇流排终端端头距悬挂定位点的距离符合本锚段偏移预留量。然后上紧汇流排定位线夹,并用锚固线夹卡住,防止在汇流排安装过程中发生偏移。汇流排终端安装时注意关节交叉的方向性,以免装反。

(b)分段绝缘器本体安装。

有分段绝缘器的锚段,汇流排应从分段绝缘器处向两端安装,先对接安装分段绝缘器两边汇流排,将分段置于两悬挂点中间,并将两悬挂点处汇流排锚固,然后再依次安装两边汇流排。

d. 汇流排中间接头装配。

首先用洁净毛巾将汇流排中间接头擦拭干净,汇流排中间接头装于前端汇流排,戴上紧固螺栓,待装汇流排插入中间接头,戴上紧固螺栓,每个螺栓配一个弹性垫圈。中间接头装配时注意方向性,两块接头斜面大头端靠汇流排开口侧,小头端靠汇流排平头侧,接头有凸起线形的斜面侧应紧贴汇流排两侧,两接头平面侧应处于汇流排中间,两接头平面相对。这时不拧紧螺栓,保持连接接头处于松动状态。

e. 汇流排对接。

使用作业平台上的安装调整器将两对接汇流排调至同一直线面,保持对接面密贴,尤其是汇流排开口处过渡平直顺滑,不偏斜错位。依次拧紧 16 组螺栓,紧固力矩为 16 N·m。

f. 安装汇流排定位线夹。

在悬挂支持装置上安装汇流排定位线夹,将汇流排卡入汇流排定位线夹内。两端用临时锚固线夹锚固,以防汇流排发生偏移。

g. 汇流排安装完毕。

安装列车前进,装配汇流排中间接头,对接安装第二根汇流排,依次安装至此锚段汇流排安装完毕。

(5)接触线架设。

采用电动注油器注油、架线小车导入一次安装到位架设方法,实现架线小车牵引与铜导槽组联动控制来展放和导嵌接触导线,以保证接触线架设后平滑自然,不产生硬弯和损伤。

①在第一、二个悬挂定位点两端,用锚固线夹卡住汇流排,使汇流排在放线时不能滑动。

②将接触导线穿入注油器内,用排刷将导电油脂均匀涂抹在导线两凹槽内,注意导线工作面向下,不得翻转。

③在汇流排上安装好架线小车,调整架线小车,将接触导线从汇流排终端端头嵌入汇流排,紧固汇流排终端上的紧固螺栓,按设计和产品安装技术要求做好导线端头。

④安装好注油器,启动电动注油装置,把导电油脂注入接触线两凹槽内。注油器始终处于放线小车前方,在接触导线上顺畅滑行。

⑤架线小车用拉线固定于前端牵引支架上,由车辆带动前进,牵引支架适时调整使牵引方向始终位于汇流排正下方,牵引支架与接触线铜导槽组联动,接触导线展放顺滑自然。牵引支架设有紧急脱扣装置,在列车前进中,如遇到架线小车被卡住,拉线应能随时脱离牵引支架,防止拉坏整个汇流排结构。

⑥架线作业车组以 5 km/h 的速度匀速架线。架线小车前设一人负责检查调整,使接触线燕尾端位于汇流排开口正下方,平行于汇流排。架线小车后,左右各设一人仔细检查接触线嵌入状况,如发现接触线嵌入不到位,及时停车,退回架线小车(张力放线车不得后退),退出此段线,重新用架线小车嵌入汇流排。

⑦接触线架设至汇流排末端时,在架线小车到达汇流排弯曲端前,放线车辆停车。人工匀力拉动架线小车,把接触线导入汇流排终端,锁紧终端螺栓,接触线沿终端方向顺直外露 100～150 mm,用断线器断开接触线,并用锉刀将端头打磨平整光洁。从汇流排卸下架线小车。

⑧拆除第一、二个悬挂定位点处的临时锚固装置。

(6)接触悬挂调整。

隧道段刚性接触网接触悬挂调整精度是最终影响刚性悬挂运行状态的关键一环。在广州地铁 2 号线、南京地铁 1 号线、南京地铁 2 号线、上海地铁 7 号线、沈阳地铁 1 号线等刚性悬挂调整中通过分析、实践及反复论证,总结出"三步调整法",即悬挂初调、悬挂细调、综合检测调整。悬挂初调是支持装置初调到位,悬吊槽钢与轨面平行,导高和拉出值初调到位;悬挂细调中对接触线工作面、导线高度、拉出值等逐点精细调整,锚段关节、道岔关节、分段绝缘器细调;综合检测调整中逐点对悬挂点接触线工作面、导高及拉出值、跨中导高及拉出值等进行检测,重点检查调整锚段关节、道岔关节、分段绝缘器。悬挂初调、悬挂细调、综合检测调整三道工序层次递进,层层把关,保证接触悬挂的调整精度。本分项工程控制的要点包括接触导线的高度、接触导线拉出值、锚段关节、线岔过渡情况、电连接等。

①悬挂初调。

a.导线高度初调:逐点初步调整各定位点导线至设计导线高度,检查各悬挂支持装置紧固件是否齐全稳固。

b.拉出值初调:逐点初步调整各定位点导线拉出值至设计拉出值。

c.导线工作面调整:调整悬吊槽钢或绝缘横撑平行于轨面,检测汇流排上平面与轨面平行,使导线工作面平行于两轨面连线,避免接触导线发生偏磨现象。

d.汇流排定位线夹调整:调整使汇流排定位线夹与汇流排包夹良好,满足汇流排在温度变化时能顺线路自由滑动。

e.锚段关节初调:初步调整膨胀元件、锚段关节处导高和拉出值至设计导高和拉出值。

②悬挂细调。

a.导线高度及拉出值细调:在接触悬挂初调后,精细调整各定位点导线高度及拉出值至设计值。

b.导线工作面调整:调整悬吊槽钢或绝缘横撑平行于轨面,检查汇流排上平面应与轨面平行,使导线工作面平行于两轨面连线,避免接触导线发生偏磨现象。

c.锚段关节细调:精细调整锚段关节处导高和拉出值至设计值,微调锚段关节使叠合过渡部分在受电弓同时接触的任一点上导线高度相等,使受电弓能够平滑过渡,并使两接触导线工作面与两轨面连线平行。锚段关节处两汇流排以受电弓中心线为中心两边对称分布,间距符合设计标准;绝缘关节处保证两汇流排绝缘距离,任何一点不得小于 150 mm。

d.道岔和交叉渡线处过渡调整:始触点处两接触导线应等高,受电弓过渡平稳,不应出现打弓、刮弓、脱弓现象。特别要保证列车在正线高速运行时,不会碰触渡线上的接触导线。

③综合检测调整。

a.导高拉出值综合检测:用激光测量仪和光学测量仪逐点检查导高及拉出

值,对超过允许偏差范围的进行调整,填写导高及拉出值检查记录。

b.关节、分段绝缘器处检测:在作业车上安装受电弓,对锚段关节、道岔及交叉渡线、分段绝缘器处过渡状态进行往返检查,对出现打弓、碰弓的地方进行调整。

c.绝缘距离检查:刚性悬挂所有带电体距接地体的绝缘距离应满足 150 mm,对于特殊地点至汇流排绝缘距离不能满足 150 mm 时,应使用汇流排绝缘保护罩使之满足绝缘要求。有渗水、漏水至汇流排的地方,使用汇流排防护罩来保护汇流排。

d.限界检查:检查所有接触网安装设备有无侵入限界,检查有无其他设备侵入接触网限界。一旦发现问题,属接触网安装部分的及时处理;属其他设备侵入接触网限界的,及时反馈给业主代表和监理工程师,并妥善解决。

e.涂油防腐:刚性悬挂调整到位后,所有悬挂定位的活动关节、铰接部位、调节螺栓等部位均匀涂抹黄油防腐。

f.底座封堵:刚性悬挂调整到位后,所有贴近隧道壁的底座与隧道壁间的间隙,按设计要求进行填充,填充时注意保护并防止污染其他设备。应填充密实,使表面平整美观。

(7)刚柔过渡安装。

刚柔过渡是刚性悬挂接触网与柔性悬挂接触网两种悬挂方式实现无缝连接的关键部位。比如,在广州地铁 2 号线及南京地铁、上海地铁接触网工程施工中,就采用了"精确测量、精巧安装、精密调整"的施工工艺,实现了刚柔过渡一次安装到位,顺利实现刚柔系统间的无缝连接。

①现场检测。

检测隧道净空、限界、隧道口断面里程、隧道结构等是否与设计图纸相符,是否存在绝缘距离问题,是否限制了刚性过渡的安装。如发现问题,及时联系设计现场解决,为测量定位做好准备。

②支持装置及下锚定测安装。

a.先进行刚柔过渡段悬挂点的纵向放线测量,复核无误后,用红油漆标记在钢轨侧面上。各悬挂位置采用激光测量准确定位,标记至隧道顶上。

b.测量悬挂点处净空数据,测算柔性下锚位置,用激光测量仪准确定位,标记至隧道顶上,编制"刚柔过渡支持装置及下锚安装调整表"。

c."刚柔过渡支持装置及下锚安装调整表"中的各点复核无误后,进行钻孔和支架安装,并调整到表中给定值。

③贯通式刚柔过渡安装。

a. 安装前提:刚柔过渡所处柔性悬挂段接触悬挂调整完成。相邻刚性悬挂段接触悬挂细调完成。

b. 刚柔过渡本体安装:在汇流排作业平台上对接装配好汇流排终端和切槽式刚柔过渡汇流排本体,按设计外露长度(汇流排终端头距悬挂定位点的距离为1.8 m)安装汇流排终端和切槽式汇流排,然后在接触线凹槽内均匀涂抹导电油脂,用放线小车将接触线导入汇流排,用扭矩扳手紧固切槽汇流排上的7组紧固螺栓和汇流排终端上的紧固螺栓。

c. 调整:刚柔过渡段导高及拉出值调整至设计值,汇流排坡度调至与轨面平行,用激光和光学测量仪、受电弓检查刚柔过渡点和关节,进行刚柔过渡段微调,受电弓双向通过应平稳顺滑,刚柔过渡点和关节不应出现硬点,切槽式汇流排应富有弹性。

d. 接触线与汇流排的连接应平顺,不应对汇流排产生附加压力或拉力。

e. 刚柔过渡段柔性下锚跨越的刚性悬挂点宜采用悬臂式结构,以避免可能与柔性悬挂间的绝缘距离问题。

(8)中锚安装。

①位置定测:刚性悬挂调整到位后,按施工图纸中锚位置,现场沿汇流排测量定出中心锚结锚固线夹位置(即该跨距中点)。测量汇流排至隧道顶的净空高度,根据中心锚结绝缘棒与汇流排夹角不大于45°、中心锚结绝缘棒接地端距汇流排的绝缘距离不小于150 mm的设计要求,确定中心锚结底座位置。

②中心锚结底座钻孔安装:套模进行钻孔安装和中心锚结底座安装。中心锚结底座应安装水平端正。直线上,中心锚结底座中心线应位于汇流排中心线正上方;曲线上,中心锚结底座中心线应在中心锚固线夹处汇流排中心线的延伸线正上方。

③安装中锚V形拉线:在汇流排与中心锚结锚固线夹的接触面均匀涂抹导电油脂,安装紧固中心锚结锚固线夹,连接安装中锚V形拉线。两端调整螺丝调节余量应预留充足。

④中锚状态调整:调整中锚两端拉线受力一致,并轻微拉住汇流排,检测锚固处导线高度,不能使汇流排出现负弛度。

⑤中锚安装后,拆除所有临时锚固线夹。

（9）设备安装。

①分段绝缘器安装。

a. 分段绝缘器本体随汇流排一起安装,先将分段绝缘器本体从两端配套汇流排导轨上卸下。

b. 将导轨与相邻汇流排连接,在两悬挂定位点中心预留分段绝缘器本体位置,安装好汇流排,并在悬挂定位点处锚固紧汇流排。分别向两端安装完成本锚段汇流排。

c. 架没完成本锚段接触导线,将接触导线从预留位置中心锯断,两端各留出适量导线,并将接触导线向上方略微弯曲,以满足设计规范要求。

d. 将分段绝缘器本体安装在导轨上,在分段绝缘器安装固定分段绝缘器本体及铜滑轨。

e. 在本锚段导高、拉出值及汇流排坡度调整完毕后,在分段绝缘器上安装调整工具,松开铜滑轨固定螺栓,检查滑轨面是否紧密贴合调整工具表面。手工临时上紧滑轨螺栓。

f. 以轨面为基准,用激光测量仪、光学测量仪检测分段绝缘器是否平正。

g. 用扭矩扳手上紧滑轨螺栓,取下调整工具,用水平尺复检分段绝缘器过渡状态和平直度。

h. 用受电弓往返检查分段绝缘器的状态,应过渡平稳,无打弓、碰弓现象。

②隔离开关安装及引线。

a. 根据设计图纸隔离开关位置进行现场测量,检查隔离开关安装位置限界和安装空间是否符合设计要求,在无其他设备干扰和限界及空间符合的条件下,隔离开关安装位置应尽量靠近绝缘锚段关节。

b. 用墨斗弹出水平直线,定出固定底座钻孔孔位,垂直于隧道壁钻孔,安装螺栓。

c. 安装固定底座,调整底座端正,其隔离开关安装面水平。

d. 将隔离开关安装在固定底座上,调整隔离开关及操动机构至隧道壁的距离符合设计要求,隔离开关与操动机构处于同一垂直面上。

e. 调整操动机构行程至闭合位,隔离开关刀闸处于闭合位,安装操纵杆,其安装角度符合设计要求。

f. 调整三联隔离开关处于同一水平直线上,安装隔离开关间接线板。

g. 调试隔离开关和操动机构开合同步到位,隔离开关动触头和静触头中心线重合。

h. 安装隔离开关至接触网汇流排引线电缆，安装美观弯曲自然。实测接线端子长度，按电缆绝缘层厚度调节剥切刀深度，剥除绝缘防护层，露出裸铜线芯，根据接线端子的压接工艺进行制作压接两端接线端子。在汇流排上安装汇流排电连接线夹，将接线端子与汇流排电连接线夹、隔离开关相连接，所有接触面均匀涂抹导电油脂。

i. 将所有底座用接地跳线与架空地线相连接。

j. 电动隔离开关调试和配合变电所隔离开关联调。

③电连接安装。

a. 电连接线预制。

（a）根据锚段关节或道岔关节处汇流排间距、汇流排最大偏移量、铜铝过渡线夹长度等数据计算电连接软铜绞线长度。

（b）裁剪软铜绞线，裁剪前先在软铜绞线上缠一圈胶带，这样裁剪时绞线不会散股。

（c）将软铜绞线两端剥去胶带，套入铜铝过渡线夹内推入根部，两端线夹相对正，不得相互偏扭，使用电动液压机进行压接，压模应符合规范和设计要求。

b. 电连接现场安装。

（a）按电连接装配图纸要求，在关节处安装汇流排电连接线夹，其与汇流排的接触电连接线预制电连接安装汇流排接地线夹安装面均匀涂抹导电油脂。汇流排电连接线夹布置位置和间距，紧固力矩应符合设计要求。

（b）在铜铝过渡线夹与汇流排电连接线夹接触面均匀涂抹导电油脂。按设计弯曲方向安装电连接线，安装应正确美观。

（c）检查电连接线的安装组数应符合设计要求，弯曲预留量应满足汇流排最大伸缩要求，对接地体和绝缘子的距离应满足规范和设计要求。

c. 汇流排接地线夹安装。

汇流排接地线夹安装在架空刚性悬挂接触网机械分段、电分段、每个车站（设备站台以外）两端、线路终端、分段绝缘器两端等处，以作为刚性悬挂接触网维修时接地之用。

汇流排接地线夹安装位置应尽量靠近悬挂定位点，一般距悬挂点距离不超过 500 mm，其接地挂环方向应朝向回流轨侧，以方便挂接地棒。

汇流排接地线夹与汇流排接触面应涂抹导电油脂，汇流排接地线夹应安装稳固，紧固力矩符合设计要求。

④跳线安装。

a. 测量悬挂支持装置、中心锚结底座、隔离开关固定底座等底座与架空地线的布置距离,预制接地跳线,一端压接接线端子与底座相连接,另一端用D型电连接线夹与架空地线相连通。接地跳线采用固定卡和锚固螺栓沿隧道壁固定。

b. 隔离开关直流上网电缆支架用接地扁钢连接,与回变电所接地保护扁钢连接。

c. 对向下锚、换向下锚、渡线与正线、左右线未直接连通的架空地线间,采用与架空地线同规格材质的接地跳线,用并沟线夹与两端架空地线连通,接地跳线用固定卡和锚固螺栓沿隧道壁布置。

d. 在牵引变电所处,架空地线引下线沿电缆支架敷设固定,一端压接接线端子接变电所内的强电设备接地母排,一端就近与架空地线用D型电连接线夹连接。

⑤标志牌安装。

a. 标志牌制作。

(a)"有电危险"牌采用铝合金板、硬塑料板制作或选用设计要求的材料进行制作,白底黑字、黑框,闪电为红色。

(b)"接触网终点"牌采用 2 mm 厚钢板或铝合金板或选用设计要求的材料进行制作,白底黑字、黑框,背面为白色。

b. 号码字模制作。

按标准字体和字号制作数字及锚段字母的字模,底板大小符合设计及规范要求。

c. 标志牌安装。

(a)"有电危险"牌设置于接触网隔离开关等电气设备处,设置高度为 1.6~2 m。打锚固螺栓,安装在隔离开关底座下方,安装端正牢固。

(b)"接触网终点"牌设置在接触网终点悬挂定位点处,安装于接触网汇流排正上方,安装稳固端正,距接触网带电体距离大于 150 mm。

d. 号码印制。

(a)悬挂定位号码印制:隧道悬挂定位点号码一般印制在列车前进方向右侧隧道壁上,正对悬挂支持装置,距轨面距离一般为 3~3.5 m。分两排布置,上排印制锚段编号,下排印制悬挂点编号。先套框模刷制白色底板,第二天再在白色底板上套字模,刷制黑色锚段号和定位号。

(b)隔离开关号码印制:隔离开关编号印制在操动机构上方,先套框模刷制白色底板,第二天再在白色底板上套字模,刷制黑色隔离开关编号。

3.2 通信系统施工技术

在城市轨道交通机电系统施工过程中,通信系统施工的内容主要包括电缆支架安装、区间光(电)缆敷设、漏泄同轴电缆安装、电缆间盘留、穿线管安装、桥架安装、机房走线槽(架)安装、底座安装、机柜安装、光纤配线架安装、数字配线架安装、音频配线架安装、网络配线架安装、接地线施工、通信电源安装、设备安装配线、线缆槽(架)内绑扎、室内无线通信器件安装、区间电话安装、站台停车标处监视器安装、乘客信息系统显示屏安装、扬声器安装、时钟安装、摄像机安装、接入点天线安装、无线通信直放站设备安装、室外无线通信天线安装、时间信号天线安装、成品(半成品)保护等。

因篇幅有限,下面仅简要介绍区间电话安装、摄像机安装、乘客信息系统显示屏安装、扬声器安装和时钟安装。

3.2.1 区间电话安装施工

1. 工艺流程

话机定位→底座固定安装→区间电话安装→电话线缆敷设及防护→话机配线→话机接地→调试。

2. 技术要求

(1)区间隧道内紧急电话机为壁挂式,其背面和隧道紧急电话洞室内壁通过机械结构紧固连接,无摇动,垂直角度偏差小于或等于5°。洞口或高架区间电话为落地式。

(2)安装现场区间电话,找到合适位置,墙壁应平整,按要求用膨胀螺栓固定电话的底座,再将区间电话安装在底座上。

(3)底座严禁倒置安装,避免区间电话无法安装。

(4)电缆从线路槽道至电话机采用钢管与软管防护。

(5)线缆进入区间电话配线时可做适当预留,具体配线原理应咨询督导。

(6)区间电话安装完毕后依照产品特性,在督导指导下对电话进行拨码设置。

(7)区间电话设备外壳接地可以根据现场实际情况选择接区间贯通接地扁钢或预埋地。

3.2.2 摄像机安装施工

1. 工艺流程

组装摄像机→安装点定位→吊杆/支架/立杆安装→摄像机安装→调试。

2. 吊杆/支架/立杆安装

(1)吊杆安装。

①仔细对照设计图纸及现场实际情况确定摄像机的安装位置,确保摄像机的视界及角度满足设计要求,安装时,摄像机安装位置可进行微调(0.5 m以内),避免被其他设备(如 PIS 系统显示屏、AFC 的导向牌、静态指示标志等)和建筑物遮挡。摄像机的具体安装位置根据现场情况最终确定。

②吊杆分为上、下两部分,采用套筒式连接,可调节长度。有装修吊顶时,上部分吊杆应装在吊顶上方,下部分伸出吊顶的吊杆需要装修专业配合开孔,开孔尺寸与吊杆下部分外径匹配,尽量减少吊杆与孔洞的缝隙,误差应小于 5 mm。当吊顶为格栅式或金属网格时,尽量保证吊杆从格栅的缝隙中伸出。根据装修的要求,对吊顶上方的吊杆需要进行喷黑时要采取保护措施,避免吊杆的下半部分被污染。

(2)支架安装。

侧装摄像机采用支架安装方式,安装前应仔细对照设计图纸及现场实际情况确定摄像机的安装位置,确保摄像机的视界及角度满足设计要求,安装时,摄像机安装位置可进行微调(0.5 m以内),避免被其他设备(如 PIS 系统显示屏、AFC 的导向牌、静态指示标志等)和建筑物遮挡。摄像机的具体安装位置根据现场情况最终确定。支架采用膨胀螺丝固定在侧墙上,根据摄像机摄像范围定制支架长度,支架颜色应与摄像机外壳匹配。

(3)立杆安装。

①室外摄像机采用立杆方式进行安装,安装前应仔细对照设计施工图及现场实际情况确定摄像机的安装位置,确保摄像机的视界及角度满足设计要求,安装时,摄像机安装位置可进行微调,避免被其他设备和建筑物遮挡,摄像机的具体安装位置根据现场情况最终确定。

②立杆设计制作时应考虑摄像机、配线箱、安装支架、出线孔,立杆高度符合设计要求。立杆基础内应预留穿线管,待杆体调好垂直度、摄像机安装配线完毕后,将地脚螺栓用水泥封好,并制作硬化面。视频杆应就近与接地体可靠连接,接地电阻满足设计要求。

3. 摄像机安装

(1)快球摄像机安装。

根据装修情况,有装修吊顶时,球体应整体安装在装修吊顶下,安装标高符合设计要求,通常站厅层摄像机底部距装修地面 2800 mm,站台层摄像机底部距装修地面 2500 mm,摄像机应整体露出装修面。缆线、尾缆引入和引出时应采用保护管保护,并做防水封堵,摄像机控制线尾缆应留有余量,避免影响摄像机的转动。

①取出镜头减振块。

a. 使用附带的螺丝扳手松开 4 个圆顶盖螺丝,然后拆下圆顶盖。

b. 取下镜头减振块,装上圆顶盖,拧紧圆顶盖螺丝,如图 3.15 所示。

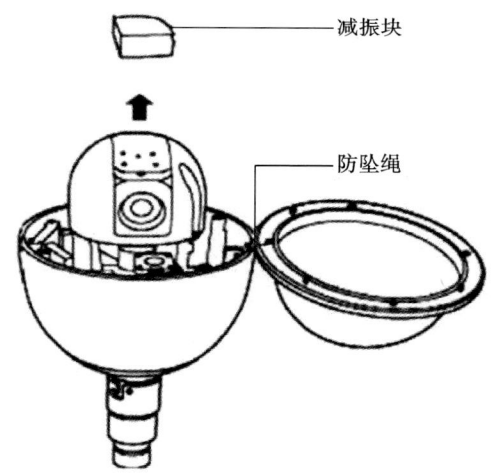

图 3.15　取下减振块

②安装摄像机。

a. 将固定件套入摄像机缆线,并将其套入本体转接环上。

b. 将一支头螺丝拧入固定件锁紧孔,锁紧固定件。

c. 将固定件另一头按照之前选定的方法,固定于安装位置。

d.当安装在天花板或高处时,将防坠吊绳另一端固定在安装表面上,防止摄像机跌落。

(2)半球摄像机安装。

根据设计要求及装修情况,在设备区时,采用吸顶式安装或侧壁安装;在公共区部分采用吊杆安装,半球摄像机顶面应与装修面平齐。缆线、尾缆引入和引出时应采用保护管保护,并做防水封堵。

①安装摄像机。

a.将 BNC 电缆连接至监视器或视频装置。

b.将电源电缆连接至电源插座(24 V 交流电源/12 V 直流电源)。

c.向内按锁定钩,同时转动圆顶罩,然后从摄像机上取下圆顶罩。

d.向内按两侧取下开口罩。

e.使用两颗安装螺丝将摄像机安装到天花板或吊杆上。

②安装护罩。

a.将开口罩的开口对着镜头方向。

b.将开口罩按到摄像机上,直至听到咔嗒声。

c.将圆顶罩上的标记与底座上的插槽对齐,沿箭头方向转动圆顶罩,直至听到咔嗒声,最后检查摄像机是否安装牢固。

(3)枪式摄像机安装。

根据设计要求及装修情况,采用吊杆、立杆、侧壁安装,车站枪式摄像机一般采用吊杆安装,通常站厅层摄像机底部距装修地面 2800 mm,站台层摄像机底部距装修地面 2500 mm,摄像机应整体露出装修面。场段枪式摄像机一般采用侧壁支架安装,安装高度根据设计要求及拍摄范围而定。外场枪式摄像机一般采用立杆安装,安装高度在立杆定制时确定。缆线、尾缆引入和引出时应采用保护管保护,并做防水封堵。

镜头安装措施具体如下。

①卸下镜头接口盖。

②旋进镜头并拧紧,直至牢固。

③将镜头插头插入 LENS 插座。

④根据镜头类型,旋转焦距调节螺丝调节焦距。当摄像机上未安装镜头时,请始终将镜头安装盖放在摄像机上。

3.2.3 乘客信息系统(PIS)显示屏安装施工

1. LCD 显示屏安装(吊装)

关于 LCD 显示屏安装,不管是单臂单屏吊装,还是单臂双屏吊装,抑或是双臂双屏吊装,其安装施工流程及注意事项基本一致,具体如下。

(1)吊架安装采用不小于 M12 的膨胀螺栓固定,显示屏采用吊挂安装,站台屏箱底面距装修地面高度一般不低于 2.3 m。出入口显示屏应与出入口导向标识协调配合。显示屏应安装水平,固定牢固。

(2)前端控制设备(视频转换分配器和接入交换机等)安装在显示屏箱体内。

(3)设备线缆应从吊杆引入设备箱,外露部分应穿管保护。

(4)安装时应尽量避免与其他设备产生遮挡;避免灯带与显示屏安装位置冲突,避免灯带的灯光对显示屏造成影响。

(5)站厅、站台 PIS 显示屏吊杆的安装方式和尺寸的长短需在现场实地测量后加工,测量依据为土建提供的 50 线、设计施工图提供的吊顶高度及 PIS 显示屏的安装高度。

(6)PIS 显示屏安装前进行初调,确认 PIS 显示屏能正常工作。将 PIS 显示屏安装于支架、吊架上,调整 PIS 显示屏平衡,根据现场情况调整,以保证最佳图像效果。

2. LCD 显示屏安装(壁装)

(1)壁挂安装应采用不小于 M8 的膨胀螺栓固定于墙体(立柱)上,要求墙体为实心砖混结构,如为其他结构需与设计和精装修确认安装方式,站台屏箱底面距装修地面高度一般不低于 2.3 m。

(2)设备线缆经沿墙(柱)预埋管路引入设备箱。

(3)站厅、站台 PIS 显示屏壁挂支架的安装方式和尺寸需在现场实地测量后加工。

(4)其他施工要点及注意事项与 LCD 显示屏安装(吊装)一致,在此不再赘述。

3. LED 显示屏安装(吊装)

(1)站厅、站台 LED 显示屏吊杆的安装方式和尺寸的长短需在现场实地测量后加工,测量依据为土建提供的 50 线、设计施工图提供的吊顶高度及 LED 显示屏的安装高度。

(2)LED显示屏安装前进行初调,确认LED显示屏能正常工作。将LED显示屏安装于支架、吊架上,调整LED显示屏平衡。

(3)其他施工要点及注意事项与LCD显示屏安装(吊装)一致,在此不再赘述。

4. LED显示屏安装(壁装)

(1)壁挂安装应采用不小于M8的膨胀螺栓固定于墙体上,要求墙体为实心砖混结构。

(2)设备线缆经沿墙预埋管路引入设备箱。

(3)出入口、站厅和站台LED显示屏壁挂支架的安装方式和尺寸需在现场实地测量后加工,测量依据为土建提供的50线、设计施工图提供的吊顶高度及LED显示屏的安装高度。

(4)LED显示屏安装前进行初调,确认LED显示屏能正常工作。将LED显示屏安装于支架、吊架上,调整LED显示屏平衡。

(5)其他施工要点及注意事项与LCD显示屏安装(吊装)一致,在此不再赘述。

3.2.4 扬声器安装施工

1. 工艺流程

安装点定位→吊杆/支架/底座安装→扬声器安装→扬声器配线→调试。

2. 技术要求

(1)扬声器安装前应确定现场是否有影响扬声器声音传播的情况。

(2)支架、吊架安装牢固,其负荷强度满足设备安装要求。

(3)站台层采用奇偶跨接法安装。

(4)站厅层采用梳状或交叉间隔排列安装。

(5)扬声器安装完毕,对扬声器网进行交流阻抗测试。

(6)为了消除电源对广播信号的干扰,扬声器采用带屏蔽线缆并且与电源线分开布放。

3. 室内扬声器(吸顶、格栅内、音箱音柱式)安装

(1)按设计施工图位置,将扬声器吊架、支架安装于相应的吊顶或侧墙上,并

注意是否有影响扬声器声音传播的情况。若出现这一情况,与设计沟通纠正措施。支架、吊架安装牢固,其负荷强度满足设备安装要求。

广播格栅内吊顶安装如图 3.16 所示。广播吸顶安装如图 3.17 所示。

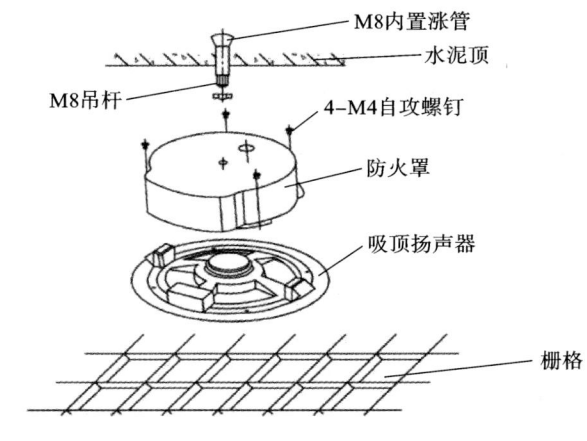

图 3.16　广播格栅内吊顶安装

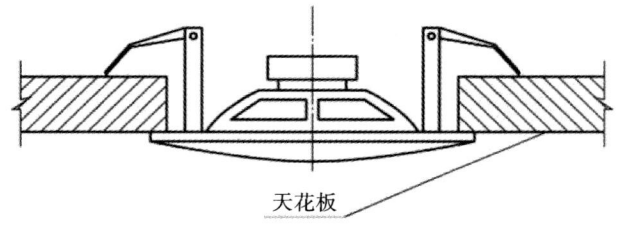

图 3.17　广播吸顶安装

(2)设备区走廊明装音柱根据设计要求的高度和角度位置预先设置膨胀螺栓或预埋吊挂件。

(3)为提高广播的声音均匀度,站台和站厅播音区扬声器以小功率大密度的方式布置。

(4)站台层采用奇偶跨接法安装。站厅层采用梳状或交叉间隔排列安装。

(5)密切注意装修施工,扬声器的安装与站厅站台顶棚封顶同步进行。

(6)扬声器安装完毕,对扬声器网进行交流阻抗测试。

(7)广播缆线穿放前,确保所穿放通道畅通、清洁,确保钢管口、桥架口、出线盒等无毛刺现象,保证线缆穿放时外护套不受损伤。

4. 室外扬声器(号筒、音箱柱式)安装

(1)安装室外扬声器,根据设计施工图确认合适位置,一般可选在墙壁、结构钢材等位置,按要求先固定室外扬声器底座,再将室外扬声器安装在钢板上。

(2)室外扬声器底座严禁倒置安装,以避免设备无法安装,如图3.18所示。

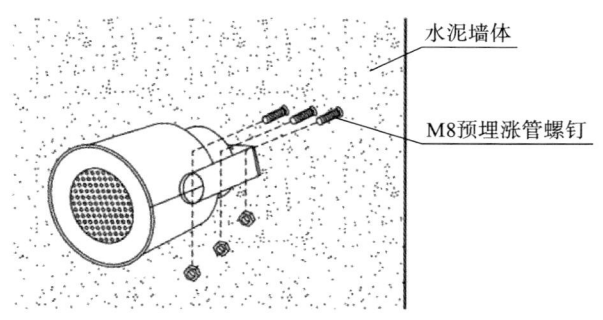

图 3.18 号筒扬声器安装

(3)广播电缆从线路槽道至电话机采用钢管加装出线盒,并连接软管防护。

(4)线缆进入室外扬声器配线时可做适当预留,具体配线原理应咨询督导。

5. 隧道内扬声器安装

(1)安装隧道内扬声器,安装设计施工图要求找到合适位置,墙壁应平整,按要求用膨胀螺栓扬声器的底座,再将扬声器安装在底座上。

(2)扬声器的底座严禁倒置安装,避免设备无法安装。

(3)隧道广播电缆从线路槽道至设备可用钢槽或钢管防护。

(4)隧道扬声器电缆敷设到位后,对电缆进行靠边绑扎、挂牌等处理。

3.2.5 时钟安装施工

1. 工艺流程

(1)设备房时钟:挂件安装→时钟拨码→时钟配线→时钟安装→调试。

(2)公共区时钟:安装点定位→吊杆安装→时钟拨码→时钟配线→时钟安装→调试。

2. 技术要求

(1)仔细对照设计施工图及现场实际情况确定时钟的安装位置,确保时钟的安装满足设计要求。安装时,若时钟的安装位置与其他系统设备的位置冲突,可视现场情况进行微调。

(2)设备区时钟安装方式为壁挂式,数显式时钟安装示意如图3.19所示。在其安装墙面上用两个M6膨胀管将安装附件固定牢固,然后将单面数字子钟信号线与电源线与预留在预埋盒里的线缆连接,最后将子钟挂在安装附件上即可。安装标高:无吊顶的房间,子钟底边一般距离装修地面2.7 m;有吊顶的房间,子钟上沿一般距装修吊顶200 mm。

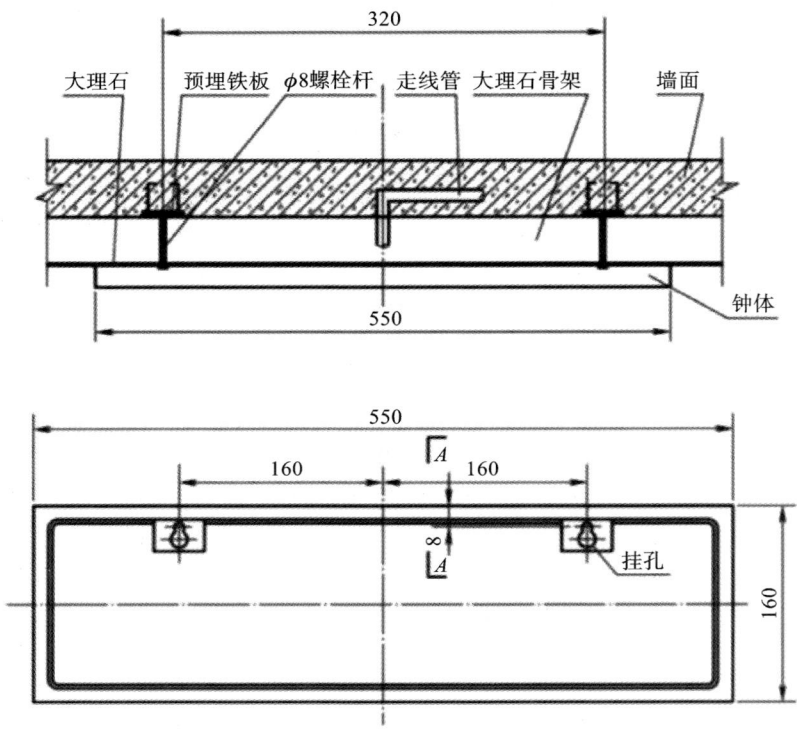

图3.19 数显式时钟示意(壁装)

(3)公共区时钟安装方式为吊杆安装:当吊顶为格栅式或金属网格时,尽量保证吊杆从缝隙中伸出;当吊顶为板式(无缝隙式)时,需在吊顶上开孔,子钟底边一般距离装修地面2.8 m。

(4)库内时钟根据现场定制支架进行安装,时钟引入线缆应穿金属软管保护,接头放置在接线盒内,做好防水处理,如图3.20所示。其中,吊杆要求现场制作,并有100长丝杆,以便安装吊架;留线长度为0.5~1 m;M6膨胀螺栓用9钻头打孔,孔深50 mm。

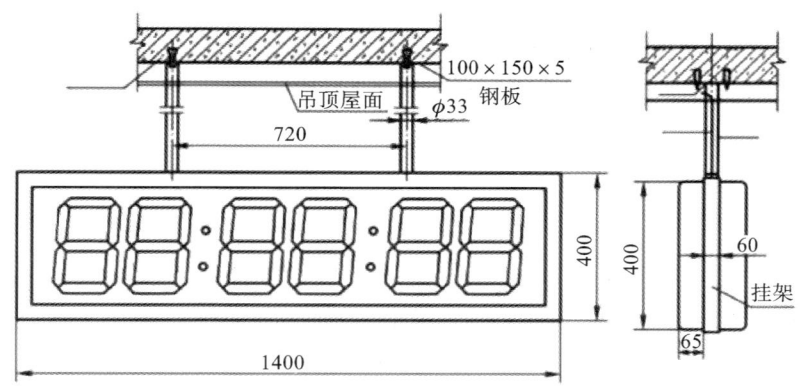

图3.20 数显式时钟示意(吊装)

3.3 信号系统施工技术

在城市轨道交通机电系统施工过程中,信号系统的施工分室内施工与室外施工两部分。

室内施工包括电缆引入室电(光)缆敷设与预留、线槽安装、机柜(架)底座、机柜(架)、设备配线、控制台及综合后备盘、防雷及接地、联锁模拟盘等。

室外施工包括电(光)缆线路、箱盒安装、固定信号机、转辙设备、轨道电路设备、计轴设备、应答器设备、无线接入单元及天线设备、波导管设备、TWC环线(车地通信环线)设备、紧急关闭按钮及自动折返按钮箱、发车指示器安装、防雷及接地、室外设备标识及硬面化等。

因篇幅有限,下面仅介绍室内施工部分。

1. 机房条件

(1)根据设计图纸配合土建做好沟槽、孔洞、管线的预留预埋。
(2)机房设备安装前至少应具备以下条件。
①墙面平整、四白落地,地面网格线准确,标高线清楚。

②机房要干燥、整洁,门窗完整。
③具备临时照明设施及二级配电箱。
④配备足够、有效的消防、防汛设施。
⑤机房张贴安全警示标牌,配备工作储物架。

2. 电缆引入室电(光)缆敷设、预留

(1)电(光)缆引入后的储备量应整齐排列在通号电缆引入室,盘放固定在专用的电缆支架上,电缆不宜交叉,电缆余留量应成Ω、S形布放。电(光)缆备用余量应符合设计图纸要求,一般电缆不少于5 m,光缆不少于20 m。盘圈规范、整齐、美观。

(2)在电缆引入室内使用镀锌钢槽进行电(光)缆敷设,要求电(光)缆敷设量不得超过钢槽空间的三分之二,钢槽内应使用绝缘铁绑线对电(光)缆进行整理绑扎。

(3)电(光)缆敷设及引入时,不得有硬弯或背扣。

(4)电缆引入口至室内机柜的电(光)缆应排列整齐、固定牢固并采取相应防护措施。

(5)电(光)缆引入电缆间时,电(光)缆应采用电缆支架分层固定,电(光)缆排列整齐。

(6)电(光)缆铭牌制作原则。

①电(光)缆两端应挂铭牌,标明型号、去向、芯数、用途,如图3.21所示。

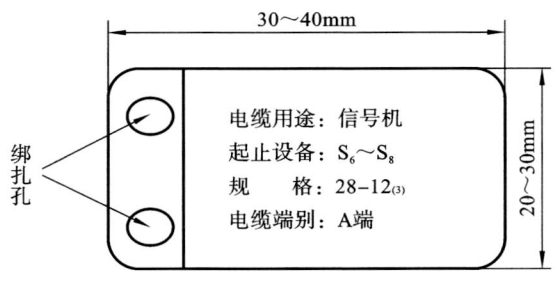

图3.21 电缆铭牌示意

②铭牌字迹应工整、不模糊,具有耐久、防水等特点。电(光)缆铭牌、标识用专业标牌机或塑封机制作,不得手写。

③预配、敷设及配线时均应拴挂统一格式的电缆铭牌,拴挂电缆铭牌可以避免电缆的错误使用,利于电缆的维护。

④铭牌在电缆预配、敷设及配线前根据电缆径路图制作。

(7)电(光)缆成端应无漏胶,表面应光洁,无裂缝、气泡。

(8)电缆引入室孔洞应用专业防火防鼠材料封堵严实。

3. 线槽安装

(1)线槽安装通用技术要求。

①线槽及其附件应采用经过镀锌处理的防腐钢槽,原则上厚度不小于2 mm。其型号、规格应符合设计要求,满足防火要求。线槽内外应光滑平整,无棱刺,不应有扭曲、翘边等变形现象,各种附件齐全。线槽连接及支架固定使用的螺栓螺母要求采用不锈钢材质。

②线槽的接口应平整,接缝处应紧密平直。槽盖装上后应平整,无翘角,出线口的位置准确。

③线槽直线段连接应采用连接板,用垫片、弹簧垫圈、螺母紧固,接茬处缝隙应严密平齐。

④线槽进行交叉、转弯、丁字连接时,应采用直通、三通、四通或平面二通、平面三通等进行变通连接。

⑤线槽与盒、箱、柜等接茬时,进线和出线口等处应采用抱脚连接,并用螺丝紧固,末端应加装封堵。

⑥线槽不能直接与墙壁、地面接触,必须安装支撑。

⑦金属膨胀螺栓应安装在C15以上混凝土构件及实心砖墙上,禁止安装于空心砖墙上。根据所安装设备的重量等因素合理选用,必要时采用通透螺栓或其他固定措施。

⑧线槽内腔壁应打磨光滑,拐弯处加装橡胶垫,防止对电(光)缆外皮造成损伤。

⑨线槽内不能有其他杂物,敷设完成后盖好盖板且牢靠稳固。

⑩线槽转弯处的弯曲半径,不小于线槽内电缆最小允许弯曲半径。

⑪线槽与支架间连接螺栓、线槽连接板螺栓固定紧固无遗漏,螺母位于线槽外侧。

⑫线槽不得布置成环状,已构成闭合回路的可加装绝缘,在不构成闭合回路的前提下,必须保持线槽在电气上的连续性。线槽就近与接地干线相连接。

⑬线槽接口处应用扁平铜网连接,镀锌线槽间连接板的两端不跨接接地地线,连接板两端每端不少于2个有螺帽的连接固定螺栓。

⑭线槽水平或垂直敷设直线部分的平直程度和垂直度允许偏差不应超过 5 mm/m。

⑮接、焊、包完成后,接线盒盖、线槽盖板应齐全平实,不应遗漏,导线不允许裸露在线槽之外,并防止损坏和污染线槽。

⑯线槽内的线缆应顺、平、直,并绑扎成束。

⑰走线架(槽)与机柜(架)间需绝缘隔离时,各种绝缘垫应安装齐全,并无损伤。

⑱走线架(槽)引入口处宜采取保护措施,防止线缆磨损。

(2)综合桥架线槽安装。

①线槽必须与供电专业分开设置,距离不得少于 300 mm。

②线槽安装横平竖直、整齐美观、连接牢固,同一水平面内水平度偏差不超过 5 mm/m,直线度偏差不超过 5 mm/m。

③线槽水平敷设时,支撑间距一般为 1.5～3 m;垂直敷设时,固定点间距不大于 2 m。桥架弯曲半径小于 300 mm 时,应在距弯曲段与直线段间合处 300～600 mm 的直线段侧设一个支撑,当弯曲半径大于 300 mm 时,还应在弯曲段中部增设一个支架。

④支架与吊架的焊接处要求做防腐处理。支架与吊架的规格一般不应小于扁铁 30 mm×3 mm、扁钢 25 mm×25 mm×3 mm。

⑤可用金属膨胀螺栓固定或焊接支架与吊架,也可采用万能卡具固定线槽,支架与吊架应布置合理、固定牢固、平整。

⑥线槽经过建筑物的变形缝(伸缩缝、沉降缝)时,线槽本身应断开,槽内用内连接板搭接,其中一端无须固定。保护地线和槽内导线均应留有补偿余量。

⑦线路穿过梁、墙、楼板等处时,线槽不应被抹死在建筑物上;跨越建筑物变形缝处的线槽底板应断开,线槽内线缆均应留有余量;线槽与电气器具连接严密,导线无外露现象。

⑧建筑物的表面如有坡度,线槽应随其坡度变化。待线槽全部敷设完毕后,应在配线之前进行调整检查。确认合格后,再进行槽内配线。

⑨在吊顶内敷设时,如果吊顶无法上人,应留有检修孔。

(3)防静电地板下钢槽开口及引线口。

①线槽安装在支架上离地、平直、牢固,线槽接缝处加扁平铜网连接。

②槽内安装防火绝缘材料。

③线槽尽量避免交叉跨接。

④线槽不应形成环状。走线槽闭合时,排间必须进行绝缘处理。

⑤槽与槽之间、槽与盖之间、盖与盖之间连接严密,上走线时槽与各机柜连接牢固。

⑥下走线时,线槽通过喇叭口引入机柜底部。

⑦支架与吊架所用钢材应平直,无显著扭曲。下料后长短偏差应在 5 mm 范围内,切口处应无卷边、毛刺。

⑧钢支架与吊架应焊接牢固,无显著变形,焊缝均匀平整,焊缝长度应符合要求,不得出现裂纹、咬边、气孔、凹陷、漏焊、焊漏等缺陷。

⑨支架与吊架应安装牢固,保证横平竖直,在有坡度的建筑物上安装支架与吊架应与建筑物有相同坡度。

⑩固定支点间距一般不应大于 2 m。在进出接线盒、箱、柜、转角、转弯和变形缝两端及丁字接头的三端 500 mm 以内,应设置固定支持点。

⑪钻孔直径的误差应控制在 $-0.3\sim0.5$ mm;深度误差不得超过 3 mm;钻孔后应将孔内残存的碎屑清除干净。螺栓固定后,其头部偏斜值不应大于 2 mm。

⑫为防鼠害,线槽出入口应用专用防火、防鼠材料封堵严密。

(4)线缆敷设。

①线槽底向下配线时,应将分支线缆分别用尼龙绑扎带绑扎成束,并固定在线槽底板下,以防线缆下坠。

②电源线与数据线在线槽内加装隔断分开。

③在穿越建筑物的变形缝时,线缆应留有补偿余量。

④在同一线槽内(包括绝缘在内)的线缆截面积总和应该不超过内部截面积的 2/3。

⑤连接牢固、包扎严密、绝缘良好,不伤线芯,接头应设置在器具或接线盒内,线槽内无接头。

4. 机柜(架)底座

(1)机柜(架)底座满足设计要求,当遭受本地区设防烈度的地震动作用时,框架变形大部分应在弹性范围,但不得出现脆性破坏。一般机柜(架)底座分为固定支架型及可调整支架型。

(2)机柜(架)底座材质应符合设计要求,并做防腐处理,根据设计图纸标定的设备位置进行安装,摆放整齐、水平、牢固。未经设计单位同意不得随意调换机柜的位置。

(3)底座边沿尽量避开静电地板边沿及其支撑,保证静电地板的完整性。

(4)底座表面平整,无凹凸不平现象;固定螺栓紧固,无松动晃动现象。对应机柜的底座用直径为 12 mm 的膨胀螺栓固定在地面上,并保证底座上表面与静电地板上表面平齐,安装的底座要求牢固可靠,与机柜接触稳固良好。

(5)相邻底座用螺栓连接,四方连接牢靠,受力均匀。底座四周要做封堵。

(6)支架要求角钢材质厚度不能小于 5 mm,满足机柜承重及振动。

(7)考虑地板的承重要求,对于超出要求的特重设备应采用应力支架。

5. 机柜(架)

(1)一般情况,信号系统组合柜和防雷分线柜净高度宜为 2350 mm,机柜(架)漆面色调应一致,并无脱漆现象,色标宜为 428 C,正线机柜进线方式宜为下走线,零层设置在下面。

(2)机柜与底座间、同一类型的机柜间应用螺栓固定。对于有特殊安装要求(如绝缘等)的机柜,应按照技术要求进行安装固定。

(3)机柜安装应做到横平竖直、端正稳固,每列柜正面应在同一直线上,同类机柜高低在同一平面上。

(4)机柜底座在配线完成后宜用与机柜颜色配套的金属板密闭,防止灰尘及虫鼠危害。

(5)所有端子板、组合在配线前必须用 500 V/500 MΩ 兆欧表测量对机壳绝缘,应不小于 20 MΩ[室温(20±5) ℃,相对湿度不大于 85%]。

(6)组合侧面配线全部敷设在走线槽内。底部线缆引入口处采取防护措施,用塑胶或其他缓冲材料连接底部钢槽到组合柜底部。钢槽里的线缆应绑扎整齐,绑扎线头统一朝下靠近槽底。

(7)组合侧面线把应用尼龙扎带绑扎,绑扎应间隔均匀、整齐美观。

(8)组合柜、分线柜、综合柜、组合及继电器安装后,应安装统一的标识铭牌,机柜铭牌贴在机柜左上角,组合铭牌贴在组合左侧,继电器铭牌安装在继电器挂钩上。

(9)机柜内所有线缆标识清晰,有始端末端去向标识。

6. 设备配线

(1)电缆、电线的型号、规格及所配线位置应符合设计规定。

(2)配线端子应稳定、可靠,配线工艺美观、整齐,接触稳固,不得压着外皮。

(3)所有配线不得有中间接头和绝缘破损现象,严禁中间接头。所有拐弯处应光滑无尖刺,以免损伤配线。

(4)柜间配线采用多股铜芯低烟无卤阻燃绝缘软线,截面积符合设计规定,线条中间不得有接头或绝缘破损,配线电缆排列整齐,剥切时应采用专门剥切线工具,不得损伤芯线外层绝缘,线把捆扎整齐,到位准确,电缆、电源线应有清晰去向标识。

(5)除特殊要求外,柜间及柜内组合配线颜色统一为蓝色。

(6)线槽内的电缆应敷设在下层,电源线敷设在上层,不宜交叉,每种线缆应分开绑扎,绑扎间隔均匀、整齐、敷设美观。

(7)室内设备配线采用连线端子固定方式时,应将螺栓、螺帽拧紧牢固。配线间及配线与螺帽间应放置金属垫片,每个接线端子配线一般不宜超过3根。线环应无毛刺、大小适当、不外露。

(8)室内配线采用笼式夹持力端子插接方式时,应将笼式夹持力端子安装牢固、紧凑,端子外壳无污渍、开裂及变形,导流条和弹簧夹无锈蚀。配线的截面要在端子允许截面范围内,并保持一线一孔,严禁一孔多线。插接完成后要对配线是否连接牢固进行检验。

(9)室内配线采用压接方式时,要选用与配线截面相适应的端子和压接钳。连接压接部位的裸线及带绝缘部分的压接长度应按规定要求制作,压接均匀,无铜线裸露在外。压接完成后要对端子是否连接牢固进行检验。

(10)室内配线采用焊接方式时,应符合下列要求。

①严禁使用有腐蚀性焊剂,焊接前应清除焊片和连接线头上的污垢,尤其是化学反应引起的脏物。

②配线与端子焊接牢固,不得有脱股、断股、假焊、毛刺现象,焊点光滑。

③多股线焊接不得有漏焊的线头,单股线焊接线头不得露出锡面。

④焊接端子套塑料软管,软管大小适中、长度一致。

(11)采用冷压接续端子时,配线压接应紧密,压接端子套有塑料软管保护且长度均匀。

(12)配线线环与端子间及线环间应加垫片并连接紧密,配线绝缘层或配线套管不得压入垫片间。

7. 控制台及综合后备盘

(1)控制台、综合后备盘安装位置应符合设计规定,安装平稳、牢固。

(2)安装前应检查盘面布置、表达方式、按钮类型、电流表范围量比及位置必须符合设计规定。

(3)控制台及综合后备盘需配线正确,绝缘良好,工艺美观。

(4)控制台及综合后备盘盘面设备显示应与计算机软件显示一致。

8. 防雷及接地

(1)室内控制台、电源屏、各种机柜等设备的外壳柜体,应采用多股铜芯电缆分别接至公用安全综合接地装置。工作地、防雷地要求分开的机柜,必须分端接地。

(2)室内接到综合接地电缆按照设计规范、图纸要求,一般情况下,采用 16 mm^2 接地电缆。

(3)接地统一接到室内综合接地等电位接地板上,机柜与等电位接地板必须星形点对点接地,严禁环形接地。

(4)一个房间接 4 处防静电地板支架,4 个角的支架 4 处接地。地线防护采用 $\phi32$ 钢管防护,并用抱箍卡子固定在地面上,支架处接地用抱箍卡子或焊接到静电地板支架上。

(5)接地引入线保护管与穿墙法兰盘连接应绝缘,绝缘电阻应大于 100 MΩ。

(6)接地配线的线种和截面应符合设计要求;机柜地线必须可靠连接,中间无接头;多股地线应加装相应规格的铜线鼻子或线卡子,焊接或压接牢固后,再与端子连接;接地电阻应符合设计规定。

(7)信号室内综合接地的接地电阻值≤1 Ω。

9. 联锁模拟盘

(1)模拟试验是室内施工的最后一道工序。模拟盘应能模拟室外联锁设备电路进行联锁试验。设备联锁试验一般包括电路导通试验、电气特性调整和机械特性调整试验。经过联锁试验后,设备应能保证联锁关系正确,电气性能良好,机械动作正确,操作使用灵活,符合设计要求及验收规范。

(2)联锁模拟盘由灯泡、二极管、钮子开关等组成,实现模拟轨道出清及占用,模拟色灯信号点灯,模拟道岔定、反位表示,模拟站台门状态,紧急关闭按钮状态、车站站联条件等。

(3)模拟电路制作符合以下主要技术要求。

①色灯信号机(图 3.22):通过普通灯泡或发光二极管加电阻模拟室外信号机,根据配线电路图,用截面积不小于 0.4 mm² 软线在分线盘处接上,控制电路就可控制模拟每个信号机。通过模拟室外信号灯,直接显示点灯状态,检查室内点灯回路是否正确、信号显示是否一致。

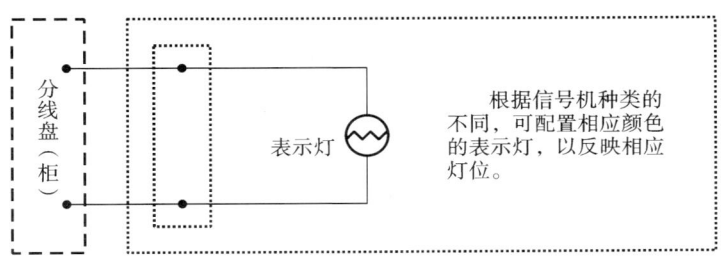

图 3.22　信号机模拟装置

②道岔(图 3.23):每个转辙机表示电路通过两个方向并联 IN4007 二极管,根据配线电路图接在分线盘处,用截面积 1.0 mm² 电源线在分线盘处接上,控制电路就可控制模拟每个道岔表示位置情况。操作系统软件或控制电路,可控制道岔表示的通、断,以检查是否能够可靠切断电路表示回路及切断回路后对联锁系统的影响。

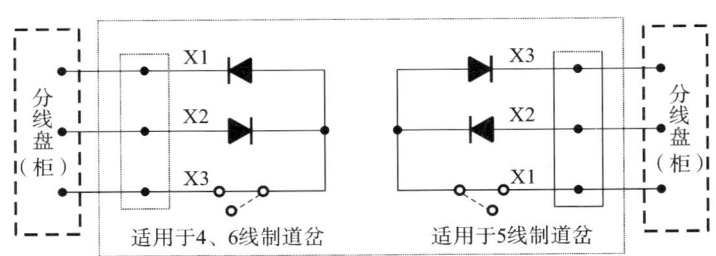

图 3.23　道岔模拟装置

③轨道(图 3.24):计轴设备接通一路 24 V 外电源通过钮子开关直接控制继电器,轨道电路需要变压器接通 220 V 外电源通过模拟电路条件控制模拟列车占用状态。通过占用的先后顺序可模拟行车路径,从而检查室内所有联锁设备及软件的正确性。

如图 3.24 所示,轨道电路模拟盘的钮子开关分 1、2、3 路,其中 1、3 路各自封连并与内部变压器的输出侧相连,每个轨道区段对应的开关分别与端子排上

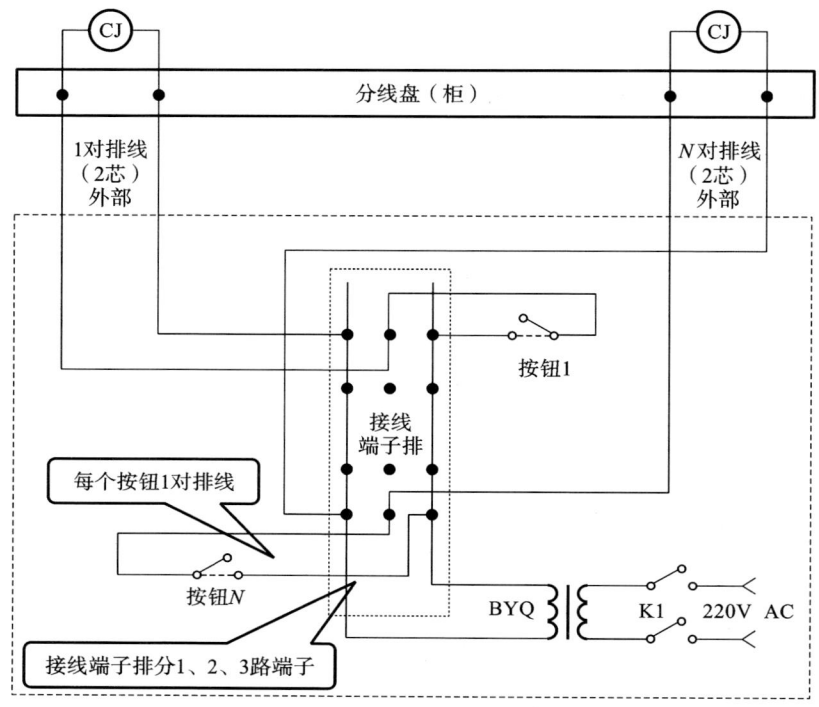

图 3.24 轨道模拟装置

对应的 2、3 端子相连,外部连接分线盘(柜)的配线也采用排线,1 排线 2 芯,两端均采用冷压端子,以方便两边配线。连接外部 220 V 交流电,闭合 K1,则模拟轨道电路的电源条件构成。在组匣正面拨动相应的钮子开关,即可使相应轨道区段的轨道继电器吸起或落下,以反映轨道区段的出清或占用。

3.4 火灾自动报警及气体灭火系统施工技术

3.4.1 火灾自动报警系统施工

1. 施工准备

(1)施工员向施工人员进行技术交底,发放有关技术文件。
(2)施工人员向仓库借用必备的施工工具。

2. 测量定位

(1)施工人员根据设计图纸对防护区进行测量,确定套管、管线的预埋或安装位置。

(2)电气施工员画出定位图。

(3)质量员对定位位置进行检查。

3. 火灾报警控制器安装

(1)区域报警控制器在墙上安装时,其底边距地面高度不应小于1.5 m,可用金属膨胀螺栓或埋注螺栓进行安装,固定要牢固、端正,安装在轻质墙上时应采取加固措施。靠近门轴的侧面距离不应小于0.5 m,正面操作距离不应小于1.2 m。

(2)集中报警控制室或消防控制中心设备安装应符合下列要求。

① 落地安装时,其底宜高出地面0.05～0.2 m,一般用槽钢或打水台作为基础,如有活动地板,则使用的槽钢基础应在水泥地面生根固定牢固。槽钢要先调直除锈,并刷防锈漆,安装时用水平尺、小线找好平直度,然后用螺栓固定牢固。

② 控制柜按设计要求进行排列,根据柜的固定孔距在基础槽钢上钻孔,安装时从一端开始逐台就位,用螺丝固定,用小线找平找直后再将各螺栓紧固。

③ 控制设备前操作距离,单列布置时不应小于1.5 m,双列布置时不应小于2 m,在有人值班经常工作的一面,控制盘到墙的距离不应小于3 m,盘后维修距离不应小于1 m,控制盘排列长度大于4 m时,控制盘两端应设置宽度不小于1 m的通道。

④ 区域控制室安装落地控制盘时,参照上述的有关要求安装施工。

4. 探测器安装

(1)火灾探测器至墙壁、梁边的水平距离,不应小于0.5 m,也不应大于探测器安装间距的一半。

(2)探测器底座固定应牢固,其电线连接必须可靠压接或焊接,并不得使用带腐蚀性焊剂。

(3)探测器安装位置距墙和梁边的水平距离不应小于1.5 m,周围0.5 m内不应有遮挡物。

(4)探测器安装位置距空调送风口的水平距离不应小于1.5 m,至多孔送风顶棚孔口的水平距离不应小于 0.5 m。

(5) 电线"＋"线为红色,"－"线为蓝色。

(6) 探测器底座的穿线孔宜封堵,安装完毕的底座应采取保护措施。

(7) 探测器确认灯应面向便于人员观察的入口处。

(8) 手动报警按钮宜安装在墙上距地面 1.3～1.5 m 处,且安装牢固不倾斜,离最近一个按钮步行距离不应大于 30 m。

(9) 外接导线留有不小于 10 cm 的余量,端部有明显的标志。

5. 模块安装

(1) 为便于调试检修,模块正面与其他设施应留有不小于 0.3 m^2 的工作面。

(2) 各模块应安装在模块箱内,模块箱配线应整齐、标号清楚。模块箱内的模块多于 3 个时,应使用接线端子排配线。

(3) 模块与各种被控设备之间的接线要牢固,防护套管要固定牢靠,金属软管作为套管时不宜超过 1.5 m,并且间隔 0.5 m 用固定卡固定。

6. 联动控制柜、消防电源的安装

(1) 必须装设在坚固的墙体上,不得安装倾斜。如装设在轻质墙体上,必须采用加固措施。其底边距地(楼)面高度不应小于 1.5 m。

(2) 引入控制器的线或电缆应整齐、避免交叉,并固定牢固。导线端部均应标明编号,字迹清楚,端子板的每个接线端子接线不得超过两根,导线应绑扎成束,在进线管处应封堵。

(3) 控制电源引入线,应直接与消防电源连接,严禁使用插头。电源线、接地线有明显标志,接线牢固。

(4) 控制盘柜内不同电压等级、不同电流类别的端子应分开,并有明显标志。

7. 声光报警器、警铃的安装

(1) 声光报警器及警铃安装在吊顶以下 20 mm 的位置,若无吊顶,安装在距地 2.5 m 处。

(2) 声光报警器及警铃采用吸壁安装,并应固定牢靠。

8. 端子箱和模块箱安装

(1) 端子箱和模块箱一般设置在专用的竖井内,应根据设计要求的高度用金

属膨胀螺栓固定在墙壁上明装,且安装时应端正牢固,不得倾斜。

(2)用对线器进行对线编号,然后将导线留有一定的余量,把控制中心引来的干线和火灾报警器及其他的控制线路分别绑扎成束,分别设在端子板两侧,左边为控制中心引来的干线,右侧为火灾报警探测器及其他的控制线路。

(3)压线前应对导线的绝缘进行摇测,合格后再按设计和厂家要求压线。

(4)模块箱内的模块按厂家和设计要求安装配线,合理布置,且安装应牢固端正,并有用途标志和线号。

9. 光缆敷设

(1)光纤布线基本要求。

①探测光纤储存在缆盘中,防护包装在安装之前予以保留,并使缆盘保持直立状态,以防止出现垮缆,损坏探测光纤。贮运过程中始终注意探测光纤弯曲半径与拉力限制。

②现场光纤放线的时候,要用细长棒水平穿过光纤绕线盘的中心,旋转绕线盘放线,禁止将光纤绕线盘立放到地上,把光纤从盘上旋转放线。

③光纤远离测温主机的末端要做如下处理:取最后 20 m 长光纤缠绕直径为 15 cm 的小圈。

④探测光纤弯曲半径须大于 30 mm,穿墙、穿管时不可严重磨损或压坏探测光纤。

⑤多条光纤穿过同一条较长金属或 PVC 管时,要保证光纤一次穿过,不可以分次穿光纤。

⑥探测光纤禁止乱摔、大力折拧、重力冲击、过力拉伸等,避免探测光纤纤芯断裂。

⑦工程使用的光纤形式、规格符合设计的规定和合同要求。

⑧光纤产品所附标志、标签内容齐全、清晰。光纤外护套应完整无损,光纤附有出厂质量检验合格证。如用户要求,附有本批光纤的技术指标。

⑨光纤开盘后先检查光纤外表有无损伤,光纤端头封装是否良好。

⑩光纤接插软线,两端的活动连接器(活接头)端面装配有合适的保护盖帽。

⑪光纤的布放自然平直,不得产生扭绞、打圈接头等现象,不应受外力的挤压和损伤。

⑫光纤两端贴有标签,标明编号,标签书写清晰、端正和正确。标签应选用不易损坏的材料。

⑬用光纤连接盒对光纤进行连接、保护,在连接盒中光纤的弯曲半径应符合安装工艺要求。光纤熔接处应加以保护和固定,光纤连接盒面板应有标志。

⑭光纤布线过程中,每隔 100 m 盘留 1 m 光纤,以防光纤意外损坏。

⑮光纤布线过程中,在适当位置盘留 15 m 光纤,作为测试段,通常每路光纤预留 1～2 段测试段。

⑯在安装过程中要考虑适当数量的测试段,以便于调试、验收使用。

(2)隧道光纤布线基本要求。

①隧道光纤布线一般采用铠装光纤。

②安装在隧道顶部,靠近强电侧布置,光纤外套上有每米的长度标识,可方便与隧道长度对照。独立布线,拉钢丝作为光纤支撑物。

③在隧道中探测光缆的敷设通常有如下方式:感温光缆可以采用钢丝绳吊装方式,每隔 50 m 安装一个主支架,每隔 25 m 安装一个辅助支架,将钢丝绳固定于主支架上,如遇转弯适当增加辅助支架,具体情况视现场情况可适当增减,感温光缆可以采用扎带或电缆挂钩与钢丝绳固定在一起。

④在固定安装主支架、辅助支架时,采用 $\phi 8 \times 60$ 膨胀螺丝,安装深度为 60 mm;膨胀螺丝进入墙体的部分应与墙面垂直。

⑤光纤沿钢丝自然平行敷设,每 1.5 m 一个固定夹,特殊隧道地段可适当增加;探测光纤固定位置应在钢丝的正下方。

⑥每段安装的光纤,在主支架的适当位置每隔 100 m 盘留 1 m 光纤;每段光纤的尾端处于适当位置盘留 20 m;每段光纤的始端选择适当位置盘留 15 m 光纤,探测光纤弯曲半径须大于 20 mm。

⑦在隧道安装钢丝、光纤,间距弧垂不得大于 2 cm;隧道转弯区钢丝须与隧道壁距离保持不少于 10 cm,钢丝与光纤安装可靠、整齐、美观。

⑧安装钢丝和探测光纤的位置应避免与其他带电体的直接接触,最好能保持一定的安全距离。

⑨简易布线,光纤依附在原有物体上。

⑩隧道内有电缆或通信缆,光纤沿电缆或通信缆自然平行敷设,每米一个固定夹,特殊隧道地段可适当增加。

⑪光纤可以依附隧道内其他合适的支撑物体,注意保持光纤的自然平行。

⑫其他参考。

(3)电缆桥架布线。

①电缆桥架布线一般采用带 PVC 的铠装光纤。

②光纤用尼龙扎带固定。每间隔 1.5 m 固定一条尼龙扎带,扎带要剪断多余部分,保证施工美观整齐。

③光纤紧贴电缆沟内电缆敷设,必要时采用蛇行布线。

④光纤放置到电缆侧表面,防止被别人踩踏或电缆挤压而损坏。

⑤施工过程中,尽量减少人为光纤断点。

⑥施工过程中,穿墙或者通过狭窄地带时,考虑光纤穿过铁管或 PVC 管。

⑦在绕盘测试段时,采用顺时针绕 10 圈,然后逆时针绕 10 圈,依次类推。防止在绕制过程中光纤拧折。

⑧在离主机 20 m 处及在现场方便处各绕置一个测试段,以便工程人员调试及验收使用。

(4)电缆隧道和电缆沟布线。

将测温光纤沿着被测高压电缆的走向展开,用阻燃扎带将测温光纤扎在高压电缆上。如果对多条高压电缆同时进行监测,可以将测温光纤以 S 形敷设在高压电缆上,以增大覆盖面。电缆隧道的电缆桥架必须采用 S 形敷设。测温光纤不仅是信号的载体,还是温度传感器,安装的质量直接关系到测量的准确性,因此应该注意以下两个方面。

①测温光纤如同电线,应尽量避免被外力损伤或折断。测温光纤是石英制品,在需要弯曲敷设时只能以大于 5 cm 的圆弧实现,否则会引起光纤损耗,影响测量精度。

②测温光纤接头必须保持清洁,为此可先敷设光纤,再安装接头。

(5)感温光纤敷设特点。

①分布式光纤测温系统内部敏感元件为多模石英光纤,传感器外壳为绝缘耐高温的非金属材质,传感器感温底面为绝缘导热陶瓷,因此,分布式光纤测温系统既具有快速的温度响应特性,又不含任何金属,外形尺寸也非常小巧,对高压开关柜被监测点没有任何影响。

②分布式光纤测温系统的引出光纤由多模石英光纤和硅胶护套构成,二者都具有良好的耐温耐热和绝缘耐压特性,而且硅胶护套不易落灰,具有良好的抗爬特性。每面开关柜通常在静触头或母排接头上分别安装分布式光纤测温系统光纤盘,然后引出到开关柜下面的电缆沟,继续探测其他电缆部分。这样做的目的首先是开关柜检修时不必拆装光纤,其次是使开关柜内光纤传输线路非常整洁、美观,没有光纤迂回缠绕,不会出现污闪。

③分布式光纤测温系统在国家电线电缆质量监督检验中心所做的工频耐压

试验结果表明,分布式光纤测温系统样品一端连接在高压部位,距离 30 cm。另一端接地,施加 95 kV 工频电压 5 min,不闪络。因此,分布式光纤测温系统安装到高压开关柜里面,不会降低高压开关柜自身的绝缘安全等级,不会引入安全隐患。对于沿海地区极端潮湿环境或 110 kV 以上高压环境,可在分布式光纤测温系统引出光纤上加绝缘增爬器,避免水汽、尘埃、盐雾等的长期积累导致光纤表面绝缘强度下降。

10. 空气采样管网施工

(1)为了确保空气采样系统正常工作,探测器排气口的气压应与被探测区的气压相等或略低。

(2)接到一个 VLP-400-CH 标准型探测器上的管道总长不能超过 200 m。单管最长不超过 100 m。

(3)采样管接口处应密封,用 PVC 可溶胶或其他方法永久性固定。管道与探测器入口连接处应插紧,但不要将管道与 VESDA 入口处用胶粘连,避免维修困难。

(4)为避免管道弯折、下垂(导致可能的系统破坏),每隔 1.5 m 或更短距离应安装专用管卡。

(5)应注意仔细清除采样管与设备接入处的毛刺、碎屑,避免使其掉入设备内部,损坏设备。

(6)采样管必须先清理干净打孔后安装,打孔后必须对孔边的毛刺进行处理。

(7)采样孔确保不得出现堵塞或外部被喷涂覆盖。

(8)安装毛细管时末端必须加专用堵头,不可敞口设置。

(9)单根采样管弯头数量不能超出 10 个。

(10)距离探测器进气口 500 mm 长度范围内,应保持采样管平直,没有弯曲。

(11)采样管应有 VESDA 采样标记,采样孔应有明显标记。

(12)采样点间距(无论何种采样法)最大不应超过 9 m,最小不应少于 1 m。一般情况下(强气流环境应用时除外),按设计图纸施工。

(13)实际安装中,每根管的长度应该争取尽可能相等。

(14)每根采样管末端必须安装专用末端帽,且末端帽上必须设置相应尺寸的末端孔。

(15)采样管内径应为19～21 mm(管壁应保证在2 mm左右),21 mm为建议值。金属管用于以下一些偶然情况:需特殊加长、规章特定要求、长时间暴露于强光、极热、极冷的环境,或遇到PVC可溶解气体。严禁使用PVC线管作为采样管。

(16)为了采样管在安装与测试阶段易于调整,建议在系统检测结束并最后确定成型后,再密封或永久性黏接管道接口。

(17)改变管道系统方向时用圆弧形弯头,不要用直角弯头。三通必须采用T形管道三通,不能采用接线盒式三通,三通的前端不能有采样孔。

(18)对于保护区域顶部为梁结构且梁高超过600 mm的情况,孔径和间距及末端开孔的设定建议采用手杖式采样方式保护梁格内部环境。

考虑VESDA探测器采用高灵敏度的主动吸气式探测原理,在某些情况下,也可以仅在梁下布管,而无须进行额外的手杖式采样。

梁下手杖式采样:采样管主管通过管卡固定在铝型材支架上,引手杖式采样点通过三通与主管相连,末端在梁内贴顶板开采样孔。采样孔开孔直径3～4 mm,末端开孔直径4 mm。

(19)由于VESDA系统一般采用难燃的PVC管或者ABS塑料管,其耐受性及抗机械损伤能力比较差,必须在土建进行到一定阶段时才可以安装。

(20)外置过滤器、吹洗阀门套件说明:考虑到保护区域内环境不够清洁的特殊性,在吸气式探测器的采样管网入口处安装外置过滤器,安装此过滤器可有效降低探测器内部外置过滤器的更换次数;吸气式探测器采样管网需要定期吹洗,在采样管网安装吹洗阀门套件,可方便打开关闭采样管网吹洗口,避免在采样管道拔出探测器瞬间用力不当,致使采样管网损坏。外置过滤器、吹洗阀门套件设备设置原则及安装要求如下:

①吸气式探测器系统需要安装外置过滤器、吹洗阀门套件;

②外置式过滤器安装在靠近吸气式探测器的管路进口处,每条管路配置一个;

③吹洗阀门套件安装在外置过滤器上方,每条管路配置一个。

11. 配管

(1)采用冷弯或热弯,弯曲处不应有折皱、凹陷和裂缝,且弯扁度不应大于管外径的10%。

(2)弯曲半径应符合下列规定:明配弯曲半径不宜小于管外径6倍;当两个

接线盒间只有一个弯时不小于管外径 4 倍;当线路埋于地下或混凝土时不小于管外径 10 倍。

(3)线管遇到下列情况时,中间应增设接线盒,且设置位置应便于穿线:管长度每超过 45 m 无弯曲;管长度每超过 20 m 有 2 个弯曲;管长度每超过 8 m 有 3 个弯曲。

(4)进入落地柜箱的线管,排列应整齐,管口宜高出基础面 50～80 mm。

(5)地下室等多尘或潮湿场所管路的管口和管道连接处均应密封处理。

12. 线管敷设

(1)暗敷的线管应敷设在不燃烧体的结构层内,且保护层厚度不宜小于 30 mm。

(2)镀锌管采用螺纹连接,管端螺纹长度不小于接头长度 1/2,连接后其螺纹宜外露 2～3 牙,螺纹表面应光滑无缺损。接头处跨焊 6 mm 圆钢。

(3)明配线管或暗配的镀锌管与盒(箱)连接应采用锁紧螺母或护圈帽固定,用锁紧螺母固定的管端螺纹宜外露锁紧螺母 2～3 牙;线管与盒(箱)间跨焊 6 mm 圆钢或采用专用接线卡跨接。

(4)暗配的焊接管与盒(箱)连接可采用焊接,但管口应高出盒(箱)内壁 3～5 mm,且焊后应补涂防腐漆,薄壁管严禁熔焊连接。

(5)对于干燥场所,线管与设备连接时,线管端部宜采用金属软管或可挠金属电线保护后引入设备的接线盒内,且管口应包扎严密;对于室外或室内潮湿场所,端部应增设防水弯头,导线应加套防护软管,经弯成滴水弧状后再引入设备的接线盒;与设备连接的线管管口与地面的距离应大于 200 mm。

(6)明配线管应排列整齐,固定点间距均匀,管卡间的最大距离应符合下列规定:DN20 线管最大距离 1.5 m;DN32 线管最大距离 2 m。

(7)在吊顶内敷设的线管用不小于 6 mm 的圆钢做吊架固定,吊架的间距与管卡相同。

13. 金属软管敷设

(1)线管与探测器等电器间的电线保护采用金属软管或可挠金属电线保护,长度不宜大于 2 m。

(2)金属软管不应退纹、松散,中间不应有接头。

(3)金属软管应可靠接地,但不得作为电气设备的接地导体。

14. 电线槽的安装

(1) 电线槽安装首先根据设计要求确定电线槽的走向和安装位置,然后进行电线槽的安装,要求平直,水平误差不大于 5 mm,中心偏差不大于 5 mm;安装牢固,所有螺栓拧紧。

(2) 电线槽的水平固定支架一般每隔 1.0~1.5 m 设一处,但在电线槽接头、电线槽走向改变或转角处都应设置支架。

(3) 电线槽架搬运时,要注意装卸运送的安全,卸车时不能从车上直接推下,卸货地点选择地面平整的地方。现场搬运时最好按用量分散搬运,用多少运多少,以免影响工作面的展开。

(4) 电线槽架安装时,应将桥架盖拆下分别保管,等电线敷设后再集中人力统一装上,以保护现场施工整洁性及产品的外观良好。

15. 配线

(1) 每配敷一段电线前,都要检查核对线型及线径。

(2) 管内配线,每配敷一段电线,要进行一次电阻测量,电阻要求达到 500 MΩ,并做好记录。

(3) 电线在管内或电线槽内不应有接头或扭结,导线的接头应在接线盒内可靠压接、焊接或用端子连接。

(4) 在安装探测器、手动报警按钮等设备前,对每组的头进行烫锡并做铜鼻子,然后按规范要求安装组件。

16. 系统接地装置的安装

(1) 工作接地线应采用铜芯绝缘导线或电缆,不得利用镀锌扁铁或金属软管。

(2) 由消防控制室引至接地体的工作接地线,在通过墙壁时,应穿入钢管或其他坚固的保护管。

(3) 工作接地线与保护接地线必须分开,保护接地导体不得利用金属软管。

(4) 接地装置施工完毕后,应及时完成隐蔽工程验收。

3.4.2 气体灭火系统施工

1. 管道安装

在进行气体灭火系统管材选择时,必须严格按照设计中所明确的具体要求或者贮存压力来确定,通常情况下,不会运用冷拔冷轧精密无缝钢管并进行内外镀锌。当公称直径不超过 80 mm 时,应当运用螺纹对其进行连接;若公称直径超过 80 mm,就需要对法兰进行焊接,同时法兰与丝扣的相互连接件必须与试验压力相符合,要求积极实施内外镀锌,为了能够更好地实现镀锌层的抗腐蚀性能的提升,建议通过钢管或者不锈钢等处理。

在对管道进行安装处理之前,首先必须对其进行调直处理,同时对内部的杂物进行清理。在对法兰进行连接的过程中,因焊接损坏的镀锌层必须做好相应的防腐处理。在连接丝扣的过程中,应当用聚四氟乙烯胶带来进行丝扣填料处理,所有的管口在切割后都需要锉刀打磨光滑。气体灭火管道必须充分固定。若公称直径超过 50 mm,那么在其水平方向和垂直方向至少需要配置一个相应的防晃支架。在从车站楼层穿过的过程中,各层也必须配置相应的防晃支架。同时,当出现水平管道改变方向的情况时,也需要增设防晃支架。

管道支、吊架安装最大间距应符合如表 3.2 所示的规定。

表 3.2 管道支吊架安装最大间距

公称直径/mm	最大间距/mm
15	1.5
20	1.8
25	2.1
32	2.4
40	2.7
50	3.4
65	3.5
80	3.7
100	4.3
125	5.2

气消管制作安装时,先行安装气体防护区内管道,从气体防护区出墙后用防火布包好管口;公共区域管道考虑在综合支、吊架上与其他专业交叉,与相关施工单位交涉核图确认路径后再安装。喷头支管安装前,应按照图纸在现场确定喷头位置,因考虑喷气效果,喷头与风管、桥架的侧面距离不小于 300 mm。

2. 管道的连接

螺纹接头填料用厌氧胶。在对螺纹进行连接时,必须保证其充分拧紧,以免填料被挤压到吊管中;在挤压接头外的填料的过程中,必须对其进行充分的清理。法兰盘在进行连接的过程中,密封面必须通过凹凸面进行法兰对焊,保证凹凸面能够相互对接,垫片面也可较为平整。法兰垫片可运用高压橡胶石棉板。针对同一个防护区的情况,到各个喷嘴的管道之间的长度应当尽可能地控制在10%范围内。管网不得对四通管件分流进行运用。通过对三通管件分流进行合理运用的过程中,分流出口必须尽量保持水平布置,同时也不建议运用直通、三通。

3. 管道试压

在确定阀上游管道之后,可根据工作压力的1.15倍来实现对水压强度的试验,在进行试验处理过程中,首先需要将压力逐渐上升到规定的压力值范围内,持续5 min,再对各个连接管道的滴漏情况进行检查,目测管道应当不会出现变形的情况。对选择阀下游管道可通过8.28 MPa的气压来实施强度试验,在气压强度试验处理的过程中,首先需要将压力逐渐回升到规定的范围内,并进行5 min的保压,注意对管道各部位的连接情况进行检查,如目前管道是否存在变形情况,确保未出现滴漏情况;在通过气体来实施气密性试验的过程中,可将压力逐渐回升到试验压力,并将气源关闭之后,使其在3 min时间内将压力回落到试验压力的10%,通过涂抹肥皂水的方式来实现对防护区外的管道连接,此时通常不会有气泡出现。当气压强度试验合格后,可吹扫压缩空气。

4. 设备安装

(1)集流管安装。

药剂钢瓶通常情况下通过高压软管、弯管接头以及集流管等来实现相互连接。集流管不建议以焊接的方式来制作,在进行焊接处理之前,每个开口均应当通过机械加工方法来实现制造,焊接之后再通过镀锌处理。当贮存压力超过4.0 MPa,管径超过80 mm时,就应当通过丝扣的方式来实现有效连接。

(2)阀驱动装置的安装。

阀驱动装置是为了当其区域范围内出现火灾时,迅速调动火灾区域的选择阀门以及药剂钢瓶容器阀。其主要通过气动驱动、电磁驱动方式以及机械手动驱动等方式来进行有效驱动。控制方式则主要通过手动、自动以及应急制动处理。

3.5　环境与设备监控系统施工技术

3.5.1　作业内容与施工技术要求

1. 作业内容

现场安装条件调查,设备开箱检验,PLC 控制柜、BAS 模块箱、BAS 配电箱、BAS 电源箱安装,设备配线,传感器安装接线,被监控设备接线,设备加电单机调试,系统调试。

2. 施工技术要求

(1)现场安装条件调查。

①检查车站各监控机房建筑装饰、暗配管道、预留孔洞、预埋件安装技术条件以及被监控区域监控终端设备安装条件是否与设计图纸一致。

②检查 PLC 控制柜所在设备房(一般为环控电控室)门窗安装条件、墙壁粉刷情况、预埋件安装情况是否满足设计要求。

③确认空调与通风设备、给排水设备、动力照明设备、照明控制箱、电梯等被监控设备安装到位,同时应预留好设计文件要求的控制信号接入点。

(2)设备开箱检验。

①开箱确认 BAS 设备及其附属终端设备、专用缆线是否齐全,确认其型号、规格及质量是否符合设计技术要求及相关产品标准的规定。

②设备的合格证、出厂检测报告、安装图纸和技术说明书等应齐全。

③必须按照合同技术文件和设计文件的要求对设备、材料和软件进行进场验收,进场验收应有书面记录和参加人员的签字,并经监理单位工程师或建设单位验收人员签字。

④未经进场验收合格的设备、材料和软件不得在工程中使用,经进场验收的设备和材料应按产品的技术要求妥善保管。

⑤各类传感器、变送器、现场控制器(箱)等设备的铭牌及附件应齐全,电气接线端子完好,设备表面无缺损,涂层完整。

⑥网络设备的进场验收应做好使用许可证以及使用范围的检查。

(3)设备安装。

①设备在安装前应做检查并应符合下列规定。

a.设备外形完整,内外表面漆层完好。

b.设备外形尺寸、设备内主板及接线端口的型号及规格符合设计规定。

②PLC设备单独机柜安装时,应按设计布局安装、标识。

③有底座设备的底座尺寸应与设备相符,其直线允许偏差为1 mm/m,当底座的总长超过5 m时,全长允许偏差为5 mm。

④设备底座安装时,其上表面应保持水平,水平方向的倾斜度允许偏差为1 mm/m,当底座的总长超过5 m时,全长允许偏差为5 mm。

⑤控制柜的安装应符合表3.3的规定。

表3.3 控制柜的安装标准

序号	项目		允许偏差/mm	检验频率		检验方法
				范围	点数	
1	垂直度		5	每10台设备	2	尺量检查
2	水平方向倾斜度(1 m)		1		2	
3	接缝处平面度	相邻设备	1		1	
		相邻设备连接大于5处	5		1	
4	接缝间隙		2		1	

⑥控制箱的安装应符合表3.4的规定。

表3.4 控制箱的安装标准

序号	项目		允许偏差	检验频率		检验方法
				范围	点数	
1	箱垂直度	箱体高>500 mm	1.5 mm	每10台控制箱	2	尺量检查
2		箱体高<500 mm	3 mm		2	尺量检查
3	箱体倾斜		1%		1	吊线尺量检查

⑦设备及设备各构件间应连接紧密、牢固,安装用的紧固件应有防锈层。

⑧控制箱(柜)的金属框架及基础型钢必须接地可靠,设备基础型钢应与结构钢筋进行电气隔离,电控门的门和框架的接地端子间应用裸编织铜线或软地线连接,应配有独立的电源控制开关,并留有一定量的备用点(其中包括模块插槽、插座、端子排)。

⑨现场安装的控制箱(柜)必须有可靠的防过流、防过电压保护措施,控制箱(柜)内保护导体应有裸露的与外部保护导体连接的端子。

⑩控制箱安装垂直度允许偏差为1.5‰,水平度在同一区域箱底面高度偏差不应大于5 mm。

⑪控制箱的安装应位置正确、部件齐全、固定可靠,箱体开孔合适,一管一孔,保护管入箱内长度应小于5 mm,箱体内外清洁、箱盖、门开闭灵活,箱内接线整齐,回路编号齐全正确。

(4)设备配线。

①设备附带的线缆外皮应无破损、挤压变形情况。

②预埋金属管或塑料管、过线盒、接线盒及桥架等表面涂覆层或镀层应完整、光滑、无伤痕,管孔无变形;明设安装的线槽应横平竖直、接缝美观,不得污染墙面。

③电源线、信号缆线的弯曲半径应符合相关技术标准的规定。电源接线应正确,电源线中间不得有接头。

④各种线缆在防静电地板下、走线架或槽道内应均匀绑扎固定、松紧适度,软细线缆应加套管或线槽保护;不同型号、不同电压等级的电缆应分类布置,分别单独设槽、管敷设;在同一线槽内宜用隔板隔开。

⑤信号电缆(线)与电力电缆(线)交叉敷设时宜成直角,平行敷设时其间距应符合设计要求。

⑥线缆接入设备后应留有余量,并长度统一;线缆两端的标签应注明型号、起止设备名称等信息。

⑦电线、电缆配线连接必须准确,并联运行的电线或电缆型号、规格、相位应一致。

⑧控制箱内应配线整齐,无铰接现象,导线连接紧密,不伤芯线,不断股,垫圈下螺丝两侧压的导线截面积相同,同一端子上导线连接不多于两根,防松垫圈等零件应齐全。

(5)终端设备安装接线。

①BAS终端设备施工主要包括各类传感器、执行器、变送器、探测器的安装及接线,被监控系统如空调与通风设备、给排水设备、动力照明设备、照明控制箱、电梯等设备的控制箱(柜)的接线。

②传感器、探测器的类型和采样方式必须符合设计文件和规范要求,产品技术资料应齐全。

③传感器、探测器安装后必须固定牢固,有连接导线的必须导线接线完好且传感器接地可靠。

④现场终端设备安装质量应符合设计文件和规范要求,并符合产品技术文件的要求。

⑤各类传感器、变送器、探测器及被监控设备的电源、信号输入接线应正确可靠。

⑥电量传感器裸导线之间或者与其他裸导体之间的距离不小于4 mm,当无法满足时,相互间必须绝缘。

⑦接入被控系统控制箱(柜)时,线缆应绑扎整齐,同一端子上导线连接不多于两根,连接线缆应成束绑扎,不同电压等级、交流线路、直流线路及控制线路应分别绑扎且有标识,固定后不应妨碍手车开关或抽出式部件拉出或推入。

⑧传感器、探测器应在即将调试时安装,在安装前应妥善保管,同时应采取防尘、防潮、防腐蚀措施。

(6)设备加电单机调试。

①设备加电调试应满足下列条件。

a. 电线、电缆接线必须准确,并联运行的电线或电缆型号、规格、相位应一致。

b. 低压电线和电缆、线间和线对地间的电阻值必须大于 $0.5~M\Omega$。

c. 根据设计图纸要求,检查主机与网络器、网关设备、监控模块、系统外部设备(包括电源 UPS、打印设备)、通信接口之间的连接、传输线型号及规格是否正确,通信接口的通信协议、数据传输格式、速率等是否符合设计要求。

②主机及其相应设备通电后,启动程序检查主机与本系统其他设备的通信是否正常,确认系统内设备无故障。

③BAS 模块箱、BAS 配电箱、BAS 电源箱通电试验,检查各控制箱之间的控制回路、通信回路是否正常。

a. 控制箱监控模块、I/O 板件、监控点元件(阀门、传感器、执行机构等)的硬件、接线的位置与该软件的软件地址名称、型号、状态图形符号组别、平面图形位置、端接点方式和标记应完全一致,检查主机或局域网之间的各设备之间通信是否正常。

b. 数字量输入测试、数字量输出测试应符合设计要求。

c. 模拟量输入测试、模拟量输出测试应符合设计要求。

d. 监控模块功能测试应符合设计要求。

(7) 系统调试。

① 系统调试前,应对相关电气设备和线路进行检查试验,试验合格后方可进行调试。

② 系统实时性检测应符合下列要求。

a. 采样速度、系统响应时间应满足合同技术文件与设备工艺性能指标的要求。

b. 报警信号响应速度应满足合同技术文件与设备工艺性能指标的要求。

③ 系统可维护性功能检测应符合下列要求。

a. 检测应用软件的在线编程(组态)和修改功能:在中央工作站或现场进行控制器或控制模块侧应用,软件能在线编程(组态)、修改参数及下载数据,全部功能得到验证为合格,否则为不合格。

b. 设备、网络通信故障的自检测功能:自检必须指明相应设备的名称和位置,在现场设置设备故障和网络故障时能在中央工作站观察结果显示和报警,输出结果正确且故障报警准确者为合格,否则为不合格。

④ 系统可靠性检测应符合下列要求。

a. 系统运行时,启动或停止现场设备,不应出现数据错误或产生干扰而影响系统正常工作。

b. 切断系统主用电源,转为备用电源供电时,系统运行不得中断。

c. 中央工作站冗余主机自动投入时,系统运行不得中断。

⑤ 系统应有热备系统,当其中一主机处于故障状态时,其备份系统应运行正常且运行参数不变。

⑥ BAS与其他子系统采取硬线连接方式联动运行,调试时应按设计要求对各监控点进行全部或分类测试,BAS与其他子系统采取通信方式连接,应按系统集成的要求进行测试,功能应满足设计要求。

3.5.2 工序流程与操作要点

1. 施工工序流程

施工工序流程:施工准备→施工调查、图纸审核、设备开箱检验→控制器、传感器定位→管线埋设、控制器安装→PLC设备安装及配线→传感器安装及配线→控制箱及被控设备配线→设备加电、单机测试→系统调试。

2. 操作要点

(1) 按设计文件和图纸检查 BAS 主机、网络控制设备、UPS、打印机等设备之间的连接电缆型号、连接方式是否正确。

(2) BAS 触摸屏对主要受控设备的控制、运行、报警状态进行监视，以利于系统的运行管理，一般安装在 IBP 盘盘面上，安装时应保证其便于观察和维护，结构稳定，连线正确，接地良好。

(3) 控制箱安装配线应符合下列要求。

① 控制开关及保护装置的规格、型号符合设计要求。

② 箱内配线整齐，无铰接现象，同一端子上导线连接不多于两根。

③ 闭锁装置动作准确、可靠。

④ 箱上的标识器件标明被控设备的编号及名称或操作位置；接线端子有编号或标签且清晰、工整、不易褪色。

(4) 根据现场情况，温、湿度传感器安装应满足下列要求。

① 不应安装在阳光直射的位置，远离有较强振动、电磁干扰的区域，其位置不能破坏建筑物外观的美观与完整性，室外型温、湿度传感器应有防风雨防护罩。

② 应尽可能远离窗、门和出风口的位置，如无法避开，则与之距离不应小于 2 m。

③ 并排安装的传感器，距地高度应一致，高度差不应大于 1 mm，同一区域高度差不大于 5 mm。

④ 传感器至控制装置之间的连接应符合要求，应尽量减少接线引起的误差。

(5) 典型房间传感器、探测器安装位置如图 3.25 所示。

(6) 风管式温、湿度传感器应安装在风速平稳、能反映风道温、湿度的位置，传感器的安装应在风管保温层完成后进行，安装在风管直管段或应避开风管死角的位置。

(7) 水管型温度传感器的安装应在工艺管道预制与安装时同步进行，水管型温度传感器的开口与焊接工作必须在工艺管道的防腐、衬里、吹扫和压力试验前进行。水管型温度传感器的安装位置应选在水流变化灵敏和具有代表性的地方，不宜选择在阀门等阻力部件附近和水流死角或振动较大的位置。水管型温度传感器的感温段大于管道口径的 1/2 时，可安装在管道的顶部；感温段小于管道口径的 1/2 时，应安装在管道的侧面或底部。水管型温度传感器不宜在焊缝

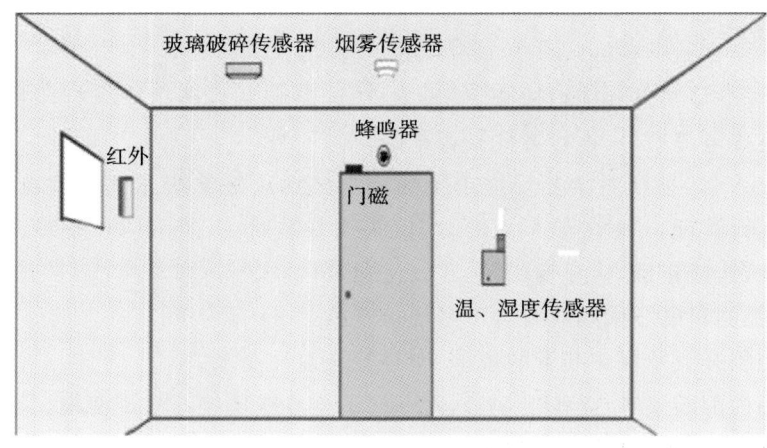

图 3.25　传感器安装示意

及边缘上开孔和焊接。

（8）压力、压差传感器的安装应符合下列要求。

①传感器应安装在便于调试、维修的位置。

②传感器应安装在水管型温度传感器的上游侧。

③风管型压力、压差传感器应在风管保温层完成之前安装。

④风管型压力、压差传感器应安装在风管的直管段，如不能安装在直管段，则应避开风管内通风死角位置。

⑤水管型、蒸汽型压力、压差传感器的直压段大于管道口径的 2/3 时，宜安装在管道顶部；否则，宜安装在侧面或底部等水流流速稳定的位置，不宜安装在阀门等阻力部件附近和水流流速死角或振动较大的位置。

（9）设备配线应符合下列要求。

①应根据设备及终端传感器安装位置做好线缆的走向、绑扎、防护规划。

②配线电缆和传感器线缆应整段敷设，中间不得有接头。

③各类传感器、变送器、探测器的信号输入接线应正确、可靠。

④电源端子配线正确，配线两端的标识齐全。

⑤不同型号、不同电压等级的电缆应分类布置，分别单独设槽、管敷设；在同一线槽内宜用隔板隔开。

⑥信号电缆（线）与电力电缆（线）交叉敷设时宜成直角，平行敷设时其间距应符合设计要求。

⑦监控设备的各种接地线方式应符合设计要求，并连接牢固、接触良好。

⑧各类缆线保护线槽和线管安装美观、不松动。

(10)设备加电调试应符合下列要求。

①设备加电测试前确认设备带电部分与金属外壳间的绝缘电阻应大于 5 MΩ;配线的芯线间和芯线对地的绝缘电阻应大于 1 MΩ;开关处在"断开"位置,柜内板件无松动,柜内清洁,无施工残留线头及焊渣等异物。

②监控设备的接地电阻不得大于 4 Ω。

③网络接口模块的通信协议、数据传输格式、速率应符合设计要求。

④加电过程中密切关注是否有异味、冒烟、打火等异常情况,及时排除故障。

⑤系统监控软件应能准确可靠运行。

(11)系统调试应符合下列要求。

①系统应对通风与空调系统进行温度、湿度及新风量自动控制、自动启停、节能优化控制等控制功能的检测,着重检测系统测控点(温度、相对湿度、压差与压力等)与被控设备(风机、风机盘管、电动风阀等)的控制稳定性、响应时间及控制效果,同时应检测设备控制和故障报警的正确性。

②系统应对低压配电系统的电气参数和电气设备工作状态进行监测,对电压、电流、有无功率、功率因数、用电量等各项参数进行检查,同时对报警信号进行验证。

③系统应对公共照明设备进行监控,设置程序控制灯组的开关,检测时应检查控制动作的正确性,同时应检查其手动开关功能。

④系统应对给水系统、排水系统进行液位、压力等参数的检测,对水泵运行状态进行监控,检测时可通过工作站参数设置或人为改变现场测控点状态来监视设备的运行状态,包括自动调节水泵转速、投运水泵切换及故障状态报警和保护等项,检测其是否满足设计要求。

⑤系统应对冷水机组、冷冻冷却水系统进行系统负荷调节、预定时间表自动启停和节能优化控制,检测时可通过工作站对冷水机组、冷冻冷却水系统设备控制和运行参数、状态、故障等的监视、记录及报警情况进行检查,并检查设备运行的联动情况。

⑥系统应对垂直电梯及自动扶梯系统进行监控,检测时可通过工作站对电梯系统的运行状态与故障进行监视和控制,并与电梯系统的实际工作情况进行核实。

⑦使用笔记本电脑或现场检测器,在监控模块与现场被控设备之间以手动控制方式,按本系统监控点设计要求,对数字量输入、输出和模拟量输入、输出进行测试,并将测试数据记录收集整理。

3.6 自动售检票系统施工技术

3.6.1 施工组织

自动售检票系统施工以地铁车站为单位,工程施工分为管线槽埋设、配合隐蔽、设备安装三个阶段组织。第一阶段和第三阶段工作量大,可采用多点平行施工方法,通过对作业班技工、施工机械的动态管理,及时调整、优化资源配置,按照施工需求调整资源总数,调整班组、人员分工,以保证施工均衡有序。第二阶段的重点是采用集中安装、逐站推进的施工方法,随时对管线槽进行清理、密封,预留各出线盒、过线盒、活盖板。

3.6.2 施工方法与注意事项

1. 管槽埋设

(1)施工方法与程序。

①现场调查。施工前的施工调查应做好施工图纸和现场实际位置的核对,确认是否有现场土建或车站装修情况与图纸不符合而影响本系统安装的问题;土建楼层结构水平板面标高的正负高差是否影响管槽的敷设;与公共区墙面装修的龙骨架是否有冲突等。

另外,车站垫层的高度关系到暗埋的管槽是否能完全隐蔽,对不能完全隐蔽的管槽应及早协商解决;检查装修单位在墙面及柱子上是否已经标明轴线、轴中心线等,便于以后管槽定位。

②定位放线。在车站公共区垫层施工的前一周左右,及时将场地清理干净,运送管槽进场,按已明确的设计位置定位放线。

③敷设、固定管槽。自动售检票系统暗埋的线槽材料采用不锈钢材料,其连接的工艺要求比较高,焊接工艺采用氩弧焊,因此进场前应向车站地盘管理单位办理相应的动火令,做好焊接部位加涂防水漆等相应的防火措施。槽道焊接完成后,进行槽道定位前,用铺层细砂将敷设槽道的地面找平,而分向盒口及预留的闸机口,其盒盖与盒之间加上一个密封的橡胶(三元乙丙)垫圈,垫层不覆盖分向盒及预留闸机口,然后铺上细砂,将大理石开活口,便于穿线、维修等。

暗埋的钢管因采用镀锌的厚壁管,管与不锈钢槽连接工艺采用焊接,不焊接的连接部位做好电气连接,考虑暗埋地下的腐蚀性,连接地线采用直径为10 mm的镀锌圆钢,所有焊接口加涂防腐蚀的油漆。

管槽按照施工设计图纸定位后,经过相关的专业技术人员及监理单位复核后,采用U型卡直接固定于地面上。

④清洁、密封。管槽固定完毕后,清理干净所有盒口及出线口,进行密封。所有分向盒及预留闸机口做好保护,如闸机、售票机及验票机的出线口烟囱是露出装修完成面的,用一个锥形的厚木楔堵住出线口,并用略大的铁盖盖住出线口烟囱,旁边应有标记标明,便于其他施工单位的施工人员共同注意保护。

⑤检查确认后隐蔽。安装完毕后,经业主、监理、专业负责人检查合格后,签认隐蔽工程的检查表,并留存一份于装修单位。

⑥隐蔽配合。在装修单位垫层施工时,派专人跟踪配合。完成隐蔽后,在所有的分向盒、闸机预留口及出线口烟囱处,做好成品保护标记。

(2)施工注意事项

①防水。自动售检票管槽安装首先考虑的问题就是防水,因此对使用材料的工艺要求也越来越高。不锈钢槽道成为首选材料,在焊接不锈钢槽道时,一般采用氩弧焊,焊完后必须进行试水试验。

②接地。由于管槽是暗埋垫层内,其接地必须使用钢筋焊接,将槽道连接成一个整体,接入车控室内的接地端子。

③线槽防护。对钢管、槽、盒的连接部分,钢管、槽、盒本身进行防水密封处理,向上的出线口采用防水带、防水胶进行密封,并在附近标志成品保护。

2.缆线敷设与设备安装

(1)施工方法与程序。

①缆线布放。当车站装修基本成型且票亭已安装完毕后,进行缆线布放。缆线布放前,对管槽进行清理,复查是否有杂物或水等,确保槽道畅通。缆线穿放时做好相关防护,严禁生拉硬拽损坏缆线。敷设到位后各出线口按设计和设备安装要求做好预留。

②安装位置复核。设备安装的定位在管槽的暗埋中已经完成,复查主要报设备离墙距离、设备间的距离、设备的水平直线问题等,确保设备安装固定后满足设计和使用要求。

③模板定位打孔。为了保证设备安装效果(在一条直线上)和合理的设备间

距,首先定位设备直线,在这条直线的基础上使用模板进行定位打孔。

④化学螺栓的固定。自动售检票系统的现场设备是面向大众的,要求固定非常牢固,因此按设计要求采用化学螺栓固定。化学螺栓固定的关键是安装钻孔横平竖直,以及其深度控制适度。

⑤设备安装。在设备安装前,对穿放的电缆进行检查确认。设备运输到位后,各方首先进行开箱检查,车站外围现场设备如进出闸机、自动售验票机等的安装按供货商提供的代码,根据图纸对号入座,利用化学螺栓将设备固定牢固。

售票厅内的售票终端、旅客显示器、IC 卡读写器、售票机等在票房内按设计的要求位置摆放在工作台面上。通信、电源电缆由地面的引线孔、工作台走线孔连接至相应的设备安装位置。机房内电源、车站控制设备等按设计要求进行排列和安装。在车控室内施工时,由主控专业进行配合,明确位置、线缆布放路径,尽量做到少交叉,减小相互干扰。

设备固定完成后,对需要使用防水胶的设备进行防水处理。

主要设备安装工序如下。

a. 闸机、自动售票机、验票机的安装。利用供货商提供的模板在设备安装位置处打孔,将膨胀螺栓打在地下。将设备搬至安装位置,设备底座安装孔与膨胀螺栓对准,拧紧螺帽,固定设备。将通信电缆和电源电缆从设备的引线孔引至相应的安装端子。电缆端头的制作要按照设计的要求,通信电缆采用 RJ45 接头,电源电缆采用铜线环制作端头。端头的制作采用专用压接钳。将电缆配至设备的正确端子上,保证配线紧固牢靠。采用焊接方式配线时,所用烙铁功率应合适,做到焊点饱满、无假焊。

b. 售房售票机的安装。票房售票机包括售票终端、旅客显示器、IC 卡读写器、售票机等。在票房内,按设计要求的位置将设备摆放在工作台面上。将电缆由工作面的引线孔引至相应的新增设备安装位置。然后连接各设备的配线。

c. 车站计算机的安装。计算机主机、网络交换机、集线器安装在设计指定位置的机柜内。机柜按设计要求与方式予以固定。将所有设备的电缆引到集线器机柜;安装 SC 系统的配线,包括通信电缆、电源电缆。

⑥设备配线。按供货商提供的配线图和系统连接图连接所有设备,布放与相关系统的接口电缆。各线缆的端头按设计和供货商要求制作。配线连接完成后,及时进行检查确认。用万用表进行导通测量。在设备上线后,不对电缆设备进行绝缘电阻的测试,以防损坏设备的电路和接线端子。连接设备的地线。地线端头采用铜线鼻压接,在设备的接地端子处用螺栓加锯齿垫圈拧紧,保证设备

的接地可靠,接地电阻应符合设计要求。

⑦配合调试。安装完成,供货商确认安装质量后,向设备供电。车站现场设备的调试按供货商提供的单机调试程序,由工班技工和技术人员进行重复循环试验。配合供货商调试,并做好调试记录。

(2)施工注意事项。

①安装环境。自动售检票系统设备对环境条件的要求严格,在车站装修基本成型、大型安装物件基本安装完毕、车站内环境较好后,再进行施工。

②缆线预留。根据设计及设备的要求情况,合理预留缆线的长度,缆线的预留位置只能预留在设备中,不允许预留在槽道中。

③化学螺栓固定。化学螺栓的化学剂有一个凝固过程(10～15 min),这段时间内不能晃动螺杆。如果螺杆稍有倾斜,可以使用锤头轻轻捶打使之竖直。

④设备的维修空间。主要考虑靠近墙体的设备,设备后门的开启空间满足维护要求才能方便维修。

⑤配线架。从票厅的交换机至站厅的每台设备,其间的联系均是通过配线架,因此在配线架施工过程中,应注意网线制作 RJ45 水晶头时,一定用导通仪先测试一次;另外配线架施工的工艺必须保证整齐、标志清楚、配线准确无误。

3.7　屏蔽门系统施工技术

在城市轨道交通机电系统施工过程中,屏蔽门系统分为全封闭式屏蔽门和半封闭式屏蔽门两种。

因篇幅有限,下面仅介绍全封闭屏蔽门的施工。

3.7.1　工程简介

1. 工程概况

本标段屏蔽门系统工程项目为广州地铁 6 号线某站的屏蔽门系统设备、管线的安装、调试;该系统安装包括的门体设备、供电系统、驱动系统、控制系统、接地和绝缘等设备和材料,并负责屏蔽门系统设备运输、仓储保管、现场安装调整、调试、土建预埋件测量及整改以及各阶段安装、调试、验收等工作。

2. 工程范围

(1)屏蔽门系统工程项目包括两车站的管线的敷放,安装人员经培训后进行屏蔽门设备的安装,调试人员经培训后进行屏蔽门设备加电后的脱机测试,以及在调试阶段配合供货商调试工程师进行调试。

(2)屏蔽门工程项目包括屏蔽门/安全门系统设备运输、仓储保管、现场安装调整/调试、土建预埋件测量与整改以及各阶段安装、调试、验收等工作。

(3)所有屏蔽门系统应用的电缆电线、线槽、支架、管线等材料的安装敷设、穿墙开洞和孔洞防火封堵都在本工程范围内。

3. 系统工作条件

(1)自然环境条件。

广州地处亚热带地区,全年温度、湿度较高,屏蔽门设置在地下车站。

(2)工作环境条件。

屏蔽门安装在车站站台边缘,一侧为站台公共区、另一侧为隧道行车区,屏蔽门系统的供电设备、控制系统中央接口盘信号系统、综合监控系统的接口设备安装在屏蔽门设备室。

如表 3.5 所示的环境参数适用于正式开通运营后,设备在运输、安装阶段的设备房及站台公共区温度按 0~45 ℃,相对湿度按 100% 考虑。

表 3.5 环境参数

	轨道侧		站台侧	
	干球温度	相对湿度	干球温度	相对湿度
屏蔽门	0~45 ℃	≤100%	≤(27±1) ℃	95%
设备房	(27±1) ℃(短时 0~30 ℃),相对湿度 40%~65%			

3.7.2 施工原则与施工工艺

1. 施工原则

(1)门槛和顶箱一个站台按左侧和右侧两个工作面开展施工。每侧站台的门体的安装同时由站台中心向两端站台方向进行。

(2)脚手架采用轻便快速组合脚手架。轻便组合式脚手架主要作为工人的施工操作平台及系统调试时使用。

(3)液压升降机用于门体、门机等重型上部结构件的安装。

2. 施工工艺

(1)作业流程。

全封闭屏蔽门作业工序分为 15 个阶段:测量放线→底部支撑安装→顶部连接结构安装→立柱安装→门机梁安装→伸缩装置安装→内部电缆及线槽安装→后盖板安装→门楣安装→门槛安装→立柱包板安装→固定门安装→应急门、端门安装→滑动门安装→灯带安装。

重点施工环节为测量放线、底部支撑安装、顶部连接结构安装、立柱安装、伸缩装置安装、门体安装、检查测试及竣工验收(其中预埋件及预留孔洞安装由车站土建施工单位负责)。

(2)测量放线。

①基准的确定。

a.设计基准:设定 X 向沿站台纵向,Y 向垂直于站台方向,Z 向竖直向上方向(垂直于轨顶平面)。结构设计均以此为基准进行。

b.测量基准,由第三方测量单位以设计基准作为测量的基准,同时,为便于测量记录,设定轨道中心线、有效站台中心线、轨顶面的交点作为三维坐标系的原点。

X 轴沿轨道纵向,站在轨道中心线上面向站台侧,向右为正,向左为负。

Y 轴垂直于站台方向(与有效站台中心线重合),以接近站台方向为正,远离站台方向为负。

Z 轴垂直于轨顶平面,向上为正,向下为负。

②测量放线。

a.测量器具的准备。准备的测量工具有全站仪、经纬仪、水准仪、钢丝绳、钢卷尺、卡尺、墨斗器、刻刀等。

b.站台板面安装基准控制线的测量。因轨道中心线为不可见线,首先需要将其映射到站台板及站台边缘侧壁上,使其成为有形的线,且便于屏蔽门设备的安装。利月测量放线器做出两条沿站台纵向布置的线,作为屏蔽门下部支承及门槛安装、顶部与预埋件连接的钢结构安装的 Y 向及 Z 向的基准线。

c.门槛下部支承安装施工线的测定。

(3)底部支撑安装。

按照站台板上位置画线,从有效站台中心线开始往两边依次安装下支架,控制积累误差,每个下支架的位置均以有效站台中心线为基准进行复核。在下支架前将站台预留孔附近的区域打扫干净并平整,确保没有较大的石子以及固体颗粒,避免影响下支架与地面的接触。

(4)顶部连接结构安装。

①按照顶梁上位置画线,从有效站台中心线开始往两边依次安装顶部 L 形连接件。控制积累误差,每个连接件的位置以有效站台中心线为基准进行复核。

②对于末端单元,最边缘的连接件无预埋件进行安装,需要现场钻孔,使用 M12×125 的化学螺栓进行安装。

(5)立柱安装。

①立柱安装定位尺寸以轨顶及轨道中心线为基准。结合站台板 2‰ 的坡度,立柱安装应垂直站台板平面,使垂直站台板的偏差为 ±1 mm。用水平仪检查立柱钢板上表面 X 向及 Y 向两个方向的水平度,将立柱底部钢板调平,平面度 ±1 mm。

②立柱安装中重点环节为 4 个调节螺栓各有一个绝缘胶套,其作用是使立柱乃至整个门体与大地绝缘,防止门体打火烧坏。另外立柱基板的调水平,也是通过 4 个调节螺栓进行调节。

(6)门机梁安装。

①门机梁在安装时,每一个滑动门中心均须对齐门机梁中心。门机梁中心与滑动门中心线偏差为 ±2 mm。结合站台的坡度 2‰,门机梁与门机梁的间隙为 20 mm。

②在安装门机梁时,用垫片调节水平。同时垫片在 4 mm 以内,螺栓若无法拧紧,应更换短螺栓。

③装完门机梁之后重新确认立柱两个方向的垂直度,如果立柱有偏移,需要重新调整立柱,调整完毕后将门机梁紧固在立柱上、并将立柱垂直度、间距填入"立柱检查表"中。

(7)伸缩装置安装。

①控制积累误差,伸缩装置距离有效站台中心线的位置偏差控制在 ±1 mm。

②为了使固定前盖板易于调整安装,固定前盖板上部安装支架至轨道中心线的距离调整到 1803 mm(采用垫片调节)。

(8)内部电缆及线槽安装。

伸缩装置及盖板支撑件安装完后,先安装线槽,再铺电线、电缆。

(9)后盖板安装。

①对应的后盖板安装包括固定门后盖板、滑动门后盖板、应急门后盖板。固定门后盖板有 2 种不同的规格。末端门单元后盖板尺寸也和其他盖板不同。

②安装绝缘橡胶条:将绝缘橡胶条插入盖板上的铝型材槽里。

③安装绝缘橡胶条上部支架:将上部支架按尺寸对齐土建顶梁,画出固定孔的位置,然后用冲击钻钻孔用于安装 M8×40 的膨胀螺栓,固定上部支架后将绝缘橡胶条插入上部支架。

(10)门楣安装。

门楣分为滑动门楣及应急门楣,滑动门门楣与立柱之间的间隙用垫片调整,确保两边对称,门楣底部到门槛上表面距离与设计距离的误差控制在±1 m。门楣安装完后,安装对应的毛刷。

(11)门槛安装

①滑动门门槛两边距立柱的间隙尽量保持相等:大门槛与小门槛之间的间隙为(8±1) mm;小门槛的边缘至轨道中心线之间的距离为(1500±1) m。

②应急门门槛安装须注意门轴底座的方向、门轴底座中心和锁座中心到立柱的距离(图 3.26)。

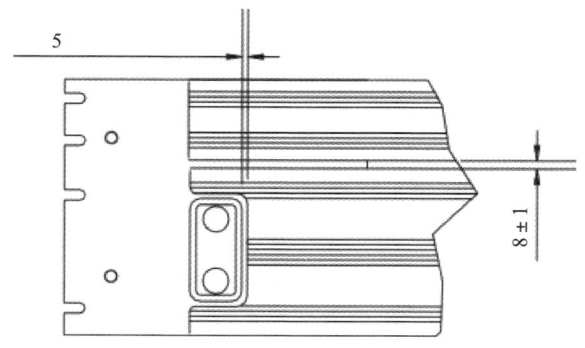

图 3.26 门轴底座中心和锁座中心到立柱的距离(单位:mm)

(12)立柱包板安装。

立柱包板分为滑动门左右立柱包板、应急门立柱包板、固定门立柱,安装时注意立柱包板的位置。安装立柱包板时,注意避免碰撞,以免变形而损坏。立柱包板插入立柱之后,用十字沉头螺钉 M4×15 拧紧固定。

(13)固定门安装。

固定门质量较大,搬运过程做好保护工作,防止将固定门底部直接与水泥地面接触,做好对底部安装支座的保护。

将固定门毛刷支架安装在固定门上部连接角钢上,并装上毛刷,然后将角钢安装在固定门立柱之间,连接角钢与立柱之间的间隙通过垫片调整。

①将固定门下部支撑座连接在下部支撑角钢上,然后将角钢安装在门槛上。

②将固定门小心抬起,固定门下部凸起对准门槛上的下部支撑座,然后放下固定门,将固定门下部固定在支撑座上,调整固定门左右离立柱包板的间隙,做到两边间隙相等,参考值为(6±1)mm,调整完毕后将固定门上部与上部连接角钢固定。

(14)应急门、端门安装。

①将应急门侧面及底面毛刷支架装好,毛刷先装上,然后调节应急门/端门上部连接支架矩形孔中心到玻璃边缘的距离为(82±1)mm,调整底部门轴到玻璃边缘的距离为(82±1)mm。

②调整应急门顶部门轴支架到立柱距离为(100±1)mm,然后将连接件固定好,将门槛上转轴调成与门槛平行,准备安装应急门。

③将上部门轴底座用垫片调整水平,并将上部连接件插入门轴连接件底部的矩形轴上。

④将应急门倾斜着抬起,应急门底边与门槛平行,底部门轴插销对齐底部门轴座,将门轴插入门轴座,慢慢将门竖起至垂直,将上部连接件卡入门框顶部的连接支架的矩形缺口内,并锁紧螺丝。

⑤测量应急门左右边缘到立柱包板和上下边缘到门楣及门槛之间的间隙为(6±1)mm,如不满足要求,须重新安装,根据现场尺寸调整应急门上下门轴到立柱的距离,直到应急门间隙满足要求为止。

⑥调整应急门门锁杆长度,在锁合状态能顺利通过门楣与门楣,上活动盖板无摩擦,然后进行开关门测试,使用应急门推杆以及钥匙都能够开关门,并且过程顺畅、无阻塞、无异响。

⑦将门锁模块安装在门楣上,按下面尺寸调整门锁模块,门锁模块底部比门楣底部低1~2 mm,可通过垫片调整,然后进行开关门测试。应急门能顺畅开关。

⑧将密封胶条支架安装在门楣上,然后将密封胶条安装在支架上,关闭应急门/端门,密封胶条要能良好地密封且不能影响到应急门/端门的正常关闭。

⑨将应急门/端门开门侧的密封胶条、门轴侧和底部的毛刷装好。

⑩将门锁止挡以及防撞橡胶安装好,一个门上固定2颗防撞螺丝,调整下面的防撞螺丝使应急门玻璃表面与应急门包板平齐,调整上面的防撞螺丝,使其与应急门解锁打板对齐,使应急门门锁能正常解锁。

(15)滑动门安装。

滑动门是屏蔽门系统主要的运动部件,其安装质量直接影响整个屏蔽门系统的可靠性与安全性,是质量的直观反映,所以滑动门的安装应认真、仔细。

①搬运和运输。

滑动门在出厂时,已经安装了导靴、防爬板、防撞胶条、密封胶条等配件。左滑动门还安装了手动解锁装置。

②滑动门对中心。

安装滑动门时,注意两扇滑动门要确保尺寸准确,调节方法如下。

a.调节滑动门顶部连接件。

b.调节门机梁行走支架左右位置。安装完后,记录每道门的尺寸至"滑动门对中心数据记录表"。

c.滑动门高度调节,滑动门底部与门槛的缝隙为(6±1) mm。在安装时,通过门机梁行走支架的连接孔位进行调节。滑动门需要上下调节时,松开连接螺栓,调节行走支架滑动门上下调整螺母来调节滑动门的高低,确保滑动门底部与门槛之间的缝隙为(6±1) mm。滑动门应两扇平行,确保两扇滑动门关山后,滑动门中间能密封,且无V形缝隙。调整完后,每扇滑动门测量两边位置的缝隙,并记录数据至"滑动门底部与门槛之间缝隙数据记录表"。

d.滑动门玻璃与立柱包板之间的缝隙调节,滑动门玻璃与立柱包板之间的缝隙非常重要,且与运营安全息息相关,根据技术要求,此缝隙不得大于6 mm,因此在安装时,务必保证该尺寸。主要靠门机梁行走支架的垂直滑动门运行方向的长孔来调节滑动门的前后倾斜,从而确保滑动门玻璃与立柱包板的缝隙。长孔的方向如图3.27所示。

调节后,记录每扇滑动门玻璃与立柱包板之间的缝隙。注意要记录在滑动门运行过程中的最大值,滑动门尺寸确认后,应检测滑动门的开门力/关门力,并记录至表中,要求小于67 N。

如不满足要求,需要做以下调节,并要求最终满足要求:检查门槛缝隙是否合适;检查滑动门打开或关闭过程中是否有其他阻力,如固定门毛刷安装支架、滑动门门楣等;检查门槛与门槛之间的接头是否有偏差。

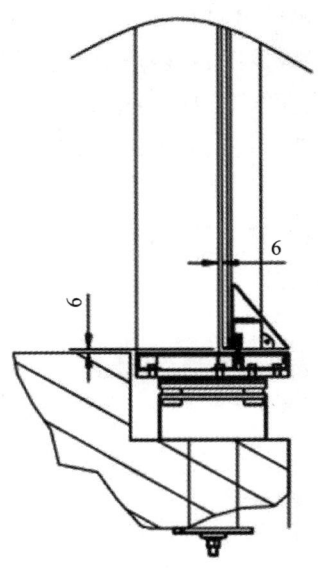

图 3.27 长孔的方向

锁定装置位置检查,调整滑动门锁销与滑动门锁板的间隙,高度方向上间隙不大于 0.5 mm,水平方向上间隙控制在 0.5~1 mm,调整 ERM 解锁板与滑动门锁板间隙为 1~2 mm。

为了确保门能够自动解锁或手动解锁,需要确认锁定销的位置是否满足要求,将检测结果记录至"解锁装置尺寸记录表"。

(16)灯带安装。

将日光灯底座安装在灯带底座中,日光灯底座位于灯带底座中央位置,两支相邻的日光灯管支座间隙为 5 mm。在灯带底座的相应位置用电动起子打孔,螺钉朝下安装,螺母在日光灯底座一侧,以防止螺杆刮伤日光灯电线。

第4章 城市轨道交通风水电与电梯系统设计

4.1 通风与空调系统设计

城市轨道交通的范围很广,主要包括地铁系统、轻轨系统、单轨系统、有轨电车、磁浮系统、自动导向轨道系统、市域快速轨道系统。这些系统线路有些分布在地下,有些分布在地面,还有些分布在高架上。当中,由于地下工程的特殊性,其车站通风与空调系统的稳定、安全、高效运行就显得尤其重要,下面将讨论地下轨道交通的通风与空调系统设计。

4.1.1 地铁通风与空调系统组成及分类

从地下轨道交通开通运营以来,车站内部与隧道内的空气质量与环境一直是设计师们关注的焦点。早期的设计师们仅通过通风口和运行时产生的活塞风来提供新鲜空气,但随着客流量越来越大,单一的活塞效应不再适用于现在的地下轨道交通,设计师们开始利用机械通风来满足通风要求。随着人们对生活要求的提高,地下轨道交通被要求提高行驶速度,增加客运量,缩短列车之间的距离,人们对乘车过程中的满意度也相应提高,冬暖夏凉是地下轨道交通必需的条件,空调的引入满足了人们对乘车环境的要求,但是也直接导致了地下轨道交通运行时产生的热量直线上升。如今新建的地下车站通风与空调系统在考虑活塞风的同时也会设置机械通风设施,满足地下轨道交通运行条件并改善乘客的乘车体验感。

现在的地下轨道交通通风与空调已经成为地下轨道交通建设中不可或缺的一部分,其主要作用有以下几点。

(1)由于地下轨道交通处于地下、空气不流通,在地下轨道交通日常工作时,通风与空调系统需要保证地下空间的环境保持在规定的标准范围内。

(2)当列车在隧道内紧急停车或者发生状况时,要通过通风与空调系统对隧道内进行有效通风，保证隧道内的空气不会造成人员伤害。

（3）一旦发生火灾时，无论是区间隧道还是车站内的通风与空调系统都应保障室内通风正常并排出烟雾，保证当时的空气流通与人员安全。

1. 地下轨道交通通风与空调系统组成

地下轨道交通通风与空调系统也称环境控制系统，其组成如图4.1所示。

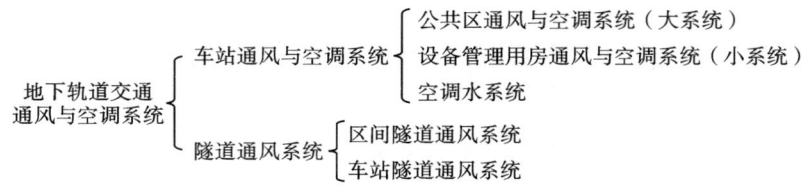

图4.1 地下轨道交通通风与空调系统组成

大系统的主要作用是在车站日常运转时为乘客提供健康舒适的环境，一旦发生火灾，便可作为通风系统，联合隧道通风系统快速排烟保障室内环境。小系统主要是为设备间的管理人员和设备运行保障提供良好的条件，一旦出现火灾，能够保证及时排出烟雾或隔离发生火灾区域，使其不会影响公共区。空调水系统主要为不同系统的空调设备在夏季提供足够的冷冻水，保证系统正常工作，供水量大小可以根据不同时段的系统负荷变化进行自动调节。隧道通风系统主要是在地下轨道交通正常运行时排出隧道内产生的余热余湿，同时用于调节隧道内的压力大小，使其满足设计要求；发生故障时向隧道内提供足够的通风量，在保障乘客人身安全的同时，控制隧道内的温度处于正常区间内，以维持空调器的正常运行。

2. 地下轨道交通通风与空调系统分类

地下轨道交通通风与空调系统主要有以下三种，不同地区采用的通风与空调系统不同。

（1）开式系统。

开式系统是指地下车站区域与隧道不完全隔离，设置机械设备或通过活塞风将空气输送到外界环境中并获取新鲜空气，再利用新鲜空气与隧道内空气的温度差来抵消地下轨道交通运行时产生的热量，使隧道内温度得以稳定。可以分为没有空调和有空调两种。没有空调的系统是利用地下轨道交通运行时隧道内气流产生的活塞风或设置通风竖井连接隧道与外界，使两者之间能够进行热交换,以此来达到通风的目的,这种系统一般适用于客流量少且全年温度都不高的地区,以较低温度与客流量来保证地下轨道交通内的环境质量达到要求。

带空调与不带空调的系统相同的是同样设置通风井,不同的是加入了空调系统进行调节,在地下轨道交通正常运行过程中,风井中的风门一般是完全打开状态,可以通过风门与外界进行热交换,一旦车站发生火灾或其他事故,风门就会切换隧道通风模式,进行排烟通风。

(2)闭式系统。

车站内部环境与外界大气完全隔绝的系统称为闭式系统,原始的闭式系统可以通过车站的通风井转换不同模式,相较于开式系统更为灵活;新式的闭式系统通过站台门的设置使隧道与车站内并不完全隔绝,大多通过回排风机交换车站内部与外界的空气,使站内的环境满足设计标准。闭式系统多用于高温城市内的大型车站,当车站内的焓值与空调设定的送风焓值差大于0时,全新风送风;反之,采用自然通风的方式。对于区间隧道而言,可通过列车运行时产生的气流风与室外空气的温度差来平衡隧道内的热能。

(3)屏蔽门式系统。

屏蔽门可以使区间隧道与公共区隔离开,降低列车运行时产生的噪声以及隧道内环境对车站内人员的影响,同时也保障了乘客们在候车期间的安全,防止掉落站台,只有在列车进站屏蔽门开启的时候,区间隧道和公共区之间才会产生联系,两者分别采用通风竖井与空调系统来平衡各自区间内的温度,互不干扰,独立工作。与非屏蔽门系统相比,屏蔽门系统的隧道温度对公共区温度的影响很小,可以降低车站内的负荷,减小空调系统的运行能耗,但是相应隧道内的热量无法扩散到车站内,就会使隧道内的温度升高,加大了隧道风机的运行能耗。对比不设置屏蔽门的情况,设置屏蔽门后能耗大幅度降低,避免了车站内通风与空调系统因为平衡区间隧道的热量而产生不必要的浪费。综合而言,屏蔽门系统因为其安全性、能耗低、提高车站环境水平等方面的优点,广泛应用于现在的地下轨道交通建设中。

4.1.2　设计原则与设计标准

下面以南昌地铁为例,对城市轨道交通通风与空调系统进行研究。

1. 设计原则

(1)地下车站与区间设计原则。

①按远期预测客流量进行设计。

②满足地铁系统以下各种运行工况对通风与空调系统的功能要求。

a.正常运行时,应能提供一定新风量,并根据需要排除余热和余湿、降低空气含尘量、控制二氧化碳浓度,使得地铁系统内(车站、区间隧道和附属建筑设施)的空气温度、湿度、气流速度、压力及空气质量等在合理范围内。

b.阻塞运行工况:列车阻塞在区间隧道时,对该区间隧道进行机械通风,提供列车空调系统运行所需的空气冷却能力,以维持列车内乘客可以接受的热环境。

c.火灾运行工况:地铁系统内发生火灾时,根据火灾发生的具体情况,采取有效的排烟措施,诱导乘客安全撤离火灾区域、协助消防人员进行灭火工作。

③一条线路、一座换乘车站及其相邻区间的防火设计按同一时间发生一次火灾计。

④设备、管理用房:根据工艺要求,提供空调或通风换气,满足管理人员舒适性及工艺要求。

⑤地面附属建筑(停车场等)根据工艺要求,提供空调或通风换气。

⑥轨道交通通风与空调设计应符合国家能源政策,宜充分利用自然冷源,系统设计和设备选型及运行控制应采取节能措施。

⑦大型换乘车站通风、空调及防排烟宜统筹设计。

⑧通风与空调设计兼顾环境保护和节能。在确保功能前提下,设备选型应以安全可靠、技术先进、经济合理为原则,设备国产化,并综合比较、择优选择。

(2)高架车站设计原则。

①公共区原则上采用自然通风进行换气,自然通风达不到要求的情况下设置空调系统。

②设备管理用房:根据工艺及人员舒适性要求提供通风、空调。

③火灾工况时,宜通过开启外窗自然排烟,必要时可设机械通风/排烟系统。

(3)车辆基地生产、生活用房设计原则。

①生产、生活用房:根据生产工艺及人员舒适性要求提供通风、空调。

②火灾工况时,宜通过开启外窗自然排烟,必要时可设机械通风/排烟系统。

2. 设计标准

(1)地下车站与区间。

①室外空气计算参数。

地理纬度:北纬 28°36′。

大气压力:冬季 1019.5 hPa;夏季 999.5 hPa。

夏季空调室外空气计算干球温度:34.0 ℃(地下车站公共区晚高峰)。

夏季空调室外空气计算湿球温度:27.3 ℃(地下车站公共区晚高峰)。

夏季空调室外空气计算干球温度:35.5 ℃(设备、管理用房)。

夏季空调室外空气计算湿球温度:28.2 ℃(设备、管理用房)。

夏季通风室外空气计算温度:32.7 ℃。

冬季通风室外空气计算温度:5.3 ℃。

注:设备、管理用房含地下车站、停车场、控制中心。

②地铁内部设计参数。

站厅夏季空调计算参数:干球温度≤30 ℃,相对湿度40%～70%。

站台夏季空调计算参数:干球温度≤28 ℃,相对湿度40%～70%。

冬季车站空气温度:12.0～17.0 ℃。

区间隧道通风计算参数:正常运行工况,夏季最高平均温度≤40 ℃;阻塞运行工况,列车周围空气温度≤40 ℃;阻塞运行工况,列车顶部最不利点温度≤45 ℃。

车站设备管理及办公用房设计参数按具体工艺要求确定或参照表4.1。

表4.1 车站设备及管理用房计算温度与换气次数

序号	房间名称	冬季 计算温度/℃	夏季 计算温度/℃	夏季 相对湿度/(%)	小时换气次数 进风	小时换气次数 排风
1	站长室、站务室、值班室、休息室	18	27	<65	6	6
2	车站控制室、控制室、广播室	18	27	40～60	6	5
3	售票室、票务室	18	27	40～60	6	5
4	车票分类/编码室、自动售检票机房	16	27	40～60	6	6
5	通信设备室、通信电源室、信号设备室、信号电源室、综合监控设备室	16	27	40～60	6	5
6	降压变电所、牵引降压混合变电所	—	36	—	按排除余热计算风量	

续表

序号	房间名称	冬季 计算温度/℃	夏季 计算温度/℃	夏季 相对湿度/(%)	小时换气次数 进风	小时换气次数 排风
7	配电室、机械室	16	36	—	4	4
8	更衣室、修理间、清扫员室	18	27	<65	6	6
9	公共安全室、会议交接班室	18	27	<65	6	6
10	蓄电池室	16	30	—	6	6
11	茶水室	—	—	—	—	10
12	盥洗室、车站用品间	—	—	—	4	4
13	清扫工具间、气瓶室、储藏室	—	—	—	—	4
14	污水泵房、废水泵房、消防泵房	5	—	—	—	4
15	通风与空调机房、冷冻机房	—	—	—	6	6
16	折返线维修用房	12	30	—	—	6
17	厕所	>5	—	—	—	排风

注:厕所排风量每坑位按 100 m³/h 计算,且每小时换气次数不宜小于 20 次。

③新风量标准。

车站公共区空调季节乘客新风量不应少于 20 m³/(人·h),客流量取早、晚高峰最大值,总新风量不少于空调送风量的 15%。

车站公共区空调季节全新风运行或非空调季节全通风:每个计算人员按 12.6 m³/h,且每小时换气次数大于 5 次。

设备、管理及办公用房每人新风量不应小于 30 m³/h,且空调系统新风量不应少于总风量的 10%。换气次数参照表 4.1。

区间隧道内每个乘客每小时需供应的新风量应不小于 12.6 m³,换气次数不应少于 3 次/h。

④地下车站空气质量标准。

地下车站公共区二氧化碳浓度应小于 1.5‰,可吸入颗粒物的日平均浓度应小于 0.25 mg/m³。

管理用房和其他设备用房空气中二氧化碳日平均浓度应小于 1.0‰,空气中可吸入颗粒物的日平均浓度应小于 0.25 mg/m³。

地下区间隧道:高峰小时二氧化碳浓度应小于 1.5‰。

⑤防排烟标准。

a.地铁的下列部位应设机械防、排烟系统:封闭楼梯间、防烟楼梯间和前室;地下车站的站厅和站台;连续长度大于 300 m 的区间隧道和全封闭车道;同一防火分区内的地下车站设备与管理用房总面积超过 200 m²,或面积超过 50 m² 且经常有人停留的单个房间;最远点到车站公共区的直线距离超过 20 m 的内走道和连续长度大于 60 m 的地下通道、出入口通道。

b.主要标准。

该线线路、换乘车站及相邻区间按同一时间发生一次火灾考虑。

地下区间两相邻风井间以及峒口与邻近风井间火灾时,仅按滞留一列车设计。

地铁列车火灾规模按 5 MW 计,安全系数取 1.5。区间隧道火灾时,按单洞区间隧道断面的排烟流速不小于 2 m/s,且高于计算的临界风速,但排烟流速不得大于 11 m/s。

地下车站站厅、站台公共区和设备及管理用房应划分防烟分区,且防烟分区不应跨越防火分区。站厅、站台公共区每个防烟分区的建筑面积不应超过 2000 m²,设备及管理用房每个防烟分区的建筑面积不应超过 750 m²。地下车站站台、站厅火灾时的排烟量,应根据一个防烟分区的建筑面积按 1 m³/(m² · min)计算。当排烟风机的风量应按所负担的防烟分区中最大的一个防烟分区的排烟量、风管(道)的漏风量及其他防烟分区的排烟口或排烟阀的漏风量之和计算。当车站站台发生火灾时,应保证站厅到站台的楼梯和扶梯口处具有能够有效组织烟气向上蔓延的气流,且向下蔓延的气流速度不应小于 1.5 m/s。在楼梯扶口及超过 60 m 的通道口均应设置挡烟垂壁。

地下车站的设备与管理用房、内走道、长通道和出入口通道等,其排烟量应根据一个防烟分区的建筑面积按 1 m³/(m² · min)计算,排烟区域的补风量不应小于排烟量的 50%。当排烟设备负担两个或两个以上防烟分区时,其设备能力应根据最大防烟分区的建筑面积按 2 m³/(m² · min)计算的排烟量配置。设备最小排烟量不应小于 7200 m³/h。

区间隧道与地下车站的排烟风机耐高温要求为保证在 250 ℃时能连续有效工作 1.0 h;地面设备与管理用房排烟风机耐高温要求为保证在 280 ℃时能连续

有效工作 0.5 h。烟气流经的风阀及消声器等辅助设备应与风机具有相同耐高温等级。

采用自然排烟的区域,排烟口应设置的上部,其可开启的有效排烟面积不应小于该场所建筑面积的 2%。

防烟分区内的排烟口距最远点的水平距离不应超过 30 m。

车站走道、通风与空调机房设置排烟设施时,应采取补风措施,补风量为排烟量 50%。

在车站发生火灾时,车站控制室对周边区域保持正压,正压值为 25～50 Pa。

防烟防火阀和排烟防火阀的设置标准应符合相关消防规范要求。防火系列阀门只用作防火隔断,不用作风量调节。

⑥压力设计标准。

当压力变化绝对值>700 Pa 时,压力变化率必须<410 Pa/s。

⑦风速设计标准。

送风风口:$V=2～4$ m/s。

回风风口:$V \leqslant 4$ m/s。

风亭进、出风口:$V \leqslant 4$ m/s(百叶有效面积按 70% 计算)。

钢制风管:$V=6～10$ m/s。

建筑风道:$V \leqslant 6$ m/s。

消声器片间:$V \leqslant 12$ m/s。

区间隧道通风排烟:2 m/s$\leqslant V < 11$ m/s。

钢制风管排烟:$V \leqslant 20$ m/s。

建筑风道排烟:$V \leqslant 15$ m/s。

排烟风口:$V \leqslant 7$ m/s。

机械加压送风口:$V \leqslant 7$ m/s;

活塞风道和活塞风井净面积及所含的风阀净面积:双活塞风井系统不得小于 16 m^2,单活塞风井系统不得小于 20 m^2,活塞风道长度原则上不宜超过 40 m,弯头不宜超过 3 个。

⑧噪声标准。

通风与空调设备传到站厅、站台公共区的噪声$\leqslant 70$ dB(A)。

通风与空调设备传到设备、管理及办公用房的噪声$\leqslant 60$ dB(A)。

通风与空调机房的噪声$\leqslant 90$ dB(A)。

通风与空调设备传至地面风亭的噪声应符合《声环境质量标准》(GB 3096—2008)及环评报告相关要求。

⑨风亭设置标准。

当采用侧面开设风口的风亭时,风口的底部距室外地坪,不宜低于 2 m,布置在绿化带时,不宜低于 1 m,并防水淹。多个风亭组合建造时在高度方向或水平距离上应尽量错开。若新风亭与排风亭或活塞风亭位于同一高度,则新风亭与其他风亭直线距离≥10 m;当直线距离不足 10 m 时,排风亭或活塞风亭下沿应高于新风亭口部上沿≥5 m,并尽可能错开口部方向,避免二次污染。

若排风亭与其他建筑物(含地铁出入口)结合在一起,则风亭口部距建筑物门、窗或其他送、排风口等直线距离均≥10 m,以免污染其他建筑物内环境或交叉污染。

敞口排风井和无盖出入口之间的水平距离应≥10 m。

新风亭、活塞风亭应设在空气洁净的地方,并背离交通干线,避免汽车尾气影响;周围禁止设置垃圾收集站,附近应避免设置公共厕所,并禁止排放有毒有害气体、恶臭气体以及超过污染物排放标准的烟尘、粉尘等,确保地下区间内空气质量。

当采用敞口低风井形式时,风井距其他设施的距离应满足:敞口低风井四周需有绿篱≥3 m;排风井－新风井≥10 m;活塞风井－活塞风井≥5 m;活塞风井－排风井≥5 m;活塞风井－新风井≥10 m;排风井－出入口≥10 m;活塞风井－出入口≥10 m。

(2)高架车站。

①室外空气计算参数。

夏季空调室外空气计算干球温度:35.5 ℃。

夏季空调室外空气计算湿球温度:28.2 ℃。

夏季通风室外空气计算干球温度:32.7 ℃。

冬季采暖室外空气计算干球温度:5.3 ℃。

②室内空气计算参数。

高架车站:当站厅采用通风系统时,站厅内的夏季空气计算温度不应超过室外计算温度 3 ℃,且最高不应超过 35 ℃。

③车站设备管理及办公用房设计参数按具体工艺要求确定。

(3)车辆基地生产、生活用房设计原则。

①通风与空调系统应为工艺设备提供合适的温度、湿度、空气含尘浓度条件,同时能为车辆段的工作人员提供较舒适的工作环境;火灾时通风与空调系统应能迅速排除烟气,保障工作人员安全疏散。

②对于车辆段检修库等,首先应考虑利用侧墙开窗,采取自然通风方式通风。如果自然通风达不到要求,应设机械通风(全机械通风或局部机械通风)。库内空气环境条件应满足《工业企业设计卫生标准》(GBZ 1—2010)和《民用建筑供暖通风与空气调节设计规范》(GB 50736—2012)。

③当检修库等内发生火灾时,宜通过外墙侧窗采用自然排烟方式。如果自然排烟达不到要求,应设置机械排烟系统。

④通风与空调系统设计时宜将工艺设备用房和办公管理用房分开设置。

⑤通风与空调系统采用运行安全、技术先进、可靠性高、节省空间、便于安装和维护、高效节能且自身自动控制程度高的设备,同时设备的国产化率应满足国家相关规定的要求。

4.1.3 系统组成与主要设计方案

1. 系统组成和主要功能

(1)地下站。

地下通风与空调系统包括隧道通风系统(含防排烟系统)和车站通风与空调系统(含防排烟系统)。设站台门的隧道通风系统分为区间隧道通风系统和车站隧道通风系统两部分。车站通风与空调系统分为车站公共区通风与空调系统(含防排烟系统,简称车站大系统)、车站设备管理用房通风与空调系统(含防排烟系统,简称车站小系统)和空调水系统(含备用冷源多联机系统)。

①隧道通风系统。

列车正常运营时应能排除隧道内的余热余湿,确保隧道内远期高峰小时区段最高温度≤40 ℃。

列车阻塞时应能向阻塞区间提供一定的通风量,控制隧道温度以满足列车空调器仍能正常运行的要求。送风量保证断面风速不小于 2 m/s,并按控制列车顶部最不利点隧道温度低于 45 ℃。

列车火灾时应能及时排除烟气和控制烟气流向,诱导乘客安全撤离火灾区域。

②车站大系统。

车站大系统在正常运营时为乘客提供过渡性的舒适环境。

当车站公共区发生火灾时,车站大系统应能迅速排除烟气和控制烟气流向,诱导乘客安全疏散。

③车站小系统。

正常运营时,车站小系统应能为地铁工作人员提供舒适的工作环境及满足设备良好的运行环境条件。

当车站管理、设备用房区发生火灾时,车站小系统应能排除烟气或隔断火源、烟气。

④空调水系统。

空调水系统应能为车站大、小系统提供冷冻水,满足空调制冷冷源的要求,满足系统运行、调节要求。

(2)高架站。

①车站大系统。

车站大系统在正常运营时为乘客提供过渡性的舒适环境。

当车站公共区发生火灾时,车站大系统应能迅速排除烟气和控制烟气流向,诱导乘客安全疏散。

②车站小系统。

正常运营时,车站小系统应能为地铁工作人员提供舒适的工作环境及满足设备良好的运行环境条件。

当车站管理、设备用房区发生火灾时,车站小系统应能排除烟气或隔断火源、烟气。

(3)车辆基地生产、生活用房。

对温度、湿度、空气含尘浓度有较高要求的工艺设备用房的环控系统归为工艺设备用房通风与空调系统。

对需要设舒适性空调的管理用房的环控系统归为舒适性通风与空调系统。

对不需设空调的管理设备用房,自然通风能达到要求的采用自然通风,自然通风达不到要求的设机械通风,这类归为管理设备用房通风系统。

对车辆段检查库和检修主厂房等,自然通风能达到要求的采用自然通风,自然通风达不到要求的设机械通风,这类归为高大厂房通风系统。

2. 主要设计方案

(1) 隧道通风系统。

① 系统配置原则。

a. 车站隧道通风系统配置原则。

根据南昌地铁车站有效站台长度 120 m,初、近、远期列车为六节编组 B 型车的特点,车站隧道通风系统有以下配置原则:车站隧道通风系统一般在车站两端均设置,各负责半个车站隧道的排热/排烟功能;每个车站隧道通风系统一般由两台耐温 250 ℃连续运转 1 h 的轨排风机、电动风阀、消声器、防火阀、轨顶及站台下的防火排风口组成;车站隧道通风系统的风机也可与区间隧道风机单独设置。

轨顶及站台下排风口的设置数量及位置,应根据列车停站时其车顶空调冷凝器和车底电机及刹车制动装置散热部分对应于站台长度方向的位置来确定,保证最短的排热路径,实现最高的排热效率。

b. 区间隧道通风系统配置原则。

根据南昌地铁区间隧道长度较短,区间平均长度小于 2 km 的特点,区间隧道通风系统有以下配置原则:区间隧道通风系统一般设置在车站两端,实现上、下行线区间隧道的活塞通风、机械通风、机械防排烟功能;每端区间隧道通风系统一般由两台既可互为备用或并联运转,也可单独运转的分别服务于上、下行线的耐高温连续运转的风机、电动风阀、消声器、防火阀、活塞风道、活塞风井组成;区间隧道通风系统的风机也可与车站隧道风机合用,但要求通过合理设置风阀来分别实现对区间隧道和车站隧道服务。

活塞风道、活塞风井的设置应满足以下要求:当根据全线模拟计算,车站每条隧道可设置一条活塞风道时,应在列车出站端设置,进站端的设置则应根据车站的建筑形式和施工工法以及是否设有配线统一考虑;为保证活塞效应,应尽量减少活塞风道的长度(由线路中心线至活塞风井边缘的直线距离),且活塞风道的转弯数量不应大于 3 个;活塞风道的宽高比应≤4∶1;活塞风道、活塞风井应尽量避免直接从配线道岔正上方直出地面,对于无配线车站(通常仅在出站端设置),应尽量靠近有效站台布置,以降低列车运行时通过活塞风井传播至地面的峰值噪声。对于长区间隧道,根据行车组织的运行情况,按防灾要求必要时应在隧道中部设置中间风井及风机房,以满足列车正常、阻塞和火灾运行模式要求。

②车站隧道通风系统方案。

南昌地铁有效站台长度为120 m,对车站隧道排风系统采用单端排风还是采用双端排风,可参考表4.2。

表4.2 车站隧道排风方式比较

序号	排风形式	车站隧道排风量/(m³/s)	控制混凝土风道断面风速/(m/s)	轨顶排风道净面积/m²	轨底排风道净面积/m²	风机全压/Pa	运行电耗/万元	
							单设排热风机	隧道风机变频作排热风机
1	单端排风	80	12	2.00	1.33	1100	49.76	62.10
2	单端排风	80	8	3.00	2.00	750	33.92	42.34
3	单端排风	80	6	4.00	2.67	650	29.40	36.70
4	双端排风	80	6	2.00	1.33	600	27.14	33.87

从表4.2中可以看出,在相同的土建风道控制风速下,单端排风道的净面积是双端排风的两倍,且运行费用较高。对于采用双端排风方案,虽然隧道风机变频兼作排热风机的方案较单设排热风机的年运行费用高,但是取消车站隧道排风机就减少了土建及机电系统的设备初投资。

车站隧道排风系统推荐采用双端排风。

③区间隧道通风系统。

区间隧道通风系统的形式概括为两类:双活塞系统、单活塞系统。

a.双活塞系统形式。

车站的两端对应每条隧道各设置一个活塞风井,即车站一端有2个活塞风井,因此称为双活塞系统。1座车站共有4个活塞风井。

b.单活塞系统形式。

车站的两端只在对应出站端的隧道设置一个活塞风井,即车站一端只有1个活塞风井,因此称为单活塞系统。1座车站共有2个活塞风井。

c.在站间距较小、且地面风亭设置用地特别困难的情况下,南昌地铁部分车站可设置单活塞系统,其他车站采用双活塞系统。

区间隧道推荐采用以双活塞系统形式为主、单活塞系统形式为辅的隧道通风系统。

④配线车站隧道通风系统的设置。

对于单渡线和交叉渡线,由于配线长度不是很长,一般隧道通风系统无论是放置在配线后还是配线前都能满足防灾要求。对于带有存车线之类的车站,当隧道通风系统设置在配线后时,系统设备距车站有效站台端部通常超过一列列车长度,配线上方不设置排烟设施时难以满足防灾要求,通常在配线上方设置土建排烟风道对配线区间进行横向排烟,此时配线区间排烟效果较好。

当车站附近没有条件设置风亭,或为加强物业开发与公共区的联系而将物业设置在配线上方时,可采用隧道通风系统设置在配线后的形式。这种形式隧道通风系统设备放在距车站有效站台端部距离超过一列列车长度,不满足防灾要求,配线上方需设置排烟风道对配线区间进行横向排烟。这种形式配线区间排烟效果好,土建在隧道顶部做排烟风道。对于车站附近没有条件出风亭的车站或配线上方有物业开发的情况,为加强开发区域与公共区的联系,应将设备房移至车站端头。

(2)公共区通风与空调系统(大系统)。

①高架车站。

高架车站公共区一般为敞开式设计,采用自然通风、排烟的系统。可满足地铁相关设计规范要求,即最高温度不超过35 ℃;同时有利于减少车站规模、简化机电系统、降低建设成本与运营费用。对于空间封闭的封闭式站厅则采用空调系统,同时按建筑设计防火规范设置机械排烟系统。站台两端与室外相通,且在列车运行的活塞风的作用下,站内空间空气一直与室外空气也存在一定的对流,站台采用自然通风排烟。站厅层票务室及站台层空调候车室等设置空调系统。

但随着客流的增加、室外温度的升高,仅利用自然通风消除余热余湿,乘客舒适度将有所降低。为提高乘客舒适度,建议进一步研究在人员和设备较为集中的公共区域设置喷雾风扇等局部通风和降温设施的可行性。喷雾风扇等设备可安装在立柱或墙壁上,不占用上层管线空间,无须设置专用的通风机房,减低了设备运行噪声对室内外环境的影响,运行调节灵活,维护管理方便,同时可加强室内的空气流动和与室外环境的热湿交换,有利于降温,并且节能效果较为显著,是改善室内环境舒适性及空气品质的有效手段,具有良好的社会经济效益。

②地下车站。

a.公共区通风与空调系统方案。

南昌地铁大系统采用双端送风系统。

车站公共区一般设两套空调系统,每个系统负担一半站厅负荷和一半站台负荷,采用全空气一次回风集中空调通风系统,夏季采用空调,其余季节通风换气,系统由组合式空调器、空调新风机、回/排风机及相应的管道、风道、新风井

(亭)、排风井(亭)和各种阀门组成。组合式空调机组内带粗效(或中效)过滤、空气净化装置,空调机组风机、回/排风机带变频控制器,可根据负荷变化进行风量调节,达到节能运行。车站公共区通风与空调系统气流组织采用上送上排形式。虽然双端送风初投资较高,但运行费用较低,便于组织气流,均匀送风效果较好。

b. 典型车站公共区处理过程 I-D 图及各状态点参数如图 4.2 所示。

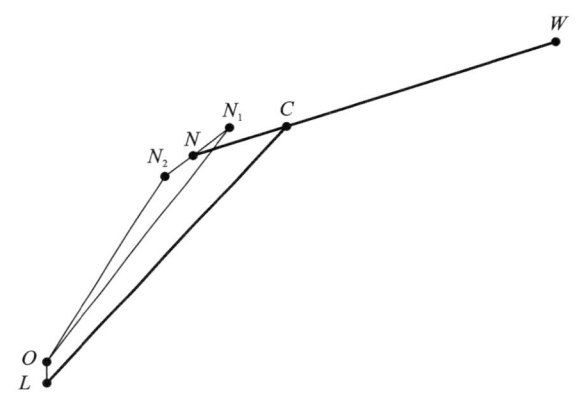

图 4.2　典型车站公共区通风与空调系统 I-D 图

W—室外新风点;N_1—室内站厅点;N_2—室内站台点;N—站厅与站台混合点;
C—新回风混合点;O—室内送风点;L—机器露点

(3)设备管理用房通风与空调系统(小系统)。

①高架车站。

车站弱电设备用房、通风与空调电控室、控制室、站长室等设备管理用房采用多联机空调或单元式分体空调;变电所采用机械通风降温,当通风效果难以达到设计要求时,也可采用空调与通风相结合的方式。

建筑中长度大于 20 m 的疏散走道应设置机械排烟系统。当疏散走道最不利点不超过 30 m 时可以考虑自然排烟。

火灾排烟首先采用自然排烟,在不具备自然排烟时,设机械排烟系统。

消防泵房、卫生间采用机械通风系统。

②地下车站。

根据地下车站设备管理用房的功能、使用时间、室内环境条件详见表 4.1。根据这些房间的特点,共设了 5 类车站管理及设备用房的通风、空调及防排烟系统,分别满足了空调、通风、排风以及防排烟要求。

a. 车站管理及设备用房空调系统。

空调设备区通风、空调及防排烟系统负责的房间包括表 4.1 中提到的第 1～10 类房间。车站管理及设备用房空调系统采用全空气一次回风系统。

空调系统按运行人员管理用房、需要 24 h 空调的一些重要的弱电设备用房及需要 24 h 提供冷风降温等条件分 3 类设置。

每个空调系统设一台空调器、一台回排风机以及相应的控制风阀。对于管理用房另设一台小新风机用于小新风工况运行。第 1 类房间的空调系统只在运营时间运行,第 2～5 类房间全天运行。当任一个房间发生火灾时,关闭空调系统,开启加压风机维持车站控制室、防烟楼梯间正压,事故排除后,关闭加压风机,恢复空调系统。如果发生事故的是气体保护房间,则须先运行排气模式后再恢复正常模式。排气模式的控制要求:切断非事故区的送回风管,将事故区送回风管上的电动风阀切至全开,集中对事故区进行全通风运行,直至室内空气全部更新。

b. 车站管理及设备用房通风系统。

车站管理及设备用房通风系统负责的房间包括需要进风通风的房间。

车站管理及设备用房通风系统设一台送风机、一台排风机、一台排烟风机以及相应的控制风阀,走道新风设置一台新风空调器对新风进行处理,直至室内设计状态。可根据系统的排风量与排烟量以及管线的具体连接情况,将排风管设置为兼顾排烟功能。正常运行时,开启所有区域送排风管上的电动风阀,当非直接排烟的房间发生火灾时,系统送、排风关闭,启动排烟风机,对火灾房间的相邻走道排烟,当有排烟要求的房间发生火灾时,同时对火灾房间及其相邻走道排烟。如果房间及走道的排风管兼作排烟管,应保证风管的截面积满足排烟量要求,同时在排烟工况下,排风/排烟管上的电动风阀应切至全开状态。

c. 车站管理及设备用房排风系统。

车站管理及设备用房排风系统负责的房间为卫生间、清扫间、污废水泵房等房间。

车站管理及设备用房排风系统设一台排风机及联动风阀,在排风机出口总管接入排风道处设止回风阀。正常运行时,开启所有区域排风管,当发生火灾时系统排风关闭。

d. 车站管理及设备用房防排烟系统.

(a)气瓶室原则上不能穿越与其他区域通风与空调系统有关的任何管线,如不可避免,可采用设置管线夹层隔开处理。

(b)经过内走道进出车站控制室、消防泵房、电缆井、照明配电室、环控机房等房间的风管应设防火阀;第5、6类房间及服务于此类房间的风管应设防烟防火阀。

(c)防火阀的耐温要求根据风管的具体功能确定,火灾时须排烟的风管设280 ℃防火阀,无须排烟的风管设70 ℃防火阀。

(d)公共区通风、空调及防排烟系统发生火灾时,切断车站两端车站管理及设备用房通风、空调及防排烟系统;一端车站管理及设备用房发生火灾时,切断该端的公共区通风、空调及防排烟系统,车站管理及设备用房通风、空调及防排烟系统按设定的模式运行,另一端的通风、空调及防排烟系统维持原运行状态不变。

(e)任一房间发生火灾后,其所在端的加压系统都启动,火灾点所属系统切至相应的防排烟运行模式,如果火灾点属管理及设备用房空调系统或管理及设备用房排风系统的负责区域,但毗邻排烟走道,则管理及设备用房通风系统也应切至走道排烟模式。

e. 小系统备用空调设置方案。

根据目前国内已建成的轨道交通的运营情况,部分重要的设备用房需24 h运行空调设备,为保证这些房间在设备故障检修时能实现连续供冷,设置变制冷剂流量多联空调系统作为备用。多联空调设置的原则:对车站控制室、变电所控制室、屏蔽门控制室、信号设备室、通信设备室、专用通信设备室影响运营安全的重要设备用房设置一套备用变制冷剂流量多联空调系统,按空调负荷的100%实现完全备用。该套备用空调系统只有当主用空调系统故障,无法实现正常供冷或者设备处于检修工况时才允许投入运行。多联机室外机原则上放置于室外,并保证冷媒管长度不超过120 m,可与冷却塔合建。若冷媒管长度超过120 m,可将室外机设置于排风道内气流顺畅、检修维护空间足够的地方。

车控室和收款室单设一套冷暖多联机的形式备用空调系统。

(4)水系统。

①地铁车站空调水系统形式。

地铁车站空调水系统采用冷水机组制冷,每个车站设置制冷机房,即常规描述的分站供冷形式。冷水机组的选择根据车站大小系统的负荷情况、运行时间、调节要求、节能效果确定。考虑维护检修及维持一定的功能设置备用。

配置的两台冷水机组,单台机组制冷量在530~1145 kW。冷冻水侧多采用末端变流量(比例积分二通阀或电磁阀调节)。在主供回水管上设置电动压差旁通二通阀,为二管制异程系统,设置高位开式膨胀水箱。冷却系统采用开式冷却塔冷却降温,采用进出水 5 ℃温差设计。地铁车站采用全空气系统,大系统设置了大型组合式空调器,小系统设置了柜式空调机及风机盘管。

②冷源配置方案。

在保障系统安全、可靠、适用、经济和技术先进的前提下,同时满足规划、环保等要求,积极探索并引入新技术和新工艺,空调水系统设计应采用如下原则。

a. 空调水系统按远期要求配置设备。

b. 根据全线车站环境条件,车站采用分站供冷方式。

c. 若小系统冷负荷不小于车站总冷负荷的 25%,选择两台制冷能力相同的冷水机组。若小系统冷负荷小于车站总冷负荷的 25%,选择设置"两大一小"三台冷水机组分别承担大、小系统的负荷。

d. 和物业结合布置的车站,物业和车站的冷源应分开设置。

e. 换乘车站宜结合换乘车站建设情况尽可能集中设置冷源。

(5)车辆段、停车场通风与空调系统。

①工艺用房通风与空调系统。

工艺性通风与空调系统采用多联空调加新风系统,对温、湿度有特殊要求的机房,采用恒温恒湿空气处理机。风管和风口的布置应根据工艺设备的布置确定。

②舒适性通风与空调系统。

对于较分散的需空调用房,可采用分散式空调系统(分体空调、多联空调等),并设置相应的防排烟系统。综合楼考虑设置集中空调系统。

③设备管理用房通风系统。根据实际情况可采用集中通风系统或局部设排风机、排气扇的形式。

④高大厂房通风系统。

对检修库和检修主厂房等高大厂房通风系统,自然通风或排烟能满足要求的应尽量采用自然通风或排烟,自然通风或排烟满足不了要求的应设机械通风或排烟。

对于设于上盖物业开发的车辆段,盖下库房外空间宜采用自然排烟,烟口面积不小于该区面积的 2%,排烟口间距不大于 60 m。当无法采用自然排烟时,应设计机械排烟。车辆段盖下的库房、车间等建筑采用机械排烟时宜排放到盖外,其设计参数应满足《建筑设计防火规范(2018 年版)》(GB 50016—2014)要求。

⑤排烟风机及其流经的辅助设备要求。

系统的排烟风机及其流经的辅助设备(风阀、消声器等)要求耐高温,必须保证在 280 ℃时能连续有效工作 0.5 h。风机前后必须加设变径管(天圆地方接头,不能以软接头代替)且变径管的长度不应小于风机叶轮直径。

4.1.4　防排烟设计与系统运行模式

1. 防排烟设计

(1)隧道通风与排烟系统。

①车站隧道通风系统。

当列车在车站发生火灾或运行过程中发生火灾而驶入前方车站时,可利用该系统排烟,同时开启区间隧道排风机,其排烟量与烟气不影响安全疏散的逃生控制高度、列车火灾发热量、烟气扩散宽度、外界大气温度、烟气温度等因素有关,在列车火灾发热量为 5 MW 并考虑安全系数为 1.5 的情况下,控制烟气在站台高度 2.5 m 以上,不影响安全疏散。

②区间隧道通风系统。

当列车发生火灾且停在区间隧道内时,应根据列车所处区间位置和列车火灾位置,执行预先设计的火灾运行模式。区间隧道内火灾运行模式的设计原则:一旦列车发生火灾且停在区间隧道内时应立即启动相应的火灾运行模式;隧道通风系统控制着火区间(或通风区段)内的气流方向与多数乘客疏散方向相反;无法判断列车火灾位置时按与行车一致的方向送风;区间左右线之间的联络通道作为乘客疏散通道,因此非事故隧道也会采取一定的通风;着火区间的另一侧隧道停止行车;区间隧道内火灾时,为确保区间隧道火灾通风排烟效果,此时除用作乘客疏散的路径外,其他的门、屏蔽门均应最大限度地保证关闭,以防止气流短路的现象发生。

(2)地下车站公共区排烟系统。

地下车站通风与空调大系统设计为全空气双风机系统,据车站建筑的具体布置采取在车站的左、右端各设一套系统,负担整个车站公共区的通风、空调及防排烟功能。

车站厅层公共区分为一个防烟分区,站台层公共区分为一个防烟分区,在车站左、右端环控机房内各设置一台大系统排烟风机。跨越公共区与设备管理用房区送、回风管上设有防火阀,大系统风管上设有电动风阀。

车站公共区分为站厅、站台2个防烟分区,回排风管路兼作火灾时排烟用。站厅火灾时,关闭组合式空调器及站台回排风支管,开启排烟风机及站厅排烟支管对站厅排烟,由出入口补风。站台火灾时,关闭组合式空调器及站厅回排风支管,开启排烟风机及站台排烟支路对站台排烟,并由站务工作人员在车站控制室紧急备用盘(IBP盘)上用按钮打开两端屏蔽门的首/尾活动门,开启轨排风机以及区间隧道风机辅助站台排烟,以保证站厅到站台的楼梯和扶梯口处具有不小于1.5 m/s的向下气流,站台排烟时由出入口补风。

车站大系统进入排烟模式时停止所有车站小系统通风设备的运行,以防止窜烟。

(3)高架车站公共区排烟系统。

高架车站站台公共区采用自然排烟系统,自然排烟口距离最不利点不超过30 m。车站站厅公共区满足自然排烟条件时,也采用自然排烟系统,当不能满足自然排烟条件时,专用机械排烟系统的排烟风机应设置在站厅公共区靠外墙一侧的专用机房内。

(4)车站设备及管理用房排烟系统。

①自动灭火系统保护范围内房间。

采用灭火后排除灭火气体的运行模式,具体为当自动灭火系统的控制盘接收到保护区内两路报警信号时即确认为发生火灾,房间外的走道排烟系统(如设有加压送风系统的楼梯间、车站控制室加压送风系统)将启动;同时控制盘控制关闭该保护区的送、排风管上的防火阀,然后喷洒灭火气体,待达到设计要求的淹没时间后,消防人员进入保护区内确认已灭火,将通风系统转换到相应的排除灭火气体模式运行0.5 h后,再恢复正常通风与空调系统模式。

②建筑面积大于50 m^2 的房间。

采用边排烟边灭火的运行模式,具体为当火灾自动报警系统收到某房间确认的火灾信号后,服务于该房间的通风与空调系统将转换到相应的预定排烟模式,同时房间外的走道排烟系统(如设有加压送风系统的楼梯间和车站控制室加压送风系统)将被启动,消防有关人员进入该着火区域利用有关消防灭火设备进行灭火。

③建筑面积小于50 m^2 的房间。

采用先灭火后排烟的运行模式。火灾时,着火房间外的走道排烟系统(如设有加压送风系统的楼梯间和车站控制室加压送风系统)将会被启动,即走道排烟,消防有关人员进入该着火区域利用有关消防灭火设备进行灭火。

2. 系统运行模式

(1)隧道通风系统(按全封闭站台门系统设计)。

①正常运行。

a.定期早间运行。

根据需要定期早间运营前区间隧道通风系统进行 0.5 h 的纵向机械通风,此时车站隧道通风系统关闭,区间隧道设有中间风井时中间风井也关闭。通风完毕后进入正常运行。

b.定期夜间运行。

根据需要定期夜间收车后区间隧道通风系统进行 0.5 h 的纵向机械通风,此时车站隧道通风系统关闭,区间隧道设有中间风井时中间风井也关闭。通风完毕后打开所有风道内风阀。

c.列车运营时的运行模式。

列车运营时机械隧道通风系统关闭,活塞风阀开启。车站轨排热风系统变频运行。

②阻塞运行。

当列车因故障或其他原因而必须停在区间(由信号系统确认阻塞后)超过 2 min 时,按行车方向进行机械通风,保证列车空调器的运行。

③火灾事故运行。

当着火列车停在车站时,利用车站隧道通风系统进行排烟,相应的根据情况可开启布置在车站两端的区间隧道风机辅助排烟;当着火列车停在区间隧道内时,应按预定隧道内火灾模式进行排烟,并送入新风诱导乘客疏散。

(2)车站公共区通风与空调系统(大系统)。

①正常运行。

a.空调季节小新风工况。

当站外空气焓值大于车站内空气焓值时,空调系统采用小新风运行。早间运营前可根据需要,执行预冷模式。

b.空调季节全新风工况。

当站外空气焓值小于或等于车站内空气焓值且站外空气温度大于空调设计送风温度时,采用全新风空调运行,空调器处理室外新风后送至空调区域,排风全部排至车站外。

c. 非空调季节工况。

当站外空气温度小于空调设计送风温度时,停止冷水机组运行,外界空气不经冷却处理直接送至空调区域,排风则全部排出车站外。

d. 夜间运行工况。

夜间收车后停止车站空调大系统及其水系统的运行。

② 车站乘客过度拥挤。

当发生突发性客流、区间阻塞、线路故障及其他原因引起车站乘客过度拥挤时,大系统的组合式空调器、制冷机、冷冻水泵、冷却水泵、冷却塔等空调设备均按空调季节满负荷状态运行。

③ 火灾事故运行。

当车站公共区发生火灾时,转入火灾排烟模式,制冷系统停止运行。

站厅火灾时,关闭送风空调器及站台回排风支管,开启排烟风机及站厅排烟支管对站厅排烟,由出入口补风。站台火灾时,关闭送风空调器,开启排烟风机及站台排烟支路对站台排烟,并由站务工作人员在车站控制室紧急备用盘(IBP 盘)上用按钮打开两端屏蔽门的首/尾活动门,开启轨排风机以及区间隧道风机辅助站台排烟,以保证站厅到站台的楼梯和扶梯口处具有不小于 1.5 m/s 的向下气流,站台排烟时由出入口补风。

当列车在车站轨行区发生火灾时,开启排热风机及事故侧的轨顶排烟系统进行排烟,开启隧道风机进行辅助排烟。

(3) 车站设备管理用房通风与空调系统(小系统)。

① 正常运行模式。

a. 设备管理用房空调系统。

设有通风与空调系统的设备管理用房,空调系统采用车站公共区(大系统)正常运行情况的三种方式进行控制;对只设通风系统的设备、管理用房,全年按设定的通风模式进行。

小新风空调工况:当室外空气焓值大于空调回风焓值时,采用小新风量空调工况,新风与回风混合,经空气处理机组过滤、降温、除湿后,再由送风机经消声段分送至室内。

全新风空调工况:当室外空气焓值小于等于空调回风焓值时,且室外空气温度大于等于空调送风温度时,系统采用全新风空调工况,室外新风经空气处理机组处理后送至室内,排风则全部排出车站外。

全新风通风工况：当室外空气温度小于空调送风温度时，系统转为全新风通风工况，空调水系统停止运行，室外新风经空气处理机组送至室内，排风则全部排出车站外。

小新风通风工况：当室外空气温度较低时，系统转为小新风通风工况，新风与回风混合，经空气处理机组送至室内。

b.设备管理用房通风系统。

变电所房间通风系统采用直流式通风形式。风机设置温控装置，根据室外温度变化控制室内温度。

其他房间通风系统根据运营需求全年运行，在室外温度过低时，采用间歇式通风。

②火灾运行模式。

当设备管理用房发生火灾时，转入火灾运行模式。有排烟要求的房间或区域启动相应排烟及通风系统，无排烟要求的房间关闭通风系统，以防烟气在各系统中相互影响。

当通风与空调机房发生火灾时，开启机房内的排烟风机排烟，同时开启正常工况下的新风机进行补风，补风量不少于排烟量的50%。

当设置排烟设施的设备管理用房区内走道发生火灾时，开启相应的走道排烟风机，同时开启补风机补风，补风量不少于排烟量的50%。

当设备管理用房区域发生火灾时，同时开启防烟楼梯间、紧急疏散口内对应的加压送风机，以保持楼梯间内正压，利于人员疏散。

当设备管理用房区域发生火灾时，车站控制室作为消防控制室，一般应维持正压，因此需开启车站控制室内设置的加压送风机。

当气体灭火房间发生火灾时，在气体喷洒前，电信号关闭送风和排风支管上的70℃防烟防火阀，在确认灭火完毕时，电动打开70℃防烟防火阀，开启送风机、排风机进行通风换气。

(4)高架车站、附属工程通风与空调系统。

①正常运行。

设有通风与空调系统的高架车站、附属工程设备管理用房和只设通风系统的高架车站、附属工程设备、管理用房，全年按设定的通风模式进行。

②火灾事故运行。

设有通风与空调系统的高架车站、附属工程设备管理用房和只设通风系统

的高架车站、附属工程设备、管理用房发生火灾时,对应区的通风与空调系统立即转入设定的火灾模式运行。根据小系统的形式立即排除烟气或隔断火源和烟气,设有排烟系统的内通道立即进行排烟,设有加压送风的疏散楼梯立即进行加压送风。

4.1.5 系统控制工艺与设计接口

1. 系统控制工艺

地下车站及区间的空调通风系统采用三级控制:就地控制、车站控制室控制和中央控制。仅属车站范围内使用的空调通风设备采用前二级控制;属于隧道使用的通风设备为三级控制。

高架车站的空调通风系统采用两级控制:就地控制和车站控制室控制。

(1)就地控制。

在空调通风设备附近设置手操箱,供设备调试、检查和维修时对设备进行就地控制。就地控制具有优先权。

(2)车站控制室控制。

对本车站和相邻的区间隧道各种空调通风设备进行监控和显示。根据车站内部及室外空气状态控制空调、通风系统运行方式、监视各设备运行状态、向中央控制室传送本站各种信息及空调通风控制状况,并执行中央控制室的各项指令。车站及车站车轨区域发生火灾时,控制相关设备系统转入火灾运行工况。

(3)中央控制。

对地下区间隧道通风系统进行监控。正常运行时对地下区间通风系统进行必要的指导,在地铁系统发生阻塞或区间隧道发生火灾时,统一控制地下区间隧道的通风设备转入火灾运行工况。

2. 设计接口

(1)与车站建筑专业的接口。

通风与空调专业提供通风风井、通风与空调专业设备用房面积及布置要求;提供大型通风与空调设备安装运输通道的要求;提供通风与空调预埋件、设备基础、预留孔洞的位置及尺寸要求。

车站建筑专业提供相应车站建筑图纸给通风与空调专业进行书面会签,以确认通风与空调专业相关的提资要求。

（2）与动力照明专业接口。

①负荷分级。

a. 一级负荷设备。

通风与空调系统一级负荷设备为与火灾和事故通风有关的设备，主要包括隧道通风系统的隧道风机（包括区间隧道风机和车站隧道排风机）、射流风机、风阀、车站大系统的排烟风机、补风的组合式空调机组及其风阀车站小系统的排烟风机、加压风机及其相应的风阀防火阀、防烟防火阀、排烟阀及火灾时需要打开和关闭的风阀等。

b. 二级负荷设备。

通风与空调系统的二级负荷为除一级负荷外的其他风机、柜式空调器、多联机与风机空调机组非联动的电动风阀、与火灾和事故通风无关的电动风阀等。

c. 三级负荷设备。

三级负荷为除一、二级负荷外的其他通风与空调系统设备，包括冷水机组、冷冻水泵、冷却水泵、冷却塔、水处理设备、电动碟阀、电动二通阀等。

②设备启动方式。

配置了变频控制器的设备采用变频启动，大功率电机启动方式由动力配电专业确定。

③接口界面。

在通风与空调设备的接线端子。

④房间温、湿度要求及设备发热量。

a. 环境要求。

照明配电室：温度 36 ℃。

环控电控室：温度 27 ℃，相对湿度 40%～60%。

b. 设备发热量。

站台层、站厅层各设两个照明配电室，站台层照明配电室内设 8 面动力照明配电箱，2 面 BAS 控制箱，2 面 EPS 应急照明电源柜；站厅层照明配电室内设 10 面动力照明配电箱，2 面 BAS 控制箱，2 面 BAS 控制柜；站厅层左右各设一个环控电控室，每个环控室内设 12 面环控电控柜，1 面排热风机变频柜，1 面 BAS 控制柜。如表 4.3 所示为动力照明设备发热量。

表 4.3　动力照明设备发热量

设备名称	发热量	设备名称	发热量
环控电控柜	0.3 kW/面	动力照明配电箱	0.2 kW/面
EPS 应急照明电源柜	0.3 kW/面	排热风机变频柜	0.3 kW/面
BAS 控制柜	1.2 kW/面	BAS 控制箱	0.2 kW/面

(3) 与综合监控系统的接口

① 中央控制。

a. 对全线隧道通风系统的隧道风机(包括区间隧道风机和车站排热风机)、射流风机、电动风阀进行监控。

b. 对各站通风与空调大系统的组合式空调机组、回/排风机、排烟风机及相应的电动风阀进行监视,在执行隧道通风系统火灾模式时可实现以上设备以及小系统通风与空调设备及其联动风阀的同时关闭;对水系统的控制阀门、传感器等进行监视。

② 车站控制。

a. 对本站所管辖范围内的隧道通风系统的隧道风机(包括区间隧道风机和车站排热风机)、射流风机、电动风阀进行监控。

b. 对设置在车站内的温、湿度监测点进行监视。

c. 对本站通风与空调大系统的组合式空调机组、回/排风机、排烟风机、电动风阀等进行监控。对本站冷水机组、冷冻水泵、冷却水泵、冷却塔、水管上电动碟阀、水管上电动二通阀等进行监控。

③ 就地控制。

a. 对环控电控室管辖范围内的隧道通风系统的隧道风机(包括区间隧道风机和车站排热风机)、射流风机、电动风阀进行监控。

b. 对环控电控室管辖范围内的通风与空调大、小系统的空调器、回/排风机、排烟风机、电动风阀、水管上电动二通阀等进行监控。

④ 房间温、湿度要求及设备发热量。

综合监控系统设备发热量及房间温、湿度要求见表 4.4。

表 4.4　综合监控系统设备发热量及房间温、湿度要求

位置	温度/℃	湿度	设备发热量/kW	备注
车站控制室	27	45%～65%	5	全天 24 h 运行
车站综合监控设备室	27	45%～65%	10	全天 24 h 运行

续表

位置	温度/℃	湿度	设备发热量/kW	备注
AFC设备室设备	27	45%～65%	15	全天24 h运行
AFC票务室设备	27	45%～65%	1.5	全天24 h运行
AFC配线间设备	27	45%～65%	1.5	全天24 h运行
AFC客服中心设备	27	45%～65%	1	全天18 h运行

（4）与给排水专业的接口。

空调水系统提供补水量与接管点要求和排水点要求，与给排水系统的分界在接管点前的第一个阀门（阀门由给排水系统提供）；给排水专业对自动灭火保护区域提出通风要求。

需要设置气体灭火保护的房间包括全线地下车站的通信设备室（含电源室）、信号设备室（含电源室）、综合监控设备室、民用通信设备室、公安通信设备室、站台门设备室、环控电控室、变电所的0.4 kV开关柜室、与其他防护区合建的直流开关柜室、整流变压器、控制室、再生能回馈室。

（5）与供电专业的接口。

①环境要求。

变电所内（包括电缆夹层）应设置通风装置，保证正常工作时温度要求及事故工况通风要求。

a.室内温度：控制室18～27 ℃，开关柜室0～36 ℃；

b.相对湿度：日平均值不大于95%，月平均值不大于90%。

②变电所设备发热量。

变电所设备发热量见表4.5。

表4.5　变电所设备发热量

设备名称	发热量	设备名称	发热量
整流变压器	36.0 kW/台	0.4 kV开关柜	0.6 kW/面
配电变压器	17 kW/台	负极柜	1.0 kW/面
35 kV交流开关柜	0.8 kW/面	排流柜	0.3 kW/面
1500 V直流开关柜	1.0 kW/面	整流器柜	8.0 kW/面
钢轨电位限制装置	0.3 kW/面	控制信号盘	0.3 kW/面
交、直流屏	0.3 kW/面	蓄电池盘	0.3 kW/面
再生制动变压器室	36.0 kW/台	再生制动控制室	8.0 kW/面

(6)与信号专业的接口。

①环境要求。

a.温度及湿度要求。

信号设备用房(长期):温度 20~27 ℃,湿度 40%~70%;

信号设备用房(短期):温度 10~40 ℃,湿度 10%~95%。

b.按信号专业提供的设备布置图进行进、出风口布置,要求风口在信号设备前面和背面(不得在设备上/下方)。

②设备发热量。

信号专业把每个站的具体设备发热量提供给车站环控设计。

(7)与通信专业的接口。

①环境要求。

通信设备房间温、湿度要求见表 4.6。

表 4.6 通信设备房间温、湿度要求

序号	环境参数		单位	允许值	备注
1	温、湿度				
1.1	温度		℃	18~28	建议机房温度永久在 25 ℃以下,空调装置常年运转
1.2	湿度		%	45~65	—
1.3	温度变化率		℃/h	≤5	不得结露
1.4	大气压		kPa	70~106	—
2	洁净度				
2.1	尘(漂浮)		mg/m^3	≤0.1	含尘粒子为非导电、非导磁性和非腐蚀性的
2.2	尘(沉积)		mg/(m^3·d)	≤360	
3	机械条件				
3.1	正弦稳态振动	位移	mm	1.5(2~9 Hz)	—
3.2		加速度	m/s^2	5(9~200 Hz)	—
4	送风温差		℃	4~6	送风温度应高于室内空气露点温度
5	以上要求仅限于设备机房;电缆井、电缆引入室对环境无特殊要求;通风与空调系统风口不要设置在机柜正上方,应设置在通道上方				

② 通信房间发热量。

如表 4.7 所示为通信设备房间发热量。

表 4.7 通信设备房间发热量

房间	单位	散热量
专用通信设备室	kW	28
民用通信设备室	kW	42
公安设备通信室	kW	10

(8) 与电扶梯、屏蔽门专业的接口。

① 电扶梯发热量。

a. 自动扶梯。

电机及变频器的发热总功率按电机功率的 15% 计算,每台自动扶梯的电机功率随提升高度 H 不同而不同,暂定如表 4.8 所示。

表 4.8 电扶梯发热量

提升高度/m	发热量/kW	提升高度/m	发热量/kW
$H \leqslant 4.5$	1.65	$4.5 < H \leqslant 6$	2.25
$6 < H \leqslant 7.5$	2.775	$7.5 < H \leqslant 9$	3.3
$9 < H \leqslant 10$	3.6	$10 < H \leqslant 12$	4.5
$12 < H \leqslant 15$	5.55	$15 < H \leqslant 17$	6.6
$17 < H \leqslant 19$	7.2	$19 < H \leqslant 21$	8.1

b. 电梯。

由于采用无机房电梯,电梯控制设备均在电梯井道顶部,电梯井道顶部应设置通风孔,其面积不得小于井道水平断面面积的 1%。电机及变频器的发热总功率按电机功率的 15% 计算。电梯装机发热量暂定如下。

载重 1 t:$N = 1.8$ kW/台。

载重 1.35 t:$N = 2.7$ kW/台。

② 屏蔽门发热量。

屏蔽门系统发热总功率按总功率的 30% 计算,屏蔽门系统总功率按地下车站 2 侧站台计算,每车站屏蔽门的总负荷为 30 kW。

说明:以上负荷是按照一个站 2 侧站台考虑,若站台数增加,则按照每增加一侧站台,屏蔽门负荷增加15 kW。

(9)与其余专业的接口。

通风与空调系统(模拟计算)与相关系统的设计接口汇总见表4.9。

表4.9 通风与空调系统(模拟计算)与相关系统的设计接口汇总

序号	接口专业	接口编号	接口内容	接口类型	接口界面	用途
1	行车组织及运营管理	1	客流资料	输入	全线隧道通风系统	模拟计算大系统设计
		2	全日列车运行计划	输入		模拟计算核实中间风井
		3	运营管理模式,包括正常及非正常情况下的运作组织、维修、管理定员等	输入		确定系统不同情况下的相关模式设计
		4	列车刹车反馈效率	输入		模拟计算
2	线路	5	线路平面、纵断面、各弯道处区段限速要求,各区段的施工工法	输入	全线隧道通风系统	系统模拟计算
3	车辆	6	车辆头部形状、断面图、重量、车身摩擦系数、列车长度、编组、牵引电机特性曲线、辅助设备功率、牵引系统散热形式和散热量、辅助设备散热形式和散热量、火灾发热量及蔓延速度、刹车特性、列车加速度、减速度限制等	输入	全线隧道通风系统	系统模拟计算
		7	车厢底部发热设备的位置、车载空调冷凝器的数量和位置、环境温度要求等	输入	排热风口	系统模拟计算确定列车站台下及轨顶排风口位置

续表

序号	接口专业	接口编号	接口内容	接口类型	接口界面	用途
3	车辆	8	列车运行环境	输出	全线隧道通风系统	确定列车正常运行环境参数
		9	列车刹车反馈效率	输入	列车刹车盘	系统模拟计算
4	工程测量及工程地质	10	不同区间、车站隧道周边土壤热工特性,包括导热系数、导温系数和热壅温度等	输入	全线隧道通风系统	系统模拟计算
5	车站建筑	11	各车站的建筑形式、车站部分隧道的面积及长度等	输入	全线隧道通风系统	系统模拟计算
6	区间结构	12	区间各区段的施工工法、隧道断面及形状、长度、埋深等资料;区间隧道通风系统设备用房、风道、风亭、门尺寸及开启方向、联络通道等布置具体情况	输入	全线隧道通风系统	系统模拟计算
7	防淹门	13	防淹门设置位置及门框布置要求、系统用房的通风与空调要求、设备布置、设备发热量	输入	防淹门	系统设备布置优化以减小对隧道通风效果影响,进行系统模拟计算

续表

序号	接口专业	接口编号	接口内容	接口类型	接口界面	用途
8	站台门	14	列车停站站台门开启时间、面积	输入	站台门	模拟计算
		15	紧急情况下的站台门开启要求	输出		系统工艺控制模式设计
9	信号	16	列车在区间正常、阻塞及追踪运行情况、事故运行时两列车的控制最小间距、火灾时列车停车位置	输入	全线隧道通风系统	各种运行情况下的系统通风模式
10	人防工程	17	区间隔断门设置位置、风井风道人防隔断设施布置要求	输入	全线隧道通风系统	系统设备布置优化以减小对隧道通风效果影响,进行系统模拟计算

4.2 给排水与消防系统设计

4.2.1 设计原则和依据

1. 设计原则

(1)遵循节约用水和综合利用的原则。
(2)地铁消防设计贯彻"预防为主,防消结合"的原则。
(3)排水采用污、废(雨)分流制。
(4)给水系统水源采用城市自来水,每座车站一般由两条不同的城市自来水管引入给水管,并在消防引入管上设防污隔断阀。消防时一般直接从城市管网抽水,不设消防水池;个别市政供水量不能满足消防用水量要求的车站,设消防水池。

(5) 消防与车站内的生产、生活给水系统分开设置,形成独立、安全可靠的消防供水系统。消防用水量按照全线同一时间内发生一次火灾考虑。

(6) 除气体灭火采用进口产品外,其余均尽可能采用国产设备。

2. 设计依据

城市轨道交通工程设计依据的主要规范是《地铁设计规范》(GB 50157—2013),此外还须遵循《建筑给水排水设计标准》(GB 50015—2019)、《建筑设计防火规范(2018 年版)》(GB 50016—2014)、《建筑灭火器配置设计规范》(GB 50140—2005)、《自动喷水灭火系统设计规范》(GB 50084—2017)、《气体灭火系统设计规范》(GB 50370—2005)等相关国家现行规范的规定。

4.2.2 给水系统设计

地铁车站的生产、生活给水管网是独立的内部供水系统,从两根接自市政管网的消防进水管中的任一根接出生产、生活给水管,单独设置水表后,进入车站,成枝状布置。保证车站生产、生活用水的水质、水量和水压。车站还设开水间,内设电加热开水器,以满足车站职工的饮水需要。在站厅和站台层公共区的两端各设一个 DN25 的冲洗给水栓。长度大于 20 m 的出入口通道内设置一个冲洗栓。

1. 设计参数

(1) 工作人员生活用水量 50 L/(人·班),时变化系数采用 2.5~3.0。

(2) 冷却水系统补充水按循环水量(环控专业提供)的 2%~3% 计,一般取 2%。

(3) 车站内站厅及站台层公共区清扫用水量按 2 m³/d 计。

(4) 生产用水量和水压根据生产工艺确定。

(5) 各附属建筑物及站内公共厕所用水量和水压按《建筑给水排水设计标准》(GB 50015—2019)确定。

(6) 不可预计水量按生活、生产最高日总用水量的 10%~15% 考虑。

2. 用水量

车站生产和生活用水量按照用水量标准计算。

3. 供水压力

地铁车站绝大多数是地下建筑,上海城市管网地面自由水压力为 0.1～0.2 MPa,可以满足地铁生活和生产用水要求。因此,凡地下车站,一般均无须设置生活和生产用水加压泵。地面及高架车站须核算市政供水压力,不能满足用水要求的车站设增压设施,一般采用变频泵供水。

4. 冷却循环水系统

冷却循环水系统主要由冷却塔、循环水泵、补充水和管道及配件组成。根据环控专业提供的冷冻机组所需循环水量和如表 4.10 所示的冷却塔规格数据要求选择节能、低噪声(不大于 68 dB)高效率冷却塔,大部分选用逆流开式玻璃钢冷却塔。以冷却塔为主的冷却循环水系统,冷却塔台数与冷却循环泵台数对应,一般至少两台,不考虑备用。从生产、生活给水管上引出一根支管作为冷却循环补充用水,接至冷却塔。冷却塔的规格数据详见表 4.10。

表 4.10 冷却塔选择规格数据

大气压力/Pa	进塔水温/℃	出塔水温/℃	干球温度/℃	湿球温度/℃
1.004×10^5	37	32	31.5	28

4.2.3 排水系统设计

排水系统采用分流制,分为污水、废水、雨水系统。原则上采用分类集中,经泵提升经压力容井后,就近排入市政下水道。污水须设置污水检测井。排水水质必须符合有关排放标准。

生产、生活和消防的排水量分别按照以下标准和基本原则进行计算:

工作人员生活排水量 50 L/(人·班),时变化系数采用 2.5～3.0;生活及清扫排水量按用水量的 95% 计算,结构渗水量按 1 L/(m²·d)计。消防废水量与消防用水量相同。

隧道出入口雨水量按重现期为 30 年一遇的暴雨强度计算,高架及地面站雨水量按暴雨重现期为 4 年计算。

1. 车站排水

(1)污水系统。

污水仅为车站工作人员厕所所有卫生器具排水。站内厕所污水通过管道排入污水泵房内的污水集水池,其有效容积不大于 6 h 污水量,集水池底面设 0.1 的坡度坡向集水坑,集水池顶板上设有透气管并要求环控专业在泵房内设置排风口。污水集水池设在厕所附近且在污水泵房内,污水泵应带有反冲洗装置。污水经潜水排污泵抽至室外压力窨井后,经污水检测井后排入城市污水管道。一般设置 2 台潜污泵,一备一用。

(2)车站废水系统。

车站废水种类:隧道结构渗水,站厅、站台地面冲洗水,环控机房和各类排水泵房洗涤盆排水以及消防废水。

车站主排水泵房设置在车站内线路最低点,一般结合车站端头井布置。泵房尺寸不宜小于 3 m×4 m,集水池有效容积不小于 10 min 的隧道结构渗水量和消防废水量之和,且不小于 30 m³。废水泵房一般设置两台泵,一备一用。潜水泵应带有反冲洗装置。

污、废水泵房内分别设置冲洗龙头。站厅和站台的地面冲洗废水、消防废水由设在站厅的地漏汇集,引入线路道床排水沟。站台层可以不设地漏,直接从站台溢入两边线路道床明沟。茶水间废水通过排水管道排入线路道床明沟。出入口通道和站厅连接处设置横截沟,沟内设置 DN100 地漏,其排水立管接至道床明沟。隧道结构渗水经侧墙泄水孔排入线路道床明沟,汇集至废水集水池(池内设吸水坑,池底以不小于 1%的坡度坡向吸水坑)。由废水泵房的潜水废水泵提升至室外压力窨井,然后排入城市下水道。

(3)车站雨水系统。

车站敞开式出入口的设计雨水量按照 30 年一遇的暴雨重现期计算,高架区间雨水设计重现期采用 4 年。敞开式出入口的自动扶梯下面设集水坑和雨水排出潜水泵,一备一用。泵提升雨水经压力窨井后,再排入市政雨水管道系统。

2. 区间排水

(1)区间主排水泵房。

区间主排水泵房主要排除结构渗漏水、事故漏水、凝结水和冲洗及消防废水,设在线路纵坡最低点。每座泵站所担负的区间长度,单线不宜大于 3 km,双线不宜大于 1.5 km,当主排水泵房所担负的区间长度超过规定,而排水量又较大时,宜设辅助排水泵房。主排水泵房集水池有效容积不宜小于 30 m³,当用盾构法施工的区间排水泵房集水池有效容积不能符合上述规定时,则必须满足水泵安装要求,并确保每小时开泵次数不得超过 6 次。

废水自潜污泵提升排至地面压力井后,再排入地面雨水管网系统。每座泵房设 2 台及以上潜水排污泵,平时互为备用,消防时可同时运行。

(2)洞口雨水泵房。

隧道敞开引道段的设计雨水量按照 30 年一遇的暴雨重现期计算,宜设 3 台泵,集水池有效容积不小于最大一台泵 5~10 min 的出水量。

以上海地区为例,上海地区暴雨强度计算公式见式(4.1)。

$$q = \frac{5544(P^{0.3} - 0.42)}{(t + 10 + 71 \lg P)^{0.82} + 0.07 \lg P} \tag{4.1}$$

式中:q——设计暴雨强度,L/(s·ha);

P——设计暴雨重现期,以 30 年计;

t——集流时间,min。

集流时间计算见式(4.2)。

$$t = 1.445 \frac{m_1 L_s^{0.46}}{\sqrt{i_s}} \tag{4.2}$$

式中:L_s——坡面流长度,m;

I_s——坡面流的坡度;

m_1——地表粗度系数,取 0.013。

洞口敞开段雨水设计流量 $Q = 1.2 QR$。

雨量公式见式(4.3)。

$$QR = q \times \psi \times F \tag{4.3}$$

式中:QR——雨水设计流量,L/s;

ψ——雨水迁流系数,本工程取 0.8;

F——汇水面积,ha。

(3)局部排水泵房。

设在局部低洼不能自流排水的地方。例如,设在地铁折返线车辆检修槽的端部,自动扶梯机房等处。集水池有效容积按不小于 10 min 渗水量与平时冲洗废水量之和确定。

(4)控制方式与要求。

①排水水位控制。

控制原则:主废水泵及雨水泵采用现场水位自动控制、泵房内手动控制;车站控制室集中控制,并在控制室内显示排水泵工作状态和水位信号。

车站主废水泵集水池水位控制:停泵水位、第一台泵启动水位、第二台泵启动水位及最高警戒水位。

污水泵及局部排水泵由现场水位自动控制、泵房内手动控制;车站控制室显示排水泵工作状态和水位信号。

车站污水池水位控制:停泵水位、开泵水位、最高警戒水位。

区间内排水泵房及洞口雨水泵房除控制系统外,一般设置最高警戒水位的自动报警装置,以便在自动启动失灵时及时报警到附近车站的防灾控制室。

②冷却循环系统控制。

其控制方式与环控冷冻机同步,由环控电控室就地控制和车站控制室集中控制,并能在控制室显示设备的工作状态。

4.2.4 消防系统设计

地下车站一般布置成上下两层(上层为站厅层,下层为站台层),与地铁隧道构成地下的半封闭建筑工程。车站投入运转后,站内各种电器设备密集。一旦发生火灾,长长的线路隧道内的温度升高,浓烟滚滚,乘客难以疏散,消防队员不易进入扑救,将对人民生命财产会造成严重损失。据国内外有关资料介绍,造成地铁损失最大的是火灾。因此,应将地铁站消防设计作为重要的地下工程对待,设计中考虑设置完整的消防系统。

1. 消防水源

上海市建造的地铁工程消防设计中一般不设消防水池,直接从城市自来水干管引入二路进水。因设置消防水池必然增加车站内消防泵房面积,进而造成整个车站用房面积的增加,不利于节省土建工程造价。一般设水池泵房面积比不设水池泵房面积至少增加 30 m²,车站土建造价相应增加,再加上消防水池本身的造价,投资增加较大。为了达到消防水压要求,上海地区通常采用车站内的消防泵直接从市政管网上吸水的方式,省去了消防水池,而且可以充分利用市政管网的压力,减少了设备数量并节省投资。且地铁全线只按同一时间内发生一次火灾考虑,消防设备使用概率很低,对市政自来水管网不会有大的影响。而其他地区的地铁工程,是否设消防水池需遵照当地有关部门的规定。

2. 消火栓系统

消火栓给水贯穿整个线路,每个车站的服务范围为车站本身及其两端 1/2 的区间,并考虑前后两站增压泵事故情况下向邻站增压送水。因此,消防泵的服务范围为本站至两相邻区间。为保证供水安全,消防管在车站内连通成环状,区间的消防管由车站环状管网上接出,并在区间中部连通,连通管处设手动电动阀门。由于区间的埋设深度往往较深,在出口压力大于 0.5 MPa 的消火栓处须采取减压措施。

消火栓用水量:地下站 20 L/s,地下区间 10 L/s,高架站及停车场根据建筑规模按《建筑设计防火规范(2018 年版)》(GB 50016—2014)的要求确定。火灾延续时间为 2 h。每股水枪流量为 5 L/s,最不利点充实水柱大于等于 10 m。

站厅层和站台层均设消火栓箱;车站内消火栓采用单阀单出口型,布置间距为不大于 30 m;在岛式站台层、设备区的尽端及长度大于 25 m 的出入口等处可设两个单阀单出口消火栓,布置间距不大于 50 m;并保证车站范围内任意点均有不少于两股充实水柱可同时到达。区间隧道每 50 m 设一个单口消火栓,不设消火栓箱、水龙带及水枪,将水龙带放在邻近车站端部的专用消防箱内。

消火栓管网在每个车站外设消防水泵接合器,水泵接合器一般靠近车站出入口或风道,每个消防水泵接合器 40 m 范围内设相应数量的室外消火栓,如有条件可利用附近其他建筑的室外消火栓。

同时,消火栓干管布置成环状,站厅层水平成环;站台层纵向成环。站厅层管道基本上布置在站厅两侧的离壁式隔水墙上方。干管管径为 150 mm,每隔 5 个消火栓箱置一只阀门。地下车站及区间隧道的给水干管变坡点的最高点设排气阀,最低点设泄水阀。在车站两端与区间的连通管上必须设阀门。

消防水泵控制设计为泵房内手动启闭;消防箱内按钮启动(只能开,不能关);车站控制室遥控;防火中心监测显示。

每条行车隧道设置一根消防干管,平行的两条区间隧道的消防干管均与车站的消防管连接并在车站设连通管,使地铁车站和区间形成环状管网。

在车站地面设置二只 DN100 地上式(有的采用墙壁式)水泵接合器。在距水泵接合器 15~40 m 范围内设置与水泵接合器配套供水的地上式市政消火栓。

所有进出车站主体的消防管道都同时考虑人防要求。

典型地下车站消火栓系统示意见图 4.3。

3. 自动喷水灭火系统

地铁车站的自动喷水灭火系统按中危险Ⅱ级考虑。喷淋消防专用泵与消火栓泵采用合建式消防泵房。合建式消防泵房长度为 8~10 m,宽度为 4~5 m。系统总管由车站消防泵房引出,经过湿式报警阀、信号蝶阀、水流指示器接至保护区域。自动喷水灭火系统示意见图 4.4。

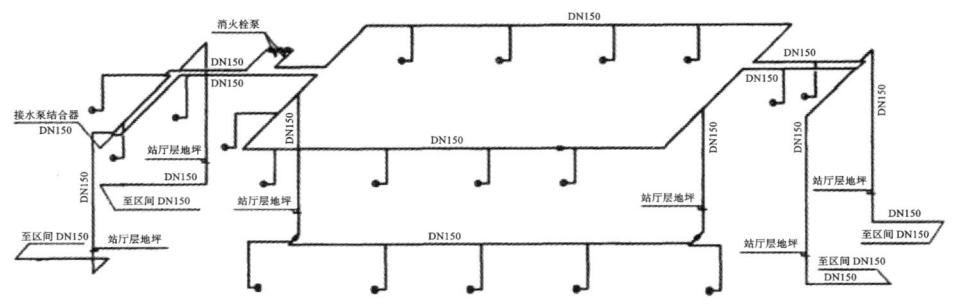

图 4.3　典型地下车站消火栓系统示意(岛式站台)

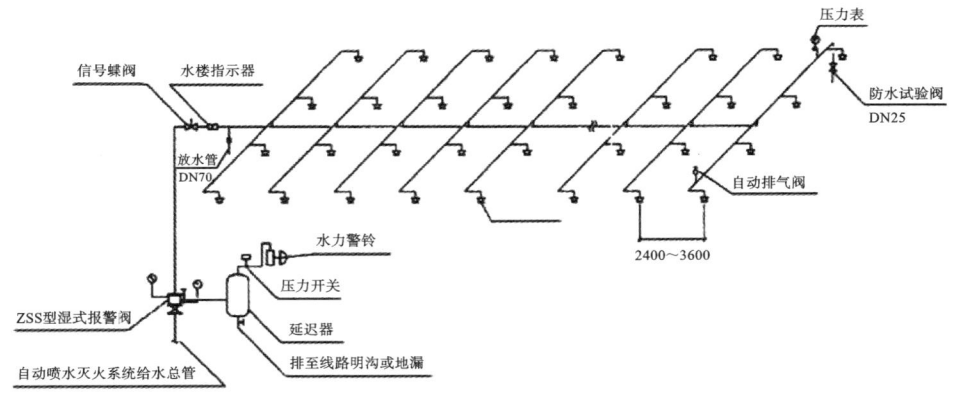

图 4.4　自动喷水灭火系统示意(单位:mm)

喷淋水量采用 27 L/s;最不利点水压大于或等于 50 kPa;系统作用时间为 1 h。设置喷淋消防泵两台,一备一用,喷淋泵设稳压装置。喷淋系统中设有控制阀、ZSS 型湿式报警阀、延迟器、压力开关、水力警铃、防水试验阀、压力表、自动排气阀和管道。控制阀设有启闭指示装置,还设有水流指示器,在喷淋干管顶部设自动排气阀,喷头布置间距为 3.6 m,楼梯口喷头加密布置;采用闭式喷头,耐受温度为 68 ℃(显红色)。喷头安装在风管的下部,具体位置与车站装修工种配合。

水喷淋泵的启动控制可由报警系统驱动、机械手动控制或中央控制室遥控。

在车站地面上设置两只 DN100 地上式水泵接合器,并且在 15~40 m 范围内设有配套市政消火栓(含本来就有的市政消火栓)。

4. 灭火器设置

灭火器的设置按《建筑灭火器配置设计规范》(GB 50140—2005)的规定执

行。地下车站火灾危险等级为严重危险级。

5. 气体灭火系统

轨道交通工程大多处于地下,不仅包括地下站厅、站台、区间隧道,还包括车站控制室、通信及信号机房、车站变电所、环控电控室等电气设备用房。对于这些电气设备用房,传统的水灭火系统不适用,目前多用气体灭火系统来保护。

1301 固定灭火系统是目前国际上使用效果最好的气体自动灭火系统,上海地铁 1 号线就采用了 1301 卤代烷。但因 1301 对臭氧层的破坏,国际"蒙特利尔公约"已明确在近期内分期禁止使用。对于 1301 的气体永久替代物,目前尚未确认,一般认为有 FM-200、惰性气体 IG541 及传统的 CO_2 等。目前上海市轨道交通工程气体消防普遍采用 IG541 气体灭火系统,它规范完备,技术成熟,在城市轨道交通工程中被广泛应用。

4.3 动力照明系统设计

动力照明系统作为城市轨道交通机电系统的重要组成部分,可以实现对暖通、给排水、通信信号、综合监控等机电设备的配电、保护和控制。下面以实际工程为例,对城市轨道交通动力照明系统设计进行研究。

4.3.1 设计规范、设计范围及设计接口

1. 工程概况

白石塘站为深圳市城市轨道交通 3 号线四期工程项目自南向北的第 5 座车站,车站位于规划坪西路与益民路交叉路口,沿坪西路东西向设置。站点周边目前现状主要为工业厂房和城中村,西南侧有新建成的居住区、学校,车站北侧为规划三号线四期工程停车场。车站有效站台中心里程为 CK51+221.500,车站总建筑面积为 14317.23 m^2,其中主体建筑面积为 10546.85 m^2,附属建筑面积为 3770.65 m^2,车站外包总长度约 235.0 m,站台宽 12 m,车站标准段宽度为 20.7 m,有效站台中心里程底板埋深约 16.95 m,顶板覆土约 3.0 m。

本站站台层 A、B 端分别设置 1 个降压变电所与跟随变电所,负责整个车站及左、右各半个区间内的所有动力及照明配电。站厅 A 端、B 端均设置 1 个环控电控室为环控机房配电。在车站 A、B 端分别设置 EPS 电源。本站在 A、B 端站

厅站台分别设置照明配电室。

2. 设计规范

设计规范参考《地铁设计规范》(GB 50157—2013)、《城市轨道交通工程项目建设标准》(建标 104—2008)、《城市轨道交通技术规范》(GB 50490—2009)、《20 kV 及以下变电所设计规范》(GB 50053—2013)、《民用建筑电气设计标准》(GB 51348—2019)、《建筑设计防火规范(2018 年版)》(GB 50016—2014)、《地铁设计防火标准》(GB 51298—2018)、《建筑照明设计标准》(GB 50034—2013)、《城市轨道交通照明》(GB/T 16275—2008)、《供配电系统设计规范》(GB 50052—2009)、《低压配电设计规范》(GB 50054—2011)、《通用用电设备配电设计规范》(GB 50055—2011)、《建筑物防雷设计规范》(GB 50057—2010)、《建筑物电子信息系统防雷技术规范》(GB 50343—2012)、《电力工程电缆设计标准》(GB 50217—2018)、《电力装置的继电保护和自动装置设计规范》(GB/T 50062—2008)、《电力装置电测量仪表装置设计规范》(GB/T 50063—2017)、《干式电力变压器技术参数和要求》(GB/T 10228—2015)、《钢制电缆桥架工程技术规程》(T/CECS 31—2017)、《消防应急照明和疏散指示系统》(GB 17945—2010)、《消防应急照明和疏散指示系统技术标准》(GB 51309—2018)、《爆炸危险环境电力装置设计规范》(GB 50058—2014)、《交流电气装置的接地设计规范》(GB/T 50065—2011)、《系统接地的型式及安全技术要求》(GB 14050—2008)、《人民防空地下室设计规范》(GB 50038—2005)、《电缆及光缆燃烧性能分级》(GB 31247—2014)、《公共建筑节能设计标准》(DB 11/687—2015)、《建筑机电工程抗震设计规范》(GB 50981—2014)以及其他相关的标准规范。

3. 设计范围

车站的动力配电与照明设计范围包括车站及左右两端半个区间的所有用电设备的动力配电设计、照明配电设计、动力及照明的控制及保护设计、动力与照明设备、电缆等管线选择设计、接地设计、人防配电设计、低压设备安装及设备间的接口设计以及与其他相关专业的接口配合设计等。

4. 与其他系统的接口划分

(1) 与供电系统的接口。

动力配电及照明专业与变电所专业的接口位置在变电所动力配电变压器

0.4 kV 出线端,变压器由供电系统设计,动力配电及照明专业将低压开关柜主母排伸入变压器箱体内 150 mm,母排与变压器之间的连接由变压器厂家完成。

动力配电及照明专业从降压变电所 0.4 kV 两段母线上为变电所所用电分别各提供一路电源,两路电源在变电所所用电屏自动切换,所用电屏及自动控制装置由变电所专业负责设计提供,动力照明负责电缆的敷设设计。

动力照明系统负责土建接地网的设计;负责土建接地引上点与强电母排之间连接电缆设计;负责车站设备接地母排与强电母排之间的连接;负责低压开关柜内水平接地母排与强电接地母排的接地连接。变电所专业负责强电接地母排和变电所接地扁钢的安装位置及设计;负责其余强电设备至强电接地母排之间的连接及接地扁钢与强电接地母排的连接,负责变电所的平面布置、基础槽钢安装及设备开孔。

动力配电及照明在车站站台板下及区间的电缆支架由供电系统统一考虑,动力照明系统提供电缆路径及敷设要求。若道岔线区间内无供电系统电缆支架,电缆支架设计由动力照明专业考虑。

(2)与电力监控系统系统的接口。

SCADA 系统实现对变电所 0.4 KV 进线断路器、母线分段断路器、三级负荷总断路器、去环控室馈线断路器的控制和监视,并监视 0.4 kV 母线电压、进线电流、功率和功率因数。同时在车控室监视 0.4 kV 开关柜室母线上所有馈出开关的运行状态,即开关的分、合位置信号、故障信号。0.4 kV 开关柜室内的低压开关柜向 SCADA 系统提供开关状态信号和通信接口。

(3)与弱电系统的接口。

通信系统、综合监控系统、自动售检票及门禁系统、环境与设备监控系统、火灾报警系统等弱电系统采用弱电综合 UPS 电源供电,弱电综合 UPS 电源由通信专业进行设计,本专业在弱电综合 UPS 室设置双电源切换箱,与弱电综合 UPS 电源接口位置在 UPS 的进线开关上口。

与信号系统的接口位置:设备集中站信号系统接口在信号系统电源屏进线开关上端头,动力配电及照明专业为信号系统提供来自变电所两段不同母线的 2 路电源。2 路电源的自动切换功能由信号系统实现,非设备集中站的信号系统 UPS 与弱电集中 UPS 整合。

动力配电专业负责设计降压变电所、环控电控室开关柜内相关馈出回路的智能电度表、相关仪表,设置电能计量管理系统的通信处理器及其与所有智能仪表间的通信网络,通过通信处理器将收集的数据上传给综合监控系统,其与综合监控系统的接口在电能计量管理系统的通信处理器的通信口。

车站级综合监控系统接收电能计量管理系统通信处理器传送的信息,实现数据存储和分析、报表功能,综合监控专业负责与此通信处理器间的通信电缆。

智能照明系统主机设于车控室,与BAS的接口位置位于智能照明系统前端接线端子上,BAS负责将智能照明与BAS的接口连接线引至BAS,接口采用以太网,并通过网关与BAS相连。

环控电控室的智能低压开关柜为BAS提供的监控接口位置在智能低压开关柜的通信总线的通信管理器上,通信管理器以下(含通信管理器)由低压配电专业提供,通信管理器以上由监控专业提供。

消防切非与FAS的接口采用硬线接口,接口位置在低压开关柜各回路端子排,控制电缆由FAS负责,当发生火灾时,由FAS自动切断非消防负荷。

动力照明配电系统为各系统提供的接地端子接口位置在设备房接地端子箱的端子排上,弱电接地端子箱(排)由动力照明专业提供。

(4) 与通风与空调及电扶梯等常规设备专业的接口。

通风与空调系统的TVF风机、射流风机、组合式空调机组、轨道排风机、回/排风机、空调新风机、小系统空调机组、小系统送/排风机、大小系统风阀、各类调节阀等与动力照明配电专业的电源接口在设备接线端子盒内。接线盒以外的电缆均由动力照明专业设计。

动力照明系统由环控电控室为通风与空调变频器提供电源,变频器由低压配电专业提供。通风与空调变频器的通信口上到总线由环境与设备监控系统负责设计。

动力配电及照明与车站电扶梯专业的接口位置在电扶梯的电源进线端,由动力配电及照明专业敷设电缆至电扶梯的电源进线处附近,并按电扶梯专业的要求预留一定的电缆长度,再由电扶梯专业完成电缆与设备的连接。

电梯井道内照明、插座由电梯专业负责。

(5) 与给排水及水消防专业的接口。

动力照明配电系统为给排水系统提供水泵的电源箱,水泵的控制箱由给排水专业自带。接口分界点在控制箱进线处,同时控制箱至水泵和水位控制仪的电缆由给排水专业提供,电缆和配管等敷设由本专业完成。

动力配电及照明与给排水及水消防专业的接口位置在水泵控制箱的进线端子处,水泵控制箱由给排水专业自带,水泵控制箱的进线电缆由动力配电及照明专业负责,水泵控制箱的通信口上到总线部分由BAS专业负责。动力配电及照明专业为给排水专业提供220 V的电动碟阀电源,电动碟阀控制箱由本专业提供,控制箱通信口上到总线部分由 BAS 负责。

独立的一级负荷水泵,由变电所低压开关柜两段母线分别馈出一路电缆到水泵切换箱,再由切换箱引一路电缆至水泵控制箱进线端。

独立的二级负荷水泵,由变电所低压开关柜母线馈出一路电缆到水泵配电箱,再由配电箱引一路电缆至水泵控制箱进线端。

(6)与建筑装修专业的接口。

本专业根据装修方案完成车站公共区灯具的选型及布置,建筑装修专业负责配合完成设计。

对于有吊顶的设备管理用房照明,动力照明专业提供容量及选型,灯具布置动力照明配电与建筑装修图统一。

公共区清扫插座、疏散指示标志、出口标志由动力照明配电专业设置,并把位置提供给建筑装修专业,装修负责开孔预留。

车站建筑专业负责导向牌布置,并提供相关资料给动力照明专业,配电及控制由动力照明专业完成。

(7)与结构专业的接口。

动力照明配电专业向结构专业提供洞、管的位置及尺寸,预留及预埋由结构专业完成。

(8)与综合管线专业的接口。

动力照明专业负责提供本专业的设备尺寸、位置、高度等资料,也负责提供本专业管线的尺寸、路径、高度、性能、材料等要求,并配合综合管线专业的协调工作。

4.3.2 用电负荷分级、设计原则及负荷计算

1. 用电负荷分级

动力照明配电系统用电负荷按其不同的用途和重要性分为一、二、三级。

(1)一级负荷。

综合监控系统、通信系统、信号系统、火灾报警系统、环境与设备监控系统、电力监控系统、自动售检票系统、安防、门禁系统、站台门、银行、自动扶梯(火灾时仍需运行才能满足疏散要求的自动扶梯)、自动灭火系统、消防水泵、废水泵、雨水泵、所用电、地下车站站台、站厅和出入口等公共区照明、地下区间照明、应

急及疏散标志照明(包括区间)、事故风机及其风阀、排烟风机及其风阀等。

弱电综合 UPS 电源系统负责向相关弱电系统供电,为一级负荷中特别重要负荷,变电所操作电源为一级负荷中特别重要负荷,由静态转换开关配电;应急照明电源由 EPS 供电。

(2)二级负荷。

设备区和管理区照明、非事故风机及风阀、污水泵、集水泵、自动扶梯(火灾时无须运行的自动扶梯)、电梯、维修电源(含区间)、备用空调电源等。

(3)三级负荷。

公共区及管理用房空调系统(包括冷水机组、冷冻水泵、冷却水泵、冷却塔风机等)、广告照明、清扫机械、生活用电源、商铺等,同时非消防负荷原则与3号线统一,仅将三级负荷作为非消防负荷。

2. 主要设计原则

(1)动力照明配电系统按远期最大负荷设计,并考虑一定的裕量。动力照明供电采用与牵引供电系统共用 35 kV 供电方式。单台变压器正常负荷率不大于 70%,一台变压器供应本所的一、二级负荷时负荷率一般不大于 100%。

(2)动力照明配电系统的设计应安全可靠、接线简单、操作方便,并有一定的灵活性。

(3)动力照明配电系统采用三相四线制,接地采用 TN-S 保护系统。所有电气设备不带电的金属外壳均与 PE 线可靠连接。

(4)动力照明配电系统电压等级。

①交流 380/220 V:用于动力照明。

②交流 36 V:用于安全低压照明(潮湿场所采用 24 V)。

③直流 36 V:用于消防应急照明和疏散指示。

(5)正常运行情况下,用电设备端子处偏差允许值(以额定电压的百分数表示)宜符合下列要求。

①电动机:±5%。

②照明:一般±5%,区间照明−10%~5%。

3. 负荷计算

(1)配电干线负荷计算。

配电干线负荷使用需要系数法进行计算。

有功功率计算见式(4.4)。

$$P_j = K_{\sum P}(K_X \times P_s) \tag{4.4}$$

式中：P_j——有功功率，kW；

$K_{\Sigma P}$——有功同时系数，取 0.8～0.9；

K_X——需要系数，取值见表 4.11；

P_s——用电设备组的设备功率，kW。

无功功率计算见式(4.5)。

$$Q_j = K_{\sum q}(P_j \times \tan\theta) \tag{4.5}$$

式中：Q_j——无功功率，kVar；

$K_{\Sigma q}$——无功同时系数，取 0.93～0.97；

P_j——有功功率，kW；

$\tan\theta$——用电设备的功率因数角的正切值，功率因数推荐取值见表 4.11。

视在功率计算见式(4.6)。

$$S_j = \sqrt{P_j^2 + Q_j^2} \tag{4.6}$$

式中：S_j——视在功率，kVA；

P_j——有功功率，kW；

Q_j——无功功率，kVar。

(2)需要系数、功率因数取值。

车站动力与照明需要系数、功率因数推荐取值(用于变压器选型)见表 4.11。

表 4.11 需要系数、功率因数推荐取值

用电设备组名称	需要系数	功率因数
公共区照明	1	0.9
设备区照明	0.7	0.9
广告照明	1	0.9
应急照明	1	0.9
所用电	0.75	0.8
通风与空调	0.65	0.8
给水与排水	0.4	0.8
扶梯	0.6	0.8
电梯	0.2	0.8
维修电源	0.2	0.8

续表

用电设备组名称	需要系数	功率因数
弱电综合 UPS 系统	0.75	0.9
站台门电源	0.7	0.8
自动灭火	0.75	0.9
银行电源	0.75	0.9
冷水系统	0.7	0.8
市政配套用电	0.7	0.8
人防动力柜	0.1	0.8
一、二、三级负荷小动力	0.3	0.8
总有功同时系数 $K_{\Sigma p}$	0.8	
总无功同时系数 $K_{\Sigma q}$	0.9	

4.3.3 变电所低压配电设计

1. 低压主接线设计

本车站为地下二层建筑。在车站站台 A、B 端分别设置一个降压变电所与跟随变电所，变压器容量为 2 台 1000 kVA 和 2 台 630 kVA。向车站及左右两端半个区间的所有动力与照明用电设备供电。

变电所低压系统采用单母线分段运行，正常情况下，两台动力变压器同时运行，母线分段断路器断开，当一台变压器故障或停电时，自动切除三级负荷，母线分段断路器自动投入，由另一台变压器向两段母线一、二级负荷供电。各段母线均设有三级负荷总开关。

2. 控制和信号

变电所 0.4 kV 低压进线开关、母联开关及三级负荷总开关控制与监视纳入工点电力监控系统，设现场和集中遥控两种控制方式。各馈出回路设现场控制。

变电所 0.4 kV 低压进线开关、母联开关及三级负荷总开关、去环控电控室开关的监视信号包括开关分、合闸位置信号，事故信号以及进线开关柜的电流、电压、电度量等信号。

对于牵引降压混合变电所、跟随变电所现场总线 1 挂变电所智能仪表、智能断路器,现场总线2、3挂小PLC,且每条总线上所挂智能仪表或小PLC数量不超过15个。现场总线应采用通用的、标准的、开放的工业型现场总线。

3. 保护和测量

(1)降压变电所低压开关柜保护。

①0.4 kV进线断路器、去环控室馈线断路器:短路瞬时保护(可关闭)、短路短延时保护、过负荷保护、接地保护、低电压保护(仅进线断路器设)。

②0.4 kV母线分段断路器:过电流闭锁、失压自投、来电自复。

③0.4 kV三级负荷总断路器:短路瞬时保护、过负荷保护、低电压保护。

④0.4 kV出线断路器:短路瞬时保护、过负荷保护、接地保护。

⑤电能质量综合治理柜:短路瞬时保护。

(2)环控电控室低压开关柜保护。

①0.4 kV进线开关:短路短延时保护、过载保护、接地保护。

②0.4 kV出线断路器:短路瞬时保护、过载保护、接地保护。

③0.4 kV出线断路器(电机回路):短路瞬时保护、过载保护、接地保护、电流不平衡保护、电机堵转保护、电机过热保护、断相保护。

(3)末端配电箱保护。

①短路瞬时保护、过载保护、接地保护。

②凡乘客可能触摸到的设备如AFC设备、可移动电源插座箱及广告照明等设漏电保护。

③电机回路设断相保护。

(4)变电所低压开关柜测量。

①0.4 kV进线开关和冷水机组馈出开关设多功能智能电度表(含电流、电压、有功功率、无功功率、有功电度量等测量及计量功能)。

②环控馈出总开关、环控三级负荷总开关、总照明、广告照明、出入口电源、信号系统、公众通信、弱电综合UPS、银行、市政配套、备用空调、电扶梯馈出开关设智能电度表(含电流、电压、有功电度量等测量及计量功能)。

③母联开关和其余低压回路设数字电流表。

④电能质量综合治理柜设电流、功率因数测量。

(5)环控电控室低压开关柜测量。

①总进线回路设数字电流表。

②风机、柜式空调器、组合式空调器、水泵、冷却塔馈线回路设数字电流表。

(6)末端配电箱测量。

广告照明配电箱、商铺配电箱、银行电源箱、公众通信电源箱均设有功电度计量。

(7)电气火灾报警系统。

为全面监控和预防电气火灾的发生,在全线降压所设置漏电火灾报警系统。通过探测降压所馈电回路中的漏电流的大小来判断火灾发生的可能性,当探测器检测的剩余电流超过报警值时立即发出声光报警信号,提示检修。系统主要由剩余电流探测器、数据传输设备、总线隔离分支器、火灾报警控制器及终端控制器等组成。终端控制器与 FAS 接口,将报警信息送至 FAS。

在降压所各实际负荷的馈出回路上加装剩余电流探测器,降压所各低压柜增加电气火灾监控器。每个监控器可同时监控 6 个配电回路,备用回路不监控;每面柜内安装 1 个监控器,当单面柜内需要监控的回路多于 6 个时,须安装 2 个监控器。

设于车控室内的电气火灾监控系统主机采用总线方式与各开关柜内的监控器连接,总线采用金属管或弱电桥架敷设。总线级连次序应根据柜体实际位置确定。

漏电电流暂定值大于 300 mA 时,发出报警信号。实际漏电流设定可在系统调试中根据被保护电路显示的正常泄漏电流参数调整,应按≥4 倍正常泄漏电流整定。

(8)电能计量管理系统。

①系统结构。

电能计量管理系统负责实现电力数据的远程采集和监控:利用前端数据采集与显示设备通过网络通信,实现数据远程传输;利用管理层的系统软件功能,实现车站控制室、中央控制室对各车站、停车场和车辆段等不同用电设施的能耗数据采集、存储和分析、报表,为用户实现节能管理、节能改造提供依据。

轨道交通电能计量管理系统由管理层设备、网络通信设备及数据采集设备组成。

a. 管理层:由综合监控系统的车站级服务器及车站级后台机、OCC 服务器及 OCC 后台机、动力配电专业设置在 0.4 kV 开关柜室内的通信处理器等构成。

b. 网络通信设备:包括车站级与中央级 OCC 的通信网络、站内动力配电专业的通信处理器间与车站级综合监控系统间的通信网络、站内数据采集设备与动力配电专业通信处理器间的通信网络(即用标准工业总线实现通信处理器与数据采集设备的网络通信连接,内部通信采用 RS485/modbus RTU 标准工业总线,实现数据的上传)。

c. 数据采集设备:主要由各种采集器和智能仪表组成。

②数据采集设备设置原则。

通信处理器及智能仪表设置在降压变电所 0.4 kV 开关柜室内,环控电控室设数字式表计。电气仪表设置应符合《电测量及电能计量装置设计技术规程》(DL/T 5137—2001)的有关规定,所有表计均设在相应的开关柜内。

4. 无功补偿及电压调整

降压及跟随变电所 0.4 kV 开关室每段母线上预留 1 面柜位(1000 mm×1000 mm)的安装空间,用于安装无功补偿和有源滤波等电能质量综合治理装置。无功补偿的容量根据系统无功平衡要求设置,低压母线的功率因数不低于 0.9。有源滤波装置的容量根据下阶段设备采购和电能质量的测量结果,经过分析计算后确定。

5. 馈电原则

低压动力和照明设备的配电,根据负荷性质和重要程度按以下配电方式配电。

(1)一级负荷。

平时从降压变电所两段母线上分别馈出一路供电回路向负荷末端电源切换箱供电,两路电源在切换箱内自动切换,以实现不间断供电。从降压变电所两段母线上分别馈出一路供电回路向环控电控室Ⅰ、Ⅱ段母线供电,由环控电控柜实现双电源切换后馈出一路供电回路至用电设备,三级负荷母线由变电所三级负荷母线引入一路电源给设备供电。

(2)二级负荷。

平时从降压变电所、环控电控室、照明配电室馈出单回供电线路至末端配电箱,当一台变压器退出运行时,降压变电所的 0.4 kV 母线分段断路器自动闭合,退出运行变压器所带的二级负荷将由另一台变压器供电。

(3)三级负荷。

平时由三级负荷母线以一路电源供电,当一台变压器退出运行时,将其切除。

6. 设备房布置

(1)0.4 kV 开关柜室、跟随变电所的面积按照设备要求确定,变电所低压侧预留低压柜或无功补偿柜位,按每个变电所2面考虑。

(2)变电所应设有大型设备的专用进出口及运输通道。

(3)变电所的设备布置应便于设备的安装、检修、试验和运行。变电所低压开关柜采用离墙布置。

(4)变电所的房屋结构应满足有关规程、规范对其防火的规定,并采取必要的防尘、防鼠措施。

(5)在变电所和重要电气设备房间内,设置火灾报警与自动灭火装置。

(6)在变电所、环控电控室、综合UPS电源室、EPS电源室的配电柜操作面地面设置绝缘胶垫,宽度为1 m,厚度1 cm,长度不少于整排柜体长度。

7. 电缆敷设要求

电缆可采用电缆井、电缆沟、吊顶、桥架、托架、穿管、线槽等方式敷设。

低压开关柜室配线采用上下出线结合形式,有电缆夹层的车站应优先采用下出线形式。

区间电缆一般敷设在隧道中墙电缆支架上。在岔线或单洞双线隧道无中墙时,应采用预埋管或电缆沟槽的方式敷设。

所有过轨电缆均应采用预埋管方式敷设,原则上不允许电缆在接触网上方通过。

4.3.4 动力配电设计

1. 车站动力配电系统与配电方式

根据车站负荷分布的特点,以车站建筑中心线为界划分为A、B两端两个供电分区,车站两端紧靠环控机房设置环控电控室,站厅、站台两端分别设置照明配电室,各防火分区的二、三级负荷小动力配电箱安装在照明配电室内以满足动力设备的用电要求。

(1)通风与空调设备的配电方式。

通风与空调设备采用环控电控室集中配电方式,并对一、二级负荷和三级负荷分别设置一、二级负荷母线和三级负荷母线。一、二级负荷母线由变电所两段低压母线分别引入主备用电源,由电源进线开关自动切换后给一、二级负荷供电。三级负荷母线由变电所三级负荷母线引入一路电源给设备供电。

车站内55 kW以上(包括55 kW)的风机设备采用软启动器启动,55 kW以下的风机设备采用直接启动,有节能要求的设备采用变频器。

车站组合式空调机组、回排风机、轨道排风机、冷冻水泵等需要变频控制的设备,每个设备采用一台变频器,变频器设置在环控电控室低压开关柜内。

(2)其他动力设备配电。

本站两套冷水机组由变电所三级负荷母线供电,冷冻、冷却水泵等其他水系统设备采用电控柜集中配电。每台冷水机组及其匹配的设备须由同一段母线配电。

其他动力配电系统根据负荷等级进行配电,一级负荷为其提供 2 个独立电源回路在双电源切换箱内切换,二级负荷为其提供 1 个回路配电。通信、综合监控等弱电系统采用弱电综合 UPS 系统集中配电。

区间每 100 m 设 1 个维修电源箱,负荷容量按 1 处考虑,容量为 20 kW,电源箱内设漏电保护。

对车控室、出入口、设备管理区及二、三级负荷小动力的同类型设备可分片设置配电箱供电。

2. 控制和信号

(1)通风与空调设备控制系统。

采用三级控制方式,即车控室控制、环控电控室和就地控制,监视信号包括设备状态信号和事故信号。环控电控室通风与空调设备控制系统采用智能马达控制方案,主要是在车站环控电控室低压开关柜应用智能单元及软件系统,通过采用多功能仪表、电动机保护模块、PLC、通信管理器、智能 I/O、总线等硬件设备把各用电单元组成网络,实现对环控设备集中配电和控制、参数设置、故障诊断,存储打印报表等功能。

控制部分的主要功能是能与 BAS 进行双向通信,通信协议通用开放,智能控制单元可接收监控系统发送的启、停命令、电流设定值、保护设定值、单元配置参数等。智能控制单元可以向监控系统传送断路器位置状态、运行状态和储能装置状态、保护动作、参数设定值、电流值、电压、功率因数、有功电度、无功电度、谐波量等。系统事件响应时间和控制响应时间不大于 0.5 s。

现场总线及与马达保护器与智能 I/O 间的通信协议要求通用、标准、开放,并且连接的网络电缆长度能够最长可达 500 m。

给环控设备配电的开关柜,每个风机回路采用 1 个电动机保护控制模块,每个电动风阀(或蝶阀)采用带通信端口的 PLC 或 I/O 模块。风机用软启动器、电动机保护控制模块、风阀和蝶阀用 PLC 或 I/O 模块均通过总线连接,总线上有两处分别与处于热备的通信接口设备连接,总线故障时在变电所能够实现单台风机、风阀的控制。

(2)给排水及消防系统设备控制。

消防泵采用两级控制方式,即车控室控制和就地控制。监视信号包括设备状态信号和事故信号。

污水泵、废水泵、雨水泵采用液位自动控制方式。监视信号包括设备状态信号和事故信号。

(3)扶梯控制。

扶梯采用两级控制方式,即车控室控制和就地控制。车控室控制只有停止扶梯运行功能,无启动扶梯功能。监视信号包括设备状态信号和事故信号。在扶梯就地设置配电箱或双电源切换箱,扶梯控制箱由扶梯厂家自带。

3. 维修电源

(1)各种机房维修电源。

冷水机房、空调机房、泵房、风机房等设检修电源箱;各控制室、配电室等设检修插座。

(2)区间维修箱。

区间每隔 100 m 设 1 个维修电源箱,电源箱容量为 20 kW,电源箱内设三相漏电保护开关,并按同时使用一处考虑。

(3)电源插座。

在车站站厅站台公共区、设备区走廊、出入口通道等适当位置设置插座,供维修及清扫机械等用电,在设备管理用房设置适当数量的办公插座。

4.3.5 照明设计

车站照明引入智能照明系统,实现调光和各种场景控制。车站照明做到绿色环保、安全节能,满足人性化需求。在车站内各区域实现灵活多样的控制方式。

车站站厅、站台公共区及出入口通道实现灯具的调光控制,其余区域设置灯具的开关控制。

1. 照明布置

(1)照明种类。

①地铁车站照明分为正常照明(包括公共场所的正常照明、设备管理用房照

明等)、应急照明(包括备用照明和疏散照明)、安全低电压照明(包括变电所电缆夹层照明和站台板下照明)、广告照明等。以车站中心里程为界,车站两端每个照明配电室内设照明总配电箱 1 和照明总配电箱 2,电源分别由变电所不同低压母线供电。公共区应急照明可兼做值班照明,在夜间列车停运后,供内部人员通行和巡视时使用。

②疏散照明由出口标志灯、指向标志灯和疏散照明灯等组成。

(2)照度标准。

深圳市城市轨道交通 3 号线四期车站照度要求如表 4.12 所示。

表 4.12 地下车站照度标准

序号	场所	平均照度/lx	备用照明照度 lx	疏散照明照度 lx	功率密度值/(W/m²)	参考平面
1	客服中心	200	20	—	9	距地 0.8 m 桌面
2	售、检票处	300	30	—	9	台面
3	银行	300	—	—	9	台面
4	站厅(地下)	200	—	5	10	地面
5	站台(地下)	150	—	5	9	地面
6	办公室、会议室	300	—	—	9	台面
7	休息室	100	—	—	6	0.75 m 水平面
8	卫生间	100	—	—	6	地面
9	车控室	300	300	—	9	台面
10	弱电等设备用房	150	75	—	7	地面
11	变配电室、EPS 电源室	200	200	—	8	地面
12	消防泵房	100	100	—	6	地面
13	废水泵房	100	50	—	6	地面
14	泵房、风机房	100	10	—	6	地面
15	风道	10	—	5	—	地面
16	隧道	5	—	5	—	轨平面
17	道岔区	100	—	5	—	轨平面
18	道岔区转辙机处	100	—	5	—	轨平面

2. 照明配电

(1)照明设计原则。

①车站照明设计应简洁、实用、便于安装和维修,并与车站建筑风格相协调。

②车站应急照明电源室内设置应急照明电源设备,负责提供车站的应急照明电源,其数量和面积应根据车站规模确定,并满足人防要求。

③应急照明应均匀地布置在公共区,在设备管理房和走道也应设应急照明。在上下行扶梯、步行梯口、自动售检票设备安装处附近应满足照度指标要求,以确保乘客安全。应急照明灯具选用满足消防认证的应急灯。

④在站台、站厅、楼梯、通道及通道转弯处附近,应设置暗装的疏散指向标志灯,安装间距不大于10 m。

⑤在车站出口、集散厅的出口、设备及管理用房门上方和其他通向站外的应急出口处均设置出口标志灯。

⑥区间隧道照明灯具按每12 m一套布置,应急照明灯具与工作检修照明灯具交叉相间布置。每隔10 m设置疏散指向标志灯。所有照明灯具的安装不侵入设备限界。

⑦消防应急照明和疏散指示系统为人员疏散和发生火灾时仍有设备工作的场所提供照明和疏散指示。消防应急照明和疏散指示系统采用集中控制型,主要包括应急照明控制器、A型应急照明集中电源或A型应急照明配电箱、A型消防应急灯具(含应急照明灯具和应急标志灯具)、通信网络(含配线)组成。

(2)照明配电范围。

照明配电范围包括车站站厅层、站台层、出入口通道的正常照明、应急照明及疏散照明、广告照明,导向照明及区间正常照明、应急照明及疏散照明等。

(3)照明配电方式。

①车站及区间的照明配电箱设在车站站厅、站台照明配电室内,两端照明配电室供电范围以车站中心线为界。

②车站每个照明配电室内设两个照明总配电箱,电源应分别由降压变电所不同低压母线供电。两个照明总配电箱交叉向车站照明区域配电,每个照明总配箱各负担50%。

③照明馈电开关采用单相开关,最大负荷电流不大于16 A。照明配电箱内三相照明回路负荷应基本平衡,回路的最大与最小相负荷电流差不宜超过30%。

④车站广告照明配电箱由变电所三级负荷母线配电,并在馈出回路设置漏电保护。

⑤变电所电缆夹层、站台板下电缆通道和折返线检查坑内设安全工作照明和携带式照明用插座,电源应采用 36 V 安全电压等级。

⑥消防应急照明和疏散指示系统电源采用直流 36 V。

(4)接线方式和电缆、电线敷设要求

①照明配电箱内应为单母线不分段接线。

②车站站厅、站台公共区的照明采用分块控制、交叉供电的配线方式,以方便控制和节约电能。

③区间工作照明、应急照明均采用单相交叉配电方式。

3. 保护和计量

照明配电箱设以下保护:短路瞬时保护、过负荷保护、接地保护。

在 0.4 kV 开关柜室照明馈出回路设置计量表,以便节能考核。

4. 照明控制

(1)公共区照明控制。

车站公共区正常照明、广告照明、导向标志照明由车站控制室和照明配电室两级控制,设备区照明设置就地控制。照明系统按照各种模式采用智能照明控制系统,并与环境与设备监控系统实现通信。

智能照明控制系统是模块化分布式总线型控制系统,主要包括智能照明主机、网络控制器、控制模块、智能面板开关、人机界面及传感器等组成。通过智能控制系统可以实现调光控制、开关控制、延时控制、场景控制等。

(2)设备区照明控制。

设备管理用房照明设就地开关控制。

应急照明及导向照明由 EPS 供电。正常由交流供电,当两路交流电源都失电后,自动转为蓄电池电源通过逆变器供电。车站应急照明作为正常照明的一部分。隧道工作照明正常行车时关闭,以给乘务人员提供比较舒适的驾驶环境,并节约电能。应急照明电源容量在事故状态下应满足不低于 90 min 的用电要求,设备区应急照明正常时可关闭,火灾时可强行开启。

(3)区间照明控制。

区间照明分为工作照明和应急照明。工作照明由区间照明箱配电,应急照明由 EPS 装置配电,正常情况下工作照明及应急照明均可以不开启,在需要开启的情况下,可选择开启,在火灾或灾害模式下,区间应急照明由监控系统控制 EPS 回路强行启动区间应急照明。

5. 应急照明电源装置

(1)接线方式。

应急照明电源设备的电源来自降压变电所的两段不同低压母线,且在应急照明电源室内自动切换。

车站应急照明回路由应急照明电源装置直接馈出回路配电,并设置应急导向标志照明配电箱为应急导向标示配电。

(2)运行方式。

应急照明电源由充电机、蓄电池组、逆变器、自动切换装置及交流配电屏组成。正常情况下,蓄电池处于浮充状态,由降压变电所提供的交流 380/220 V 电源直接供电给应急照明及应急导向标志回路。当两路电源都失电的情况下,自动切换装置动作,应急照明负荷全部由逆变器供电。车站应急照明作为正常照明的一部分。区间应急照明正常行车时关闭,以给驾驶人员提供比较好的驾驶环境,并节约电能。

(3)应急照明电源容量。

①车站应急照明电源按保证应急照明和疏散标志照明负荷工作 90 min 的用电需求考虑。

②车站在 A、B 端各设 1 套应急照明电源装置,容量按 20 kW 考虑,消防应急照明和疏散指示系统的 EPS 按 5 kW 考虑。

4.3.6 设备工具选择与接地系统设计

1. 设备、电缆(线)选择

(1)低压开关柜、配电箱、母线槽。

①设备选型应满足地铁环境要求,选用符合现形国家标准、技术先进、生产工艺成熟可靠、结构紧凑、便于安装和维护的节能型产品。

②在满足技术和功能要求的前提下,优先选用国产设备,并全线统一。

③降压变电所和环控电控室的低压开关柜选用低压成套开关设备。

④车站及区间的照明设备宜选用寿命长、节能、高效型产品,车站所有区域

均采用 LED 灯具。

⑤分散安装于隧道内、水泵房、电缆夹层内和其他潮湿、不通风场合的配电箱、灯具等设备宜采用防潮、防霉和适合湿热环境使用的电气产品,外壳防护等级不低于 IP54。

⑥线路计算电流大于 500 A 时可采用密集型母线槽。

(2)电缆(线)。

①在地下敷设的所有电线电缆均应选用低烟、无卤、阻燃型,阻燃性能不低于 B 类,燃烧性能等级划分参考《建筑材料及制品燃烧性能分级》(GB 8624—2012)。

②火灾事故时仍需运行的设备、应急照明等电线电缆,电缆选用柔性矿物绝缘电缆,电线选用低烟、无卤、阻燃、耐火型。

③重要信号的控制电缆采用金属屏蔽电缆,防止电磁干扰。

(3)照明灯具。

①车站所有区域均采用 LED 灯具,地下车站公用区应与建筑装修协调匹配。设备管理房若有吊顶,灯具采用嵌入式安装。照明设备选用寿命长、节能型产品。

②区间隧道内设应急照明和疏散指示,风道及区间隧道内照明灯具应选择防水、防尘、防震型的三防型,疏散指示采用带米标可变方向型。所有照明灯具的安装均离壁 25 mm,并不得侵入区间限界。

2. 接地系统设计

(1)接地网。

车站设置综合接地网,利用车站主体结构钢筋作为自然接地装置,并在结构板下方敷设以水平接地体为主的人工接地网,自然接地装置和人工接地网间采用 4 根导体连接,自然接地极与人工接地网的接地电阻值应能分别测量,且各接地装置的接地电阻≤1 Ω。

(2)接地引上线引出方式。

人工接地网设置 4 组接地引上线,其中 2 组为强电设备接地引上线,1 组为弱电设备接地引上线,1 组备用。同种设备的引上线数目均为 3 根,2 用 1 备。强电、弱电接地引上线与综合接地装置的连接点间的间距不小于 20 m;并在人工接地网两端分别预留 2 处接地引上线与自然接地体连接。

(3)接地端子箱(排)。

在车站变电所内设 1 个强电接地母排,在通信设备室、信号设备室、综合监控设备室、车站控制室、站台门控制室、公众通信设备室、党政通信设备室、警务室、AFC售票机房、AFC设备室及银行等房间内各设1个弱电接地母排(或端子箱)。在站台板下电缆夹层内,设弱电设备接地总母排,弱电设备接地总母排与以上各室母排(端子箱)连接。所有带电设备的金属外壳、地下金属管线均与接地网相连。

4.4 电梯系统设计

下面以南昌地铁为例,对城市轨道交通电梯系统进行研究。

4.4.1 设备布置原则与设备选型

1. 设备布置原则

(1)自动扶梯布置原则。

①自动扶梯设置位置应避开土建结构的变形缝和诱导缝。

②设置自动扶梯的出入口应尽量采用有盖的地面亭设计,避免设备直接暴露在室外环境中,以保证设备的使用寿命。

③车站出入口、站台至站厅应设上、下行自动扶梯。在设置双向自动扶梯困难且提升高度不大于10 m时,可仅设上行自动扶梯。每座车站应至少有一个出入口设上、下行自动扶梯;站台至站厅应至少设一处上、下行自动扶梯。分期建设的扶梯应预留位置。

④当站台至站厅及站厅至地面上、下行均采用自动扶梯时,应加设人行楼梯或备用自动扶梯。

⑤两台相对布置的自动扶梯工作点间距不得小于16 m;自动扶梯工作点与前面影响通行的障碍物间距不得小于8 m;自动扶梯与楼梯相对布置时,自动扶梯工作点与楼梯第一级踏步的间距不得小于12 m。

⑥自动扶梯扶手带外缘与平行墙装饰面或楼板开口边缘装饰面的水平距离,不得小于80 mm,相邻交叉或平行设置的两梯(道)之间扶手带的外缘水平距离,不应小于160 mm。

⑦自动扶梯穿过楼板处,沿洞口设置高度不小于1200 mm的通透栏杆或透明栏板;洞口边缘或柱子边缘与自动扶梯扶手带外缘的水平距离小于400 mm

时,应设置无锐利边缘的垂直防护挡板;洞口边缘或柱子边缘与自动扶梯扶手带中心的距离或并行布置的两台扶梯扶手带中心距大于 300 mm 时,扶手盖板上每隔 1800 mm 设置一个防滑行装置。

⑧自动扶梯的踏步面到顶部建筑物最底面垂直净空高度不小于 2500 mm。

⑨自动扶梯上、下水平段扶手带端部应有不小于 2.5 m 的疏散区。上、下端部,若存在横向客流,在条件许可时,可在扶梯上下端设置长度不小于 1.5 m 的不锈钢栏杆(高度与自动扶梯扶手带标高一致),以避免交叉客流引起的拥堵。

⑩不允许自动扶梯水平段与楼梯倾斜段或自动扶梯水平段与自动扶梯倾斜段交叉布置,以防止乘客从自动扶梯水平段跌到落楼梯或另一扶梯。

⑪为防止乘客从自动扶梯水平段跌落到固定楼梯上,要求固定楼梯上部第一级踏步至自动扶梯上工作点的距离不得大于 2650 mm,同时固定楼梯的扶手应延伸至扶梯扶手带端部。

⑫站内自动扶梯下部有三角空间的,应设计成封闭式房间。

⑬车站出入口自动扶梯的倾斜角度不应大于 30°,站台至站厅自动扶梯的倾斜角度应为 30°。

⑭自动扶梯下部基坑内不得积水,优先考虑自流排水。无自流排水条件时,考虑在自动扶梯坑外设集水井,集水井与基坑分开,中间用排水管相连。集水井设计水位标高低于自动扶梯坑底标高 100 mm 以上。

⑮紧急情况下,车站内下行自动扶梯停止,上行的自动扶梯可继续向上运转。出入口的自动扶梯全部停止。自动扶梯即使在非运行状态下,也不得当做固定楼梯使用,因此各车站设计工点在验算车站事故疏散时间时,必须按上述的方式计算自动扶梯的通过能力,而不能笼统地假设所有扶梯均按上行来计算。

自动扶梯设置在车站内和出入口,将地面上需要乘坐地铁列车的乘客自动送入地铁站台或将地铁列车下车的乘客自动送到地面。自动扶梯的设置提高了乘客出入地铁时的舒适度,充分体现以人为本的精神,提高了车站的服务水平。自动扶梯在车站站台、站厅的建筑平面布置上对疏导客流有着重要作用,因此从便于疏散客流、减少疏散时间的角度考虑,自动扶梯应均匀布置,同时,还要避免出现进出站客流路线交叉干扰的现象。对于换乘车站,可考虑设置最底层站台至站厅层的直达扶梯,以缩短进出站时间。在满足疏散要求的前提下,自动扶梯专业应严格按上述布置原则与工点设计单位进行配合。

(2)电梯布置原则。

①电梯的设置位置应避开土建结构的变形缝和诱导缝。

②电梯的设置应能方便乘客进、出车站,原则上保证每个车站至少有一条无障碍通道供残疾人使用。站台和站厅层之间电梯设于付费区内,岛式车站在站台和站厅之间设置1台电梯,侧式车站每侧站台和站厅之间设置1台电梯;出入口电梯设于非付费区。出入口电梯尽量配置在客流量大的出入口。

③电梯井道可采用透明钢结构或钢筋混凝土结构形式,具体采用何种形式由建筑专业根据车站景观要求确定;当电梯井道顶部暴露于室外时,该部分井道不宜采用透明钢结构形式。出地面井道通风孔处装修应满足通风和防止雨水进入井道的要求。

④每层电梯厅门开门方向应保持一致。电梯层门面向集散厅布置,厅门应避免面向轨行区。电梯门前等候区深度不宜小于1.8 m。特殊情况下方可设置贯通门。

⑤出地面电梯厅门前应设置候梯厅,在设置困难的情况下,可设置遮雨棚,以适应南昌多雨季节的候梯条件。地面层厅门(此处指候梯厅门)的标高应高于车站室外标高,避免雨水反灌,候梯厅与室外高差采用残疾人坡道连接。井道边缘装修层应采用防水砂浆做包边处理,以避免水由装修层渗入电梯底坑。

⑥电梯井道壁、底面、顶板应使用不燃、坚固、无粉尘的材料建造。

⑦电梯井道要求密封,井道内不能通过与电梯无关的电缆、水电管道,但应留有防灾、通风、维修等功能性的开孔。

⑧电梯底坑下面尽量不要设置在人们能到达的空间下面(即底坑不应悬空),如确有该种空间存在,必须进行封闭或提前与电梯专业沟通。

⑨电梯井道布线采用的各种规格的电缆,均应放入铝合金线槽,外接部分应穿入金属软管。对通透式电梯线槽的布置应美观,且应减少对井道通透性的影响,各种井道电气件的布置应简洁,电缆的外接要少,并应采用不锈钢金属软管。

⑩电梯井道底坑内不得积水、渗水,应优先考虑自流排水,无自流排水条件时刻设置具备排水坑。

⑪当电梯相邻两层门地坎间的距离大于11 m时,其间应设置井道安全门,以确保相邻地坎间的距离不大于11 m。井道安全门的设置应符合国家有关标准的要求,开门尺寸不小于600 mm(宽)×1800 mm(高)。

地铁车站电梯主要为残疾人及其他行动不便的乘客服务,为残疾人出入地铁提供了一条无障碍通道,也兼用于货梯运送设备更换维修时的设备零部件、行李等。为提高电梯的利用率,携带大行李的乘客也可乘坐电梯,既保护了自动扶梯,也提高了车站的疏散能力。从满足使用需求前提下,电梯专业应严格按上述布置原则与工点设计单位进行配合。

2. 自动扶梯设备选型

(1) 自动扶梯类型的选型。

自动扶梯作为轨道交通重要的运输设备,可有效快速地让乘客进入地铁站和出地铁站,减少乘客在车站的拥挤,同时可以提高乘客的舒适度。自动扶梯主要由驱动装置、梯路结构、扶手装置、桁架、梯级、安全装置等组成。应用于轨道交通中的自动扶梯同其他商用自动扶梯相比,具有高峰期运量大、工作时间长、客流潮汐效应显著、发生故障影响面大等特点,因此对设备整体的安全性、可靠性、使用寿命及各主要部件均有较高的要求。因此,推荐自动扶梯采用公共交通重载型扶梯。

自动扶梯按载荷能力以及使用场所分为普通型自动扶梯、公共交通型自动扶梯和公共交通重载型自动扶梯。其中重载型自动扶梯在我国地铁等大客流公交场所已广泛使用,它在结构、性能、寿命等方面与普通扶梯和公共交通型扶梯有明显区别。自动扶梯分类大概介绍如下。

①普通自动扶梯:也称为商用扶梯,一般安装在百货公司、购物中心、超市、酒店、展览馆等商用楼宇内,是使用较多的自动扶梯。普通自动扶梯的载客量一般都比较小,商业场所每天的营业时间通常为 12 h 左右。在设计中,一般对普通自动扶梯要求每周工作 6 天,每天运行 12 h,以 60% 左右的制动载荷作为额定载荷。

②公共交通型自动扶梯:主要应用在高铁、火车站、机场、过街天桥、隧道及交通综合枢纽等人流较集中且使用环境复杂的场所。公共交通型自动扶梯的载荷要大于普通型自动扶梯,但又小于重载型自动扶梯。在这些公交场所,扶梯每天需要工作 20 h 或以上。在设计中,一般对公共交通型自动扶梯要求每周工作 7 天,每天工作 20 h,以 80% 左右的制动载荷作为额定载荷,且在任何 3 h 间隔内,其载荷大道 100% 制动载荷的持续时间不小于 0.5 h。

③公共交通重载型自动扶梯:主要用于以地铁为代表的大客流城市轨道交通中。在这种大客流的公交场所,一般对重载型自动扶梯要求每周工作 7 天,每天工作 20 h,以 100% 的制动载荷作为的载荷,且在任何 3 h 间隔内,100% 制动载荷的持续时间不小于 1 h。

由此可见,考虑地铁车站需要面对大量客流,自动扶梯必须具有承受超高强度载荷的能力,推荐地铁项目自动扶梯采用公共交通重载型扶梯是合理的。

(2)室内型和室外型的选型。

自动扶梯按使用地点的不同分为室内型和室外型扶梯。地下车站内不受日晒、雨淋的影响,选用室内型扶梯;车站出入口及高架车站内,由于顶盖不完全封闭,会受到日晒、飘雨和风沙侵袭的影响,选用室外型扶梯。

室外型自动扶梯,安装在露天的场所,具有抵御各种恶劣气候环境侵蚀的能力,能承受直接作用在扶梯上的雨水、飘雪、冰冻、高温、湿度、雾气、沙尘、紫外线等自然界的各种不利因素。室外型扶梯通常根据实际的安装使用地点和气候状况,配备防水、加热、防冻、防尘、防锈等保护措施以延长扶梯的使用寿命。但即便如此,室外型自动扶梯部件的工作寿命会明显低于室内型,机件的磨损和报废都会比较快,维修费用会相当高,因此自动扶梯一般不主张做露天布置。

(3)主要零部件的选型。

公共交通重载型自动扶梯的选型主要在驱动驱动系统、梯路系统、扶手带驱动系统、桁架、安全装置等零部件进行了深化设计,以适应地铁大客流、重载的工作条件。

如图4.5所示为自动扶梯构成。

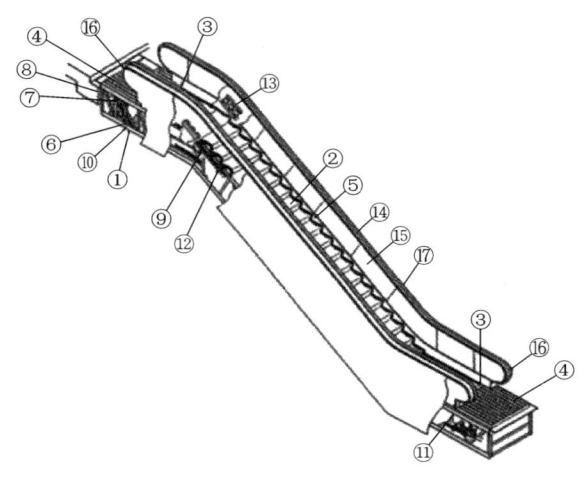

图4.5 自动扶梯构成

①—桁架;②—梯级;③—梳齿;④—地板及梳齿板;⑤—裙板;⑥—驱动链;⑦—减速机;
⑧—电动机;⑨—梯级链;⑩—主驱动轴;⑪—梯级链张紧装置;⑫—导轨;
⑬—扶手带驱动装置;⑭—扶手带;⑮—内侧板;⑯—操纵板;⑰—盖板

①驱动系统。

a.驱动装置。

驱动装置结构包括电动机、减速器、制动器、传动链、驱动主轴等,设置在上端部机房,采用立式驱动主机,提供梯级和扶手带运行的动力。

驱动装置应运行平稳、传动效率高、维修工作量小、使用寿命长、噪声小;在驱动装置的动力传动中,不采用皮带等摩擦传动;采用弹性联轴节,保证20年的使用寿命。

b. 电机。

电动机采用交流异步鼠笼型电机,具有较大的起动转矩;采用交流变频调速技术,能起到节能的效果;电机应在各车站安装环境下正常运行,空载及有载时电机不能有异样噪声;电机效率不应低于80%;电机防护等级室内型不小于IP54,室外型不小于IP55(电机的端子保护等级不小于IP65)。

c. 减速器。

减速机宜采用效率高、噪声小、传动平稳的斜齿轮传动,结构紧凑,具有较高的负载承受能力,满足地铁大运量的要求;减速机的规格参数需要与所选用的电机功率相匹配;效率应不低于92%。

d. 工作制动器与附加制动器。

工作制动器与附加制动器应全面符合《自动扶梯和自动人行道的制造与安装安全规范》(GB 16899—2011)的要求。工作制动器主要用于扶梯停止运行时提供制动力,安装于减速器的高速轴上,能在扶梯运行中发生故障时紧急制动;附加制动器安装在驱动主轴上,用于传动链突然断裂时,使驱动主轴制停。

制动器应有制动器松闸监测装置,制动器未完全打开时,扶梯不能启动。工作制动器和附加制动器的制动不宜同时动作,当工作制动器和附加制动器必须同时制动时,其制动距离也符合设计要求。

② 梯路系统。

a. 梯级与梯级滚轮。

梯级强度应满足有关的试验要求。梯级结构采用整体压铸铝合金梯级;梯级主体氧化黑色,要求涂层具有一定附着力,可经得起正常清洁;梯级三边(左右边及前沿)和梯级踏面中分线喷黄色警告漆,颜色稳定性好;梯级应能承受工作中的负载,在连续承受 6000 N/m^2 的均布载荷情况下所产生的变形,不应妨碍自动扶梯的正常功能;梯级的拆卸应方便、快捷,应设置机械式梯级闭锁装置,这种闭锁装置应能保证维修人员的安全。

梯级滚轮应由轮缘、轮壳和轴承组成;梯级滚轮的轮缘应采用耐油、耐水、强度高的材料制造;轮壳应采用金属材料;采用免维护密封滚珠轴承,轴承和润滑油脂寿命应和梯级滚轮部件同寿命。

b. 梯级链与梯级链滚轮。

梯级采用链条驱动,每侧至少一根,其安全系数≥8;梯级链应有20年以上的工作寿命,需保证链条在工作时的轴销比压不大于23 N/mm^2;梯级链各连接部位均具有良好的润滑;为保证在运行过程中梯级不发生偏斜现象,两侧梯级链需进行配对。室外梯梯级链全程有防水、防尘设计(不锈钢罩盖),以阻止泥沙侵入链条内部。

梯级链的结构形式有标准套筒滚子链和专用滚轮链两种。套筒滚子链是梯级主滚轮(梯级链滚轮),安装在梯级链外侧,是独立部件;滚轮链是链条的滚子被梯级主滚轮取代,梯级主滚轮成了链条上的一个部件。后者简化了扶梯梯级链的结构,但滚轮较易损坏,更换也不方便,因此这种链条一般用于提升高度不大的普通扶梯;对于重载扶梯,需要链条和滚轮都有相当高的工作寿命,且要求滚轮的更换方便快捷。因此,推荐梯级链采用标准的套筒滚子链。

梯级链滚轮的结构形式,从主轮与链条的位置关系来看,可以分成滚轮内置及滚轮外置两种:滚轮内置即滚轮位于链条的内链板之间;滚轮外置即滚轮位于链条的外链板之外。由于滚轮受力大,数量较多,为易损件,需要定期维护更换。如果采用滚轮内置结构,则更换滚轮时需要分解梯级链,操作不便。而若采用滚轮外置结构,维修时则无须分解梯级链即可更换滚轮,操作更为方便。因此,推荐梯级链滚轮采用滚轮外置形式。

c. 梯路导轨。

导轨系统主要包括梯级主、辅轮的全部导轨、卸载导轨、上工作段全程防跳轨及相应的支撑物等。

导轨应经热浸锌处理,锌层厚度应不小于50 μm,梯路导轨系统的设计应保证工作面光滑平整耐磨,有一定的尺寸精度,且各轨的安装应保证轨间尺寸的一致性及左右导轨的平行度,以使梯级平稳运行。

③扶手装置。

a. 扶手带。

扶手带采用V形扶手带,破断力不小于25 kN,表面硬度合理;在雨天直接淋雨应能正常工作,并能抗阳光暴晒;扶手带能阻燃,并设有去静电的装置。

b. 扶手带导轨系统。

目前常见的扶手带驱动系统有三种,即大摩擦轮传动、压滚轮组水平驱动及上端部驱动轮驱动:第一种对带的结构损伤大,且传动力小,不能适应大提升高度;第二种可通过增加压滚轮对数提高驱动力,可适应大提升高度,但压滚轮对带面磨损大;第三种配用三角带式扶手带,驱动力较大,对扶手带表面无磨损,且对扶手带的定位好,特别适用大运量,大高度扶梯使用。

因此,推荐采用上端部驱动轮驱动方式。扶手带驱动链轮设置于上部扶手回转端;上部扶手回转端设扶手带驱动轮,下部扶手回转端设扶手带回转轮;每单条扶手带驱动链安全系数≥8;扶手导轨采用不锈钢板材滚压成型。

④桁架。

桁架为金属结构,采用角钢和槽钢组合焊接而成,镀锌前进行喷砂处理,在 5000 N/m² 负载下其实测最大挠度不超过支撑距离的 1/1500。

桁架段(包括焊在上面的安装底座、桁架底板及可能的导轨支架等)整体热镀锌。镀锌层表面应光滑、清洁而无瑕疵且厚度均匀,其镀锌层厚度不小于 100 μm,具有 40 年防锈寿命。

镀锌工艺完成后,镀锌工艺对桁架的机械性能无任何负面影响。不能在安装现场加焊任何构件或采取其他任何破坏镀锌层的工艺。

为方便桁架的运输及安装,桁架设计成数段,安装时,每段之间必须刚性连接,连接螺栓必须有一定的强度、防锈能力和防松措施,以保证桁架在寿命期内的稳定。

⑤自动润滑系统。

全部需要用稀油润滑的零部件采用自动润滑。驱动链和梯级链的润滑系统能独立调节油量和润滑时间。

⑥控制系统、控制柜及电气开关。

控制系统采用微机控制;控制柜内全部电气元件均应符合《自动扶梯和自动人行道的制造与安装安全规范》(GB 16899—2011)要求;能向 BAS 发出自动扶梯的上行、下行、故障及出入口扶梯楼层板防盗等信号。

在控制柜内留有与车站控制室急停开关的接口;控制柜柜体外壳保护等级室内型不小于 IP43,室外型不小于 IP55;控制柜具有良好的通风设计,以保证微机系统及变频器正常工作。

电子器件的平均无故障工作时间不小于 50000 h;安全开关、钥匙开关、停止按钮、插座等电气件的外壳保护等级应满足室内型自动扶梯、室外型自动扶梯相应的环境条件。

⑦室外型自动扶梯防盗、防水、防尘设计。

室外型自动扶梯上下地板装设专用锁,能可靠防止非工作人员打开上下机房地板进入扶梯机房;室外型自动扶梯应有特别的防水、防尘设计,保证扶梯在全露天条件下,能全天候安全可靠地工作。

⑧安全装置。

自动扶梯的安全装置应全面满足并高于《自动扶梯和自动人行道的制造与安装安全规范》(GB 16899—2011)的要求,至少应具备如下安全装置。

a. 供电系统断相、错相、过流保护装置:在扶梯运行发生错相、断相、过流时,使扶梯停止;在扶梯静止发生错相、断相、过流时,使扶梯不能启动。

b. 扶手带入口安全保护装置:扶手带设置入口保护安全保护装置,当有异物卡入扶手带入口时,自动扶梯自动停止运行。

c. 梯级链断裂保护装置:当梯级在梯级链过度伸长、不正常收紧或破断时,能使安全开关动作,切断安全回路,使扶梯停止。

d. 防逆转保护装置:当扶梯一旦出现逆转方向运行时,在速度为 0 前,使附加制动器动作,使扶梯停止。

e. 扶手带断裂保护装置:每条扶手带都安装保护装置,在扶手带破断时能使扶梯停止运行。

f. 梳齿板安全开关保护装置:梳齿板设置安全开关保护装置,能在水平和垂直两个方向进行保护,当有异物卡入梳齿板时,触动该开关,使扶梯停止。

g. 驱动链断链保护装置:驱动链过度伸长时,使工作制动器停止;驱动链破断时使附加制动器动作,扶梯停止运行。

h. 急停按钮:上、下水平段端部设急停按钮。若提升高度超过 12 m,扶梯倾斜部分中部的合适位置应附加紧急停止按钮。

i. 梯级与围裙板夹人装置,即围裙板安全保护开关:当有异物卡入梯级与裙板之间,使围裙板受到异常压力时,扶梯停止。

j. 超速保护装置:采用感应式接近开关在扶梯超速至 1.15 倍额定速度时,使工作制动器动作;当扶梯超速至 1.2 倍额定速度时,使附加制动器动作。

k. 梯级断裂保护装置:当梯级下陷或断裂时,该装置被触发,使扶梯停止。

l. 电机过热保护:当电机过热时,使扶梯停止。

m. 机房盖板安全开关:在扶梯上、下机房地板下设有设嵌入式锁闭机构和安全开关,除维修模式外,当盖板被打开时,安全开关动作,扶梯停止运行。

n. 欠速保护装置:当扶梯在有载情况下,速度降低至额定速度的 50% 时,工作制动器和附加制动器动作,使扶梯停止。

o. 电路接地故障保护装置:控制柜内配有漏电保护器,当扶梯接地出现故障时,使扶梯停止。

p. 梯级缺失报警装置：扶梯应配备梯级缺失检测装置，以检测扶梯梯级的完整性。当此装置被触发时，应切断主机和抱闸的电源，扶梯应能在丢失的梯级出梳齿板前停止运行。

q. 防梯级上冲安全装置：当梯级因从倾斜段过渡到水平段而发生翘起或错位时，能够及时使设备停止运行。

r. 制动器安全装置：该装置应能检测制动器闸瓦厚度，当装置一旦检测到闸瓦有任何不正常或不均匀磨损时，应能报警。

s. 裙板毛刷：在裙板的适当位置安装毛刷防止乘客无意接触裙板。

t. 相邻扶梯扶手装置之间防滑装置：当自动扶梯和相邻的墙之间装有接近扶手带高度的扶手盖板，且建筑物（墙）和扶手带中心线之间的距离大于 300 mm 时，应在扶手盖板上装设防滑行装置。

u. 防撞挡板：当自动扶梯穿过楼面时，自动扶梯扶手带中线至开孔边沿的净距若小于 400 mm，则必须根据规范要求设置防撞挡板。

v. 扶梯的监控：在自动扶梯上设置摄像头，将自动扶梯纳入通信监控系统中，一旦发生安全事故，运营人员可以即刻到现场进行处理。

w. 水位安全开关：对于出入口自动扶梯，要求设置水位安全开关，当自动扶梯基坑的积水超过警戒水位时，设备应能自动停止运行或不能启动。

x. 梯级间隙照明：在自动扶梯上、下工作点的水平梯级和倾斜梯级连接处设置绿色 LED 梯级照明，以提醒乘客。

y. 出入口扶梯盖板防盗设计：对于设置在敞口的自动扶梯，当盖板被强行打开时，自动扶梯的蜂鸣器立即鸣响，而且向车站监控系统发出警报并使安装在车站控制室的警铃鸣响。

z. 金属扶栏盖板拼接处：应无毛刺，安装平整，须做一定的防护处理，有割伤乘客风险的拼接缝隙应采用带警示标语的胶带覆盖，防止割伤乘客。

⑨扶梯节能模式的选型。

目前，扶梯行业应用广泛且技术成熟的节能方式为无人时采用变频技术改变扶梯的速度进行节能。这种节能方式可分为在空载时以低速运行或停止运行两种方案，国内各地铁站都有采用这两个方案的实例。

低速运行方案能让乘客能明确判断扶梯是处于上行还是下行状态，避免乘客误判而出现安全事故；而且速度降低，保养和清洁工作变得更有效。停止运行方案节能效果最理想，但无法让乘客明确判断该扶梯状态。因此，出于保护乘客安全和便于清洁保养的考虑，推荐自动扶梯节能模式采用低速运行的节能方案，即无乘客时慢速运行。

2. 电梯设备选型

(1)电梯类型的选型。

由于地铁车站空间有限,很难在电梯井道的顶部设置电梯机房,可供选择的电梯只有液压电梯和无机房电梯。

液压电梯机房可紧贴井道设置,靠液压油驱动,具有故障率高、容易漏油、占用空间大等缺点,但解决了无法在井道顶部设置机房的难题,因此在早期的地铁工程中得到应用。随着技术的革新,无机房电梯的出现取消了传统电梯机房的设置,而将曳引机设置于井道顶部。无机房电梯具有节省空间、运行性能好、维修方便、节能环保等优点,已逐步取代液压电梯在地铁工程中的应用,目前无机房电梯在全国地铁中均得到广泛应用。综上所述,推荐地铁车站电梯采用无机房乘客电梯。

如图4.6所示为无机房电梯构成。

(2)电梯井道的选型。

电梯按照井道形式的不同分为透明钢结构井道和钢筋混凝土结构井道。地下车站及高架车站的站内可以避免阳光直晒的影响,考虑到增加车站景观效果及通透性,井道可优先选用透明钢结构井道。

车站出入口电梯受到阳光直晒影响,加之南方夏季高温,会导致井道内温度过高,容易造成电梯死机故障,甚至将乘客关在轿厢内。因此,井道优先选用钢筋混凝土结构。如出入口电梯出地面部分因景观受限,须采用钢结构井道形式时,必须采取有效的温控措施,避免出地面透明井道电梯出现过热死机故障。主要方案如下。

①井道采用隔热玻璃方案。

井道玻璃采用隔热玻璃,可直接降低阳光直射温升,可使井道内外温差在3~5 ℃,但对电梯井道的通透性和美观性影响较大。

②井道玻璃内侧贴敷隔热膜方案。

电梯井道玻璃内侧贴敷隔热膜,也能直接降低阳光直射温升,可使井道内外温差在2~5 ℃,但也对电梯井道的通透性和美观性影响较大,且隔热膜的耐久性差,一般5~7年就得更换。

③井道顶部安装排风扇和通风百叶。

出入口电梯井道顶部安装排风扇和通风百叶,利用自然通风原理降低井道

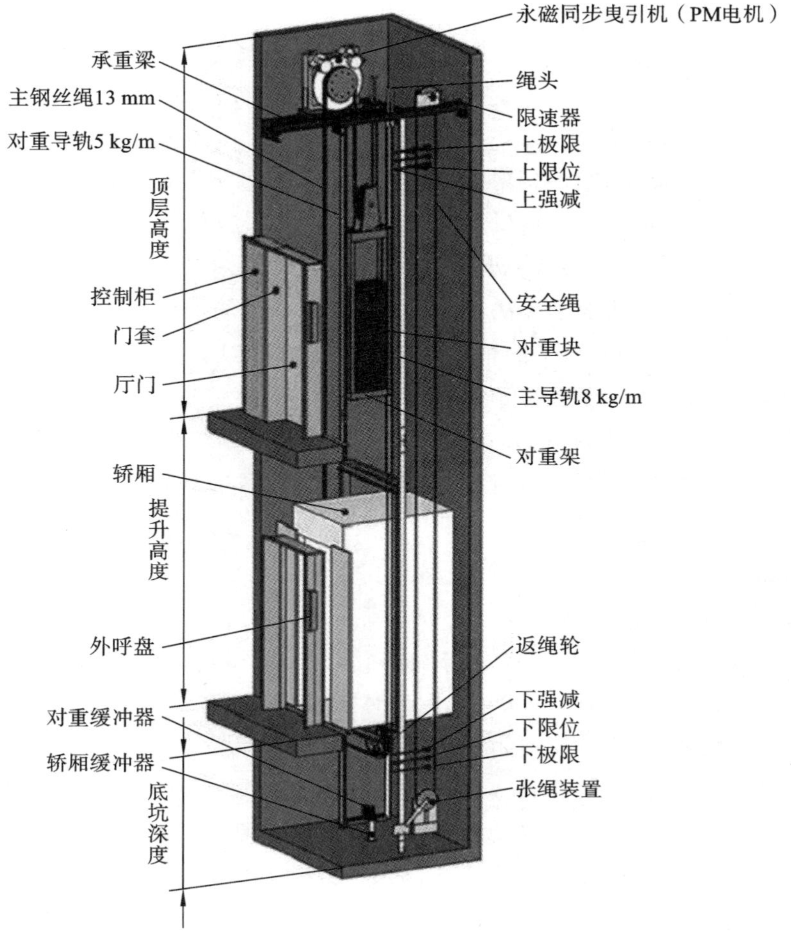

图 4.6 无机房电梯构成

顶部的热量,在高温天气时开启排风扇强制排风,能降低电梯井道内的温度,但由于通风百叶安装在井道顶部,直接影响电梯的整体美观性。

综合以上分析,推荐井道顶部采用排风扇和通风百叶的温控方案。但该方案对电梯整体美观性影响较大,故建议出入口电梯尽量采用钢筋混凝土井道。

南昌1号线出入口电梯井道多为透明钢筋混凝土井道,在夏季高温季节电梯易发生死机故障,导致出入口电梯大都处于关闭状态,不能很好地为运营服务。因此,运营单位在2018年对出入口透明钢结构井道进行了改造。改造方案如下:井道顶部增加通风百叶,并在井道站厅层位置增加抽气扇。该方案不仅可以通过井道顶部通风百叶自然通风降低井道顶部的热量,还可以将站厅层冷气抽入电梯井道进一步降温。经改造后,南昌地铁1号线全年未发生出入口电梯过热死机故障,对于采用透明钢结构井道的出入口电梯温控措施有了较好的工程案例。

(3)主要零部件的选型。

①轿厢。

无机房电梯的轿厢设计四壁设计应美观。轿厢内为残疾人设置扶手栏杆,栏杆用扁型不锈钢制作,沿箱壁三面设置。

在轿门两侧各设一个操纵箱,操纵箱上设有警铃按钮、对讲机以及其他各种按钮,均应适应残疾人使用(包括轮椅和盲人),盲文应符合有关规定。

②轿门、厅门。

透明井道电梯的轿门和公共区厅门采用门体透明材料、门框不锈钢材料;混凝土井道电梯的轿门和厅门均采用不锈钢材料。

站内电梯穿越设备层时,设备层层门采用不透明防火材料制造。

地铁车站的电梯服务对象包含残疾人,选用电梯主要额定载重量为1000 kg(13人),按1000 kg载重量的电梯其轿厢和厅门标准设计的开门尺寸为900 mm(宽)×2100 mm(高),但从服务对象考虑,门宽1000 mm更适合坐轮椅的乘客进出电梯。因此,推荐车站电梯设计时轿厢和厅门开门尺寸采用1000 mm(宽)×2100 mm(高)。

③安全装置。

电梯的安全装置应全面满足但不限于《电梯制造与安装安全规范 第1部分:乘客电梯和载货电梯》(GB/T 7588.1—2020)和《电梯制造与安装安全规范 第2部分:电梯部件的设计原则、计算和检验》(GB/T 7588.2—2020)的要求,至少应具备如下安全装置。

a.限速器:如果轿厢运行超速,限速器先切断电机电源再夹紧限速器钢丝绳,使安全钳运作。

b.安全钳:当轿厢运行超速时,限速器使安全钳动作,夹紧导轨,安全地制停轿厢。

c.电梯抱闸:当电机停止运行时,此装置使电梯停止。

d.轿门锁开关:阻止电梯运行时轿门被打开(门仅在轿厢平层后才可打开)的装置。

e.厅门锁:厅门锁位于厅门上方部位,能打开门以救援被困的乘客。

f.轿厢门锁:轿厢门应装有机械锁紧装置,且只能在开锁区内打开。

g. 安全触板:关门时如被碰撞则再开门,光电装置能和安全触板配合使用。

h. 缓冲器:如果轿厢或对重向下超限运行,缓冲器可减少冲击,并使轿厢或对重安全停止。

i. 上限位开关:此开关防止轿厢超越最高层运行。

j. 最终上限位开关:若上限位开关失灵,此开关确保轿厢能停止运行(双重保护)。

k. 下限位开关:此开关防止轿厢超越最低层运行。

l. 最终下限位开关:若下限位开关失灵,此开关确保轿厢能停止运行(双重保护)。

m. 门光幕保护:以装在轿门上的红外线光幕作为关门安全保护。

n. 警铃:按下轿厢内的警铃开关,安装在井道的警铃鸣响。

o. 应急照明:当电梯在运行中发生电源被切断或中途停电故障时,应急照明自动启动,照明时间不小于 1 h。

p. 安全停靠:当电梯发生故障停止在非停靠位置时,自动进行故障诊断,以慢速运动至最近层站,开门疏散乘客。

q. 满载直驶和超载保护:电梯应有灵敏的称重装置,当工作载荷达到100％时,电梯处于满载直驶状态,不应答层门信号;当载荷达到110％时,电梯会发出声、光警示,电梯不能关门及运行,直至消除超载。

r. 五方对讲:电梯轿厢、控制柜、车控室、电梯底坑和轿厢顶之间能够实现五方对讲,当乘客被困在轿厢时,可同车控室进行通话。

s. 摄像头:在电梯轿厢内安装摄像头,并接入和通信系统内,一旦发生紧急事故,可在车控室内观察到轿厢内的情况。

4.4.2 设计接口及对土建的要求

1. 设计接口

(1)与土建专业的接口。

自动扶梯及电梯专业向建筑专业提供自动扶梯安装孔洞的大小及相关要求、电梯安装井道的大小及相关要求。

建筑专业按提资要求布置自动扶梯安装孔洞,并提供机坑、预留电梯安装井道。

接口说明:此为基本接口,本专业需向土建专业提出机电对土建要求,并在设计及实施过程中须与土建专业密切配合,确保提资要求得以落实。电梯门洞细节可待设备招标后,根据厂家具体需求进行补充完善。

(2)与结构专业的接口。

自动扶梯及电梯专业向结构专业提供自动扶梯安装吊钩、支撑梁的位置、承载力,电梯安装吊钩、预埋件的位置及受力大小。

结构专业按提资要求预留自动扶梯安装吊钩和预埋支撑钢板、预留电梯安装吊钩和预埋支撑钢板。

接口说明:本专业与结构专业之间没有直接接口,本专业预留预埋要求提资给土建专业,并只会签土建专业图纸。

(3)与装修专业的接口。

自动扶梯及电梯专业向装修专业提供自动扶梯、电梯布置图。

装修专业负责装修收口,设置安全防护栏杆。

接口说明:此为基本接口,通常验收时本专业设备无问题,但装修栏杆收口不到位,导致特检院验收不合格,故装修收口要求务必要详细提资给装修专业。

(4)与动力照明专业的接口。

自动扶梯及电梯专业向动照专业提供自动扶梯、电梯的进线位置、配电要求(包括相线数、电机容量、负荷等级、接地要求等)。接口界面位于自动扶梯、电梯设备自带的控制柜处。动照专业负责完成相应的配电设计,配置电源至引入点。

电梯在停止运行后,才允许切断电源。

接口说明:此为基本接口,本专业在施工设计阶段需配合动照专业确定好各回路馈线开关额定电流大小,以匹配保护。

(5)与通风与空调专业的接口。

自动扶梯及电梯专业向通风与空调专业提供自动扶梯、电梯的电机容量。

通风与空调专业根据提资内容计算自动扶梯、电梯设备发热量。

接口说明:本专业与通风与空调专业之间没有直接的物理接口,设计参数选型按专业提资要求执行。

(6)与给排水专业的接口。

自动扶梯及电梯专业向给排水专业提出自动扶梯、电梯机坑的排水设施要求。

给排水专业负责在自动扶梯、电梯下部地坑集水井中设水泵,集水井与自动扶梯、电梯下部底坑必须分隔,二者之间用排水管相连。

接口说明:此为基本接口,本专业需将基坑排水要求提资给给排水专业,由给排水专业进行设计,并和土建配合。

(7) 与综合监控专业的接口。

自动扶梯及电梯专业与 ISCS 无直接接口,IBP 盘的控制功能通过 BAS 与自动扶梯及电梯的接口实现。自动扶梯在 IBP 盘上有显示灯、急停按钮和蜂鸣器。电梯在 IBP 盘上无布置。

ISCS 负责 IBP 盘盘面设计。自动扶梯及电梯专业向 ISCS 提出在 IBP 盘上设置自动扶梯的上下行显示灯、急停按钮和蜂鸣器的要求,ISCS 负责在 IBP 盘上急停按钮和显示灯的设计、布置以及 IBP 盘至自动扶梯控制柜的线缆连接。

接口说明:此为基本接口,IBP 盘急停按钮数量应与扶梯数量一致。

(8) 与环境与设备监控专业的接口。

自动扶梯及电梯专业向 BAS 提供自动扶梯、电梯的状态信息和故障信息。

BAS 负责接收、显示设备状态信息和故障信息,监视设备状态。

接口界面位于自动扶梯及电梯专业各设备的控制柜处。自动扶梯的急停指令、监视功能采用通信电缆连接实现;电梯的消防指令采用硬线连接、监视功能采用硬线连接实现。

本专业向 BAS 提供如下资料。

①自动扶梯监视信号的种类和要求:各车站自动扶梯台数和位置(包括设备名称、数量、型号规格、编号等)、硬线接口、通信接口、接线位置、出入口自动扶梯的踏板防盗信息。

②电梯监视信号的种类和要求:火灾时电梯监控信号、各车站电梯台数和位置(包括设备名称、数量、型号规格、编号等)、硬线接口、通信接口、接线位置。

BAS 应负责的相关工作:

①负责将自动扶梯的远程监视和急停控制纳入系统设计并提出对接口的要求;

②负责自动扶梯与 IBP 的接口设计,并实现自动扶梯的急停功能;

③负责将电梯的远程监控要求纳入系统设计并提出对接口的要求;

④负责实现电梯的消防模式功能,即火灾发生时向电梯发送火灾指令,电梯完成迫降后向 BAS 返信,若 60 s(可调)后没收到电梯的返信,则发出报警。

接口说明:此为基本接口,本专业向 BAS 专业传输的信息种类应在设计联络阶段特别明确。

(9) 与通信专业的接口。

自动扶梯及电梯专业提供各设备的安装位置等资料;配合通信专业在电梯

轿厢内设置摄像头;在电梯最顶层的控制柜内预留电话接口及视频接口。

通信专业负责将所有自动扶梯、电梯纳入其监视范围;负责对电话、摄像头提出技术要求;负责由对讲电话至车站控制室对讲电话的电话线设计及敷设,实现五方通话的功能;负责由电梯控制柜至通信设备室的视频电缆设计及敷设。

接口说明:此为基本接口。此接口界面可根据项目管理实际需求进行调整。

2. 机电对土建的要求

(1)自动扶梯。

①扶梯提升高度的计算。

自动扶梯的提升高度应该是与扶梯上端部踏板相连接处装修后地面的绝对标高和与扶梯下端部踏板相连接处装修后地面的绝对标高之差。由于车站有坡度,自动扶梯的提升高度并不是层高。自动扶梯的提升高度 H 应通过作图实际得出,现在提供计算公式作为参考。

a. 当扶梯顺坡布置时,见式(4.7):

$$\begin{cases} H_2 = [(L_{平上} + L_{平下}) \times \sin\alpha + H_1] \div [2 \times \sin(30° - \alpha)] \\ L = (L_{平上} + L_{平下}) + 1.732 \times H_2 \end{cases} \quad (4.7)$$

式中:H_1——车站层高,m;

H_2——扶梯的提升高度,m;

L——扶梯井道全长,m;

α——arctan(2/1000),arctan(2/1000)表示车站为2‰的坡度。

当不同坡度时,α 值相应不同,当坡度为 0 时,扶梯提升高度等于层高。

b. 当扶梯逆坡布置时,见式(4.8):

$$\begin{cases} H_2 = [H_1 - (L_{平上} + L_{平下}) \times \sin\alpha] \div [2 \times \sin(30° + \alpha)] \\ L = (L_{平上} + L_{平下}) + 1.732 \times H_2 \end{cases} \quad (4.8)$$

有关参数含义同上。

备注:顺坡与逆坡的判断——站在扶梯上水平段往下水平段看的方向如果与车站坡度相同,则为顺坡,反之为逆坡。

②绘图注意事项。

a. 绘图中要求的扶梯开孔宽度并不包括装修层厚度的尺寸,车站装修层厚度由建筑装修专业统一考虑,并在设计工点设计时预留。

b. 由于扶梯孔洞采用包容原则预留,扶梯安装后装修收口须根据扶梯实际外宽考虑。

c. 站内扶梯并列布置时,两扶梯间的结构柱应该考虑与扶梯孔洞保证一定的间距,尤其是扶梯上下水平段,如柱子的结构面与扶梯孔洞贴近,那柱子的装修层将会侵入扶梯盖板,导致扶梯盖板无法打开。

d. 建筑图和结构图中必须有扶梯的纵剖面,图纸应考虑车站坡度对扶梯井道投影长度的影响,并在图中标注底坑长度 L_1 及扶梯井道投影总长度 L 和自动扶梯提升高度 H。

e. 扶梯底坑要平整,净深度要求不小于 1500 mm(站内扶梯)和 1600 mm(出入口扶梯),如底坑下面要考虑有管线通过,则底坑深度必须相应加深;如底坑下有侧翼(倒角),要么则倒角取消,或底坑加深与倒角同样深度。

f. 关于中间支撑,在扶梯中间支撑上设置与中间支撑支墩横截面积大小一致的预埋钢板,厚度为 20 mm,设计单位不宜标注支撑的高度,在施工时容易产生累计误差且造成误差相对较大,因此在建筑图和结构图中应标注中间支撑钢板面的绝对标高,以便施工放线准确,减少累计误差,现在提供计算公式作为参考,见式(4.9)和式(4.10)。

$$\Delta_{中1} = \Delta_{下端绝对标高} + [(L_2 - 3950) \times \tan30° - 1850] \div 1000 \quad (4.9)$$

$$\Delta_{中2} = \Delta_{下端绝对标高} + [(L_3 - 3950) \times \tan30° - 1850] \div 1000 \quad (4.10)$$

式中:L_2——扶梯下端孔洞边至第一个中间支撑中心的距离,mm;

L_3——扶梯下端孔洞边至第二个中间支撑中心的距离,mm。

g. 上、下端预埋钢板面至装修完成面的距离是 150 mm,应注意 150 mm 是从预埋钢板面至装修完成面的距离,不包括钢板的厚度。预埋钢板的位置正确与否影响到自动扶梯的提升高度,因此在施工图阶段建筑图和结构图均必须有此大样。

h. 当车站顶板设有横向梁且梁与梁之间净距<2 m 时,若吊钩正好位于梁与梁之间的凹处时,则吊钩应适当移位至最近处梁底。

i. 吊钩的受力是指单个吊钩的受力,如吊钩设计计算尺寸小于 ϕ32,则取 ϕ32。吊钩外露长度 120 mm 是指结构面到吊钩外径为 120 mm,当扶梯上方吊顶装修无法盖过吊钩时,在结构受力满足的情况下可考虑设置凹坑的做法,但应保证吊钩侧空间。当吊钩布置贴近纵梁时,吊钩布置应考虑纵梁影响,保证吊钩能够正常使用。且扶梯吊钩的布置需要在图纸中注明"吊环的弯曲方向应和扶梯的运行方向一致"。

j. 当自动扶梯与楼梯并列布置时,楼梯上端部行人扶手应与自动扶梯扶手带相接,即上端部第一个楼梯梯级边与扶梯上工作点的距离必须不大于 2650 mm,以避免乘客从扶梯上踏板处跌落至楼梯,同时保证自动扶梯与楼梯的匹配性。

k. 自动扶梯的踏步面到顶部洞口处的建筑物装修完成面(即吊顶面)的垂直净空高度须大于 2500 mm。

l. 自动扶梯下部机坑内不得积水。优先考虑自流排水,无自流排水条件时,自动扶梯机坑外设集水坑,机坑和集水坑分开,中间用 2 根直径不小于 100 mm 的排水钢管相连,集水坑警戒水位标高应低于机坑底面标高 100 mm 以上。

③扶梯编号原则。

自动扶梯编号为:$Ea/b(N)$、(KX) 或 (KXW)。

其中:E 为扶梯;a 为车站编号;b 为自动扶梯的顺序号;N 为站内的室内型扶梯;KX 为出入口扶梯与土建出入口编号(如 1 号出入口,则为 K1);KXW 为出入口扶梯、土建出入口编号以及与物业结合的出入口(如 1 号出入口是与物业结合的出入口,则为 K1W)。

备注如下。

a. 与物业结合的意思是指自动扶梯进入物业地块里面,而不是直接出路面;如只是借用物业地块,自动扶梯直接出路面的,则按 KX 考虑,不纳入 KXW。

b. 无论出入口是否有盖,只要雨水能飘入自动扶梯处,均按室外梯考虑,即编号为 $Ea/b(KX)$ 均是室外梯;而编号为 $Ea/b(KXW)$ 是进入物业地块,按室内梯考虑。

c. 编号原则如下。

(a)将车站总平面图按下图所示放置,其左边为小里程端,右边为小里程端。

(b)站内设备编号顺序应从小里程向大里程方向,从上到下。

(c)出入口设备编号根据《南昌地铁车站出入口编号规则》,以图中东南象限(Ⅵ)内出入口为 1 号出入口,设备编号开始逆时针方向依次编号。

(d)编号顺序应先编位于站内设备的编号,后编位于出入口设备的编号;站内设备编号,从最低层站台(厅)层向上编,编号保持连续。

④运输通道原则。

车站设计时出入口应满足自动扶梯运输通道的要求。自动扶梯出入口运输通道要求如下。

a. 各站要保证有吊装口把扶梯搬入车站内,吊装口(即出入口)开口尺寸要达到 10 m(长)×4 m(宽)以上。

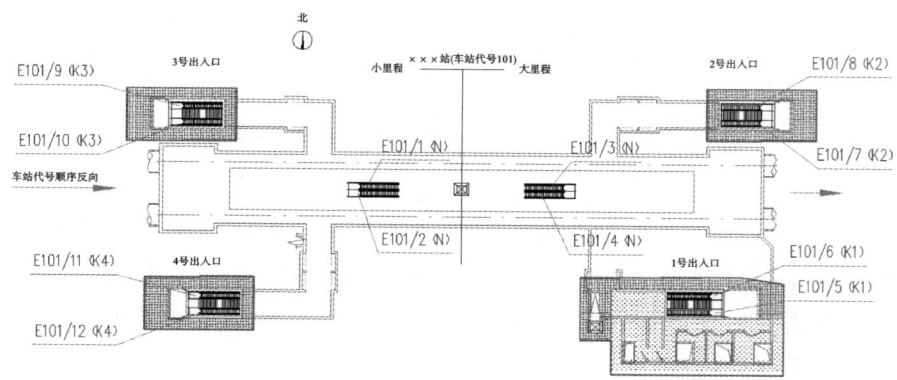

图 4.7 某车站总平面

b. 扶梯吊装口外的地面由于要摆放吊车等设备,要求地面为实地。

c. 通往吊装口的路线最好可以开进桁架运输车,确实因条件所限无法开通道路的要保证可以方便地用小板车把桁架搬到吊装口处,无其他障碍物阻碍。如图 4.8 所示为桁架外形尺寸。

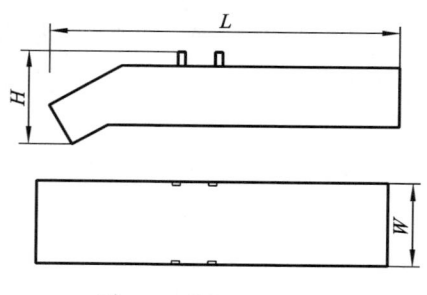

图 4.8 桁架外形尺寸

d. 站厅等扶梯运输通过的地方应满足扶梯桁架重量最大为 12 t 的负载要求。

e. 若无法设置吊钩,需要采用龙门架作吊点,净空高度不小于 3.5 m,扶梯井道上端周围地面荷载须大于 150 kN,同时上机坑周边应留有设置龙门架的位置。

f. 每个车站必须考虑起码有两个出入口能满足运输通道要求,最好出入口通道为直通道,如因为规划等原因限制,不可能是直通道,而是如图 4.9～图 4.11 这 3 种出入口形式时,则必须满足表 4.13 的要求。

当扶梯运输线路遇到拐弯时,通道应满足以下尺寸,见表 4.13。

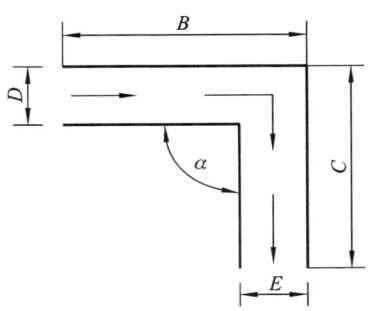

图 4.9 吊装路线拐一个弯

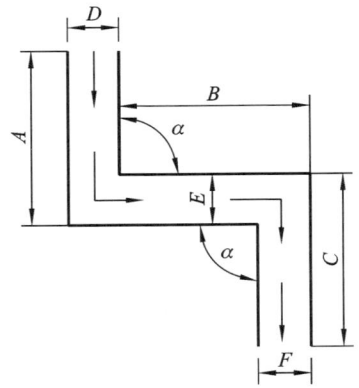

图 4.10 吊装路线拐两个弯(相同方向)

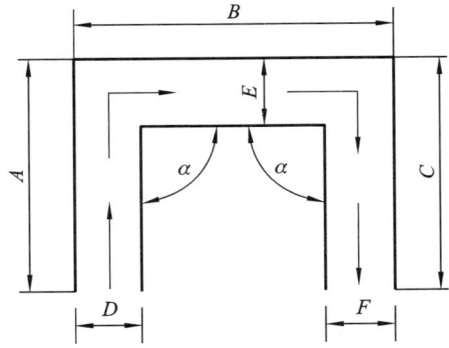

图 4.11 吊装路线拐两个弯(不同方向)

H—桁架高度,最高 2.5 m;L—桁架长度,最长 8.5 m;W—桁架宽度,最宽 2.5 m

表 4.13 扶梯运输线路遇到拐弯时通道应满足的尺寸要求

情况	长度/m						角度/(°)
	A	B	C	D	E	F	α
图 4.8	—	≥9	≥9	≥5.5	≥5.5	—	≥90°
图 4.9	≥9	≥9	≥9	≥5.5	≥5.5	≥5.5	≥90°
图 4.10	≥9	≥9	≥9	≥5.5	≥5.5	≥5.5	≥90°

g. 当桁架只需水平移动时,通道的高度必须≥2.5 m;当通道有梯级等落差时,桁架需要提升,此时运输通道的净空高度必须≥3.5 m。

(2)电梯。

①一般要求。

a. 在车站付费区内,岛式车站站台至站厅层设置一部电梯,侧式车站每侧设置一部电梯,电梯选用无机房透明电梯;地下站应有一个出入口设置一部垂直电梯。

b. 电梯井道可采用不透明钢筋混凝土结构或透明钢结构形式,具体采用何种形式由建筑专业根据车站景观要求确定。站内电梯优先选用透明钢结构井道,出地面电梯优先选用钢筋混凝土结构井道。

c. 出地面电梯厅门前应设置候梯厅,其出地面造型及装修由建筑根据周边环境设计,通风孔处装修应满足通风和防止雨水进入井道的要求。

d. 出地面电梯的地面层厅门(此处指候梯厅门)的标高应高于车站室外标高,避免雨水反灌,候梯厅与室外高差采用残疾人坡道连接。井道边缘装修层应采用防水砂浆做包边处理,以避免水由装修层渗入电梯底坑。

e. 电梯厅门每层电梯厅门开门方向保持一致,特殊情况下方可设置贯通门。站内电梯梯门不宜面对轨道布置。

f. 车站站内电梯可选用载重 1000 kg 的电梯,电梯井道尺寸如下,其中宽度表示的是厅门的方向:

(a)透明电梯井道 2800 mm(宽)×2400 mm(深);

(b)不透明电梯井道 2400 mm(宽)×2000 mm(深)。

g. 客流量较大的交通枢纽车站,站内电梯可选用载重 1350 kg 的电梯,电梯井道尺寸如下(其中宽度表示的是厅门的方向):

(a)透明电梯井道 3000 mm(宽)×2600 mm(深);

(b)不透明电梯井道 2600 mm(宽)×2200 mm(深)。

h. 电梯门前等候区深度不宜小于 1.8 m。顶层厅门设置候梯厅时,候梯厅长度不宜小于 2.8 m。

i. 电梯井道要求密封,不能通过与电梯无关的电缆、水电管道,但应留有防灾、通风、维修等功能性的开孔。电梯底坑下面尽量不要设置在人们能到达的空间下面(即底坑不应悬空),如确有该种空间存在,必须进行封闭或提前与电梯专业沟通。

j. 根据规范要求,当电梯相邻两层门地坎间的距离大于 11 m 时,其间应设置井道安全门,以确保相邻地坎间的距离不大于 11 m;井道安全门高度不得小于 1.8 m,宽度不得小于 0.6 m。

k. 一般出入口不具备设置安全门的条件,因此车站设计工点应注意在选择出入口设置电梯时,提升高度不宜大于 11 m。

l. 电梯底坑内不得积水、渗水,应优先考虑自流排水,无自流排水条件时可设置局部排水坑。具体排水措施由给排水专业确定。

m. 车站内电梯和出地面电梯的电源、通信及 BAS 等进线位置均在各井道站厅层吊顶上方的预埋钢管。预埋钢管规格为 3-ϕ100(面向井道左侧电源,中间通信,右侧 BAS)。

② 电梯编号原则。

电梯编号:Ha/b(N)或(KX)。

其中:H 为电梯;a 为车站编号;b 为电梯的顺序号;N 为站内电梯;KX 为出入口电梯与土建出入口编号(如 1 号出入口,则为 K1)。

备注如下。

a. 电梯的顺序号,其编号顺序与自动扶梯保持一致。

b. 出入口设备编号根据《南昌地铁车站出入口编号规则》,以图中东南象限(Ⅵ)内出入口为 1 号出入口,设备编号开始逆时针方向依次编号。

c. 编号顺序应先编位于站内设备的编号,后编位于出入口设备的编号。

第 5 章　城市轨道交通风水电与电梯系统施工

5.1　通风与空调系统施工技术

5.1.1　施工准备阶段

施工准备阶段可划分成以下几个分项。

(1)施工图学习:从宏观上对整个通风系统有了解。

(2)现场初步勘察:对整个施工环境、站厅、站台布局、土建进度有了解。

(3)施工图深化:了解整个通风系统所涉及的工程量(主要针对风机、组合风阀、防火阀、镀锌钢板),通过工程量清单结合施工平面图,对数量、规格尺寸进行核对,对整个设备管线安装的标高有初步认识。

(4)施工图结合现场细化勘测:主要对土建单位先期施工中的预留孔洞位置尺寸进行现场勘测,如通风管道从站厅到站台预留孔洞、站厅两侧隧道通风用电动组合风阀预留孔洞、站厅通往站台的楼梯口等,现场施工中需要重视站厅通往站台的楼梯口。

(5)图纸会审、设计交底:针对前几项发现的问题,在设计交底上,与设计者进行沟通,并以会议纪要形式记录解决方案。

(6)对现场施工人员进行技术交底:这是一个重要的环节,关系到日后工程的施工质量。

5.1.2　施工实施阶段

施工实施阶段,必须在严把质量关的同时,严格控制材料的使用数量,如各种型钢、镀锌钢板、镀锌钢管等,在满足设计规范要求的前提下,尽量减少物资损耗,做到物尽其用,比如多少规格的风管用多厚的镀锌钢板、多大的法兰,这就需要施工人员对施工设计规范有所把握。

1. 风管制作

需要在现场清理出场地,布置围挡,设置主材区、辅材区、加工区、成品及半成品堆放区。选择材料吊装口,清理搬运通道。镀锌钢板加工风管时,一般进场的镀锌钢板需要在进场时进行开平,以方便现场施工。风管由单边和双边拼接而成,风管的开平尺寸:单边预留 7～7.5 mm,双边预留 30 mm,开平的长度可以根据加工能力和现场条件选择。

镀锌钢板下料制作前准备:金属风管各种尺寸对应的板材厚度如表 5.1 所示。

表 5.1　金属风管各种尺寸对应的板材厚度　　　　　　（单位:mm）

风管直径 D 或长边尺寸 b	圆形风管	矩形风管		除尘系统风管
		中低压系统	高压系统	
$D(b) \leqslant 320$	0.5	0.5	0.75	1.5
$320 < D(b) \leqslant 450$	0.6	0.6	0.75	1.5
$450 < D(b) \leqslant 630$	0.75	0.6	0.75	2.0
$630 < D(b) \leqslant 1000$	0.75	0.75	1.0	2.0
$1000 < D(b) \leqslant 1250$	1.0	1.0	1.0	2.0
$1250 < D(b) \leqslant 2000$	1.2	1.0	1.2	按设计
$2000 < D(b) < 4000$	按设计	1.2	按设计	按设计

注:①螺旋风管的钢板厚度可适当减小 10%～15%;
　　②排烟系统风管钢板厚度可按高压系统;
　　③特殊除尘系统风管钢板厚度应符合设计要求;
　　④不适用于地下人防与防火隔墙的预埋管。

一般车站大型风机(如隧道风机、排热风机)采用厚度为 3.0 mm 的镀锌钢板制作。金属矩形风管法兰及螺栓规格如表 5.2 所示。

表 5.2　金属矩形风管法兰及螺栓规格　　　　　　（单位:mm）

风管长边尺寸 b	法兰角钢规格	螺栓规格
$b \leqslant 630$	∟ 25×3	M6
$630 < b \leqslant 1500$	∟ 30×3	M8
$1500 < b \leqslant 2500$	∟ 40×4	M8
$2500 < b \leqslant 4000$	∟ 50×5	M10

注:风管法兰的螺栓及铆钉孔的孔距不得大于 50 mm。

矩形风管边长大于 630 mm,保温风管边长大于 800 mm,管段长度大于 1250 mm 或风管单边面积大于 1.2 m² 时,应对风管采用加固措施。风管具体尺寸如表 5.3 所示。

表 5.3　风管具体尺寸　　　　　　　　　　　　　（单位:mm)

风管长边尺寸 b	加强筋角钢	铆钉	
		直径	间距
800～1250	∟25×3	4.5	150
1250～2000	∟30×3	4.5	150

注:风管长边大于 2000 mm 时,可以适当将加强筋角钢尺寸放大,铆钉的间距可放至 100 mm。

2. 风管支、吊架制作安装

(1)风管支、吊架的安装要牢固、可靠,梁的间距按规范执行。支、吊架位置按风管中心线确定,其标高要由风管设计的标高来确定,支、吊架不得设在系统风口、风阀和测定孔等部位。

(2)风管支、吊架制作应符合下列规定。

①支、吊架的形式和规格宜按本标准或有关标准图集与规范选用,直径大于 2 m 或边长大于 2.5 m 的超宽、超重特殊风管的支、吊架应按设计规定实施。

②支、吊架的下料宜采用机械加工,采用气焊切割时应进行打磨处理,不应采用电气焊开孔或扩孔。

③吊杆应平直,螺纹应完整、光洁。

(3)吊杆加长可采用以下方法拼接。

①矩形金属水平风管在最大允许安装距离下,吊架最小规格应符合表 5.4 的规定。

表 5.4　吊架最小规格　　　　　　　　　　　　　（单位:mm)

风管长边尺寸 b	吊杆直径	吊架规格	
		角钢	槽钢
b≤400	8	∟25×3	[50×37×4.5
400<b≤250	8	∟30×3	[50×37×4.5
1250<b≤2000	10	∟40×4	[50×37×4.5 [63×40×4.8
2000<b≤2500	10	∟50×5	—
b>2500		按设计确定	

②密封垫材料。洁净空调系统风管采用 PE 垫片,厚度为 6 mm,宽度视风管法兰宽度而定。排烟系统风管采用玻璃纤维垫片,厚度为 3 mm,宽度视风管法兰宽度而定。

③法兰夹安装。法兰夹的安装间距一般为 150～200 mm,安装时应尽量使螺栓朝向和间距一致,并注意使法兰夹平整,减少法兰的变形。严格按规范规定的要求拆模,严禁为抢工期、节约材料而提前拆模。

3. 风管安装

(1)安装技术要求。明装风管:水平度＜3 mm/m,总偏差＜20 mm;垂直度＜2 mm/m,总偏差＜20 mm。

安装风管:位置应正确,无明显偏差。

(2)安装顺序为先干管后支管,安装方法应根据施工现场的实际情况确定,可以在地面上连成一定的长度,然后采用整体吊装的方法就位,也可以把风管一节一节地放在支架上逐节连接。整体吊装是将风管在地面上连接好,一般可接长 10～12 m,用倒链或升降机将风管吊到吊架上。

(3)风管穿越需要封闭的防火、防爆的墙体或楼板时,应设预埋管或防护套管,其钢板厚度不应小于 1.6 mm,风管与防护套管之间,用不燃且对人体无危害的柔性材料封堵。

(4)复合材料风管接缝应牢固,无孔洞和开裂。当采用插接连接时,接口应匹配、无松动,端口缝隙不应大于 5 mm。

(5)风管系统安装完毕后,应按系统类别进行严密性检验。

(6)漏光实验。

4. 各种风阀的安装

(1)施工准备:安装现场的清理检查。安装部位的障碍物必须清理干净,地面无杂物,风阀的标高已确定,已完成风阀放线和支架放线工作,并经核对无误。检查预留孔洞是否正确,如有问题应及时与土建单位进行沟通,并予以解决。

(2)基础验收:风阀安装前应根据设计要求,对风阀构造柱进行检查,确认构造柱间距、大小是否符合设计要求。

(3)卧室电动组合风阀的安装:先将电动组合风阀安放在风阀的槽钢基础上,然后将固定角钢与风阀基础连接。

(4)立式电动组合风阀的安装:风阀根据安装位置的特点,若有预埋钢板,则采用型钢与其满焊连接,若没有预埋钢板,采用膨胀螺栓连接法,连接方式与卧式风阀基本相同。

(5)防火阀安装:安装时防火阀、排烟阀的安装方向一定要正确,防火分区隔墙两侧的防火阀,与墙的距离不应大于 200 mm。防火阀、排烟阀的操作机构一般位于阀体两侧,安装时一定要留有对阀体进行检修和保养的空间。在一些比较狭小的安装区域,为了便于防火阀的维修和保养,应与生产厂家联系,对阀体的操作机构调整到阀体的顶部或底部。

5. 消声设备的安装

根据现场的施工,在实际施工中,实际消声设备包括管道消声器、消声静压箱、结构片式消声器、金属外壳消声器等消声设备,这些都是经过环保部门认可的单位生产的成品,施工方实际只负责现场的搬运及组装。

(1)通风设备的安装工艺。

①风机安装就位前,按设计图纸并依据建筑物的轴线、边线以及标高线放出基准线。将设备表面的油污、灰尘和地脚螺栓预留孔内的杂物清扫干净。

②整体安装的风机,搬运和吊装的绳索不得捆绑转子和风机轴承,应按厂家提供的吊装方案搬运和吊装。

③风机吊装时直接放在基础上,用垫铁找平找正,垫铁一般放置在地脚螺栓两侧,斜垫铁必须成对使用。设备安装后,同一组垫铁应点焊在一起,防止受力时松动。

④风机安装必须考虑减振,安装减振器,各组减振器负载压缩量要均匀、不偏心,安装后采取保护措施,防止损坏。

⑤通风机的轴必须保证水平度,风机与电动机用联轴器连接时,两轴中心线应在同一条直线上。

⑥通风机与电动机用三角皮带传动时找正,以保证电动机和通风机的轴线相互平行,并使两个皮带轮的中心线相吻合。一般可用手敲打已装好的皮带中间,三角皮带的拉紧程度以稍有弹跳为准。

(2)空调制冷系统的安装。

空调制冷设备主要包括冷冻水设备、冷却水设备两部分。冷冻水设备的作用机理就是将冷水机组制冷的低温水通过水泵的作用,经过管道传递给空调设备的表冷器,从而确保通过空调表冷器的空气达到降温效果。冷却水设备的作用机理就是水通过水泵作用将冷水机组在运行过程中产生的热量传递给冷却塔，由冷却塔对其进行降温，再回到冷水机组，从而实现给冷水机组降温的作用。冷冻水和冷却水虽然只有一字之差，但二者并不相同。

①冷冻水设备。

冷冻水设备主要包括冷水机组（蒸发器）、集水器、分水器、冷冻水泵、空调机组、膨胀水箱等。这些设备具体的连接方式如图5.1所示。

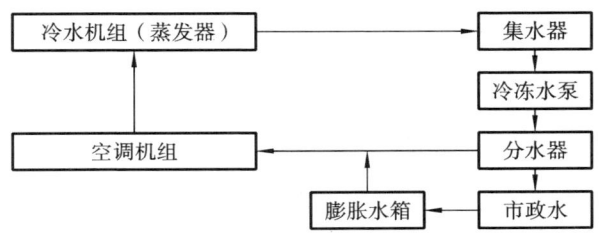

图 5.1　冷却水系统设备连接方式

②冷却水设备。

冷却水设备主要包括冷水机组（冷凝器）、冷却水泵、冷却塔等，这些设备具体的连接方式如图5.2所示。

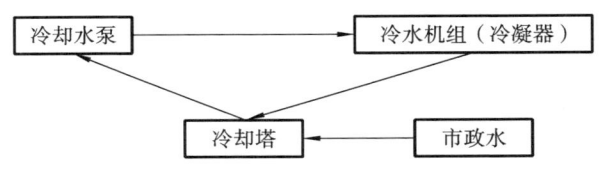

图 5.2　冷却系统设备连接方式

安装时需要注意以下几点。

a. 管道在与冷水机组连接时一定要区分冷水机组的冷凝器和蒸发器，因为冷冻水供回水管道只和冷水机组的蒸发器相连。区分冷水机组冷凝器与蒸发器的简便方法：一般接冷冻水管道的蒸发器外层为了防止结露用橡胶塑料保温，而接冷却水管道的冷凝器是没有保温的。

b. 凡是标了进、出水口的设备，在进行管道安装时一定要区分好各自设备的进水口和出水口。

c. 在冷冻水管道最高点安装放气阀，在最低点设置泄水阀。

d. 冷冻水管穿过需要封闭的防火、防爆墙体或楼板时，应设预埋管或防护套管，水管与防护套管之间，应用不燃且对人体无危害的柔性材料封堵。

e. 安装在冷冻水管道上的各类阀门，操作手柄切勿朝下。

f. 分集水器要保温。

g. 由于冷却水和冷冻水一样是有方向的，管道在与设备对接时，一定要确认清楚设备的进水口和出水口。

h. 冷却水管道要在最低点安装泄水阀(一般安装在冷却水泵进水口处)。

i. 冷冻水设备、冷却水设备安装时的共性问题。

j. 一般冷冻水泵、冷却水泵都采用卧式离心泵，安装时一般采用水泵安装的标准配置(图 5.3)。

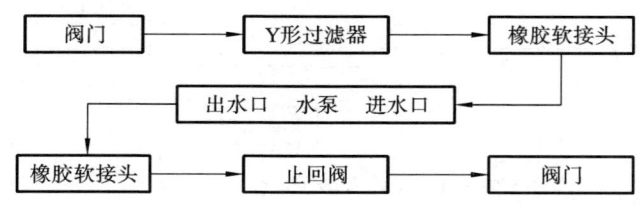

图 5.3　水泵安装的标准配置

需要注意，安装水泵时出水端的止回阀是必不可少的设备，止回阀的阀瓣检修盖尽量安装在宜操作的地方，阀瓣检修盖的方向尽量不要和水泵接线盒的方向一致。Y 形过滤器的阀体清洗盖应当安装在宜操作的地方。

k. 冷冻冷却水管道支架的最大安装距离如表 5.5 所示。

表 5.5　冷冻冷却水管道支架的最大安装距离

公称直径/mm	支架的最大间距/m	
	L_1	L_2
15	1.5	2.5
20	2.0	3.0
25	2.5	3.5
32	2.5	4.0
40	3.0	4.5
50	3.5	5.0
70	4.0	6.0
80	5.0	6.5
100	5.0	6.5
125	5.5	7.5
150	6.5	7.5

续表

公称直径/mm	支架的最大间距/m	
	L_1	L_2
200	7.5	9.0
250	8.5	9.5
300	9.5	10.5

注:L_1用于保温管道,即冷冻水管道;L_2用于不保温的管道,即冷却水管道。

③防腐与绝热。

a. 风管的防腐与绝热:风管绝热层采用保温钉连接固定,矩形风管或设备保温钉的分布应均匀。其数量要求底面每平方米不应少于 16 个;侧面每平方米不应少于 10 个;顶面每平方米不应少于 8 个。当风管穿过一些风道或风室时,由于这类房间的风比较大,这类房间风管底面和侧面的保温钉的密度应适当加大。

b. 冷冻水管的保温与绝热:冷冻水设备包括管道、阀门、分集水器等,都要进行保温处理。冷冻水管道与支、吊架间应有绝热衬垫(一般采用防腐处理过的木衬垫),其厚度不应小于风管外包绝热层的厚度,宽度应大于支、吊架支撑面的宽度。

④系统的调试。

通风系统调试,即通过各设备检验系统的运转情况,可进一步调试各部分设备的运转状态及控制状态,并检验各部分空气调节、送排风及消防排烟系统的风量、风压、冷量,以核定其是否达到设计工况要求。

5.2 给排水与消防系统施工技术

5.2.1 工程简述

1. 工程概况

某轨道交通某线一期工程设有 16 座车站,本次给排水及水消防系统工程的施工范围包括 A 站、B 站以及相邻各半个区间隧道范围内给水系统、冷却水循环系统、排水系统、水消防系统的安装、调试。

(1)给水系统。

给水系统包括车站生活给水系统、水消防给水系统。生活、生产给水系统中引入管水表前接出一根 DN50~DN70 的给水管,在车站成枝状布置。每个车站以城市自来水为给水源,管网水压不小于 0.2 MPa。为保证不间断供水,每个车站给水系统从城市给水管网中的不同管段引入两根 DN50 给水管进入车站。

车站空调冷却循环水系统为从地面冷却塔连接两根冷却循环水管到站内冷却水循环泵和冷水机组,为冷水机组提供冷却循环水。

水消防系统则从引入管上接出两根 DN150 给水管后在站厅、站台层连通,使车站消防水管形成环状供水管网。在站台层两端各引两条消防水管进入隧道与相邻车站的水管相连,在进入区间的消防管道前安装手动阀门。在消防水管上按要求设置室内消火栓箱。

(2)排水系统。

车站的排水系统主要包括污水系统和废水系统。污水系统为生活污水和厕所冲洗水,污水汇集到设置在车站内的污水泵房,由两台污水泵提升至地面经压力井并排至市政污水管。废水系统包括地下站台的结构渗漏水、结构排水、消防废水及车站冲洗水、局部排水(出入口的自动扶梯底部、局部低洼处),废水分别汇入废水泵房及出入口的集水池内,由废水泵提升至地面压力井并排至市政污水系统。废水泵房设在地下区间线路坡度最低点,一般每个废水泵房和集水池内设排水泵两台,平时一用一备,必要时同时使用,依次轮换工作。

室内消防水管与冷却循环水管采用热镀锌钢管,管径≥DN80 时采用沟槽式连接或法兰连接,反之采用丝扣连接。生产、生活给水系统采用铜管焊接。室外给水管≥DN100 时采用铸铁管承插连接,反之采用硬聚氯乙烯管。室内重力流排水管采用 UPVC 排水管,压力流排水管采用热镀锌钢管,室外排水管采用加筋塑料管。所有设在吊顶内或穿过走道、房间内的给水管均设防结露保温,冷却循环水管设防结露保温和防腐处理。防结露保温可采用离心玻璃棉。

2. 工程特点

管道工程管道材质种类多,介质多,连接方式多样;敷设在地铁车站及区间主体结构间的管道,要注意杂散电流防护;设置在吊顶内多,因此管道施工与土建、装修、通风专业等交叉多,施工中应密切配合,保证各专业施工顺利有序地进行。

3. 工程难点分析

(1)敷设在地铁车站及区间主体结构间的管道,要注意杂散电流防护。

(2)吊顶内管道施工工作量大,要注意与其他专业配合施工。

5.2.2 主要施工方法及技术要求

1. 设备安装

(1)施工程序。

①泵类动设备安装工艺流程具体如下:施工准备→设备运输及开箱试验→基础验收复核、放线→放置垫铁→吊装就位→找正找平→地脚螺栓灌浆→设备找平→二次灌浆、抹面→联轴器对中→清洗组装→设备试验→电气仪表接线调试→辅助系统运转及调试→电动机空载试车→负荷试车→竣工验收。

②消防水箱、气压罐类静设备安装工艺流程具体如下:施工准备→设备运输及开箱试验→基础验收复核→吊装就位→找正找平→地脚螺栓灌浆→设备找平→二次灌浆、抹面→配管配线试验调整→吹扫清洗、试验→联动试车→竣工验收。

(2)设备安装的通用方法及技术要求。

①施工准备。

组织设备施工班组学习设备随机文件、设备施工图纸及相关规范,掌握运输、安装要领,做好技术交底、安全交底。设备基础施工时,要严格按照设备尺寸画出设备基础图纸提交监理工程师审核。配合土建专业进行设备基础的施工,施工按设备要求预留地脚螺栓孔。布置好贮存库房,放置配件及工具等;备齐施工机具、计量检测器具等。计量检测器具必须完备,经检验合格并在有效期内使用。根据设备安装和施工需要,准备设备运输及吊装机具。

清理场地保证运输和消防道路畅通,现场整洁,备齐施工用水源、电源,并备有必要的消防器材及照明。

配合土建专业人员提前做好设备运输通道的预留,各机房隔墙待设备及配管完成后,土建专业人员再施工,确保运输畅通。设备吊装后再由土建人员及时补洞。

②设备运输及装卸。

设备可用吊车从吊装孔直接吊至地下室,再用撬棍撬至基础附近。

设备进场装卸、运输及吊装时,要注意包装箱上的标记,不得翻转倒置、倾斜、野蛮装卸；要按包装箱上的标志绑扎牢固，捆绑设备时承力点要高于重心，不得将钢丝绳、索具直接绑在设备的非承力外壳或加工面上，有必要的保护措施，钢丝绳与设备接触处要用软木条或胶皮垫保护，避免划伤设备；捆绑位置要根据设备及内部结构选定支垫位置，一般选在底座、加强圈或有内支撑的位置，并尽量扩大支垫面积，消除应力集中，以防局部变形；严禁碰撞与敲击设备，以保证设备运输装卸安全。因吊装及运输需要而须拆卸设备的部件时，按设备部件装配的相反顺序来拆卸，及时在其非工作面做标记并建档，避免装配时发生错误。

③设备开箱检查。

为保证设备安装质量，加快工程进度，对设备应进行严格的验收，以便能事先发现问题，并予以处理。设备运至基础附近后，按设备技术资料文件及装箱清单拆箱验收，并认真填写"设备开箱检查记录表"。对暂时不能安装的设备和零部件要放入临时库房并建档挂牌，封闭管口及开口部位，以防掉入杂物等，有些零部件的表面要涂防锈剂和采取防潮措施。随机的电气仪表元件要放置在防潮防尘的库房内，安排专人妥善保管。无法放入库房的设备要加以保护、包装或覆盖，以防因建筑施工、恶劣天气或其他原因而造成的损坏。

设备检验项目如下：检查随机文件，如装箱清单、出厂合格证明书、安装说明书、安装图等；核实设备及附件的名称、规格、数量；核实设备的方位、规格、各接口位置是否与图纸相符；进行外观质量检查，不得有破损、变形、锈蚀等缺陷；核实随机的专用工具是否齐全。设备开箱检验后，做好开箱检验记录，检验中发现的问题，由业主、厂家、施工单位协商解决。

④基础验收。

土建移交设备基础时，组织施工班组依照土建施工图及时提交有关技术资料和各种测量记录、安装图和设备实际尺寸对基础进行验收，并做好记录。

具体验收内容如下：检查土建提供的中心线、标高点是否准确；对照设备和工艺图检查基础的外形尺寸、标高及相互位置尺寸等；基础外观不得有裂纹、蜂窝、空洞、露筋等缺陷；所有遗留的模板和露出混凝土的钢筋等必须清除，并将设备安装场地及地脚螺栓孔内的脏物、积水等全部清除干净。

设备基础部分的偏差必须符合表5.6的要求。

表5.6 设备基础各部分的偏差　　　　　　　　　　　　（单位：mm）

项目名称	偏差
基础外形尺寸	±30

续表

项目名称		偏差
基础坐标位置(纵、横向中心线)		±20
基础上平面标高		0~20
中心线间的距离		1
基准点标高对零点标高		±3
地脚孔	相互中心位置	±10
	深度	+20
	垂直度	5/1000
预埋钢板	标高	+100
	中心标高	±5
	水平度	1/1000
	平行度	10/1000

⑤基础放线及垫铁布置。

基础验收合格后进行放线工作,画出安装基准线及定位基准线,同时弹出地脚螺栓的中心线。对相互有关联或衔接的设备,按其关联或衔接的要求确定共同的基准。

在基础平面上,画出垫铁布置位置,放置时按设备技术文件规定摆放。垫铁放置的原则:负荷集中处,靠近地脚螺栓两侧或机座的立筋处。相邻两垫铁组间距离一般规定为300~500 mm。若设备安装图上有要求,则按设备安装图施工。垫铁的布置和摆放要做好记录,并经监理代表签字认可。整个基础平面要修整铲麻面,预留地脚螺栓孔内的杂物清理干净,以保证灌浆的质量。垫铁组位置要铲平,最好用砂轮机打磨,保证水平度不大于2 mm/m,接触面积大于75%。检查时放置标准垫铁,用塞尺测四周,检查接触面情况,用水平尺测量水平度。图纸上有要求的基础,按其要求施工。

⑥找正找平及灌浆。

a.设备找正找平按基础上的安装基准线(纵横基准线、标高基准线)对应设备上的基准点进行调整和测量。基准规定如下:设备支承的底面标高以基础标高基准线为基准;设备中心位置以基础上的中心线为基准;立式设备的方位以基础上距离最近的中心画线为基准;立式设备的垂直度以设备两端部的测点为基准;卧式设备的水平度以设备中心画线为基准。

b. 地脚螺栓光杆部分的油脂、污物及氧化皮要清理干净,螺纹部分要涂油脂。

放置时要垂直无歪斜,与孔壁及孔底的间隙要符合规范要求;设备底座套入地脚螺栓要有调整余地,不得有卡住现象,螺母、垫圈与设备底座间接触良好。

找正找平要在同一平面内两个或两个以上的方向进行,找平要根据要求用垫铁调整精度,不得用松紧地脚螺栓或其他局部加压的方法调整。垫铁的位置及高度、块数均应符合有关规范要求,垫铁表面污物要清理干净,每一组放置整齐平稳、接触良好。最终找正找平后将地角螺栓拧紧,每组垫铁点焊牢固。找正找平、隐蔽工程检查合格后进行预留孔灌浆工作,用比基础混凝土标号高一级的细石混凝土浇筑,捣固密实,且不影响地脚螺栓和安装精度。强度达到设计强度的75%以上时,方可进行设备的精平及紧固地脚螺栓工作。拧紧螺栓时应对称均匀,并保持螺栓的外露螺纹2~3扣要求。在隐蔽工程检查合格、最终找正找平并检查合格后24 h内,进行二次灌浆工作。二次灌浆要敷设外模板,模板拆除后表面要抹面处理。一台设备要一次浇筑完。

⑦联轴器对中。

运转设备联轴器对中初调时,用钢板尺在联轴器外圆互相垂直的上、下、左、右四个位置检查调整,精调可用专用夹具与百分表来调整,转动联轴器在上、下、左、右四个互相垂直的位置测量调整,直至联轴器的两轴同心度、端面不平行度和端面间隙符合设备技术文件要求。

采用百分表对中时,分别在径向、轴向安置两块百分表,以从动轴轴心为基准,找正电机中心。测量过程中表架要固定牢靠,不得有晃动,使二半联轴器沿工作旋转方向转动,每转动90°进行测量记录,最后计算出调整值,根据调整值来调整电机的垫铁。经过多次反复测量调整,达到设备技术文件的规定。

⑧设备清洗。

静置设备均要进行清理工作,清除内部的铁锈、灰尘、边角料等杂物,对无法进行人工清除的设备要用压缩空气进行吹扫。

整体供货的动力设备,有技术要求须拆洗时,要进行解体检查和清洗。在拆卸前要测量拆卸件与有关零部件的相互位置或配合间隙,并做好相应的标志和记录,经清洗、检查合格后才能进行装配。组装时必须达到技术文件的要求。对设备厂家指定或在防锈保证期内无须拆洗的设备,可不拆洗。

⑨设备耐压及严密性试验。

设备耐压及严密性试验用以验证设备无宏观变形(局部膨胀、延伸)及泄漏等各种异常现象,并在设计压力下检测设备有无微量渗透。耐压和严密性试验可分别采用水压、干燥压缩空气进行。试验前设备上的安全装置、阀类、压力计、液位计等附件及全部内件装配齐全,并进行外、内部检查,检查几何形状、焊缝、连接件及衬垫等是否符合要求,管件及附属装置是否齐备,操作是否灵活、正确,紧固件是否齐全且紧固完毕;检查内部是否清洁,对确认无问题的可不检查。图纸标明不耐压部件要用盲板隔离或拆除。试验时在设备的最高、最低处安装压力表,以最高处的读数为准。对注明无须作耐压试验的设备可只进行气密性试验。

⑩设备试运转。

本工程的设备试运转要进行单机试车、联合试车,试运转要在业主现场代表、监理及施工人员的参与下,依据设备有关技术文件、施工方案进行。试运转步骤:试运转时,按先无负荷后带负荷、先单机后联动的顺序进行,上一道工序合格后,再进行下一道工序的试运转。

在具备试车条件时,由项目经理部统一指挥,按试车方案规定的步骤进行试车,并做好记录。

(3)主要设备的安装方法及技术要求。

①离心泵类设备安装。

用液压叉车将泵运至地下室设备的基础上。

泵就位后,首先要通过垫铁调整,以泵轴中心线为基准找正,以进、出口法兰面为基准找平,使之符合技术要求。保证纵向安装水平偏差不大于0.1/1000,横向安装水平偏差不大于0.2/1000。

泵安装后要注意保护,配管时不允许管道与泵法兰接口强制连接,法兰面要采用盲板进行保护,防止杂物进入泵体内。配管管道内部和管端要清除杂物,并清洗干净,配管中要注意保护密封面,以保证连接处的气密性。管道与泵连接均应有各自的支架,以承受重量,连接后要复查泵的找正精度,发现偏差及时纠正。符合试车条件后进行单机试车,试车时要组织试车小组进行。

试运转前,各紧固件连接部位不松动;手盘动泵轴转子,转动应灵活自由、无卡滞现象;润滑油充注符合要求;与泵相连的管道通畅,并吹扫检验合格。脱开联轴器点动电机,查看电机叶轮转向是否正确。后启动电机进行试运行,运转2h,运转稳定无异常现象为合格。

重新联接并校对好联轴器,打开泵进水阀门,使泵和管路充满水,排尽空气后,点动电机,叶轮正常运转后再正式启动电动机,待泵出口压力稳定后,缓慢打开出口阀门调节流量。泵在额定负荷下运行 4 h 后,做好试车记录,当温升、泄漏、振动均符合要求且无异常现象时,即为合格。

②潜水排污泵安装。

排污泵安装顺序具体如下:施工准备→二次运输→开箱检验→基础验收→设备安装→配管、配线→验收。

安装前制造厂为防止部件损坏而包装的防护粘贴不得提早撕离,底座安装要调整水平,水平度不大于 1/1000,安装位置和标高符合设计要求,平面位置偏差控制在±10 mm,标高偏差控制在±20 mm;排污泵出水法兰面必须与管道连接法兰面对齐、平直紧密。

③水箱和气压罐等容器安装。

本工程中静设备主要有水箱和气压罐,设在地面,可采用吊车直接吊装就位,按照规范找正找平。依据设备说明书装好随机温度控制阀等附件。

水箱等设备安装允许偏差如表 5.7 所示。

表 5.7 水箱等设备安装允许偏差

项次	项目	允许偏差
1	标高	±5 mm
2	水平度或垂直度	$1/1000L$ 或 $1/1000H$ 但不大于 10 mm(L——长度;H——高度)
3	中心线位移	5 mm

2. 管道安装

(1)管道安装总体原则。

管道工程施工的总体原则:先预留预埋,后管道安装;先主管,后支管;先架空,后地沟;先设备就位,后工艺配管;先施工室内部分,后施工室外部分。

同时为了配合总体进度,对于土建优先施工的,应提前施工给予配合。室内部分先配合土建做好预留、预埋工作,然后在土建适当工序完成后合理交叉、配合;室外部分管道的施工合理选择施工时机,一般为室内工作量已大部分完成、室外道路施工之前,按"先下后上、先大后小"的原则进行。

(2)管道安装施工主要工序。

管道安装施工主要工序流程如图 5.4 所示。

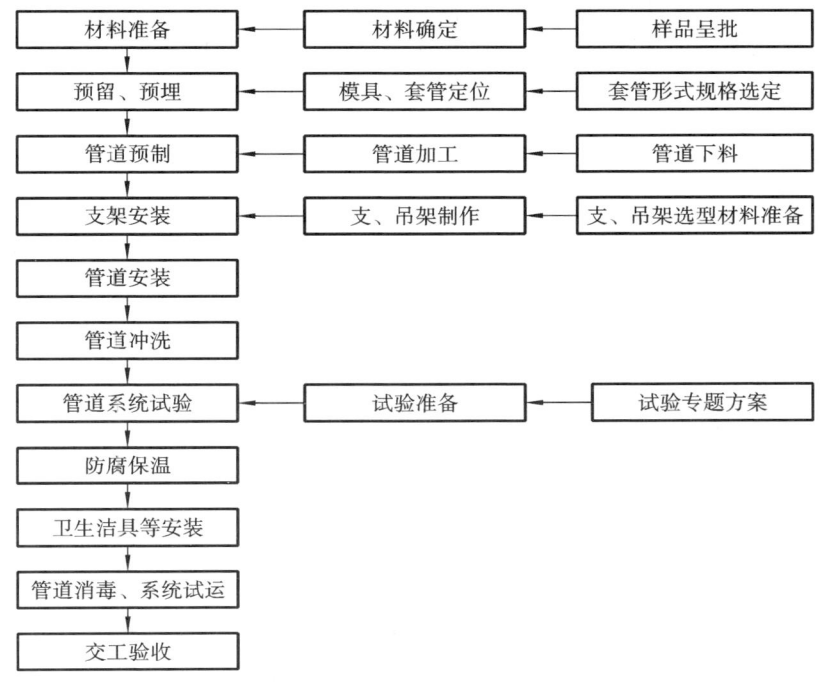

图 5.4　管道安装施工主要工序流程

(3)主要施工方法及技术要求。

①施工准备。

a.施工前认真熟悉图纸和相应的规范,进行图纸会审。仔细阅读并理解设计说明中关于管道的所有内容,与图纸内容有无冲突之处,系统流程图与平面图、剖面图有无不符之处,设计要求与现行的施工规范有无差别等。熟悉管道的分布、走向、坡度、标高,并主动与结构、装饰、通风、电气专业核对空间使用情况,及时提出存在的问题,并做好图纸会审记录。

b.编制施工进度计划、材料进场计划及作业指导书。

c.对施工班组进行施工技术交底,方式有书面交底和口头交底,使班组明确施工任务、工期、质量要求及操作工艺。交底可根据进度多次进行,随时指导班组完成安装任务。

d.根据现场情况配置机械设备,计量器具及劳动力计划。

②材料准备及验收。

材料采购、进场、检验及保管程序具体如下:材料需用量计划→采购计划→材料入库前的准备→入库→入库自检→二次搬运→使用前的班组自检→使用。

a. 对进场材料进行严格检查，必须符合设计要求。

b. 材料在使用前按设计要求核对其规格、材质、型号，材料必须有制造厂的合格证明书或质保书，材料在进场前提供样品交业主、监理审批。

c. 材料的运输、入库、保管过程中，实施严格的控制措施，每道工序均有交接制度。

d. 由于本工程涉及材料种类多，材料入库后要进行标识和分类、分规格堆放及管理，同时采取防止变形、防止受潮霉变等措施，对材料出库验证并办理相关的领用手续。

e. 材料出库后，在施工现场妥善保管，存放地点安全可靠，如材料堆放的场地可能产生积水，可在下方垫上枕木。材料要求堆放整齐，并挂上标识牌。材料使用前进行严格检查，包括外形检查、清除附着物。

f. 由于本工程具有体量大、系统多的特点，工程中使用的各种材料都应实现挂牌标识建档制度，根据材料的使用专业、材料材质、物理化学性质、规格型号及生产厂家建立材料档案，使材料从进货到使用部位的确定都具有可追溯性，以保证本工程材料合理、规范使用。

g. 管道在验收及使用前进行外观检查，其表面符合下列要求：无裂纹、缩孔、夹渣、重皮等缺陷；无超过壁厚负偏差的锈蚀、凹陷及其他机械损伤；有材质证明或标记。

h. 阀门的型号、规格符合图纸及设计要求，安装前从每批中抽查10%进行强度试验和严密性试验，在主干管上起截断作用的阀门逐个进行试验。同时阀门的操作机构必须开启灵活。

③预留、预埋。

a. 孔洞预留。

其工艺流程具体如下：绘制留洞图→各专业汇总、审核会签→模具制作→放线标识→复核确认→模具定位→配合施工。

在管道安装工作开始前，熟悉设计图纸，根据图纸绘制管道留洞图，并同其他专业共同复核留洞图的正确性，如发现有专业交叉，管道"打架"现象发生，应及早做设计变更，以保证管道预埋工作准确、连续实施。

b. 套管预埋。

室内立管及卫生用具的给排水管在穿过楼板时应配合土建施工预留孔洞，管道穿过墙壁时应加套管，套管内径比管道外径大2号，在套管两端和中间空隙处填以不燃性纤维隔绝材料。穿楼板套管高出楼面20 mm，卫生间套管高出地面50 mm,下与楼板底平齐;穿墙套管则两端与墙的最终完成面平齐。

套管大小设计要求如表5.8所示。

表5.8 套管大小设计要求　　　　　　　　　　　　（单位:mm）

管道直径	不保温管道	保温管道
15	25	108
20	32	133
25	45	159
32	57	159
40	76	219
50	89	219
65	108	273
80	159	273
100	219	273

管道穿越防护墙(楼板)及管道进出口处、集水坑侧墙进水管、消防水池放空管穿墙处均设置刚性防水套管;消防水池水泵吸水管穿墙处设置柔性防水套管。设置防水套管如图5.5所示。

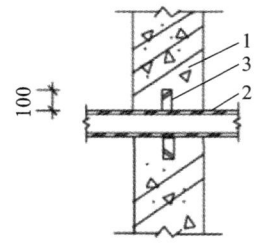 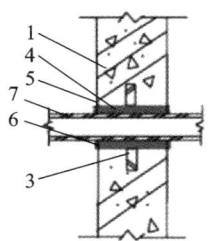

图5.5 设置防水套管

1—墙体;2—预埋管道;3—止水环;4—石棉水泥捣实;5—预埋套管;6—防水油膏;7—安装管道

穿墙套管在土建砌筑时及时套入,位置准确。通过混凝土现浇板的管道,在混凝土浇筑前安置好套管且用铁丝将套管与钢筋固定,在套管内放入松散材料,防止混凝土进入套管内。

套管或木盒预留好后,在土建浇筑楼板时派专人看护,以防止木盒、套管移位或堵塞。

套管两端平齐,毛刺清理干净,内壁要做防腐。

保温管道在穿墙时所埋设的套管应考虑管道的保温层厚度。

管道与套管的接缝处应用防火材料填充,以免火灾发生时火苗通过套管扩散。

④管道预制。

为了提高施工效率,加快施工进度,保证施工质量,在熟悉图纸及现场的基础上,根据工程进度计划的要求组织安排,在预制场地集中进行预制。

a.管道预制流程如图5.6所示。

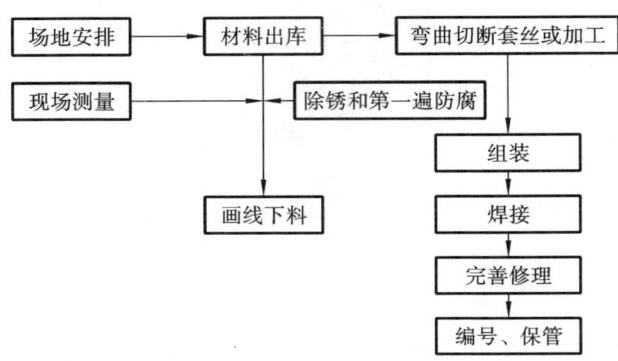

图 5.6　管道预制流程

b.预制前先按设计图纸设计的管线,确定可行的具体预制件品种及长度;预制的半成品要标注清楚编号,分批分类存放,运输和安装过程中要注意保护预制件,以便对号安装正确。

c.管道切割采用砂轮切割机、管道割刀及管道截断器切割时,切割机后面设一防护罩,以防切割时产生的火花、飞溅物污染周围环境或引起火灾。所有管道的切割口面做到与管道中心线垂直,以保证管道的同心度。切割后清除管口毛刺、铁屑,避免长时间运行后造成管道堵塞。

材料的切割下料,具体如表5.9所示。

表 5.9　材料的切割下料

序号	管材	切割工具
1	热镀锌钢管	管道截断器或砂轮切割机
2	铜管	管道切断器
3	UPVC 管、加筋塑料管	管道割刀、钢锯
4	铸铁管	管道截断器或砂轮切割机

d.采用螺纹连接的管道丝扣加工全部采用套丝机自动进行。管道套丝时,

要将管道的另一端放在三脚托架上(高度可调,确保管道水平)。托架与管道接触面处,放胶反做隔离垫,保证管道的保护层不受破坏,管口端丝套好后,要妥善堆放,安装过程中要注意轻拿轻放,不能破坏丝扣。

e. 在管道上直接开孔焊接分支管道时,切口的部位须用校核过的样板画定,用氧气-乙炔割炬切割,完毕后要用锉刀或砂轮磨光机打磨掉氧化皮和熔渣,使端面平整。

f. 为了尽量减少固定焊口的焊接数量,将钢管及管件地面预制成管道组成件,管道组成件预制的深度以方便运输和吊装为宜。

⑤管道放线。

a. 管道放线流程如图5.7所示。

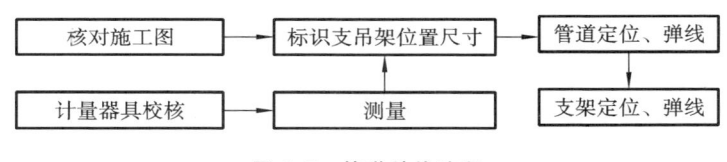

图 5.7　管道放线流程

b. 管道放线由总管到干管,再到支管进行放线定位。放线前,逐层、逐区域进行细部会审,使各管线互不交叉,同时留出保温、绝热及其他操作空间。

c. 管道在室内安装以建筑轴线定位,同时又以墙、柱、梁为依托。定位时,按施工图确定的走向和轴线位置,在墙(柱)上弹线,画出管道安装的定位坡度线。在机房、地沟内并行多种管道,定位难度大,可采用打钢钎拉钢线的方法,将各并行管道的位置、标高确定下来,以便于下一步支架的制作和安装,定位坡度线以管线的管底标高作为管道坡度的基准。

d. 对立管放线时,打穿各楼层总立管预留孔洞,自上而下吊线坠,弹出总立管安装的垂直中心线,作为总立管定位与安装的基准线。

e. 放线时,对支、吊架的设置位置也要认真考虑,特别是喷淋管道的防晃支架设置,要尽可能利用柱子或混凝土墙、梁体边,依托柱或墙做防晃支架。

⑥管道支、吊架的制作与安装。

应考虑管路敷设空间的结构情况、管内流通的介质种类、管道重量、热位移补偿、设备接口不受力、管道减震、保温空间及垫木厚度等因素选择固定支架、滑动支架及吊架。

a. 支架的位置确定。

固定支架的安装位置原则上按施工图纸,在管路中需要固定,在任何方向都不准有位移的位置设置,如伸缩器的一端。

钢管水管活动支架最大安装间距根据现场条件可参考表 5.10 确定。

表 5.10　钢管水管活动支架最大安装间距

公称直径/mm	间距/m	
	保温	不保温
15	1.5	2.5
20	2.0	3.0
25	2.0	3.5
32	2.0	4.0
40	3.0	4.5
50	3.0	5.0
65	4.0	6.0
80	4.0	6.0
100	4.5	6.5
125	5.0	7.0
150	6.0	8.0
200	7.0	9.0
250	8.0	9.0
300	9.0	9.0

管道穿越墙体时,从墙面两侧各向外量出 1 m,以确定墙两侧的两个活动支架位置。

管道转弯处的支撑要特别予以重视,自管道转弯的墙角,补偿器拐角各向外量过 1 m,定位活动支架。

在穿墙、转弯处活动支架定位后,剩余的长度,按不超过最大间距的原则,尽量均匀地设置活动支架。

b. 支架形式的选用(以下为几种常有的典型样式)。

支架如图 5.8 所示。

滑动支架如图 5.9 所示。

吊架如图 5.10 所示。

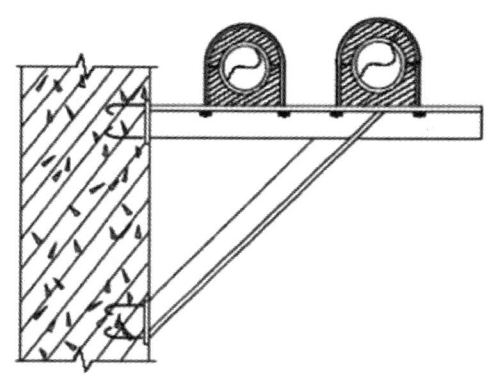

图 5.8　支架示意

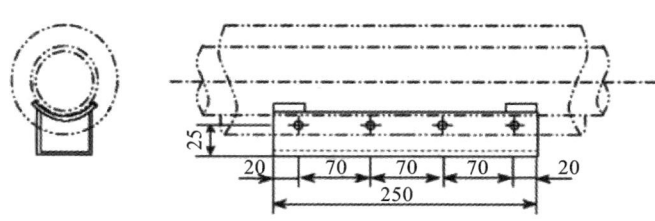

图 5.9　滑动支架示意

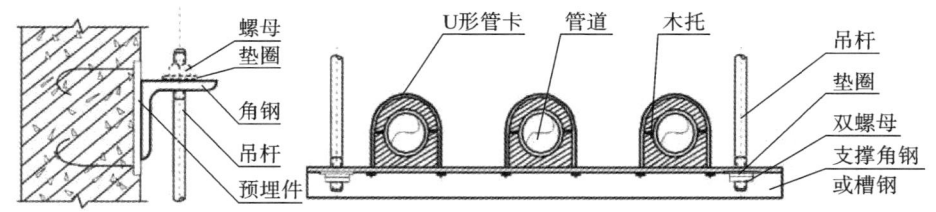

图 5.10　吊架示意

c. 支架的安装。

首先是支架构件预制加工。

下料前,先将型钢调直。下料时尽量采用砂轮切割机切割型钢,现场用气割切断时,应将切口用砂轮将氧化层磨光,切口表面应垂直。用台钻钻孔,不得使用氧乙炔焰吹割孔;煨制要圆滑均匀。各种支、吊架要无毛刺、豁口、漏焊等缺陷,支架制作或安装后要及时刷漆防腐。支架的形式按设计要求进行加工,其标高须使管道安装后的标高与设计相符,然后进行现场安装。要根据管道支架位置充分考虑管线的坡度,排水横管除注明者外,坡度如表 5.11 所示。

表 5.11　管道支架位置对应的管线的坡度

位置	坡度
DN200	0.008
DN150	0.010
DN100	0.020
DN75	0.025
DN50	0.035

管道安装时要及时调整支、吊架。支、吊架位置要准确,安装平整牢固,与管道接触紧密。固定支架必须安装在设计规定的位置上,不得任意移动。

在支架上固定管道时,采用 U 形管卡。制作固定管卡时,卡圈必须与管道外径紧密吻合、紧固件大小与管径匹配,拧紧固定螺母后,应牢固稳定。

无热位移的管道,其吊杆垂直安装。有热位移的管道,吊点设在位移的相反方向,按位移值的 1/2 偏位安装。

管道安装过程中使用临时支、吊架时,不得与正式支、吊架位置冲突,做好标记,并在管道安装完毕后予以拆除。

大管径管道上的阀门单独设支架支撑。

保温管道与支架之间要用经过防腐处理的木衬垫隔开,木衬垫厚度同保温层厚度。

⑦管道安装。

a. 编制质量计划,推行样板制。室内管道安装前,项目负责人要组织有关专业工长认真编制质量设计,提出质量目标和进行工序质量控制的具体要求,确保室内管道安装工程质量。对于标准房间、厨房、卫生间等要配合土建做好样板间或样板系统,待样板检查验收达标后再全面进行管道安装。图中未注明定位尺寸及标高的管道应尽量贴梁、柱施工。

b. 各种管道安装前都要将管口及管内、管外的污垢、砂子、沥青、铁锈等杂物清除干净,金属管道要将表面浮锈清除干净,然后再刷一道底漆。

c. 对于各种不同用途、不同介质的管道,工长要协同班组搞好安装前的总体布局施工交底工作,几个不同班组同时作业时做法要统一。安装时要考虑到导管、立管、支管及设备之间的位置与相互关系。

d. 各种管道的设置一般不应穿过沉降缝和伸缩缝,特别是排水管道。对所有穿越建筑伸缩缝的管道均应进行处理,要采用柔性连接。

e. 暗装于管井、地沟、吊顶内和埋地等隐蔽安装的各种管道,在隐蔽前,给水、消防管道必须做强度和严密性试验;排水、雨水管道必须做灌水、通水试验。卫生间、盥洗间等上层布有管道的房间,在吊顶或顶棚抹灰前,上层地面必须做蓄水试验。24 h 内楼板及管道四周和板墙交接处不渗不漏,否则,不准进入下道工序施工。

f. 未注明位置的给水排水立管应尽量靠近墙边角,卫生间未注明标高的给水排水横管应尽量贴楼板、梁底敷设。

g. 坡度:管道安装时要挂线找坡,要依据管道坡度的要求确定其下料尺寸。安装坡向正确,给水、热水管道的坡度正负偏差不得超过设计要求坡度值的1/3,坡度要均匀一致,不得倒坡,也不宜过大而影响观感效果。管道按标准坡度安装好后要及时固定。土建与安装应相配合,不能在管道上悬挂或铺设架板,放置材料和站人,不能随意搬动管道等,以免破坏管道坡度,室内管道的坡度应符合表 5.12 的要求。

表 5.12 室内管道的坡度要求

管道名称	标准坡度	最小坡度
生活热水供应管道	0.003	0.002
给水管道、消防管道的坡度为 0.002～0.005		

h. 管道的对口焊缝和弯曲部位不得焊接支管,焊缝与分支管边缘的距离不应小于 50 mm,弯曲部位不得有焊缝。接口焊缝距起弯点必须大于 50 mm,接口焊缝距管道支、吊架边缘应不小于 50 mm。分支管边缘与固定主管的支架边缘的间距不小于 50 mm。支管中心到变径管边缘的间距:主管管径≤50 mm 时,间距不小于 200 mm;主管管径≥70 mm 时,间距不小于 300 mm;主管与支管焊接,支管管端要加工成马鞍形,插入主管的管孔中应和主管内壁平齐,主管上开孔尺寸略大于支管外径,主管上开孔尺寸不得小于支管内径而将支管对接在主管表面。

i. 管材经检验合格后,按照管道的预制加工单线图,进行管道的下料、预制和套丝加工;同时按管道的坐标、标高、走向,进行管道的支、吊架预制加工、安装;待已加工预制的管道检验合格后,即可投入管道安装。

j. 管道的加工预制:管道的加工预制应集中在加工棚内,并根据施工图和经现场测绘后绘制的单线图进行预制加工;严格控制加工预制质量,不定期地对已加工的管道进行抽样检验与试压检验,发现问题及时整改调正,确保管道预制加工、安装的质量处于受控状态。

k. 管道与阀门、设备连接：管道与设备连接时，宜采用短管先进行法兰连接，定位焊接成型后经镀锌加工再安装到位，然后再与系统管道连接。

l. 水泵安装完毕后进行配管安装。管道不能与泵体强行组合连接，并且管道重量不能附加在泵体上，泵的进、出水管要设置支架。进水管变径处宜用偏心大小头，并且还应有沿水流方向连续上升的坡度接入泵入口。泵进、出口设可曲挠橡胶接头，以达到减震要求。

m. 管道必须按照设计与工艺要求，设置支、吊架与固定支架均垂直于总（干）管道，且必须在管道安装部位的底部楼板处设置管道的承重固定支架。

n. 消防系统管道打压试验和管道冲洗工作施工完毕后，应按照设计要求，做好管道的色漆和色标，并且做好配合系统调试验收工作。

o. 冷热水系统分别设置集中脱气装置，水管上翻或下翻应尽可能用 45°接管，如有 90°上翻，高点处加自动放气阀。

各材质管道安装详见下面分述。

（a）镀锌钢管管道安装。

本工程室内消防水管与冷却循环水管、压力流排水管采用热镀锌钢管，管道 DN＜80 采用丝扣连接，DN≥80 采用沟槽连接。管道安装时应遵循以下原则。

镀锌钢管安装时不得过火调直。丝接时其三通、四通、弯头、活接头、补芯等也必须使用镀锌管件。

管道螺纹连接采用电动套丝机进行加工，加工次数为 1～3 次，螺纹的加工做到端正、清晰、完整光滑，不得有毛刺、断丝，缺丝总长度不得超过螺纹长度的 10%。螺纹连接时，填料采用白厚漆麻丝或生料带，一次拧紧，不得回拧，紧后留有螺纹 2～3 圈。

管道连接后，把挤到螺纹外面的填料清理干净，填料不得挤入管腔，以免阻塞管路，同时对裸露的螺纹进行防腐处理。

沟槽式机械配管：本工程热镀锌管 DN≥100 的采用卡箍连接施工方法，具体做法如下。

卡箍式配管系统的安装采用专用开槽机，如图 5.11 所示。

卡箍为环管道自动定心式，卡箍环绕并压定垫圈，克服管道内部压力。卡箍内缘嵌入管道端部的环形沟槽之中，从而保证被连接的两根管道在卡箍中固定。挠性卡箍嵌入管道时有一定间隙，管道连接后产生一定的偏角和位移。刚性卡箍直接锁紧管道无间隙，安装后不产生挠度。卡箍使用球墨铸铁或铸钢铸造也

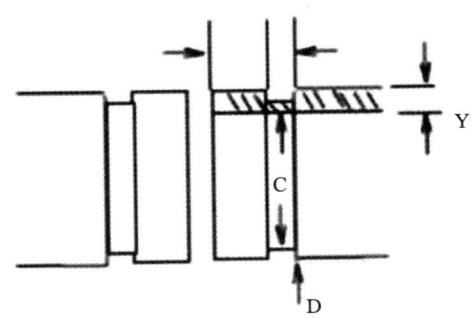

图 5.11 卡箍式配管系统的安装

可采用其他材质。

垫圈的密封方式为 C 形乙丙橡胶圈,可形成三重密封。密封的原理为垫圈静态时抓住管道末端表面形成初次密封;接着卡箍锁紧时垫圈受到卡箍内空间的限制,被动压制在管道末端表面,形成二次密封;三次密封为管道内流体进入 C 形圈内腔,反作用于垫圈唇边,从而使得垫圈唇边与管壁紧密配合无间隙。管道内流体压力越大,密封性能越好。

螺栓及螺母为卡箍专用,螺栓颈部为方形结构,防止旋紧螺母时打滑,螺母为垫片式,安装无须另加垫片,结构形式见图 5.12。

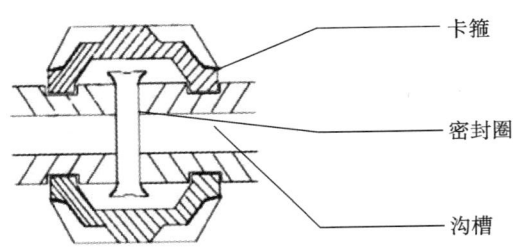

图 5.12 螺栓及螺母结构形式

本配管技术采用卡箍同时还要有与卡箍配合使用的沟槽式管件,包括弯头、变弯头、正三通、斜三通、Y 形三通、变三通、大小头、十字通、法兰等。

(b)给水球墨铸铁管管道安装。

本工程室外给水管采用铸铁管承插连接,橡胶圈接口。安装方法如下。

管口处理:铸铁管口的沥青及杂物可用火焰(如氧乙炔或喷灯)烧掉并用钢丝刷清理。

连接材料准备:橡胶圈的外观应粗细均匀,无气泡、裂缝、重皮,接头平整牢固。

捻口：当橡胶圈用锤击方法填捻时，捻口凿应贴插口壁进行敲击逐渐打入，使橡胶圈沿一个方向均匀滚入，填捻完毕应使橡胶圈至承口边缘距离基本相等。管道承插口有凸台时，橡胶圈应捻至凸台，或捻至距插口边缘 10～20 mm 为宜。

(c) UPVC 塑料管安装。

本工程室外给水管 DN＜100 时采用硬聚氯乙烯管，室内重力流排水管采用 UPVC 排水管，采用承插胶黏连接。

管道安装应安排在墙面粉刷结束后进行，既利于成品保护，又能更好地进行管道定位，从而保证工程质量。安装间断时敞口处采取临时封堵措施，避免杂、异物进入管道，导致堵塞并影响使用。

ⓐ管道的连接。

操作方法：选择管道的专用黏合剂。切割管材的工具应用手用钢锯或细木工手锯，不可用砂轮切管机切割，以免管端熔融变形或焦化，产生脆性变质。切割后的管口应平整且垂直管轴线，管口内外无毛边。管口外边应倒角 10°～15°，倒角长度为 2.5～3 mm。在管端(插口)上做一插入深度标记。用 0 号或 1 号砂布将黏接面打磨成毛面，用丙酮清洁承口和插口的黏接面并晾干。专用黏合剂应浓度适当，用干净的毛刷将黏合剂均匀涂抹在接面上，并涂抹二遍。黏合剂涂好后，立即将插口插入承口，并从轴向向承口方向施加推力，保持 1～2 s。干净的软布擦除接口周围多余的黏合剂。

注意事项：在潮湿及－20 ℃以下的环境不能进行管道黏接操作。用来黏接的工具和黏接面应保持清洁和干燥，无灰尘、水渍及油污。不同管材的黏合剂，涂胶应用不同的刷子。黏合剂在未固化前是一种易燃物品，在黏接操作时不能靠近明火，操作人员严禁吸烟。黏合剂含有强烈的刺激性气味，操作人员应戴好防护罩和手套等防护用品。在施工过程中应注意管道、管件等内部的清洁，避免杂物和碎屑进入堵塞管道。

ⓑ管道支架。

由于 UPVC 承压管道质轻、柔性较大，弹性模量较低，则刚性小，特别是在高温下使用时，刚性会更小。因此，在安装过程中管道支、吊架与金属管道的支、吊架的间距与形式将有所不同。当介质温度≤70 ℃时，UPVC 承压管道支、吊架间距可按表 5.13 进行设置。UPVC 承压管道垂直安装时的支架最大间距见表 5.14。

表 5.13　UPVC 承压管道水平支、吊架间距

公称直径/mm	间距/m	
	20 ℃	50 ℃
10	0.7	0.6
15	0.8	0.7
20	0.9	0.8
25	1.0	0.9
32	1.2	0.9
40	1.3	0.9
50	1.4	1.0
65	1.5	1.1
80	1.8	1.2
100	2.0	1.7
125	2.1	1.7
150	2.5	2.0

表 5.14　UPVC 承压管道垂直安装时的支架最大间距

公称直径/mm	间距/m
15	0.7
20	0.9
25	1.0
32	1.2
40	1.4
50	1.6
65	1.8
80	2.0
100	2.2
125	2.4
150	2.6
200	2.8
250	3.0

当 UPVC 承压管道在室内与其他金属管道并行安装时，UPVC 承压管道应安装在金属管道的内侧，并留一定的保护距离。当设计无特殊要求时，净距离不小于 100 mm。穿墙穿楼板时应加金属套管，穿屋顶应做防水套管。

当 UPVC 承压管道室外架空敷设时，宜采用连续性托架。

当 UPVC 承压管道室外埋地敷设时，埋地深度必须在冰冻深度以下。管沟底部夯实后铺以 10 mm 厚的砂垫层，回填土时也应用细软土质。避免砾石等硬物质与敷设的 UPVC 承压管道的管壁接触。

UPVC 承压管道应使用与管道相同材质的成品管卡等配套使用。

UPVC 承压管道管卡外形如图 5.13 所示。

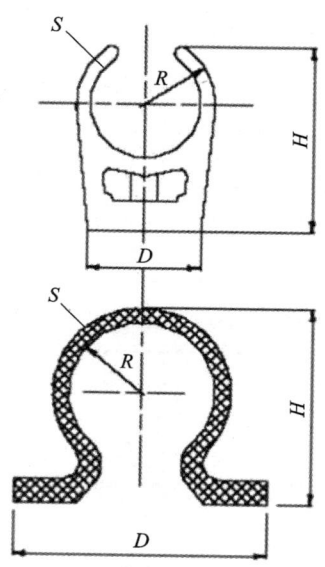

图 5.13　UPVC 承压管道管卡外形

如用现场制作的金属管卡来固定 UPVC 管道，则应注意下述事项。

管卡必须用扁钢制作，因圆钢制作的管卡与管道的接触面小，在紧固时易磕坏管道外表面。

在金属支架、金属管长与管道之间衬以厚度 2～3 mm 橡胶板等柔软材料，保护管道外壁。

管卡紧固时，应紧固得略松一些，使管道能在管卡内沿管道轴线有伸缩的余地。

在安装 UPVC 承压管道时，除管道的支、吊架外，阀门、过滤器等重管道附件,应单独设立支、吊架,不允许落在 UPVC 管道上。

弯头、三通处的管卡应卡死,以承受管道在介质运行压力下所产生的轴向推力和热膨胀引起的应力。

(d)铜管管道安装。

本工程生产、生活给水系统采用铜管,焊接。安装方法如下。

ⓐ调直。

铜管调直时将铜管放在平板或工作台上(在其上铺放木垫板),再用木槌轻轻敲击,逐段调直。调直过程中注意用力不能过大,不得使管道表面产生捶痕、凹坑、划痕或粗糙的痕迹。大管的调直可用管道调直机来进行。

ⓑ切割。

采用钢锯、砂轮切割机夹持钢管的台虎钳钳口两侧,应垫以木板衬垫,以防夹伤管道。坡口采用锉刀进行处理,不得使用气割进行切割。

ⓒ弯管。

铜管管径 DN100 以下者采用弯管机冷弯,管径 DN100 以上者采用加工压制弯头。

ⓓ焊接方法。

DN20 铜管连接采用承插钎焊,可采用手动胀口机将管口扩张成承插口插入焊接。承口的扩口长度应大于管径,承口迎向介质流向安装。

直径大于 20 mm 的铜管采用对口气焊连接,坡口角度为 30°～45°,对口间隙为 2～3 mm 采用专用紫铜焊丝 HS201,焊剂选用 CJ301。

焊丝及焊接接头表面应用酒精或丙酮除去油污及氧化膜,铜管表面可用砂布打光,表面粗糙度达到 25～50 μm,不应有纵向划痕。

承插搭接长度根据壁厚决定,采用成品管件时,以成品管件的承口深度的四分之三为准,并在插入管的外壁标以记号。

承插口的环行间隙应均匀,在四分之三的接头深度内不得有碰擦。

焊接前,将铜管承口内侧、插口外侧 30～50 mm(视管径而定)范围内清理干净,用细砂纸除去氧化层,用棉纱除去油污、脏物。焊接过程中要控制火焰为中性焰或稍偏还原焰即碳化焰;控制焊接时间,使钎料即铜焊条刚好熔渗满承插口间隙,并且外露焊缝外观饱满,焊接后,清理焊口流坠。

焊接前应进行预热,预热温度为 400～500 ℃。焊接时应使焊件温度均匀上升,尽量使焊件受热时间短。焊完成后,焊件必须冷却到 300 ℃ 以下,才可移动。

焊缝表面的氧化物和焊药应清除,可用 10% 的稀硫酸或盐酸清洗,再用温水刷洗干净。

清洗废液不能随意排放，统一收集处理，避免破坏环境。

铜管道与阀门、设备法兰连接时，采用活套法兰，考虑到热水管一般采用薄壁管，用内外模将铜管壁进行翻边。与丝扣管件及器具连接时，采用单头铜丝扣接头与铜管焊接。

紫铜管翻边模具有内模及外模。内模是圆锥形的钢模，其外径与翻边管道内径相等或略小。外模是两片长颈半法兰。为消除翻边部分材料的内应力，管子翻边前，先量出管端翻边宽度，然后画好线。将这段长度用气焊加热至再结晶温度以上，一般为450℃。然后自然冷却或浇水急冷。待管端冷却后，将内外模套上并固定在工作台上，用手锤敲击翻边。全部翻转后再敲平锉光。紫铜管翻边连接应保持两管同心，其偏差不大于1 mm。

⑧阀门及其他附件安装。

安装前按设计要求，检查其种类、规格、型号及质量，阀杆不得弯曲，按规定对阀门进行试压，检验是否泄漏。阀门进场后先随机抽取10%进行阀门打压试验，如全部合格，则其余免检，否则应扩大试验面。当不合格率达到50%以上时，阀门全部退货。

阀门安装的位置除施工图注明尺寸以外，一般就现场情况，做到不妨碍设备的操作和维修，同时也便于阀门自身的拆装和检修。

水平管道上的阀门安装位置尽量保证手轮朝上或者倾斜45°或者水平安装，不得朝下安装。

选用的法兰盘的厚度、螺栓孔数、水线加工、有关直径等几何尺寸应符合管道工作压力的相应要求。

法兰与管道焊接连接时，插入法兰盘的管道端部距法兰盘内端面为管壁厚度的1.3～1.5倍，便于焊接。焊接法兰时，保证管道与法兰端面垂直，用法兰靠尺从相隔90°两个方向度量，里外施焊。

法兰连接的管道应注意：法兰应垂直于管道中心线，其表面应相互平行；热水供应管道的法兰衬垫，易采用橡胶石棉垫；给排水管道的法兰衬垫，宜采用橡胶垫法兰的衬垫不得突入管内，其外圆到法兰螺栓孔为宜；法兰中间不得放置斜面垫或多个衬垫。

连接法兰的螺栓、螺杆突出螺母长度不宜大于螺杆直径的1/2。螺栓同法兰配套，安装方向一致，扭力对称均匀；法兰平面同管轴线垂直，偏差不得超标，并不得用扭螺栓的方法调整。

法兰阀门、软接头、过滤器等法兰配件与管道一起安装时,可将一端管道上的法兰焊好,并将法兰紧固,一起吊装;另一端法兰为活口,待两边管道法兰调整好,再将法兰盘与管道点焊定位,再将管道法兰与阀门法兰进行连接。

阀门等法兰盘与钢管法兰盘平行,一般误差应小于2 mm,法兰螺栓应对称上紧,选择适合介质参数的垫片置于两法兰盘的中心密合面上,注意放正,然后沿角先上紧螺栓,最后全面上紧所有螺栓。

大型阀门吊装时,应将绳索拴在阀体上,不准将绳索系在阀杆、手轮上。安装阀门时注意介质的流向,截止阀及止回阀不允许反装。

螺纹式阀门要保持螺纹完整,按介质不同涂以密封填料物,拧紧后螺纹应有3扣的预留量,以保证阀体不变形或损坏。紧靠阀门的出口端装有活接,以便拆修。

过滤器:安装时要将清扫部位朝下,并要便于拆卸。

管路上的温度计、压力表等仪表取源部件的开孔和焊接在管道试压前进行。温度计、压力表安装要便于观测、便于操作及维修。

⑨消防箱、消火栓及其组件的安装。

a.消火栓箱安装。

消火栓箱的有关要求:金属消火栓箱不得用气焊开孔。暗装于墙内的消火栓箱要预先留出洞口,待墙面摸底灰前将箱体装好,要找正装平,箱子四周边框要突出墙面10~20 mm。不带框的消火栓箱,箱口与墙面平齐,箱门安好后正好突出墙面。为了控制出墙尺寸,箱子在安装前,土建应配合在箱子安装处两边拼贴,安装单位依次为控制基线安装消火栓箱。全暗装在240 mm墙内的箱子背后应加设铅丝网片,以保证抹灰后不空不裂。箱子安装要确保位置准确,四周用水泥砂浆填塞牢固,并经有关人员核对无误后,方可开始抹灰。

b.消火栓的安装。

安装前应对消火栓逐个进行水压试验,试验不合格的不准安装。安装要在管道试压冲洗完成后进行。消火栓安装一般要求栓口朝外,中心距地面高度1.10 m,距箱侧140 mm,距箱后内表面100 mm,箱内水带、喷枪要挂置整齐、无杂物,箱门开启灵活、方便,内外油漆光泽好,表面无碰损、起皮和污染现象。

c.水流指示器的安装。

水流指示器的安装应在系统试压、冲洗合格后进行,水流指示器的规格、型号应符号设计要求;水流指示器应安装在水平管道上侧,其动作方向应和水流方向一致;安装后的水流指示器浆片、膜片应动作灵活,不应与管壁发生碰擦。

d. 排气阀的安装。

排气阀的安装应在管网系统试压、冲洗合格后进行,排气阀应安装在配水干管顶部、配水管的末端,且应确保无渗漏。

e. 信号阀的安装。

信号阀应安装在水流指示器前的管道上,与水流指示器之间的距离不应少于 300 mm。末端试水装置安装在系统管网末端或分区管网末端。

f. 消防水泵接合器的安装。

组装时按接口、本体、联接管、止回阀、安全阀、放空管、控制阀的顺序进行。止回阀的安装方向保证使消防用水能从消防水泵接合器进入系统。地下消防水泵接合器的安装,保证进水口与井盖底面的距离不大于 0.4 m,且不小于井盖的半径。管道穿过井壁时,管道与井壁间的间隙采用黏土填塞密实,并采用 M7.5 级水泥砂浆抹面,抹面厚度不小于 50 mm。

⑩杂散电流防护。

为防止杂散电流的产生,所有给排水及消防水管敷设在地铁车站及区间主体结构时,管道的支托架等生根处预埋在结构墙内的金属构件均不得与主体结构钢筋相碰,相互距离应保持 50 mm 以上。穿越走行轨下方时,各种金属管道必须加强绝缘处理。具体做法如下。

所有进出车站及风道的金属管道均在结构内侧安装 1 m 长的 ABS 塑料给水管,给水引入管在结构外侧亦安装 1 m 长的 ABS 塑料给水管,管道支架处管道外包裹 5 mm 厚的绝缘片,管道穿越道床时加厚防腐层。

所有给排水管道穿越走行轨下方时,管线上表面与走行轨底面必须保持 200 mm 以上的距离,并采用非金属管道或球墨铸铁管。球墨铸铁管采取加强绝缘处理。

沿区间敷设的各种给排水及消防管道,利用素混凝土支墩或金属支、托架等支撑时,应在管道与支墩或支、托架之间设置绝缘垫片进行绝缘处理。

敷设在结构表面的给排水管道,利用支、托架固定进必须进行绝缘处理。给排水管道的安装可以采用国标 S161 式,关于"膨胀螺栓固定单管、双管托架图、双杆吊架图"的形式,将管道固定在主体结构上,并在管卡处管道外包裹 5 mm 厚的橡胶绝缘片。

消防泵房的水泵进出水管处、排水泵房的水泵压力排出管处加装绝缘接头。

⑪卫生器具的安装。

本工程方案按施工条件复杂情况下考虑。卫生间所有管道均暗装。

a. 通用规定。

在选好卫生设备及给、排水附件的型号,明确安装尺寸后,正确预留卫生间的给、排水管口位置,便于卫生设备安装时镶接管道。

卫生设备安装前,对瓷质器具、铜质附件进行检查,不得有结疤、裂纹、砂眼等现象,外观光滑,各个连接口与管道部件的直径吻合,承插接口处插入长度合适。

地漏安装配合地砖施工时进行,其余卫生设备在墙、地饰面施工完后进行安装。

卫生设备的搬运应轻拿轻放,防止碰伤。堆放平稳整齐,地面洁净无积水。铜质附件应保存于干燥洁净的库房。

瓷质卫生器具安装时,应防止损伤瓷面。用金属螺栓、木螺钉紧固于瓷面时,应有软垫片(铅板垫片、硬胶垫圈或石棉垫圈)。拧紧时不得用力过猛。

卫生设备在墙、地面上的固定,应符合如下要求:预埋螺栓,用于低水箱的,采用 M10×150 六角精螺栓;用于坐便器、小便斗固定和洗涤盆、洗面盆支架固定的,采用 M6×100 六角精螺栓;木螺钉拧紧,应采用 $\phi6\times75$ 木螺钉,在墙或地面上埋设木块或塑料胀管;在混凝土墙面或地面上用膨胀螺栓固定卫生器具,可用与预埋螺栓同规格的膨胀螺栓;在空心砖墙面上固定卫生器具可用穿墙长螺栓,或将局部空心墙改砌实心墙,用预埋螺栓或木螺钉固定卫生设备;在轻质墙面上固定卫生器具时,可在轻质墙内预置木构架。

墙内预埋木块,应符合如下要求:木块须作防腐处理,在 90~95 ℃ 热煤焦油中浸 1~4 h,然后在 40~45 ℃ 温煤焦油中保持 1~2 h,捞出沥干;木块应里大外小,两端头有 0.1 斜坡砌于墙内或埋于混凝土地(墙)内;木块预埋时,应凹进墙面 10 mm,木砖中心点钉一元钉,以便寻找。

卫生设备用支、托架稳固的,金属支托架应防腐良好,埋设平整牢固,与瓷质器具接触应紧密。因瓷质器具不平整,可在支托架上垫木片或橡胶板,垫片须与支托架紧固。

卫生设备的安装,必须平稳牢固,用水平尺找平,垂直度的偏差不得超过 3 mm。瓷质器具安装时,因地面不平或因器具不平整,与墙、地面接触处有缝隙,缝宽在 3 mm 以内时可用玻璃胶抹缝。缝宽较大时应用形状似的木片嵌塞后,抹玻璃胶,抹缝应平整。

卫生设备的塑料或铜质附件安装,应符合如下要求:与瓷质器具直接接触的排水栓、水龙头、阀门、瓷闷头等,在接触面处应抹玻璃胶,使缝隙严密无渗漏。

锁紧螺母(根母)与瓷具接触处的橡胶垫片,应平整无皱褶、凹纹和凸块,孔径合适。若因瓷面不平,胶垫片不能密封,可在瓷面用玻璃胶或密封膏涂抹后垫片和螺母。压盖螺母内的胶圈或麻丝箍,应放正位置后上紧。墙面和地面管道根部的装饰罩应用密封胶填埋。排水栓安装时,应与盆底相平或略低于盆底,旋紧时不得强行旋动排水栓,应旋动锁紧螺母。塑料和铜质部件,安装时不得用管道钳夹持,有六角或八角形棱角面的,应用扳手夹持旋动,无棱角面的应制作专用工具夹持旋动。

大便器、小便器等排水口与排水支管管口暗接的,应在排水支管管口打胶,接口间隙应无渗漏。暗接口也可用玻璃胶,但不得用水泥砂浆和纯水泥浆作暗接口填料。

卫生器具的冷、热水给水阀门和水龙头,必须面向使用人的"右冷左热"习惯安装。连接给水配件小铜管,位置、形状均左右对称一致。

b. 技术要求。

卫生器具安装高度和位置按规范及施工图执行,允许偏差±10 mm。成排卫生设备安装,高度和间距应一致,允许偏差±5 mm。

卫生器具的给水配件安装,如设计无规定高度,按国家标准执行。

连接卫生器具的排水管管径和最小坡度,按设计要求。

卫生器具安装后,认真做好成品保护,在竣工验收前不得损坏和使用,并应符合如下要求:盆安装后,应用木板全封闭保护;地漏等敞口器具安装后,应加临时堵头;其余卫生器具安装后,应包扎保护。

c. 洗脸盆的安装。

台式洗脸盆分有沿和无沿两种,按如下要求进行:有沿洗脸盆的沿口应置于台面上,无沿洗脸盆的沿口应紧靠台面底。台面高度一般均为 800 mm。洗脸盆由型钢制作的台面构件支托,安装洗脸盆前应检测台面构架的洗脸盆支托梁高度,安装洗脸盆时盆底可加橡胶垫片找平,无沿盆应有限位固定。有沿洗脸盆与台面接合处,应用 YJ 密封膏抹缝,沿口四周不得渗漏。

洗脸盆给水附件安装:单冷水的水龙头位于盆中心线墙面,高出盆沿 200 mm;冷、热水龙头中心距 150 mm;暗管安装时,冷、热水龙头平齐。

洗脸盆排水附件安装:洗脸盆排水栓下安装存水弯的,应符合如下要求。P形存水弯出水口高度为 400 mm,与墙体暗设排水管连接;S形存水弯出水口与地面预留排水管口连接,预留的排水管口中心距墙 70 mm。墙、地面预留的排水管口,高出墙、地面 20 mm 存水弯出水管插入排水管口后,用带胶圈的压盖螺母拧紧在排水管上,外用装饰罩罩住墙、地面。洗脸盆排水栓下不安装存水弯的成排洗脸盆,排水管安装应符合如下要求:排水横管高为450 mm,管径不小于DN50,并应有排水管最小坡度,排水横管始端应安装三通和丝堵,成组安装洗脸盆不得超过6个,存水弯出水口与墙、地面管口连接根部不用装饰罩,普通洗脸盆存水弯与明装排水管连接时,存水弯出水管可直接插入排水管内40~60 mm,用麻丝箍或胶圈填嵌管隙,用油灰密封。

d. 大便器的安装。

本工程所采用的大便器设计未给出,暂按三种考虑:藏墙暗装式低冲洗水箱坐便器、低水箱坐便器和蹲式大便器。

坐便器排水预留管口位置偏差时,坐便器应以预留排水管口定位。坐便器中心线应垂直墙面。坐便器找正找平后,画好螺孔位置。

坐便器排污口与排水管口的连接,应符合如下要求。里"S"坐便器为地面暗接口,地面预留的排水管口DN100应高出地面10 mm。排水管口距背墙尺寸,应根据不同型号的坐便器定。外"S"坐便器为地面明接口,地面预留的排水管口DN100应高出地面10 mm(允许偏差±5 mm)。在排水管口上套一橡胶密封圈,外套一个DN120 mm、长60 mm的塑料防护套管,坐便器排污口插入排水管口,插入橡胶密封圈,然后在塑料防护套管和橡胶密封圈的间隙填嵌YJ密封膏。

蹲式大便器的安装应在装饰地面施工时安装,安装结束后对成品予以保护。

连体式坐便器的排污口带有连接法兰,预留的排水管口应低于地面20 mm,将连接法兰对正排水管口找平后,在地面上画好法兰的螺栓孔位置,栽好木桩或塑料胀管,连体式坐便器稳固于连接法兰上,排污口接合处用橡胶垫和两个M10螺栓将坐便器固定于连接法兰上。

e. 壁挂式小便器的安装。

壁挂式小便器安装,应符合如下要求:墙面应埋置螺栓和挂钩,螺栓的位置,根据不同型号的产品实样尺寸定位。壁挂式小便器水封出水口有连接法兰,安装时应拆下连接法兰,将连接法兰先拧在墙内暗管的内螺纹管件上,调整好连接法兰凹入墙面的尺寸。小便器挂墙后,出水口与连接法兰用胶垫密封,用螺栓将小便器与连接法兰紧固。壁挂式小便器墙内暗管应为DN50,管件口在墙面内45 mm,左右。暗管管口为小便器中心线位置,高510 mm。

f. 地漏安装。

在该室地面最低处,箅子顶面应低于地面5 mm;为正确控制高程,应在室内地面面砖施工时配合安装地漏；地漏安装后应封堵，防止建筑垃圾进入排水管；地漏箅子应拆下保管，待交工验收时装上，防止丢失。

⑫管道冲洗、试验及消毒。

a.给水管道冲洗、试压。

管道冲洗：由于生活给水系统管道分支多，末端截面积小，将分段进行冲洗。冲洗前，将管道系统内的止回阀阀芯等拆除，待冲洗合格后重新安上。冲洗时，以系统达到最大压力和流量进行，直至出口处的水色和透明度与入口处目测一致。

管道试压：管道试压前，按图纸进行仔细核对，确认管道安装无误，支、吊架安装正确、紧固可靠。系统的最高点设置放空装置，最低点设置排污装置，对不能参与试压的设备加以隔离。系统试验过程中安排专人仔细检查系统，发现问题，应及时处理。系统试压合格后，及时排除管内积水，拆除盲板、堵头等，将系统恢复。

b.给水管道的冲洗消毒。

水箱进行了打扫和清洁后，用市政自来水进行冲洗，10～30 min 后检查水色，当水箱排出无污物，冲洗水内不含杂质时，进行消毒处理。将漂白粉搅拌使之溶解，随同管内充水一起加入管段，浸泡 24 h，放水冲洗，当水的浓度和细菌含量经市有关部门取样检验，符合《生活饮用水卫生标准》(GB 5749—2006)后，即为合格。

c.排水管道的灌水试漏、通球和通水试验。

排水管道灌水试漏试验：管道灌水试漏采用球囊法；根据不同的卫生器具，确定灌水高度及水面位置；将胶囊由检查口慢慢放入预定深度；由检查口注水于管道中，直至符合规范要求水位为止。如试验过程中发现有漏点存在，须处理漏点，直至试验合格为止。灌水试验见图 5.14。

管道通球试验：通球试验程序由上而下进行，以不堵为合格。胶球从排水管立管顶端投入，并在管内注入一定的水量，使球能顺利流出为合格。

管道通水试验：在管道的通球试验合格后，做管道通水试验，将设计给水系统的三分之一配水点同时开放，管道排水畅通且无渗漏为合格。

⑬管道保温。

本工程所有设在吊顶或穿过走道、房间内的给水管均设防结露保温，冷却循环水管设防结露保温和防腐处理。防结露保温采用超细玻璃棉。

保温层通过墙及楼板处时，应保证连续不断。

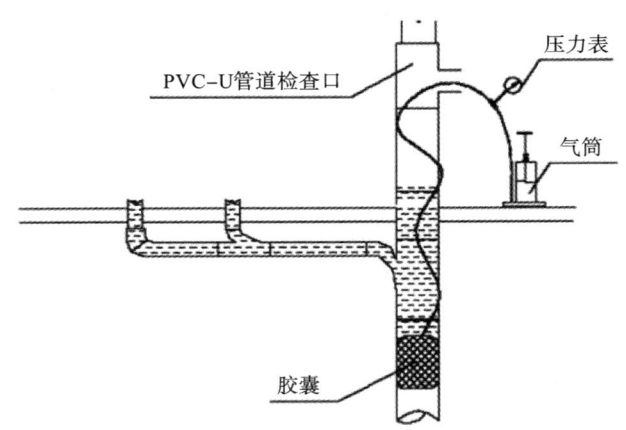

图 5.14 灌水试验

阀门法兰等部位应采用可拆卸式保温结构。

a. 保温的施工程序。

保温工序属隐蔽工作,在管路已试压合格,有关书面检测记录完成后才能开始。主要施工程序具体如下:施工准备→防腐质量复核→材料准备→预制下料→保温→防护→刷防火漆→检查记录→刷标识漆。

b. 主要施工方法及技术要求。

施工准备:熟悉图纸,考察管道及附件的现场安装情况(标高、数量、规格),提出用料计划,准备机具、梯子、预制平台、模板和胎具。

为保证保温质量和美观,对弯头、三通、阀门、附件要进行组合件保温,按不同的管径制作模板,材料可选用橡胶板或石棉板,最好能达到预制成型、现场组装,避免现场试做,浪费物料且不能保证质量。

c. 保温施工。

管件保温时要按展开下料,弯头用虾米弯,缝隙填实,一般组合块不能少于3个。阀门除将手柄露在外面外,阀体保温,法兰面之间板材要分体,缝隙黏紧,这样在检修时就不用毁坏大量保温材料,如图 5.15 所示。

过滤器向下的滤芯外部要做活体保温,同样以利于拆卸方便。水管穿楼板和外墙处套管内也要保温,而且要保证密实不露。

管道与设备的接头处也必须保温良好,严密无缝隙。

安装分步完成,要观察外观和用手扯动检查,以粘贴牢固,拼缝错开,填嵌饱满、密实,填缝整齐一致,纵向缝错开为要求。

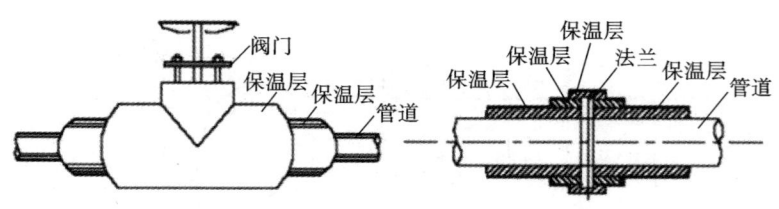

图 5.15　阀门示意

d. 检验及成品保护。

检验保温厚度时用钢针刺入保温层并用尺量检查,要求偏差范围在 $-0.05\delta \sim 0.18\delta$;表面平整度用塞尺靠尺检查,偏差不超过 5 mm。对因后续施工影响造成局部不合格的要进行补修,做好保温检查、验收记录。

操作人员不能站在绝热材料上操作或行走,梯子、操作台的数量要保证足够使用。同时,其他专业人员不得踩踏保温层。

e. 刷油漆与色环。

根据设计要求,在保温的外表面刷防火漆,并标识流向的箭头和介质种类色环。

⑭管道防腐油漆。

本工程管道防腐油漆按设计要求施工。

a. 作业条件。

一般应在管道试压合格后进行油漆、防腐作业。管道在施工准备时,集中预先进行油漆、防腐作业,应将管道两端留出接口端。油漆或防腐作业,须等前一道干燥后再进行后一道,严格按作业程序执行。

进行上述作业时,必须在环境温度 5 ℃ 以上、相对湿度 85% 以下的自然条件下进行,低于 5 ℃ 时应采取防冻措施。露天作业应避开雨、雾天或采取防雨、雾措施。作业时应防止煤烟、灰尘、水汽等影响工程质量。作业场地和库房应有防火设施。

在涂刷底漆前,必须清除涂刷表面的灰尘、污垢、锈斑、焊渣等物。管道受霜、露潮湿时,应采取干燥措施。

b. 油漆。

管道在涂刷底漆前,应进行除锈。人工除锈用砂布或钢丝刷除去表面浮锈,再用布擦净。机械除锈用电动旋转的圆钢丝刷刷除管内浮锈或圆环钢丝刷刷除管外浮锈,再用布擦净。

管道除锈后应及时刷涂底漆,以防止再次氧化。

油漆开桶后必须搅拌均匀,漆皮和粒状物应用120目的钢丝网过滤。油漆稀释应根据油漆种类和涂刷方式选用不同稀释剂。油漆不用时,应将桶盖密封或封盖漆面。漆桶用完后,盛其他油漆时,应将桶壁附着的油漆除净。漆刷不用时应浸于水中,使用时再甩干。

手工涂刷应往复、纵横交叉进行,保持涂层均匀。

刷油时,要用纸或塑料布遮盖墙面、地面和卫生器具等部位,做好保护,以防污染;要备好棉纱、汽油,以便污染后及时擦拭干净。

刷油后要均匀一致、不透底、颜色和光泽好、不漏刷、无流坠、不显刷印、附着好、不起皮、无污染,特别要求阀门红、黑分明,管后、散热器后以及支、吊架等处不得漏刷油漆。

由于施工周期长,返锈、起皮的管道等设备必须重新除锈、刷油。由于施工污染的管道和设备要清除污染后重新刷油。

c. 防腐。

埋地金属管道要特别注意按设计要求做好防腐工作,铸铁管可涂刷二道沥青漆,钢管要按规范要求进行加强防腐。

⑮标识。

按设计及业主要求对管道或管道保温表面进行全管涂漆或涂色环,进行文字标识。

热水管等必须在适当位置标出流向箭头,所有阀门均用红漆标明"开""关"方向位置。

标识牌要求防水黏接牢固,位置明显,内容详细,流向箭头清晰。

5.3　动力照明系统施工技术

5.3.1　主要技术措施及调试方案

1. 工艺流程

工艺流程图具体如下:施工准备→槽钢预埋→盘、柜进场→盘、柜组立→安装固定→盘、柜接地。

2. 技术措施

(1) 制作槽钢。以设计图纸为准,对基础槽钢采取焊接处理措施,以形成完整的整体框架,经防腐和整形后,若通过质量检验,则运至现场将其安装成型。

(2) 施工测量。全面清理槽钢安装区域的各类杂物,复测结构层的标高,判断其是否达到槽钢的安装要求,若存在出入,应及时提出并做好处理工作。

(3) 安装槽钢。根据图纸的标注,在结构层对应的位置放置好各组基础槽钢框架,并借助水准仪完成各组槽钢的测量,确定最高的一组后在其下方增设斜铁,同时调整槽钢以使其达到水平的状态,并在槽钢腰部焊接角钢,以保证其固定程度达到要求。若架构层中留有预埋件,可直接将预埋件和槽钢焊接,但基础槽钢必须保证两点接地;应用膨胀螺栓的将角钢稳定在结构层上,将设置到位的槽钢作为基准标高,进而将其他槽钢安装到位并固定。表5.15为基础槽钢安装的允许偏差。

表 5.15 基础槽钢安装的允许偏差

序号	项目		允许偏差/mm
1	不直度	每米	<1
		全长	<5
2	水平度	每米	<1
		全长	<5
3	位置误差及不平行度	全长	<5

(4) 配电柜进场。有时因为工期问题,可能会出现车站地面装修层施工完毕设备才进场的情况,此时为了防止设备进场过程中出现划伤、磕坏墙角、台阶、地面、压坏土建装修层等问题,在设备运输进场前先在地面铺设包装纸或纤维板,在墙角、台阶处使用包装板,防止出现磕伤等问题。

(5) 配电柜组立。有序将柜、盘装置转至指定位置,先初步调整每面盘、柜,再对盘、柜一端的第一面做针对性的调整,确保无误后,以此为基准有序调整后续部分,保证水平度和垂直度满足要求,盘、柜形成紧密贴合的关系,待所有盘、柜调整完再安装连接螺栓。

(6) 安装固定配电柜。考虑到盘、柜设备的稳定性要求,利用螺栓将其固定。成列柜固定完毕,使用设备厂家提供的原色油漆对脱落油漆的部位进行补漆。

(7) 配电柜接地。根据设备厂家的要求,以合理的方式连接盘、柜的接地铜排。采用软铜编织线对成列设备的两端和综合接地网进行可靠连接。

3. 动力照明系统试验、调试方案

(1) 单机调试

① 测试内容。

a. 检查、测试主回路母线的作业顺序：外观检查→相序排列→相间及相对地绝缘电阻测试。

b. 检查、测试二次回路的作业顺序：检查回路接线→测试各支路的绝缘电阻。

② 测试方法。

a. 检查外观：配电柜表面应满足无杂物附着、无划伤、无剥落等要求，配电柜柜门和底座两部分增设接地线路，配电柜间应有公共接地母线。

b. 检查相序：重点考虑对象为各相两侧和线路的相位，以万用表为关键检查装置，保证各处均无误。

③ 电动机的试验。

a. 测试工具：电笔、万用表、测速仪、1000 V 摇表(兆欧表)、相序检测器。

b. 测试内容与方法：首先检测绕组的绝缘电阻和吸收比，再检测定子绕组的极性并对其连接情况作出判断，随后组织空载运转试验，最后测定转速。

(2) 系统调试。

待所有照明系统与动力系统工程完工后，试验照明、动力系统，包括所有远程就地控制线路和动力照明配电线路的检查、测试。

① 箱、柜二次回路模拟动作试验。在正式试验前断开负载端，以控制原理图的相关内容为准模拟动作试验，其间对继电器的动作情况做详细的观察以及准确的判断，分析其是否满足要求。

② 各箱、柜主回路受电。在操作前断开负载端，经开关分位后保证电源可以被送至总开关上端；在前述基础上逐级合上总、分开关，同时对开关的上下端电压和相位做详细的检测以及准确的判断。

③ 照明回路受电试照。电源送至照明配电箱后合上开关，围绕回路的布设情况、灯具的启用情况检查，确保其可以正常运行。

④ 双电源互投柜、双电源互投箱切换调试。在正式调试前有序断开互投装置开关、馈出开关，同时调整互投装置以使其到达手动位；待常用电源相对应的指示灯亮起后按下合闸按钮，利用万用表检测，以确定互投装置下口电压，要求实测值控制在许可范围内；此后，按下常用电源手动分闸按钮，经检测后实测电

压值应当为零,否则不达标。

⑤环控遥控照明回路开关调试。断开照明配电箱馈出开关,送电后合上二次回路开关,此时应保证二次回路处于带电的工作状态。

(3)联合调试。

①通风风机、风阀的连锁联动调试。在环控配电柜处启用风机回路,经此操作后可以达到自动开启风道阀门的效果。若其处于打开的状态,则对应风机也将自动开启。断开风机回路时,要达到风机先停、阀门再关的效果。以手动的方式关闭站厅某排烟阀(无特定的要求,可以是站厅内的任意一个),排烟风机可自动启动。在280 ℃防火阀断开的模拟操作过程中,保证排烟风机可以随即暂停运行。

②污水泵、排水泵与水位开关的联动关系调试。经过如下一系列的模拟后分析实际情况:模拟第一台泵水故障,此运行工况下要求第二台泵随即运行;模拟水池水位在超高水位,此时无论是高水位还是超高水位,水位开关均要在第一时间随即闭合,同时两台泵应维持稳定运行的状态;模拟水池水位在高水位,此时高水位开关应快速闭合,并且有一台泵可以高效运行。

③依次对冷冻泵、冷却泵、冷却塔、冷水机组组织调试。四类装置间形成联锁关系,根据此特点,以手动模式先开启冷冻水泵、冷却水泵和冷却塔,在此基础上进一步开启冷水机组,要求在此方式下冷水机组能顺利启动。

5.3.2 容易出现的问题及需注意的细节

1. 施工中容易出现的问题

在城市轨道交通工程动力照明系统的施工中,因承包商控制成本与施工人员素质存在差异等因素,在施工的现场时常发现部分员工未根据设计要求及施工工艺等进行施工,导致施工存在部分问题,主要有以下几点。

(1)接地扁钢的搭接问题。

《电气装置安装工程 接地装置施工及验收规范》(GB 50169—2016)中有相关规定,扁钢和扁钢的搭接是扁钢宽度2倍,施焊应最少3面。比如使用40×4 mm的接地扁钢进行电缆的桥架接地,在施工中扁钢和扁钢搭接的长度超出扁钢宽度2倍(高于80 mm),但固定连接选择的是螺栓,并且此接地的扁钢与桥架未进行连接。应当是接地扁钢的搭接长度高于扁钢宽度2倍(高于80 mm),选择三面焊接,接地扁钢和桥架连接,并做好防腐处理。

(2)电缆桥架伸缩节处的接地扁钢问题。

《电气装置安装工程　电缆线路施工及验收标准》(GB 50168—2018)中规定:若直线段钢制的电缆桥架高于 30 m,玻璃或铝合金钢制的电缆桥架高于 15 m,需有伸缩缝,宜选择伸缩的连接板来连接,应在电缆桥架所跨越建筑物的伸缩缝位置设置。在实际施工过程中,在桥架于直线段高于 30 m 的位置,厂家应配备桥架伸缩节,而且接地扁钢同样制作相关的伸缩节来解决,使其实现美观性与实用性。

(3)线盒、线管敷设的问题。

《建筑电气工程施工质量验收规范》(GB 50303—2015)中规定:不同的电压等级、回路与直流和交流的电线,不可穿在同一根导管里,同一个交流的回路电线须穿在同一根金属导管里,并且导管里的电线不可存在接头。比如:应急的照明线管刷着防火漆,其旁边为普通的照明线管,但部分施工方图方便,直接使用同一个过线盒,这就严重违反了规范与防火的要求。

施工方暗埋接线盒之后,未利用盖板或其他的填充物封闭好接线盒,在装修抹墙与刮腻子时会在接线盒里残留大量的砂浆与杂物,严重时可能会堵死管口,使得后期穿线作业时浪费较多的时间来清理杂物。

(4)区间电缆的转弯半径达不到要求。

按照相关规范,交联的聚氯乙烯绝缘电缆(多芯)最小的转弯半径应大于电缆直径 15 倍,单芯电缆最小的转弯半径应大于电缆直径 20 倍。但实际施工时,若转弯半径达到相关规范的要求,则成本太高,使得部分施工人员未根据转弯半径相关规范来施工,而损坏电缆绝缘层与铠装层。

2.施工中需要注意的细节

(1)桥架施工。

吊杆选择镀锌通丝来制作,使用镀锌角钢制作横担。转角处或每隔 10 m 装设固定的支架,多路、并行桥架支、吊架选择镀锌角钢、槽钢或购置成品的支、吊架。确保支、吊架横平竖直、牢固安装。若建筑物有坡度,那么安装支、吊架需和建筑物坡度相同。桥架在穿越设备用房的隔墙时,需提前按照桥架几何尺寸来制作桥架穿墙的钢套管。装修砌筑时,按照桥架安装的标高与装修砌筑预埋相配合。在组装与连接桥架时,对每两节的桥架连接位置及时接地跨接。

(2)0.4 kV 的低压配电柜、环控电控柜的施工。

①应把配电柜按照设计图纸的布置放在已装设好的基础型钢上,在成排的

配电柜到位后,将两边的配电柜找正找平,于配电柜2/3高的位置进行拉线,对配电柜逐台找正找平。

②配电柜找正找平后,联结各配电柜里的主母排时,连接片装设的位置、螺母方向及拧紧螺栓的力矩都应按照生产配电柜厂家的工艺要求来落实。

③在配电柜间的母排联结结束后,下进、出线配电柜应装设固定的螺栓,用手电钻于基础型钢上钻孔。上进、出线配电柜和基础型钢选择电焊断焊方法固定,在固定后的焊点位置做好防腐工作,无须对柜体接地。

(3)动力照明配电箱的施工。

动力照明配电箱的安装包含车站、区间动力、照明的配电箱与双电源的切换箱、就地控制箱、检修插座箱等。

①在确定配电箱安装的位置及标高后,应配合装修队砌体砌筑时的预留暗装配电箱孔洞,预留的孔洞应比配电箱的箱体尺寸大 5~10 cm,便于安装箱体。在砌体强度达到要求后再安装箱体,安装箱体时,连接提前预埋进、出线的导管,应根据导管的外径机械开孔,选择成品锁母连接。

②应按照箱体自身的高度安装照明配电室配电箱,把与箱体高度相近的配电箱于同一面墙上统一布置。在机房、大厅、走廊安装的配电箱按照设计示意的标高与位置,同其他专业互相协调,按装修施工提供的 0.5 m 或 1 m 基准线做弹线定位,配电箱成排安装的下标高要求平齐。

(4)检查低压电动机与执行机构。

①在对电动机与执行机构做接线处理之前,须测试相对地间及电缆相间绝缘的电阻值。具体测试时,使用绝缘摇表的电压等级应与配电电压、电动机及执行机构等级的特征相符。

②电缆在敷设至电动机及执行机构位置时,应测量同接线盒电缆的长度并将电缆截断。针对电动机及执行机构,由于其电缆敷设至接线盒处的方式为穿钢管,电缆在进入时应对通过的金属软管做好保护措施,并使用专用锁母将钢导管连接的固定及接线处理好。

(5)接地施工。

①在对车站内的预留接地引出点的接地电阻复测时,其接地的电阻值应低于 0.5 Ω。按照施工图纸以及接地引出点部位来确定接地电缆敷设的路径。

②对于存在静电地板的区域,接地端的子排应于静电地板下安装且落地。对于不存在静电地板的区域,选择明装方式即接地端的子排挂至墙上,并采取膨胀的螺栓将其固定,其安装的高度应距离地面 30 cm,在接地端的子箱里须将接

地的电缆配管安装好。

③接地电缆由站台板下面接地的引出位置引出,沿着电缆支架或穿钢管的方式敷设。接地应选择阻燃无卤低烟的电缆。

④在安装完接地端的子排及接地的线缆并检查没有错误之后,再对接地电阻进行测试,确保其电阻值低于 0.5 Ω。

5.4 电梯系统施工技术

在城市轨道交通机电系统施工过程中,电梯系统的施工分自动扶梯施工与直梯施工两部分。

因篇幅有限,下面仅介绍自动扶梯施工部分。

1. 施工方案

(1)施工工艺流程。

在城市轨道交通电梯系统工程中,为了保证施工质量,必须严格按规范规程进行施工,在其人员的配置上基本保持其固定性。

自动扶梯施工工艺流程具体如下:准备及放线→桁架搬入、吊装→桁架校正、固定→前后端扶手安装→护壁板安装→扶手导轨安装→扶手带安装→乘降板安装→内裙、内盖板安装→配线施工→外盖板安装→清扫及润滑→试运转调整→联调→外装饰→检查、交工。

(2)自动扶梯进入施工现场前的准备工作。

①确定与土建装饰接口关系,在进场施工前,装饰方提供各层地面标高,设备就位后负责到扶梯踏板前地面的铺砖工作,在扶梯上部施工时注意设备保护。

②自动扶梯井道的测量据安装施工图,检查基础的外形尺寸及基础上的埋铁或预留孔位置。基础表面应无裂缝、空洞、露筋和掉角现象。扶梯井道测量的主要参数包括提升高度,投影长度,底坑长、宽、深及中间支撑梁位置等几个参数。井道测量采用吊线法与仪器测量相结合的方法进行测量,互相验证确保测量的准确性。

主要工具:5 m 卷尺、50 m 皮尺、线坠、水准仪、激光测距仪等。

测量方法:①扶梯投影长度从上支撑梁边缘用线坠吊线到地面定位,然后用 50 m 皮尺测定位点到下支撑梁边缘的水平距离长度;②提升高度从土建给出的净地面基准线引到扶梯上、下支撑梁处,测量上下基准线的垂直距离高度;③用

5 m 卷尺测量底坑及中间支撑梁的尺寸。

用吊线法测量后用水准仪及激光测距仪对上述测量结果进行复测，确保两种方法测量值一致。如不符，须分析具体原因，确保测量数据的准确性。

③据土建提供的建筑轴线位置和标高的水平线，分别检查安装基准线与建筑轴线距离，安装基准线与设备平面位置和标高的偏差值。

④根据平面布置图在设备基础上画出设备的纵向中心线、横向中心线、标高准点，并在基础上引出安装标高基准线。

(3) 设备就位。

①按施工图和规范要求，使设备的纵横向中心线与基础上划定的纵横向中心线基本吻合，就位前要检查基础表面的平整度。

②设备就位前应找出设备本体的中心线，垫铁的铺设应符合有关规定，每组垫铁应垫实、安装要求应符合工程设计文件和随机技术文件的规定。

③将拖排牵引索通过滑轮组接至卷扬机，由卷扬机将设备拖至基础上。

④垫铁须与混凝土基础接触良好，与设备底座接触紧密且无间隙。

⑤每组垫铁数量以不超过 3 块为宜，放置时厚的放在下面，薄的放在上面，最薄的放在中间。垫铁组的总高度一般在 10～50 mm。

⑥当设备的找正找平工作结束后，各组垫铁应分别进行点焊。

(4) 扶梯校正、固定。

安装桁架上分段处卸掉的联结板和 16 个高强度联接螺栓，安装桁架上分段处卸掉的 4 个斜拉筋螺栓，安装桁架上分段处卸掉的底板联接螺栓，将中部梯路上的主副轮导轨、副轮导轨、主轮返回导轨和紧急导轨在分段处联接好，在分段处把两条牵引链条联接好，在桁架分段处将裙板和玻璃夹紧型件安装好，在桁架分段处把各种电线接头安装好。待调整好后，将 16 个高强度螺栓头铆死，以防螺栓松动。

(5) 就位后自动扶梯的调整。

自动扶梯吊装就位时，检查并保证扶梯上下两端承重梁有 25 mm 左右的间隙，且上部和下部的间隙相同。自动扶梯吊装就位时，扶梯上下端的中心轴线，应尽可能与安装自动扶梯楼板开口处的中心线重合，以保证建筑总体美观、和谐。

左右方向的水平调整。将水平仪放在水平仪放置杆上，通过自动扶梯两端的 M20 螺栓来进行水平调整，水平度应不大于 1/1000。

前后方向的水平调整将水平仪放在梯级踏面上,通过调整上述的 M20 螺栓来进行调整,水平度应不大于 1/1000。

(6)扶手支架组件的安装。

在扶手支架组件安装之前,先把扶手带放到上、下轮组的下面,然后从下往上进行扶手支架组件的安装,保证扶手带导轨接头间隙不超过 0.2 mm,台阶不超过 0.2 mm,导轨的直线度不超过 3 mm。安装下部的内端头板组件和外端头板组件时,保证内、外端头板组件与下部轮组在水平方向及垂直方向有 9 mm 的距离,保证内、外端头板组件的内侧与轮组有大于 2.5 mm 的间隙。上部内、外端头板组件的安装与下部对称。

进行下扶手支架组件的安装,保证支架组件接头处的间隙应不超过 0.2 mm,台阶不超过 0.2 mm,进行标准段扶手支架组件的安装、上扶手支架组件的安装,以及非标段扶手支架组件的装配,要求同上。

检查上述扶手支架组件的安装达到要求后,进行各支架组件的连接工作,连接后各支架组件接头处的间隙应不超过 0.2 mm,台阶不超过 0.2 mm。

(7)扶手带的安装。

因在安装上、下部内端头板组件之前,已将扶手带放在上、下轮组上,此时将扶手带安装到扶手导轨上即可。注意安装扶手带时表面不能被划伤。

(8)扶手护壁板的安装。

扶手带安装完毕后,进行试运行,经检查无异常情况后,再进行护壁板的安装。安装下端头护壁板,用吸盘吸住下端头护壁板,把下端头护壁板上端插入扶手支架组件下面的大夹紧件内,向上提拉使下端头护壁板下端与对应的围裙板处有间隙,然后把下端头护壁板下端插入围裙板上的弹簧压片内,使下端头护壁板安装到位。

(9)前壁板和端头围裙板的安装。

将扶手带出入口安全装置安装到脚踏板支架上,与前壁板一起装配。按照前壁板和端头围裙板上的孔在出入口保护装置上配作两个 M4 螺钉孔(出厂前已配作好),用 M4 螺钉将前壁板和端头围裙板固定在出入口保护装置上。

(10)运行自动扶梯。

安装和检查工作完成后,打扫卫生,清除扶梯内部的所有异物。分别用检修开关和钥匙操作扶梯运行,经确认运行正常后,将踏板装好,完成自动扶梯的安装。

2. 运输吊卸方案

(1)设备吊装工艺流程。

在城市轨道交通电梯系统工程中,自动扶梯设备吊装工艺流程具体如下:吊装方案的确定→施工机具材料准备及进场→吊机及设备进场→设备卸车与吊装→吊机受力状态检查→设备的垂直下降→水平拖运至基础→设备脱排就位。

(2)通信联络。

为确保通信联络正确、及时、清晰,首先使参加吊装施工的人员明确自己的职责,规定专人负责联络。指挥人员及各起重操作人员必须配备高效无线电对讲机,指挥人员监视滑轮组运转状态。吊装时要使吊装区域周围有一个安静的环境,停止一切与吊装无关的噪声源。

(3)电源及照明。

为使吊装过程顺利进行,落实临时专用电源和维修人员及器材,避免由于"跳闸"等情况而影响吊装机械设备的正常使用。项目施工期间,工程车辆只容许早晚进出,如夜间施工,现场应配备完善的照明设施。

(4)安全技术措施。

①施工作业区设立红白三角旗,非现场施工人员严禁入起吊时由专职人员统一指挥,有明确的指挥信号根据设备重量、吊卸高度、现场容许起重机设置的位置,合理选择起重机的吨位和杆长,配备配套索具一套。

②严格遵守国家颁发的各项安全规章制度,加强安全教育,深化安全意识,认真贯彻执行,严格监督检查。

③按照现场标准化管理,妥善安排各项施工设施,材料和机具不准乱放,保证现场文明。

④设专职的安全监督人员,对施工现场的安全施工、施工机具以及施工准备和吊装、拖运就位过程中的安全作业进行全面监督管理。

⑤吊装前应认真检查各类起重机具,索具的安全使用可靠性,当设备地腾空后立即检查各锚点的受力情况。

⑥在吊装区域处设置安全红白绳警戒,每天的吊装工作结束后,恢复设备防护栏,吊装区域内严禁非有关人员入内走动。

⑦在吊装口危险区域施工时应系好安全带,清点、保管好施工用具材料。严禁空中抛接物件,防止高空坠物伤人。

⑧设备吊至地下室后须落实防火、防盗的安全措施(产品保护)。

⑨扶梯吊挂的受力点只能在自动扶梯两端的支撑角钢上的起吊螺栓或吊脚上,严禁撞击扶梯其他部位。

⑩在市区施工,工程车辆只容许早晚进出,夜间施工,现场必须配备完善的照明设施。

⑪设备在垂直起吊时,可采取一副平衡器作为保护设备的措施。

(5)运输方案。

提前确定运输车辆,检查车辆状况。首先运输站台和站厅层扶梯,然后运送出入口扶梯。因地铁现场施工场地狭小,为避免影响其他单位施工,将连夜组织安装人员进行扶梯的吊装就位工作。

(6)吊装设备的选用。

根据本工程特点,对本工程需要机械吊装的材料设备选择两种吊装方式进行吊装:一种是汽车吊,汽车吊的优点是转移迅速,机动灵活,对路面破坏小,但起吊时,必须将支脚落地,不能负载行驶,且对工作场地要求较高,必须平整、压实,以保证操作平稳安全;另一种是采用卷扬拖拽与手动葫芦相结合的方式进行吊装,此种方式的优点是适合作业面狭窄的场地,吊装平稳。

(7)施工方法及吊装步骤。

根据实际吊装的结构特点和施工现场的条件,将采用汽车吊卸货、电动卷扬机拖排滑移递送的方法,从出入口运送吊装设备。这种方法需要在钢拖排前面设置一台牵引卷扬机。该方法对设备滑行道路要求较高,道路不仅要压实,而且还要平整。在操作过程中,对吊装的整体协调和操作配合要求协调一致,以保证吊装过程的连续性和稳定性,但如果现场道路情况较差,则可以考虑使用滚管法进行扶梯水平移动。

吊装步骤具体如下。

①设备的进场、上排。

在各项准备工作完全做好的情况下,就开始组织设备的进场、上排和吊装工作。

②吊装前的准备工作。

设备在吊装前,必须做好全面仔细的检查核实工作。检查设备安装基准标记、确认吊点应在扶梯井道的中心线上,在扶梯的投影总长上设2个吊点,如分体则应相应平均增加吊点数量。

③吊装索具的系接。

吊装索具的系接主要包括滑车挂上吊耳、电动卷扬机的拉力试验和方位调整、拖排牵引和拖尾系统的设置等。

④试吊。

试吊前检查确认;吊装总指挥进行吊装操作交底;布置各监察岗位进行监察的要点及主要内容;起吊放下进行多次试验,使各部分具有协调性和安全性;复查各部位的变化情况等。

⑤吊装就位。

a. 由吊装总指挥正式下令检查各岗位到岗待命情况,并检查各指挥信号系统是否正常;各岗位汇报准备情况,正式起吊,使设备离开货车箱板 500~800 mm 时停止,并做进一步检查,各岗位应汇报情况是否正常;撤除地面杂物,继续起吊至地面。

b. 卸货地至地铁进货口及地下站厅的运输采用卷扬拖拽方式,附以滑车或滚杠,以卷扬拖拽至出入口处。

c. 摆正扶梯,使扶梯上部对准井道口,然后运用斜向牵引滑移法,扶梯前端悬挂钢丝绳起吊。后部栓钢丝绳牵引,防止扶梯前,前部起吊,后部松绳,斜向起吊机架起吊角控制在 30°内,渐渐滑移。

d. 将扶梯上、下分段同时吊起于井道正上方,至扶梯正常就位角度,进行连接工作。

e. 两端同时起吊,上下部都超出水平地面后,使扶梯踏板平行,上下同时下放,使扶梯上下两端与承重梁有 10~30 mm 的调整间隙,扶梯中轴线尽可能与扶梯井道中心线吻合,以保证总体效果和谐。

f. 车站内扶梯的吊装顺序。

扶梯为分段发货,以滑轮、滚轮、卷扬等设备运输为主;地铁项目为地面下安装使用,因此应先运送站厅-站台层扶梯,然后吊装就位出入口的扶梯,地铁出入口的扶梯可以直接从出入口处吊运就位。

当特殊情况下需要进行地铁坑道运输时,如果坑道内已经铺设轨道,可以协调相关单位,充分利用轨道平面进行运输工作。扶梯运入地铁车站有两个直达途径:一是地铁终点延线上,线路由此从地下缓坡升上地面进入车库;二是在地铁沿线某个车站结构上,设有地面直下站台的吊运井。无论何种吊运过程,设备应捆扎稳妥。运抵站台后卸车前要搭设站台与轨道车之间的过桥将设备运下车,然后按吊装示例的方法使设备就位。

(8)吊装示例。

现就一台自动扶梯的设备吊装过程举例说明,充分利用设备自带的吊耳,减少其他辅助工作,保证设备的吊装安全及满足施工进度要求。

具体吊运程序如下。

①清理吊装现场运输通道的障碍物并做好维护。

②准备吊装设备及机具,检查机具状态。

③设备运至吊装现场并拆开设备包装检查设备吊耳,同时对设备的棱角及重要部位进行保护。

④在地面设置设备运输底排。

⑤采用 1 台 25 t 的汽车吊将设备吊离货车台板 20 mm 处进行试吊,检查吊机、吊具及吊耳是否正常。

⑥用汽车吊抬吊,将设备吊至地面;使设备放置于靠近出入口处的水平运输滑车或滚杠上。整段垂直移动见图 5.16,分段垂直移动见图 5.17。

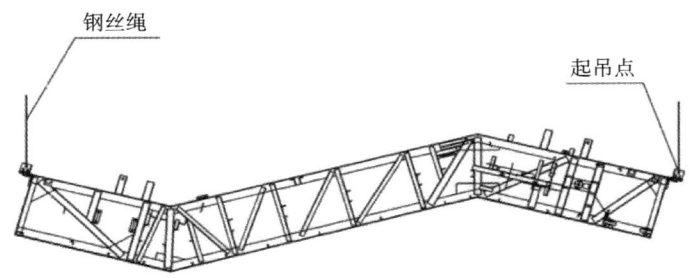

图 5.16　整段垂直移动

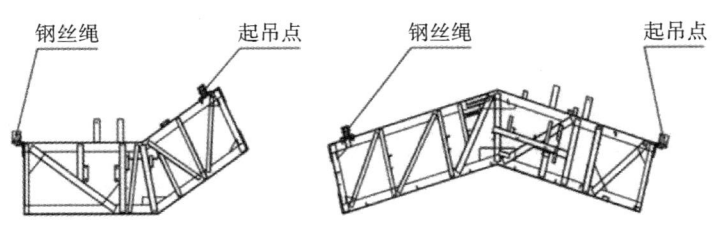

图 5.17　分段垂直移动

⑦将电动卷扬机与设备可靠连接(拴节点最好选择吊点,如有困难,应选择设备的可受力点)。

⑧采用卷扬拖拽方式,附以滑车或滚杠,将设备逐渐拉拖拽到出入口处。整段水平移动见图 5.18,分段水平移动见图 5.19。

⑨用一台吊机吊住设备后部,前端由预先设置的手动葫芦;通过同时设置电动卷扬机及导向滑轮,手动葫芦与吊机的配合进入出入口,牵引速度不宜过快,

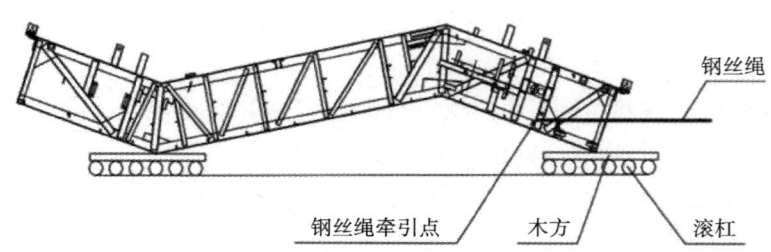

图 5.18　整段水平移动

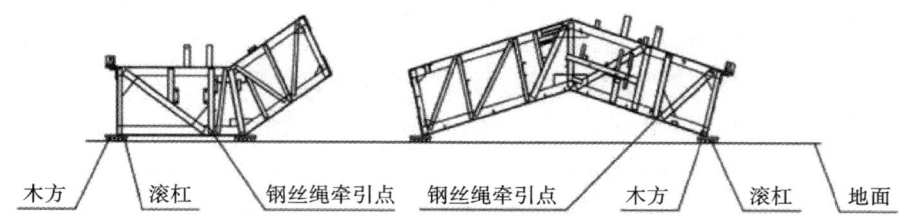

图 5.19　分段水平移动

应保证设备平稳前进。

⑩进入出入口后,已不可能采用吊机等大型机械化设备,可利用设备基础设置的吊点,通过电动卷扬机、导向滑轮和手动葫芦的配合,运用斜向牵引滑移法进行设备的安装就位(图 5.20)。

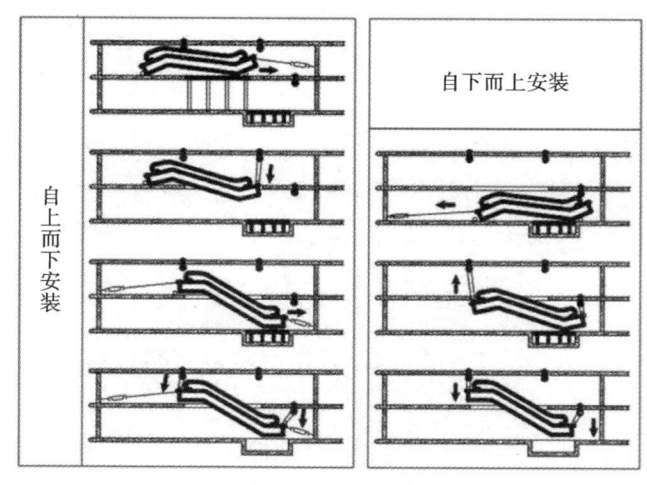

图 5.20　吊装就位

⑪将设备安装就位使扶梯上下两端与承重梁间隙均匀,扶梯中轴线尽可能

与扶梯井道中心线吻合,以保证总体效果和谐,并拆除施工机具。

(9)吊装过程中的注意事项。

①吊装自动扶梯必须由电梯专业人员进行操作。

②吊装过程中遇到问题,应认真分析研究,妥善处理。

③必须严格遵守吊装的安全规范严格按照起重吊装操作规程进行操作。

④自动扶梯框架结构水平或垂直运输的作用力只能施加于规定的受力点,禁止将力施加于规定点以外的任何部位,以免造成扶梯变形,影响安装后自动扶梯的运行质量。

⑤在进场前,应勘探运输路径是否平坦、有无阻挡。

⑥施工现场使用吊车作业时严格执行"十不吊"的原则,即"重量不明不吊、吃土不清不吊、信号不清不吊、有起无落不吊、吊物不清不吊、夜间无照明不吊、吊索不符合规定不吊、吊物绑扎不牢固不吊、吊物上下有人不吊、六级风以上不吊"。

第6章 城市轨道交通机电系统节能管理

6.1 机电节能管理系统

6.1.1 系统架构设计

1. 总体架构

综合节能管理系统采用C/S架构,系统总体架构如图6.1所示。数据接口端主要由接口软件构成,其中接口软件用于实现各类能耗数据的采集及节能控制命令下发。服务器端由数据库和应用组件构成,其中数据库用于存储系统相关数据,应用组件实现系统的相关管理模块。客户端由客户端组件构成,其中客户端组件用于人机界面显示和操作。

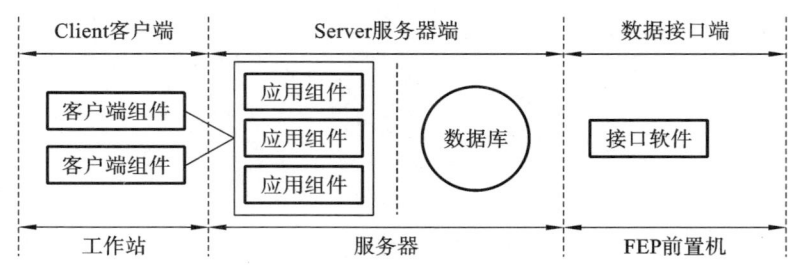

图 6.1 系统总体架构

2. 物理架构

综合节能管理系统通过局域网和设备监控系统(BAS)、信号系统(SIG)、自动售检票系统(AFC)及电力监控系统(PSCADA)连接,实现相关数据的采集及相关设备的节能控制,系统物理架构如图6.2所示。

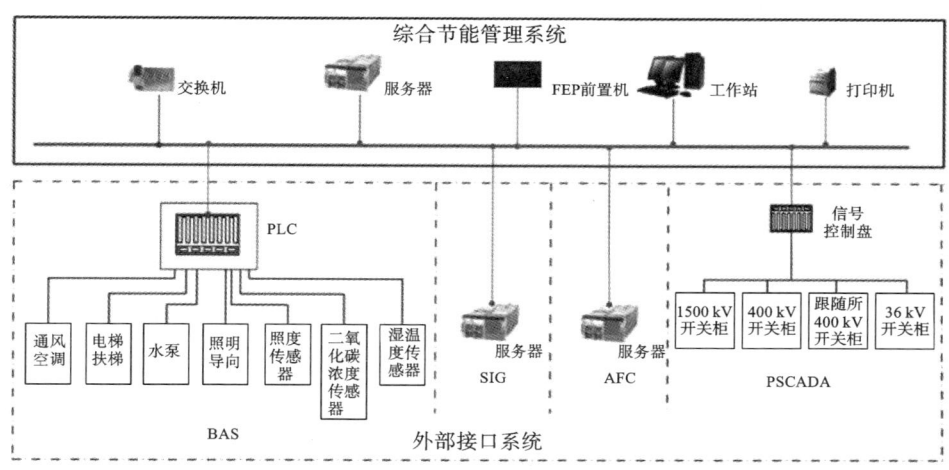

图 6.2　系统物理架构

BAS 主要用于采集车站机电设备的运行状态和部分环境参数,包括温度、湿度、二氧化碳浓度和照度等,并上传给综合节能管理系统,同时接收综合节能管理系统的节能优化命令,实现对底层设备的节能控制。

SIG 和 AFC 分别为综合节能管理系统提供行车密度相关数据和客流密度等信息。

PSCADA 主要实现对地下车站机电设备的能耗情况进行分类、分项、分户计量,采集相关回路的能耗数据,包括电流、电压、功率和电能质量等。

FEP 前置机主要用于接口系统的协议数据转换及实现数据的处理。

3. 逻辑结构

从系统功能实现的逻辑上分析,本系统的组成结构自上而下可划分为 3 层,分别是应用层、数据层、接口层,同时还有标准规范体系与安全保障体系两大体系贯穿 3 个层次。

4. 功能组件

在上述的 3 层结构中,系统为用户提供的功能处于应用层,由不同的功能模块来完成,即能耗统计、能效分析、节能控制、设备状态监视、系统报警、电能趋势、系统事件模块。

6.1.2 系统接口设计与实现

系统接口模块主要包括与局域网和设备监控系统、电力监控系统、自动售检票系统和信号系统 4 个系统接口的物理接口和支持接口之间信息交互的通信协议。下面介绍这些系统的物理接口及其通信协议的设计实现。

综合节能管理系统与局域网和设备监控系统主要实现系统设备的状态、报警信息、累计运行时长、温度、湿度和二氧化碳浓度等信息传递。综合节能管理系统按照预先设定的时间间隔(如 500 ms)采集节设备的状态、报警信息、累计运行时长、温度、湿度和二氧化碳浓度等信息,并按照约定好的数据格式发送节能策略,同时接收节能管理系统反馈的节能预案的执行状态,并按照一定的时间间隔发送通道检测命令检测这两个系统之间的通信信道是否处于正常工作状态。

综合节能管理系统与采集电力监控系统主要实现系统设备的状态、报警信息、各供电回路 5 min 的能耗数据和电能质量数据等信息传递。综合节能管理系统每隔一定的时间(暂定 500 ms)查询设备的状态信息和故障报警,每隔一定的时间(暂定 60 s)收集 5 min 的能耗统计数据(包括有功功率、无功功率、有功电度、无功电度、电度高位和电度低位等),每隔一定的时间(暂定 2 s)收集电能质量数据(整个车站的电压谐波总畸变率),并按照一定的时间间隔检测通信链路状态,用以检测两个系统之间的通道是否满足通信需求,同时与电力监控系统实现时钟同步。综合节能管理系统与自动售检票系统主要实现 15 min 客流信息的传递,包括 15 min 内进站、出站的人数和日累计进站、出站人数。虽然自动售检票系统的 15 min 客流信息每隔 15 min 才更新一次,但为了防止数据丢失,保证数据的可靠性,综合节能管理系统依然每隔 10 s 采集一次客流信息。

综合节能管理系统与信号系统主要实现行车密度信息的传递,包括列车的 ID 号、进站时间和出站时间。综合节能管理系统按预定的时间间隔(如 500 ms)采集行车密度信息。

1. 物理接口

综合节能管理系统与局域网和设备监控系统、能耗管理系统、自动售检票系统和信号系统等接口系统通过 100 Mbps 以太网实现信息互连,如图 6.3 所示,其数据接口符合 IEEE802.3 标准,通信协议采用当前通用、流行的 MODBUSTCP 协议。鉴于超五类屏蔽双绞线具有较强的抗电磁干扰能力、衰减小等特点,适用于高速率网络应用,因此本书的以太网线采用了超五类屏蔽双绞线。

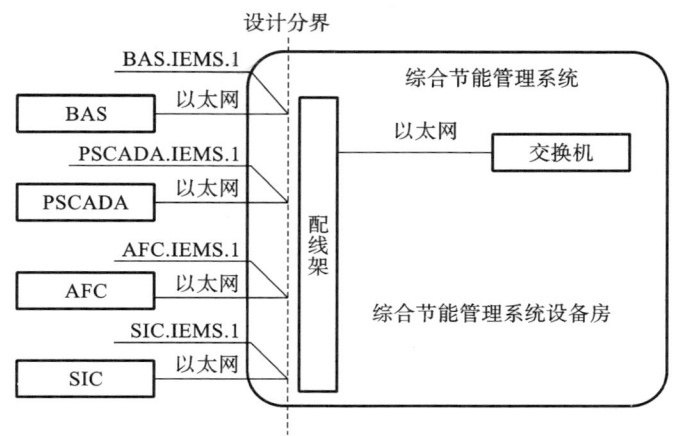

图6.3 系统物理接口

局域网和设备监控系统、能耗管理系统、自动售检票系统和信号系统等接口系统的信息分别通过不同的链路连接到综合节能管理系统设备房的配线架,再通过以太网交换传送到综合节能管理系统的服务器。采用这种连接方式不仅可以明显区分接口系统的分界,有利于施工作业的划分,也有利于系统调试,只要其中一个接口系统具备调试条件,即可和该接口系统进行调试,同时不受其他接口系统的影响。

2. 通信协议数据结构

(1)环境与设备监控系统。

①功能码设计。

综合节能管理系统与局域网和设备监控系统的 MODBUS 协议标识符默认值为 0x0000,功能代码使用公共功能代码,具体描述见表6.1。

表6.1 MODBUS 功能码

功能码	描述
01	读取线圈状态(读 n 位)
03	读取保持寄存器(读 n 字)
06	写单个寄存器(写入1个字)
15(十六进制 0x0F)	强制多线圈(写入 n 位)
16(十六进制 0x10)	预设多线圈寄存器(写入 n 字)

综合节能管理系统根据数据点的数量 n，向局域网和与设备监控系统发送 n 次数据查询，从而获取所有的数据信息。如果环境与设备监控系统能正常响应，MODBUSTCP 数据帧的数据段将包含系统收集到的相关信息；如果出现错误，系统将取消进程并发送一个含有相应错误代码的异常响应消息。

异常响应功能码＝异常错误代码＋0x80，异常错误代码详细描述见表 6.2。

表 6.2 异常错误代码表

异常错误代码	描述／举例
01（错误功能码）	接收到的查询中的功能码是主机或从机不允许执行的
02（错误数据地址）	收到的数据查询中的数据地址是从机或者主机不允许的值
03（错误数据值）	查询数据字段的值是从机或者主机中不允许的值
04（从机设备故障）	从机试图执行所要求的操作时产生了不可恢复的错误

②数据点地址分配。

局域网和设备监控系统主要包括组合式空调机组、小系统空调器、水泵、隧道风机、温度传感器等 156 个设备，需要分别对这些设备的运行状态、控制、功率和报警等数据点地址进行分配，每个设备状态数据占用 2 字节，如表 6.3 所示。

表 6.3 环境与设备监控系统数据点地址分配

High byte(高字节)								Low byte(低字节)							
15	14	13	12	11	10	9	8	7	6	5	4	3	2	1	0
1.组合式空调机组 1(16 bit)															
2.组合式空调机组 2(16 bit)															
3.小系统空调器 1(16 bits)															
4.小系统空调器 2(16 bits)															
……															
153.扶梯 5(16 bits)															
154.扶梯 6(16 bits)															
155.扶梯 7(16 bits)															
156.扶梯 8(16 bits)															

通过对数据点地址相应字节的填充，便可以实现综合节能管理系统对环境与设备监控系统相关设备的节能控制，表 6.4 给出了组合式空调机组 1 具体地址含义。

表 6.4　组合式空调机组 1 具体地址含义

组合式空调机组	数据点类型	数值范围	数值说明	字节位置
就地/环控	DI	0～1	0=环控 BAS/1=就地	0
环控/BAS	DI	0～1	0=BAS/1=环控	1
启停状态	DI	0～1	0=停止/1=运行	2
故障状态	DI	0～1	0=正常/1=故障	3
初效过滤段压差报警	DI	0～1	0=正常/1=报警	4
净化消毒装置故障报警	DI	0～1	0=正常/1=报警	5
模式不符	DI	0～1	0=模式符合/1=模式不符	6
单控标志	DI	0～1	0=模控/1=单控	7
设备动作超时	DI	0～1	0=正常/1=超时	8
单控	DO	0～1	1=单控	9
单控启动	DO	0～1	1=启动	10
单控停止	DO	0～1	1=停止	11
运行时间	AI	0～32767	0～32767 min	12-13
有功电度	AI	0～32767	0～32767 kW·h	14-15

(2) 电力监控系统。

为区别于局域网和设备监控系统接口报文，电力监控系统单元标识符的值定义为 0x21，功能码的定义见表 6.5，MBAP 报头和异常响应功能码与局域网和设备监控系统一致。

表 6.5　MODBUS 功能码

功能码	描述
02	读取输入状态(读 n 位)
04	读取输入寄存器(读 n 字)
15(十六进制 0x0F)	强制多线圈(写入 n 位)
16(十六进制 0x10)	预设多线圈寄存器(写入 n 位)

① 查询消息分类。

根据电力监控系统数据的特点，将查询的消息分为 3 类：第 1 类是设备状态数据，用于查询设备的状态信息和故障报警信息，此类消息有较高的实时性要求，综合节能管理系统每隔 500 ms 向电力监控系统查询一次；第 2 类是设备能耗数据,用于查询 5 min 的有功电度统计数据/无功电度统计数据和当天累计的有功电度数/无功电度数,此类消息实时性要求不高,系统每隔 60 s 向电力监控系统查询一次;第 3 类是电能质量数据,用于查询有功功率采样数据、无功功率采样数据以及电压总谐波畸变率采样数据等电能质量数据,数据量比较大,综合节能管理系统每隔 2 s 向电力监控系统查询一次。

②数据点地址分配。

a. 设备状态数据点地址分配。

设备状态数据由 9 个寄存器组成,每个寄存器长为 2 字节,设备状态分配表从 0x0000 开始,每个设备状态信息占 2 bits,设备状态信息分配见表 6.6。

表 6.6 设备状态信息分配

数值	表示状态	备注
0x00	未知	初始的状态
0x01	正常	正常服务
0x02	通信中断	通信断开
0x03	未定义	—

若有 46 个设备仪表,其设备状态可以按表 6.7 示例分配。

表 6.7 设备状态分配

High byte(高字节)								Low byte(低字节)							
15	14	13	12	11	10	9	8	7	6	5	4	3	2	1	0
—		—		—		—		—		—		通信机2		通信机1	
仪表8		仪表7		仪表6		仪表5		仪表4		仪表3		仪表2		仪表1	
							······								
—		—		仪表46		仪表45		仪表44		仪表43		仪表42		仪表41	

b. 设备能耗数据点地址分配。

设备能耗数据信息主要包括时间信息、各回路 5 min 有功电度/无功电度、5 min 日累计有功电度/日累计无工电度等信息,时间信息包括月/日/时/分 4 个字段,每个字段占 1 个字节(2 个寄存器),其他电度信息占用 2 个字节(4 个寄存器),若有 96 个回路,则需要 768 个寄存器,各回路有功/无功电度信息分配见表 6.8。

表 6.8 有功/无功电度信息分配

High byte(高字节)								Low byte(低字节)							
15	14	13	12	11	10	9	8	7	6	5	4	3	2	1	0
1. 回路 1 的 5min 有功电度(32 bits)															
2. 回路 1 的 5min 无功电度(32 bits)															
3. 回路 1 的日累计有功电度(32 bits)															
……															
309. 回路 96 的 5min 有功电度(32 bits)															
310. 回路 96 的 5min 无功电度(32 bits)															
311. 回路 96 的日累计有功电度(32 bits)															
312. 回路 96 的日累计无功电度(32 bits)															

c. 设备电能质量数据点地址分配。

设备电能质量数据信息主要包括各回路电流、电压、有功功率、无功功率、功率因数、电压总谐波畸变率、电度高位、电度低位以及时间等信息。每个回路占 8 个寄存器，若有 96 个回路，则需要 768 个寄存器，各回路电流、电压、有功功率、无功功率、功率因数、电压总谐波畸变率、电度高位、电度低位等信息具体分配见表 6.9。

表 6.9 设备电能质量数据点地址分配

High byte(高字节)								Low byte(低字节)							
15	14	13	12	11	10	9	8	7	6	5	4	3	2	1	0
1 回路 1 的电压(16 bits)															
2 回路 1 的电流(16 bits)															
3 回路 1 的有功功率(16 bits)															
4 回路 1 的无功功率(16 bits)															
5 回路 1 的功率因数(16 bits)															
6 回路 1 的电压总谐波畸变率(16 bits)															
7 回路 1 的电度高位(16 bits)															
8 回路 1 的电度低位(16 bits)															
……															
617 回路 96 的电压(16 bits)															

续表

618 回路96 的电流(16 bits)	
619 回路96 的有功功率(16 bits)	
620 回路96 的无功功率(16 bits)	
621 回路96 的功率因数(16 bits)	
622 回路96 的电压总谐波畸变率(16 bits)	
623 回路96 的电度高位(16 bits)	
624 回路96 的电度低位(16 bits)	

(3) 自动售检票系统。

为区别于局域网和设备监控系统、电力监控系统接口通信报文,自动售检票系统的单元标识符的值定义为 0x42,MBAP 报头、功能码和异常响应功能码与电力监控控制系统的保持一致。

自动售检票系统数据地址分配如表 6.10 所示,第一个字段存储了客流信息客流段 ID,用于表明该客流信息属于当天哪个时间段,1 个 ID 代表 1 个时间段(15 min),因此一天共有 96 个时间段;后面 4 个字段依次存储了 15 min 入闸客流信息、15 min 出闸客流信息、入闸日汇总客流信息和出闸日汇总客流信息。1 个时间段代表 15 min。

表 6.10　自动售检票系统数据地址分配

High byte(高字节)								Low byte(低字节)							
15	14	13	12	11	10	9	8	7	6	5	4	3	2	1	0
客流信息客流段 ID(1 words)															
15min 入闸客流信息(2 words)															
15min 出闸客流信息(2 words)															
入闸日汇总客流信息(2 words)															
出闸日汇总客流信息(2 words)															

(4) 信号系统。

为区别于局域网和设备监控系统、电力监控系统和自动售检票系统的接口通信报文,自动售检票系统的单元标识符的值定义为 0x64,MBAP 报头、功能码和异常响应功能码与电力监控控制系统的保持一致。

信号系统数据地址分配如表 6.11 所示,第一个字段存储了列车 ID,每列车都有自己唯一的 ID 号;第二、三个字段分别存储了列车进站时间和出站时间。

表 6.11 信号系统数据地址分配

High byte(高字节)								Low byte(低字节)							
15	14	13	12	11	10	9	8	7	6	5	4	3	2	1	0
列车 ID(2 words)															
进站时间(2 words)															
出站时间(2 words)															

6.1.3 系统数据设计与实现

1. 数据模块结构

系统数据模块通信如图 6.4 所示,其中 BAS Agent、PMS Agent 为系统接口层组件,基于通用化考虑,设计采用一个模块 PMS Agent 采集通过 Modbus 协议上传的系统数据,PMS Agent 负责采集 PSCADA、AFC、SIG 系统接口数据。对于 BAS 需要采集和下发控制指令的子系统,设计另一个 BAS 数据采集模块 BAS Agent 负责采集 BAS 接口数据和向 BAS 下发控制指令。

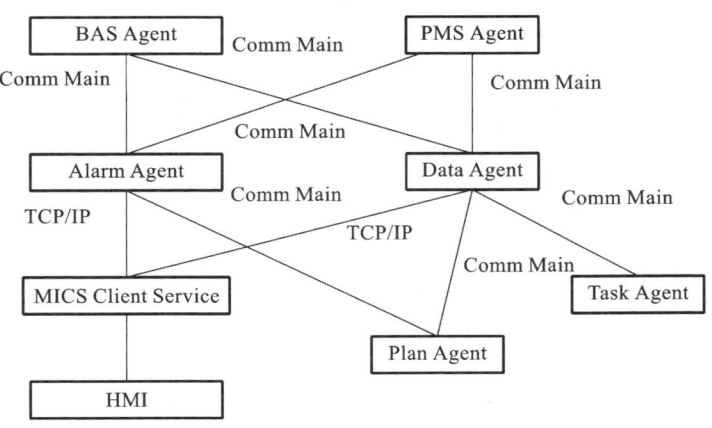

图 6.4 系统数据模块通信

Alarm Agent 为报警服务模块,其接收来自 PMS Agent、BAS Agent 采集的数据,并判断设备是否产生报警数据,如果产生报警,则推送到应用层模块 Client Service 进行报警显示。

Data Agent 接受来自 PMS Agent、BAS Agent 采集的数据判断数据点是否产生数据变化,并将数据变化推送到应用层模块,由应用层模块提供 OPC 服务,最终在组态界面中显示设备状态变化。应用层模块可通过 Data Agent 查询设备详细状态信息。

操作员可根据能效分析结果调整并优化设备控制参数,并形成节能控制预案,通过 Plan Agent 下发节能控制预案,Plan Agent 通过与 Data Agent 通信,向 Data Agent 发送设备控制命令,Data Agent 负责将控制命令发送到 BAS Agent。

Task Agent 用于启动定时任务,可在预设的时间点将节能预案发送到 Data Agent,经由 Data Agent 将控制命令发送到 BAS Agent。

2. 数据采集子模块

数据层各子模块的设计过程类似,下面以 BAS Agent 子模块为例说明数据层模块的设计过程。

BAS Agent 程序消息通信层包括 TCP 客户端模块和 Comm Main 模块。Comm Main 模块是通用化的通信组件,Scada Lib 模块负责数据更新和报警处理,如图 6.5 所示。

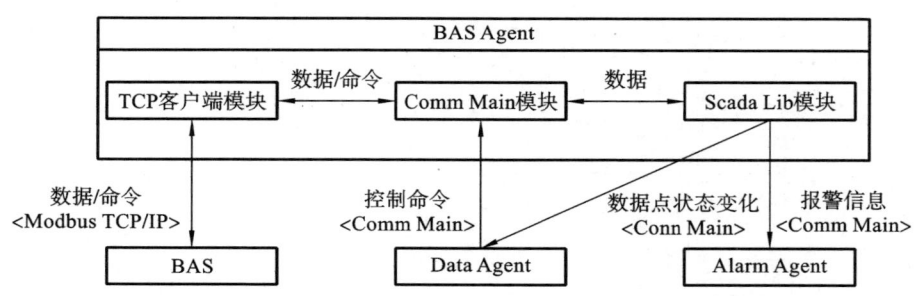

图 6.5　BAS Agent 结构设计

图 6.6 为 BAS Agent 类,TCT Module 为通用化通信基类,Modbus Comm Module 为 Modbus 协调通信类,Modbus Data Parser 是 Modbus 协议解析类,负责地址与数据对应关系的解析功能。BAS Agent Module 类负责业务逻辑的处理,如将采集数据按照业务逻辑处理成 BAS 模式状态处理、BAS 设备状态等不同业务需求。

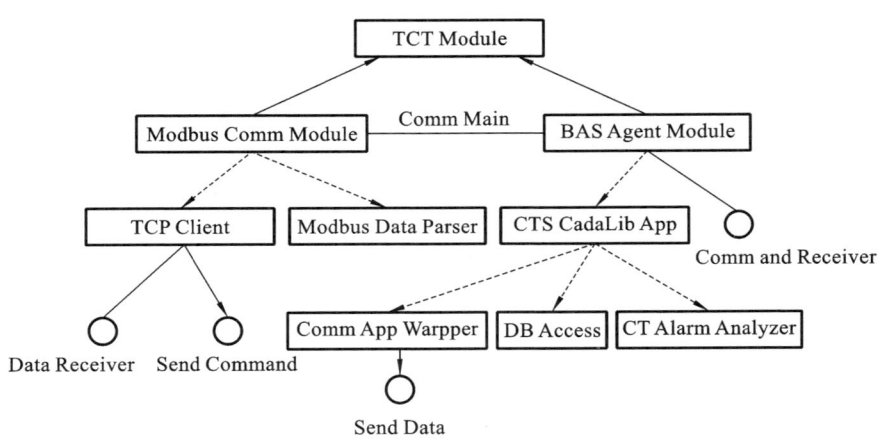

图 6.6 BAS Agent 类

首先 BAS Agent 通过 TCP Client 类与外部 BAS 接口系统建立 TCP 链接,Modbus Comm Module 类通过 TCP Client 接收和发送数据,并使用 Modbus Data Parser 类进行 Modbus 协议的解析。BAS Agent Module 类负责 BAS 业务流程的处理,其接收来自 Modbus Comm Module 的数据并根据点表转换成设备状态信息,通过 Comm App Warpper 与 Data Agent 通信,推送设备状态,并调用 DB Access 将采集数据保存到数据库中,再调用 CT Alarm Analyzer 推送到 Alarm Agent,由 Alarm Agent 产生报警数据。

3. 数据采集流程

数据采集模块 BAS Agent 与 PMS Agent 数据采集流程相似,下面以 BAS Agent 为例说明系统数据层的数据采集流程。

图 6.7 为 BAS Agent 数据采集流程。BAS Agent 定时采集 PSCADA 系统的数据,并进行数据解析和数据分析,根据数据定义判断是否产生报警数据,并将报警数据发送到 Alarm Agent,再由 Alarm Agent 推送到人机界面显示在操作员工作站上。BAS Agent 分析数据并将产生变化的数据点发送到 Data Agent,Data Agent 将状态变化推送到人机界面,最终在组态界面上显示。BAS Agent 可将设备控制命令发送到 BAS。

4. 数据点表及存储

系统将数据点数据类型分为 AI(analog input)模拟量数据、DI(digit input)

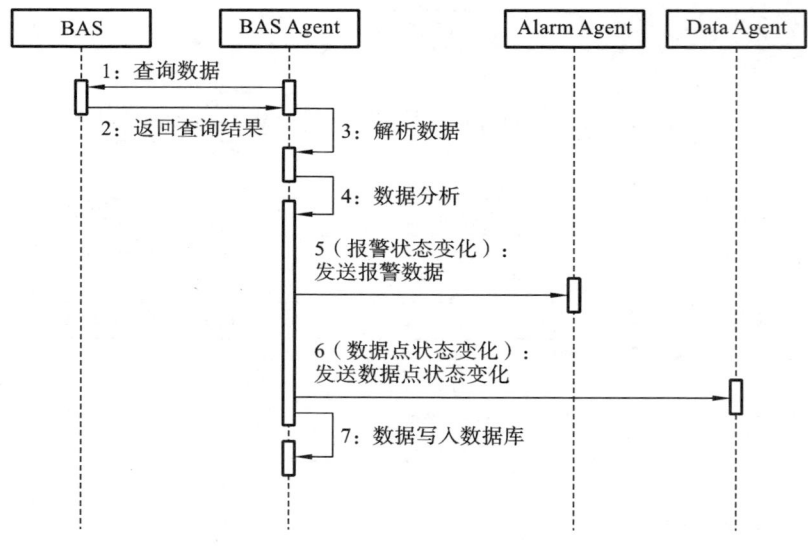

图 6.7　BAS Agent 数据采集流程

开关量数据、AD(analog output)模拟量输出数据、DO(digit output)开关量输出数据等,采用数据点表来定义设备采集数据与设备实际状态的映射关系。表 6.12 为典型的 BAS 设备数据点。系统对该设备点表的电流、电压、有功功率、无功功率、功率因数、有功电度、无功电度等数据进行了地址分配。

表 6.12　BAS 设备数据点

High byte(高字节)								Low byte(低字节)							
15	14	13	12	11	10	9	8	7	6	5	4	3	2	1	0
					列车 ID(2 words)										
					进站时间(2 words)										
					出站时间(2 words)										

系统数据层根据以上的数据点表定义将采集的数据进行解析,根据数据类型的不同以及业务需求将数据存储在数据库中。按照业务需求可将采集数据转换为设备状态变化数据、电能数据、报警信息、事件信息等业务数据,系统为各类型的业务数据定义了不同的业务表,并将业务数据保存到对应的表中。

系统将电能数据解析后存储在数据库中,为后续能效分析、能耗统计等功能提供数据依据。图 6.8 是电能数据相关表数据库 ER,其中 EMS_GROUP_NODE 表是设备分组信息,EMS_CUIRENTDATA 表保存车站电能设备信息,这两个表存在一对多的关系。ENTITY 表用于保存点表的定义数据,系统采集的数据集通过 ENTITY 表的信息对数据进行解析,解析后设备电能质量数据将被保存在 EMS_POWERQUALITY 中,而能耗数据将会保存在 EMS_CONSUMPTION 表中。

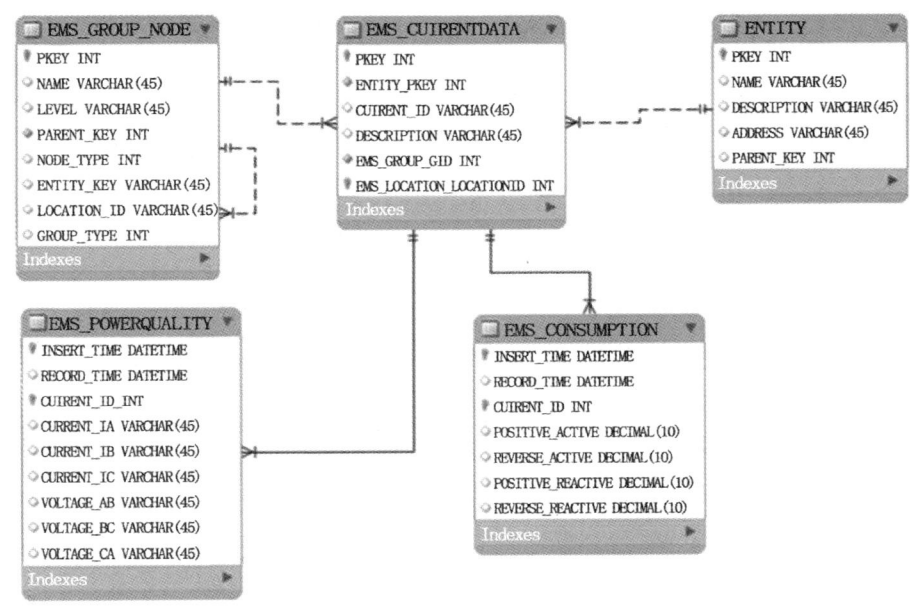

图 6.8　电能数据相关表数据库 ER

6.1.4　系统应用设计与实现

1. 应用层结构

本套系统的应用层使用 C♯ 语言实现,由 HMI、Client Service、HMI Service、Inspector Panel 等模块组成。

(1) 能源统计 Energy Summary:用于统计和显示能耗信息。

(2) 能效分析管理器 Energy Effective Manager:用于能效分析曲线的显示。

(3) 节能控制管理器 Plan Manager:可创建、修改、查询、删除节能控制策略,可设置节能控制策略的执行步骤和节能控制策略的启动条件。

(4) 报警标志 Alarm Banner:告警栏位于屏幕显示上方,可实时显示报警信息,确认告警信息。

(5)系统事件浏览器 Event Viewer：告警查询界面，提供历史告警查询、排序、过滤、确认、打印等功能。

(6)电能趋势管理器 Trend Viewer：显示电能趋势曲线。

(7)组态软件 HMI：用于图形化显示设备点位状态、动画效果等。

(8)客户端服务 Client Service：作为 Windows 服务程序在后台运行，通过 WCF 协议与告警管理器、告警条、监控面板等客户端模块进行通信，接收来自 Comm 组件的调用，进行进程管理和进程间通信；服务程序运行可通过内存数据库进行数据缓存。

(9)人机交互服务 HMI Service：连接 Data Agent 获取设备实时状态信息，向组态界面提供 OPC 服务。

2. 能耗统计

系统自动生成设备的能耗数据报告，能按时、天、周、月、年提供不同设备的具体能耗数据展现，帮助用户了解能耗数据的使用情况，发现能耗数据异常，从而优化设备能耗控制。设备的按时、天、周、月、年的能耗各自累计能耗消耗量，帮助用户了解设备能耗差距，可以实现按车站设备对能耗数据排名，从而帮助用户对耗能比较大的设备进行分析。对按设备分类、分组、分线路、车站的能耗数据的同比、环比分析，帮助用户了解到在不同年份的相同时间段内的能耗数据变化情况，发现能耗使用过程中的差异，为节能决策提供帮助。

能耗数据管理器主要流程为查询数据库并处理，根据界面需要显示能耗数据。针对数据量较大的数据采用中间表的形式进行汇总统计，通过查询汇总表来提高查询的效率。系统经过统计流程处理后，将电能信息汇总，并按照系统分类进行能耗数据统计和显示，操作员可直观地了解车站设备能耗信息。

3. 能效分析

能效分析数据处理流程：Data Agent 从 PMS Agent 和 BAS Agent 分别获取设备能耗数据和环境数据并保存到数据库，Data Agent 对采集的能耗数据和环境数据进行能效分析，如果分析结果存在异常情况，则发送报警信息到 Alarm Agent，Alarm Agent 将报警数据推送到工作站 Alarm Banner 中进行显示。系统通过数据层采集 PSCADA 系统电能数据进行分析，结合客流信息、温湿度、二氧化碳浓度、行车密度等外部接口系统传来的环境信息，综合考察系统设备能效情况。

系统通过对比客流信息、温湿度、二氧化碳浓度、行车密度和设备能耗信息分析比较,判断设备的能耗信息应与相应的环境数据是否成正比关系。如果其能耗曲线与环境数据曲线不符,则发出能耗异常报警。通过查看冷水机组的能效分析结果,可以看出其有功电度曲线与客流曲线成正比关系,说明该冷水机组的能效较高。

4. 节能控制

系统根据现场采集的环境数据与预设的环境数据对比,发现是否有偏差,如客流突然发生变化,系统会自动下发节能控制指令到相关设备,调整其运行模式。

系统根据环境数据的变化,并结合系统设定的节能控制策略,由 Plan Agent 发送一组预设的控制命令到 Data Agent,再由 Data Agent 将控制命令下发到 BAS,实现对现场设备运行模式的调整。

系统可编制节能策略对设备进行节能控制。

5. 设备状态监视

外部接口系统设备的状态信息通过 Modbus 协议进行发送到系统接口层,再由系统数据层进行解析,数据层通过 Data Agent 发送将解析后的设备状态到系统应用层。应用层接收来自 Data Agent 的设备状态信息,由 HMI Service 转换成 OPC 协议的设备数据信息,再由组态软件显示到人机界面,组态界面可直观显示系统布局图,以形象的颜色、动画等效果实时显示设备的运行状态。

系统通过人机界面进行显示,可实时监视系统设备的状态及相关信息。

6. 系统报警

系统根据能效分析功能模块触发的报警,上报到 Alarm Agent,由 Alarm Agent 推送到应用层的 Client Service 模块,再由 Client Service 模块进行报警数据的缓存,并推送到报警栏。

系统报警用于处理检测到设备的异常事件或故障,并在人机界面上显示,通过闪烁、声音等方式提醒操作员处理报警。报警栏以闪烁的方式提示报警信息。

7. 电能趋势

电能趋势数据处理流程:Data Agent 按照点表定义,将 PMS Agent 采集的电能质量数据保存到数据库,Energy Manager 模块定时查询数据库获取最近一段时间的电能质量数据,刷新电能质量趋势曲线。

系统采集电能质量数据并通过曲线方式显示电能质量趋势。系统数据层采集电能数据并入库后,应用层定时从数据库中查询电能趋势数据,通过曲线形式提供趋势,显示的电能趋势曲线包含电流、电压、功率、功率因素、谐波畸变率等信息。

8. 系统事件

系统将设备状态变化、操作员登录、设备控制等动作都记录成事件,并保存在数据库中,操作员通过事件查看器用于显示系统当前事件,操作员可筛选查询相应的事件,执行导出事件。事件查看器设计为定时刷新新生成的事件,操作员无须手动刷新就可显示当前最新的事件。

6.2　机电系统建设中的节能措施与细节优化

6.2.1　通风与空调系统节能

通风与空调系统的全过程节能措施包含且不限于以下几方面。

(1)充分利用自然风。例如,在过渡季节和非空调季节中,可以应用自然风进行送风。

(2)城市轨道交通场段建筑物选择科学、绿色的建筑方案,提高建筑物屋面、墙体和地面的保温效果。城市轨道交通地下车站站台公共区采用全封闭屏蔽门对隧道与车站进行分隔,将活塞效应对车站的影响减至最小,改善了城市轨道交通车站的气流组织,较好地控制了车站的温、湿度,起到了很好的保温作用,从而降低了空调系统负荷和送风量。

(3)采用变频技术,结合控制系统(反馈系统和前馈系统),能够对空调中风、水系统的速度、流量进行动态调节,减少了空调系统的能源消耗,达到节能减排的目的。

(4)通过水处理和空气净化技术,提升空调换热器的传热效率。例如:调节排水量,控制浓缩倍数,将总固体压缩到适当值;利用化学阻垢法,防止碳酸盐析出;利用电化学析垢法,将水中成垢离子直接从水中析出,降低硬度;使用氧化、非氧化生物杀灭剂抑制生物污垢;调节水中的 pH 值,降低碱度,维持 pH 值在 6.5～7.5;清洁空气表冷器和过滤器的污垢等。

(5)加强新能源的开发利用。例如:太阳能、地热能、风能等。

1. 自然通风系统

将城市轨道交通运用库建造成下沉式运用库,运用库四周为消防车道,所有坡道及消防环路均敞开设置,建筑四周除附属用房外均不设置实体围墙,并在运用库上方设置多处自然排烟井。这种设计方案有利于自然通风、采光、自然排烟和人员疏散,减少了机械通风系统、机械排烟系统和照明系统的设置数量,不仅减少了建设投资和运营成本,而且大大提高了运营人员的舒适度。

2. 环控反馈系统

反馈系统是指城市轨道交通车站环控系统由 BAS 进行控制,BAS 采用自动控制,通过与设定的室内温、湿度比较,进行风机频率和电动二通阀开度的控制,以达到设计确定的控制目标,如图 6.9 所示。

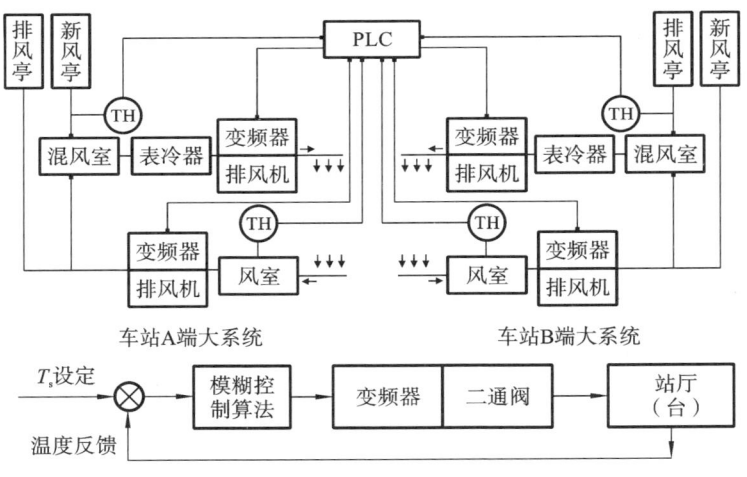

图 6.9 反馈系统控制策略原理

反馈系统自动控制方式,是在检测到现场负荷大量变化后才进行的反馈调节,调节输出速度慢,具有一定的滞后性。结合现场设备实际运行状态形成前馈模型,并形成基于已知负荷模型(设备负荷、新风及出入口渗漏风负荷和人员负荷等)的前馈控制策略,从而提高城市轨道交通车站环控系统的运行效率,实现设备节能有效运行。

通过 BAS 反馈,可调节组合空调箱冷冻水电动二通阀开度,实现车站公共区送风温度在可控范围内不变。然后,将模型导入前馈控制器,根据不同时间执行相应冷负荷的风机调节频率,从而实现已知负荷前馈控制,如图 6.10 所示。在不同时间段输出负荷后,如温度出现 3 ℃以上偏差再进行反馈控制,形成"前馈系统＋反馈系统＋变频技术"的有机结合。

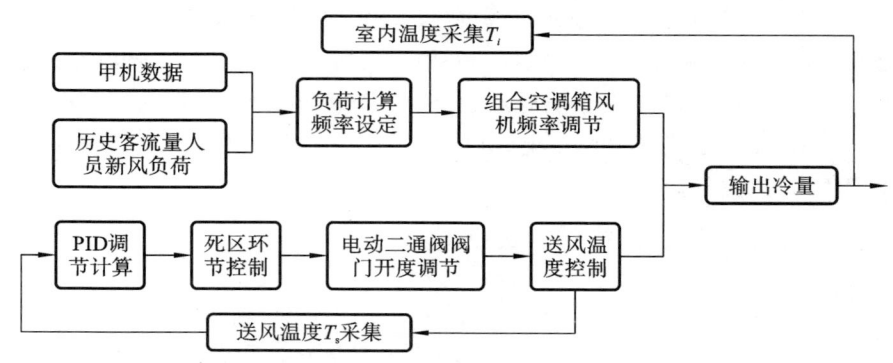

图 6.10　通风与空调前馈控制逻辑示意

6.2.2　给排水系统节能

给排水系统的全过程节能措施包含且不限于以下几个方面。

(1)采用分质供水系统方案。根据饮用、烹饪、盥洗等生活用水需求,冲洗便器、绿化、洗车、道路冲洗等杂用水需求,确定采用独立或者共用给水管网进行供水,可以达到保证水质安全和避免浪费水资源的作用。

(2)采用分区给水系统方案。城市轨道交通车站一般为地下站,停车场和车辆段除综合楼以外,其他单体一般为单层建筑。因此,建议城市轨道交通给水工程除市政水压无法满足给水压力的楼层以外均采用市政直供给水,以实现节约电能的目的。市政直接给水系统减少了水箱设置,也间接达到了节水效果。

(3)采用分户计量,单独取费。为增强用户节水意识和方便取费,城市轨道交通项目物业开发的不同产权单位给水管道应完全独立分开,且单独与市政给水管道进行接驳,独立设置水表,可以有效减少水资源的浪费。

(4)采用节能型管材和设备。建造过程中选用阻力低、防滴漏的管道附件和用水量小的卫生洁具,可以达到节水、节电效果。例如,采用柔和气泡出水的感应式水龙头、小便器一次用水量不应大于 1.5 L,蹲便器一次用水量不应大于 4.0 L。

(5)积极采用新能源。例如,热水系统采用太阳能热水系统、空气源热泵系统和地源热泵系统等,可以节省电力支出。

(6)有效控制漏水现象。采用远传水表记录用水量,并实时上传至能源管理系统,及时发现漏水现象,达到节水效果。

1. 新能源热水系统

城市轨道交通场段、控制中心和车站均采用热水系统,燃煤、燃油、电锅炉与燃气热水器需要消耗大量一次性能源,增加资源紧张度。

太阳能将阳光聚合,利用其能量产生热气、电力与蒸汽,可作为节能设计的首选,替代传统高能耗燃煤、燃油、电锅炉与燃气热水器投入使用。现在光伏产业、太阳能产业发展迅猛,特别是太阳能中央热水系统,由于本身节能环保、安全方便的特点,受到广大消费者的青睐。

依据热源类型的不同,可以将热泵划分为空气源热泵、水源热泵和地源热泵3种。地源热泵能够将地热转化成4倍的能量,可以大大节约资源。地源热泵已经能够实现一台多用,供水、供热、空调、热水等设备同时使用,发展前景和节能降耗效果明显。

2. 远传水表

在城市轨道交通工程采用机械水表的情况下,城市轨道交通运营管理人员需进行人工抄表和数据统计分析,工作量大,且不能及时发现水量异常现象。由于城市轨道交通室外给水管线一般采用埋地敷设,场段屋顶热水水箱和消防水箱、场段地下室的生活水箱和消防水池、车站室外的冷却塔和膨胀水箱等位置偏僻,发生漏水现象,不易及时发现,将造成一定的经济损失。

针对以上问题,可以通过以下几个方面处理。

(1)城市轨道交通车站和场段总进水管采用远传水表,并将远传水表与综合监控系统通信链路进行连通。远传水表计量值,可通过通信总线实时上传至BAS、综合监控系统与能管系统,实现集中化、自动化能源计量。对水表进行远程读数,大大降低了现场抄表所需要的人力、物力及时间成本,提高效率,有助于实现机电专业精细化管理。

(2)各建筑物进水管起点处、绿化给水各分区起点处、水池水箱和冷却塔进水管处等安装远传分水表。通过各分水表用水量的自身变化趋势分析、各分水表总水量与总进水管水表用水量的对比分析,从而判断漏水区域。采用远传水表和能管系统进行水量统计和分析,及时发现和制止漏水现象,是达到节水效果的一个有力举措。

6.2.3 消防系统节能

消防系统全过程节能措施包含且不限于以下几个方面。

(1)合理优化消防环网。地铁车站消防系统的引水管通常设置两条,延伸至顶层形成一个水平环;在两根立管的作用下,又可以实现立面环。目前地铁车站消防环网中立面环可以选择的形式较多,建议根据实际需求进行规划。通常而言,在车站站台下方合理布设消防管,能有效减轻吊顶管线压力;将消防管设计在站台层吊顶处,可为后续检查与维修提供便捷条件,但如果出现漏水情况,将影响公共区域的正常使用。为此,建议将消防管设置在站台板的下方,即使出现漏水情况,也不会对公共区域产生影响,同时,设置在这个地方,还无须构造阀门井,可降低工作难度与工作量。考虑到地下隧道的情况比较复杂,而且要充分满足消防用水的最大需求量,一方面需要与邻近车站接通,确保供水量满足实际需求;另一方面,基于实际情况合理铺设消防给水管道,例如车站内部、区间隧道等,均需要充分考虑相关因素,形成完善的消防管网,并呈现出环状的分布状态。

(2)消防系统稳压方式优化。消防系统稳压方式需要结合地铁车站的实际情况确定,该措施的主要作用是控制稳压泵组的建设成本,并为后续维护及检修工作提供便利。因此在设计车站时,建议合理选择消防系统稳压方式,将稳压泵组与气压罐进行有效结合,以满足地铁车站消防系统的水压需求。

1. 自动喷水灭火系统

站厅及站台层通常会设置自动喷水灭火系统,系统可基于实际情况自动操作,发现火灾可及时做出反应,触发警报的同时将火扑灭。自动喷水灭火系统具有灭火效率高的特点,有利于维护地铁车站内部环境的稳定性,并为所有人员的安全提供保障。消火栓及自动喷水系统管网进行合理布设,在室外呈环状形式,室外设地下式消火栓,间距不超过 120 m;同时考虑美观、空间利用、消防泵位置、吸水条件等因素,可设计为异形全地下式消防水池,并与地下室合建。

2. 高压细水雾灭火系统

在高压泵组的作用下,高压细水雾灭火系统可提供满足需求的压力。在压力的作用下,微型喷嘴式喷头会产生一定量的小水珠,并与空气接触后出现一定的速度差,从而获得很多的小微粒,可有效吸收火灾中的热量,可在较短的时间内降低车站内部的温度。同时,在高温作用之下,水雾会形成水蒸气,体积会快速增加 1700 倍,可有效稀释火焰周边的氧气,避免外界氧气流入其中,有利于提升灭火效果。与传统灭火模式相比较,高压细水雾灭火系统用水量少,仅为传统模式的 1%,因此可以达到节能节水的目标。

6.2.4 动力照明系统节能

动力照明系统全过程节能措施包含且不限于以下几个方面。

(1)合理设计供配电系统。减少配电的级数,保证供配电系统的简单和可靠;变配电室应深入负荷中心,有效地缩短低压供电的半径,从而有效降低电能的损耗。合理规划每条配电线路,避免反送电。

(2)合理地选择节能设备。根据我国环保节能要求,结合当地的经济条件和科技发展水平,尽可能地选择一些节能设备。例如:淘汰卤素灯、白炽灯,优先采用 LED 灯具,合理设置光伏系统、光导照明系统和无电照明系统等。

(3)降低电能在电路传输中的消耗量。电缆选择导电率较小的材质,例如:采用铜芯电缆;电缆线路尽量沿直线敷设以减少导线长度;线缆截面宜按经济电流密度选择。

(4)有效控制不必要照明浪费现象。例如:采用触摸式开关、光控开关、声控开关、智能照明系统等进行照明控制。

1. 无电照明系统

城市轨道交通运用库和联合检修库一般为地上式大跨度建筑,大库区为单层钢结构屋面,附属用房为两层的钢筋混凝土屋面。地上建筑大型屋面有利于无电照明系统的应用。

无电照明系统主要分成三大部分:一是采光区,利用透射和折射的原理,通过室外的采光装置高效采集太阳光、自然光,并将其导入系统内部;二是传输区,对导光管内部进行反光处理,使其反光率高达 99.7%,以保证光线的传输距离更长、更高效;三是漫射区,由漫射器将比较集中的自然光均匀、大面积地照到室内需要光线的各个地方。从黎明到黄昏,甚至阴天或雨天,该照明系统导入室内的光线仍然十分充足。无电照明系统,白天使用光导照明系统进行采光照明,晚上利用光伏系统白天所发的电带动光导系统里加装的 LED 灯具进行照明,可实现自动智能控制。

无电照明系统重量轻、安装方便、投入回收期短,可广泛应用于大型厂房、仓库、体育场馆、地下车库、机场等白天需要照明的场所。针对城市轨道交通工程项目,可以应用于场段的单体建筑和高架车站。无电照明系统的开发和应用,将起到节能减排的社会效益和经济效益。

2. 智能照明系统

经调研,公共建筑室内的实际照明亮度,一般高于所需照明亮度。在工作时间内,将实际照明亮度降低到保证员工有效、舒适工作所需照明亮度,既可以节约能源开支,又可以提高视觉舒适度。同时,减少非工作时间某些照明系统的运行时间,可以节省用电量。

智能照明控制系统是利用计算机技术、网络通信技术、自动控制技术、传感技术等现代科学技术,通过对环境信息和用户需求,进行分析和处理,实现对照明设备的整体控制和管理,以达到预期照明效果的控制系统。智能照明系统可控制任意回路连续调光或开关;可预先设置多个不同场景,在场景切换时淡入、淡出;可接入各种传感器对灯光进行自动控制;某些场合可以随时间调整亮度;可用手持红外遥控器对灯光进行控制;可系统联网,利用上述控制手段进行综合控制或与楼宇智能控制系统联网。

城市轨道交通车站在不同时间段的客流量不同,地面车站在白天不同时间段的采光效果也不同。因此,利用智能照明系统的控制特点,可以精准控制对象区域的照度,实现合理节电。

以常规地下车站为例,将车站分为出入口通道、站厅层购票检票区、站厅层付费区、站台层付费区、设备管理用房区、无人区等区域。在对以上区域进行配电设计时,即用不同的回路配电,并在合理区域设置光照感应器。例如,当室外光照条件较好时,出入口通道可以借用自然光条件,此区域的照明灯具可以调暗甚至关闭;屏蔽门照明灯带在候车时关闭,当列车驶入站台时,智能照明系统通过感应器传来的信号,打开或调亮屏蔽门灯带。总之,对于各类区域而言,智能照明系统可以根据不同的使用条件,灵活调整不同区域灯具的亮度,从而大幅降低照明电耗。

6.3　节能低碳运行发展展望

城市轨道交通作为电力牵引的大运量的客运交通工具,近年来在我国得到迅猛发展,成为减少城市汽车尾气污染的有效手段。城市轨道交通耗能较大,如果能在系统设计、设备选型方面进一步采取节能减排措施,将会产生巨大的经济效益,并使轨道交通发展为节能环保的绿色交通。

城市轨道交通具有运量大、快速、准时和科技含量高等特点,其正在并将成为我国各大城市的主要交通运输工具。城市轨道交通在为人类带来便利的同时,其高建设、高运营成本也使管理部门难以决策持续大力发展此类项目,特别是运营成本的居高不下,已成为地方财政的长期负担。

6.3.1 城市轨道交通的节能低碳发展

对于城市轨道交通行业乃至所有行业来说,节能减排、绿色低碳已逐渐成为一个战略性问题,为节能减排低碳变革做准备的公司,将预先控制风险并把握新的业务增长机会。对于城市轨道交通企业而言,应用新技术引领高效节能的低碳发展模式,不仅可以更好地控制成本,而且能带来新的业务拓展与整合的机会。

通过节能减排可以帮助企业实现低成本、高效率的运营,极大提升企业效益和价值,实现企业可持续发展。城市轨道交通的节能减排措施和解决方案的推广不仅可应用于既有线路的节能改造,服务于新建轨道交通,而且还可以为其他行业提供绿色低碳发展参考,提供低碳替代产品,满足日益增长的消费需求,为企业带来新的利润增长点。此外,实施节能减排能够低碳发展战略、充分体现企业的社会责任。由于城市轨道交通运营总里程不断增长,其巨大的能源消耗已不容忽视。实践表明,城市轨道交通在规划、设计、建设以及运营等各环节均有较大的节能空间。

6.3.2 城市轨道交通节能低碳发展实践

为解决日益紧张的城市交通问题,国家和各地方政府大力发展城市轨道交通,倡导绿色、低碳交通,以实现降低能耗、减少碳排放的目标。作为一种绿色交通形式,城市轨道交通已经给我国城市的低碳发展带来重要影响,随着新一轮的城市轨道交通建设高潮,城市轨道交通运营里程还将继续攀升,其节能减排行动对于城市低碳建设意义重大。经过近几年发展,我国城市轨道交通正逐渐转变发展方式,应用低碳技术已成为共识,低碳运营理念也越来越受到重视。

在规划、设计阶段,城市轨道交通项目已将绿色设计理念贯穿于项目的全生命周期的各个阶段,包括8个方面:"固碳"技术适宜性设计、节能减排设计、可施工性设计、可扩展性设计、可维护性设计、可回收性设计、可靠性设计与安全性设计、最佳生命期优化设计。城市轨道交通是结合土木工程、车辆系统、供电系统、通信系统、通风系统以及自动控制等各专业的综合性系统工程，现代化的城市轨道交通更是应用了大量新技术和新设备。在设计阶段就对线路的能耗水平有比较客观的评价，更有助于线路运营后制定正确的节能目标和考核节能工作成效。

在建设、运营阶段，城市轨道交通项目采用了多种节能减排措施，具体如下。

（1）部分城市轨道线路在车辆系统方面，车辆采用轻量化技术，减少车体质量，较过往车型节能50%以上。

（2）部分城市轨道线路在全电制动停车控制系统、再生制动能量利用等方面进行了探索，建立再生电能吸收系统，有效利用地铁车辆制动能量，节约的能源占线路总能耗的5%以上。

（3）部分城市轨道线路减少非必要的机电设备数量或控制设备运行的时间，如控制变压器容量、减少非运行时段照明数量等，采用自动优化控制节能减排效果显著。

（4）部分城市轨道线路大面积采用LED照明等节能产品，应用和研发新型节能通风与空调系统等设备，大大降低了能耗。

（5）部分城市轨道线路应用新能源替代电能，如以太阳能、风能为照明能源，以地热能为空调提供动力等，有效减少了碳排放，节约了电能。

（6）大部分城市轨道线路在车站设置节能坡，合理设计地铁营运线路和行车密度，也大大节约了能源。

这些措施的应用已经使城市轨道交通能耗水平有了明显提高，显示了城市轨道交通节能的可行性和有效性，为今后的推广应用奠定了坚实基础。

6.3.3　城市轨道交通低碳发展的创新思路

1. 建立能耗评价指标体系，推动低碳技术创新和应用推广

对于城市轨道交通节能减排及其措施的研究，国内企业已经从多方面着手，并在一些实际工程中得到了运用，很多措施和做法已日臻成熟。但是，城市轨道交通的低碳发展更需要这些低碳技术措施得到应用和推广，这就需要对各种措施进行效果评价以及综合运用研究，从而制定出符合中国国情的城市轨道交通节能减排导则，指导和规范城市轨道交通的规划、设计、建设、运营，同时对既有线路的改造同样具有指导意义。建立一套功能完善、科学合理、操作简便的能耗指标体系则是进行效果评价的基础。

建立适应中国国情的城市轨道交通能耗指标体系,对各种节能减排措施进行评价分析,指导工程规划、设计和施工,以及已运营和建成项目的节能减排改造,并有针对性地实施城市轨道交通的节能措施,实现有效的节能减排,能够得到国家和地方政府的大力支持。城市轨道交通能耗指标体系作为一个轨道交通能耗的评价标准可重复使用,也可对其他交通方式进行能耗评价,成为交通能耗评价的重要组成部分;城市轨道交通的节能措施及节能理念不仅可以应用在轨道交通中,绿色材料、清洁能源、节能供电方式、绿色管理技术等方面的节能措施还可推广应用在其他工程之中,为降低碳排放和城市的可持续发展做出积极贡献。

2. 深化节能设计改进及创新,实现技术节能

技术节能是实现企业自身低碳发展的基础方式,通过实验、试点和推广节能技术举措,可以有效降低设备能耗和废弃物排放,实现节能减排的战略目标。城市轨道交通能耗系统主要包括车辆、供电、信号、通信、环控、防灾报警、自动售检票、给排水与消防、设备监控系统、安防系统、安全门、电扶梯系统等耗电设备。节能设计可促进标准化建设、优化机电设备选型,使现代城市轨道交通在节能技术方面实现重大创新。

(1)在牵引系统节能方面,采用交流变频变压传动装置使得列车调速时附加电阻消耗的电能减少,并且采用列车节能运行图,可降低牵引电机负荷、车辆制动能耗以及列车牵引系统能耗。

(2)采用列车冷热一体化变频空调技术、列车照明应用节能型光源等,可降低列车空调和照明辅助系统能耗。

(3)在动力系统节能方面,空调通风系统采用智能控制技术,采用车站空调水系统变流量智能控制技术,推广应用再生能源或低品位能源的空调系统等。

(4)其他动力系统方面,车站自动扶梯采用变频、相控节能技术,车辆基地采用太阳能热水技术等。

(5)在照明系统节能方面,推广应用节能环保型荧光灯、LED灯等高效节能光源和灯具,并采用光控、时控、模式控等智能照明控制技术。

3. 加强节能管理,落实管理节能措施

管理节能是指通过建立完善的监、测、管、控体系,来改善企业内部管理效率，并有效地推进各种管理节能举措，实现节能减排的目标。

(1) 设备监理、咨询服务。

城市轨道交通设备监理单位适逢其时，是从事工程咨询、项目管理及监理的专业社会服务机构，监理业务职责是负责工程的质量、投资、进度、安全管理工作，从业务阶段来讲，一般从工程的设计阶段就全面介入，历经设备采购、制造、安装、调试、保修等各个阶段。设备监理单位应担当社会责任，体现增值服务，在节能精细化、程序化管理，实现节能技术应用中，发挥技术和实践优势，成为核心推动力量。

在工程设计阶段，设备监理单位通过专题咨询报告、设计咨询和审查等方式提出节能方案和设计要求；在设备采购阶段，监理单位通过协助建设单位招投标、组织设计联络和审查工作，关键设备驻厂监造，对设备首件、样机和出厂等环节进行验收，全过程控制设备采购质量；在节能管理方面，监理的作用主要是将节能设计落实到产品中，核实节能效果，重点验收设备的接口配置，以期设备节能目标的实现；在设备安装及调试阶段，监理单位通过现场监督、质量验收等形式，对设备安装、调试质量进行控制。

设备监理单位通过工程的全过程管理，对设备的节能技术有较深的见解，能有效地推动节能、减排、环保技术的全面实施。

(2) 建设管理。

建设单位在规划、设计阶段就应对线路的能耗水平有比较客观的评价，有助于线路运营后制定正确的节能目标和考核节能工作成效。城市轨道交通在项目立项阶段应对项目绿色建设和运营有专题论述，按规定进行项目审批。绿色轨道交通专题论述应包括项目概况、能耗分析、环境影响分析、项目建设方案拟采取的节能及环保措施(技术和管理措施)、节能及环保措施效果评估、存在问题及建议等方面的内容。此外，为了将绿色设计理念贯穿项目的全生命周期的各个阶段，在工程建设阶段，设计单位应针对绿色建设进行设计交底，施工单位应当按照绿色建设要求进行施工。在项目验收阶段，建设单位应按绿色建设要求进行验收。

应重点对建筑与装修工程、车辆系统、供电系统、通风与空调系统、其他设备以及新能源和可再生能源技术的开发应用进行管理。如车辆应轻量化设计，提高车辆有效利用系数，降低单位人千米牵引能耗。车辆设备应选用高效、低耗、节能型的产品，对空调通风设备实施智能控制，电缆布设应接近最短路径。车辆检修应推广采用状态修，逐步降低预防修比例，提高车辆部件在线状态自动监测水平。供电系统正常情况下应采用双机组、双边供电(包括大双边供电)方式，使接触网损耗最小等。施工单位应严格按设计要求进行施工,待工程竣工后,应满足绿色建设要求。

(3)运营管理。

运营管理节能可从行车组织、运输组织、设备运行管理、列车维修及培训管理等方面考虑。

①在行车组织方面,在正线上运行的列车尽可能保证制动状态与牵引状态列车数量相等,确保制动状态列车反馈的电能正好被牵引状态的列车吸收。应确定全线总体运营规模、合理确定列车编组、合理设置运营交路、合理安排列车运营对数等措施有效降低车公里能耗,并根据客流分布及车辆动态调整列车编组,实现车辆高效利用。通过优化运行模式,控制最高运行速度,增加惰行时间。优化列车牵引/制动匹配,减少实际停站时间等。

②在运输组织方面,应合理组织与引导客流,最大限度提高客运服务水平,减少设备负荷、周转时间,以及乘客在交通系统内部的碳排放量。优化客运设备使用时间、数量(如闸机、自动售票机、自动扶梯),节约能源。

③在设备运行管理方面,建设智能化的车站设备监控系统,提高环控系统的智能化管理。在运行过程中不断总结经验,及时调整设备运行参数,提高车站设备监控系统适应能力,减少不必要的损耗,提高候车环境的舒适度。根据车站运行特点,优化环控系统运行模式。利用车站设备监控系统实现不同时段、不同室外环境工况下,采用不同空调模式的运行管理方式。提高调度管理人员的专业技能,对环控系统实时跟踪监控,并从节能角度对设备运行数据进行统计和分析,消除影响环控系统稳定、高效运行的缺陷和故障。

④在列车维修及培训管理方面,应加强列车维修及培训管理,提高维修人员操作技能,培养员工节能意识,做好各用电设备的规划管理,根据列车维修项目制定具体的节电措施,消除不必要的电耗。提高列车司机的培训质量和效率,缩短培训时间,把培训电耗纳入司机培训成本管理,增强成本意识。加快淘汰高耗能、高污染内燃型地铁工程维护车,大力加大清洁、低碳技术在城市轨道交通运营中的推广力度,采用电力地铁工程维护车,减少二氧化碳排放。

参 考 文 献

[1] 北京城建集团有限责任公司.地下铁道工程施工质量验收标准:GB/T 50299—2018[S].北京:中国建筑工业出版社,2018.

[2] 北京城建设计研究总院有限责任公司,中国地铁工程咨询有限责任公司.地铁设计规范:GB 50157—2013[S].北京:中国建筑工业出版社,2014.

[3] 北京城建设计研究总院有限责任公司.城市轨道交通工程项目建设标准:建标 104—2008[S].北京:中国计划出版社,2008.

[4] 北京市地铁运营有限公司,北京市地铁运营有限公司设计研究所,广州市地下铁道总公司,等.城市轨道交通照明:GB/T 6275—2008[S].北京:中国标准出版社,2009.

[5] 北京市轨道交通建设管理有限公司,中铁四局集团电气化工程有限公司.城市轨道交通信号系统工程安装技术指南[M].北京:中国铁道出版社,2016.

[6] 北京市轨道交通建设管理有限公司.城市轨道交通通信系统工程安装技术指南[M].北京:中国铁道出版社,2017.

[7] 陈东东,陈锦生,常秀娟.城市轨道交通概论[M].重庆:重庆大学出版社,2019.

[8] 陈瑞军.城市轨道交通供电系统新型无功补偿方法研究[D].北京:北京交通大学,2020.

[9] 城市建设研究院.城市公共交通分类标准:CJJ/T 114—2007[S].北京:中国建筑工业出版社,2007.

[10] 仇睿.地铁低压动力照明系统施工存在问题和要注意的细节探讨[J].建材与装饰,2018(38):268-269.

[11] 戴华明,李照星,孙宁.城市轨道交通的节能低碳发展[J].设备监理,2014(2):8-12.

[12] 杜彬.地铁车站给排水及消防节能节水措施[J].设备管理与维修,2021(6):159-160.

[13] 杜庆欢.地铁环境与设备监控系统的设计与应用[D].马鞍山:安徽工业

大学,2016.

[14] 杜香荣.地铁火灾自动报警(FAS)与气体灭火系统施工管理[J].居舍,2017(34):118-119.

[15] 公安部上海消防研究所.建筑灭火器配置设计规范:GB 0140—2005[S].北京:中国计划出版社,2005.

[16] 公安部沈阳消防研究所.消防应急照明和疏散指示系统:GB 17945—2010[S].北京:中国标准出版社,2011.

[17] 公安部四川消防研究所.电缆及光缆燃烧性能分级:GB 31247—2014[S].北京:中国标准出版社,2015.

[18] 公安部四川消防研究所.建筑材料及制品燃烧性能分级:GB 8624—2012[S].北京:中国计划出版社,2013.

[19] 公安部天津消防研究所.气体灭火系统设计规范:GB 50370—2005[S].北京:中国标准出版社,2006.

[20] 国家电力公司西南电力设计院.电测量及电能计量装置设计技术规程:DL/T 5137—2001[S].北京:中国电力出版社,2002.

[21] 姜悦.城市轨道交通车站自动售检票系统研究[D].长春:长春工业大学,2015.

[22] 景亮,赵程,燕玲.基于5G通信的城市轨道交通自动售检票系统的探索与研究[J].上海建设科技,2021(3):26-29.

[23] 李鲲鹏.城市轨道交通供电系统的设计方法[J].都市快轨交通,2008(5):70-73.

[24] 李鹏.浅谈城市轨道交通信号系统工程设计[J].城市建设理论研究(电子版),2011(16):1-5.

[25] 李涛.山区城市轨道交通长大坡道方案研究[D].成都西南交通大学,2014.

[26] 李伟.浅谈地铁自动售检票系统的施工[J].科技情报开发与经济,2007(6):285-287.

[27] 李西盈.城市地下轨道交通项目融资模式选择研究[D].济南山东建筑大学,2022.

[28] 刘佳,王龙.城轨交通工程机电系统构成及造价分析[J].铁路工程造价管理,2016,31(1):23-26.

[29] 刘毅.城市轨道交通机电工程节能管理策略研究[J].工程建设与设计,2019,409(11):266-269.

[30] 马文昭.轨道交通环境与设备监控系统设计[D].淮南:安徽理工大学,2013.

[31] 庞中亭.城轨交通工程机电系统构成及造价分析[J].企业改革与管理,2017(16):192.

[32] 秦烽.磁浮和轨道交通给排水设计及隧道消防系统研究[D].上海:同济大学,2007.

[33] 上海电动工具研究所,机械工业北京电工技术经济研究所,广东出入境检验检疫局技术中心,等.系统接地的型式及安全技术要求:GB 14050—2008[S].北京:中国标准出版社,2009.

[34] 上海三菱电梯有限公司,江南嘉捷电梯股份有限公司.自动扶梯和自动人行道的制造与安装安全规范:GB 16899—2011[S].北京:中国标准出版社,2011.

[35] 沈阳变压器研究院股份有限公司,顺特电气设备有限公司,明珠电气有限公司.干式电力变压器技术参数和要求:GB/T 10228—2015[S].北京:中国标准出版社,2016.

[36] 四川省住房和城市建设厅.建筑物电子信息系统防雷技术规范:GB 50343—2012[S].北京:中国建筑工业出版社,2012.

[37] 天津电气传动设计研究所,北京京安兴达机电设备公司,广州电器科学研究所.电控配电用电缆桥架:JB/T 10216—2013[S].北京:机械工业出版社,2014.

[38] 铁道第二勘察设计院.城市轨道交通直流牵引供电系统:GB/T 0411—2005[S].北京:中国标准出版社,2005.

[39] 温倩.地铁站公共区通风空调系统节能优化研究[D].西安:西安建筑科技大学,2021.

[40] 谢方.城市轨道交通直流供电整流机组研究[D].成都:西南交通大学,2009.

[41] 杨彩玲.地铁机电设备系统节能智能化应用探析[J].福建建筑,2022(7):109-113.

[42] 杨飞.地铁环境与设备监控系统的设计[D].合肥:合肥工业大学,2012.

[43] 杨海波.城市轨道交通火灾报警系统研究[D].成都:西南交通大学,2007.

[44] 姚林泉,汪一鸣.城市轨道交通概论[M].2版.北京:清华大学出版社,2019.

[45] 张海军.基于无线通信的信号控制系统设计[D].南京:南京理工大学,

2011.

[46] 张辉.轨道交通车站通风空调系统施工研究[J].工程建设与设计,2017(3):79-83.

[47] 张馗.基于激光雷达的屏蔽门控制系统的设计与实现[D].南京:南京信息工程大学,2021.

[48] 张升学.轨道交通车站动力与照明供电技术[J].绿色环保建材,2021(5):171-172.

[49] 赵驰.城市轨道交通综合节能管理系统的设计与实现[D].广州:华南理工大学,2014.

[50] 赵连捷.城市轨道交通通信系统的设计与实现[D].上海:上海复旦大学,2009.

[51] 浙江省住房和城乡建设厅.建筑电气工程施工质量验收规范:GB 50303—2015[S].北京:中国建筑工业出版社,2016.

[52] 中国电力工程顾问集团东北电力设计院.电力装置的继电保护和自动装置设计规范:GB/T 50062—2008[S].北京:中国计划出版社,2009.

[53] 中国电力企业联合会,中国电力工程顾问集团西南电力设计院有限公司.电力工程电缆设计标准:GB 50217—2018[S].北京:中国计划出版社,2018.

[54] 中国电力企业联合会,中国电力工程顾问集团西南电力设计院有限公司.电力装置电测量仪表装置设计规范:GB/T 50063—2017[S].北京:中国计划出版社,2017.

[55] 中国电力企业联合会,中国电力科学研究院.电气装置安装工程电缆线路施工及验收标准:GB 50168—2018[S].北京:中国计划出版社,2018.

[56] 中国电力企业联合会.电气装置安装工程接地装置施工及验收规范:GB 50169—2016[S].北京:中国计划出版社,2017.

[57] 中国电力企业联合会.交流电气装置的接地设计规范:GB/T 50065—2011[S].北京:中国标准出版社,2012.

[58] 中国工程建设标准化协会电气专业委员会,中船第九设计研究院工程有限公司.钢制电缆桥架工程技术规程:T/CECS 31—2017[S].北京:中国计划出版社,2018.

[59] 中国工程建设标准化协会化工分会.爆炸危险环境电力装置设计规范:GB 50058—2014[S].北京:中国计划出版社,2014.

[60] 中国环境科学研究院,北京市环境保护监测中心,广州市环境监测中心站.声环境质量标准:GB 3096—2008[S].北京:中国环境科学出版社,2008.

[61] 中国机械工业联合会.建筑物防雷设计规范:GB 50057—2010[S].北京:中国计划出版社,2011.

[62] 中国疾病预防控制中心环境与健康相关产品安全所,广东省卫生监督所,浙江省卫生监督所,等.生活饮用水卫生标准:GB 5749—2006[S].北京:中国标准出版社,2007.

[63] 中国疾病预防控制中心职业卫生与中毒控制所,中国疾病预防控制中心环境与健康相关产品安全所.工业企业设计卫生标准:GBZ 1—2010[S].北京:人民卫生出版社,2010.

[64] 中国建筑科学研究院.公共建筑节能设计标准:DB 11/687—2015[S].北京:中国建筑工业出版社,2015.

[65] 中国建筑科学研究院.民用建筑供暖通风与空气调节设计规范:GB 50736—2012[S].北京:中国建筑工业出版社,2012.

[66] 中国建筑科学研究院有限公司建筑机械化研究分院,上海三菱电梯有限公司,通力电梯有限公司,等.电梯制造与安装安全规范 第2部分:电梯部件的设计原则、计算和检验:GB/T 7588.2—2020[S].北京:中国标准出版社,2020.

[67] 中国建筑科学研究院有限公司建筑机械化研究分院,迅达(中国)电梯有限公司,上海三菱电梯有限公司,等.电梯制造与安装安全规范 第1部分:乘客电梯和载货电梯:GB 7588.1—2020[S].北京:中国标准出版社,2020.

[68] 中国建筑设计研究院.人民防空地下室设计规范:GB 50038—2005[S].北京:中国计划出版社,2006.

[69] 中国联合工程公司.供配电系统设计规范:GB 50052—2009[S].北京:中国计划出版社,2010.

[70] 中华人民共和国公安部.地铁设计防火标准:GB 51298—2018[S].北京:中国计划出版社,2018.

[71] 中华人民共和国公安部.火灾自动报警系统设计规范:GB 50116—2013[S].北京:中国计划出版社,2014.

[72] 中华人民共和国公安部.建筑设计防火规范(2018年版):GB 50016—

2014[S].北京:中国计划出版社,2015.

[73] 中华人民共和国公安部.消防应急照明和疏散指示系统技术标准:GB 51309—2018[S].北京:中国计划出版社,2019.

[74] 中华人民共和国公安部.自动喷水灭火系统设计规范:GB 50084—2017[S].北京:中国计划出版社,2018.

[75] 中华人民共和国机械工业部.低压配电设计规范:GB 50054—2011[S].北京:中国计划出版社,2012.

[76] 中华人民共和国机械工业部.通用用电设备配电设计规范:GB 50055—2011[S].北京:中国计划出版社,2012.

[77] 中华人民共和国住房和城乡建设部.建筑给水排水设计标准:GB 50015—2019[S].北京:中国计划出版社,2019.

[78] 中华人民共和国住房和城乡建设部.建筑机电工程抗震设计规范:GB 50981—2014[S].北京:中国建筑工业出版社,2015.

[79] 中华人民共和国住房和城乡建设部.建筑照明设计标准:GB 50034—2013[S].北京:中国建筑工业出版社,2014.

[80] 中华人民共和国住房和城乡建设部.民用建筑电气设计标准:GB 51348—2019[S].北京:中国建筑出版社,2020.

[81] 中机中电设计研究院有限公司.20 kV 及以下变电所设计规范:GB 50053—2013[S].北京:中国计划出版社,2014.

[82] 中铁电气化局集团第三工程有限公司.城市轨道交通工程通信及综合监控系统施工技术指南[M].北京:中国铁道出版社,2017.

[83] 中铁电气化局集团有限公司.铁路电力牵引供电工程施工质量验收标准:TB 10421—2018[S].北京:中国铁道出版社,2019.

[84] 中铁十一局集团有限公司.铁路电力工程施工质量验收标准:TB 10420—2018[S].北京:中国铁道出版社,2019.

[85] 住房和城乡建设部地铁与轻轨研究中心.城市轨道交通技术规范:GB 50490—2009[S].北京:中国建筑工业出版社,2009.

后 记

2021年,我国开通城市轨道交通的城市数量有51个,城市轨道交通运营里程为8708 km,城市轨道交通对于解决城市交通拥堵问题发挥着重要作用。

随着国内城市化进程的加快,城市轨道交通建设规模也越来越大,此类工程具有系统性。机电系统的设计与施工是当中尤为关键的一环,其与地铁营运系统紧密相关,若出现质量事故,就会影响人们的正常出行和人身安全,造成巨大的经济损失和恶劣的社会影响。此外,城市轨道交通工程领域日益严格的质量控制标准和不断出现的"新材料、新设备、新工艺、新技术"也给其质量控制带来了极大的挑战。如何应对挑战,提高城市轨道交通机电系统的设计与施工质量控制水平,促进机电设备和其他工程设备更好地协调和配合,成为目前亟待解决的问题,也有着重大的现实意义。

随着城市轨道交通运营里程的不断攀升,其能耗问题也越来越受到专家学者们的重视,应积极推进城市轨道交通机电系统结构性和技术性的节能减排;加快建立城市轨道交通能耗评价指标体系;推动低碳技术创新和应用推广;深化节能设计改进及创新,实现技术节能;加强节能管理,落实管理节能措施;充分发挥城市轨道交通运量大、速度高、准时、安全、节能、环保的优势,从而实现城市轨道交通的可持续发展。